SAMMLUNG TUSCULUM

DER PAPYRUS VON DERVENI

Griechisch-deutsch

Eingeleitet, übersetzt und kommentiert
von Mirjam E. Kotwick

basierend auf einem griechischen Text
von Richard Janko

DE GRUYTER

ISBN 978-3-11-041473-8
e-ISBN (PDF) 978-3-11-041736-4

Library of Congress Cataloging-in-Publication Data
A CIP catalog record for this book has been applied for
at the Library of Congress.

Bibliografische Information der Deutschen Nationalbibliothek
Die Deutsche Nationalbibliothek verzeichnet diese Publikation in der
Deutschen Nationalbibliografie; detaillierte bibliografische Daten sind
im Internet über http://dnb.dnb.de abrufbar.

© 2017 Walter de Gruyter GmbH, Berlin/Boston

Für Einbandgestaltung verwendete Abbildungen:
Cologny (Genève), Fondation Martin Bodmer, Cod. Bodmer 5: 3v/4r
(www.e-codices.unifr.ch)

Satz im Verlag
Druck und Bindung: Hubert & Co. GmbH & Co. KG, Göttingen

♾ Gedruckt auf säurefreiem Papier
Printed in Germany

www.degruyter.com

In Erinnerung
an meinen Großvater
und an Gerda

DANKSAGUNG

Mein Dank gebührt zunächst dem DAAD, der meine Arbeit durch ein Stipendium im Rahmen des Post-doc-Programms gefördert und meinen Forschungsaufenthalt an der University of Michigan in Ann Arbor ermöglicht hat. Während meines Aufenthaltes an der University of Michigan hat Richard Janko mir nicht nur Einblick in seine zahlreichen Photographien des Derveni-Papyrus gewährt, sondern auch viele Fragen und Aspekte des Papyrus mit mir diskutiert. Ich danke ihm besonders für seine Gastfreundschaft und Kollegialität. Des Weiteren danke ich Victor Caston, Francesca Schironi, Ruth Scodel und Donald Sells für kritische und konstruktive Diskussionen über den Papyrus während meines Aufenthaltes in Ann Arbor.

Mein Interesse am Derveni-Papyrus geht in seinen Anfängen auf meine Magisterarbeit zurück, die an der Ludwig-Maximilians-Universität München von Oliver Primavesi betreut wurde. Auch ihm gilt mein herzlicher Dank.

Für seine vielseitige Unterstützung meiner Arbeit möchte ich außerdem und besonders Jan N. Bremmer danken, der Teile des vorliegenden Bandes vorab gelesen und kritisiert hat.

Schließlich möchte ich Peter Isépy für das Lesen der Einleitung und der Übersetzung, Raphael Engert für das Lesen des gesamten Bandes, und Richard Janko für das Lesen der Druckfahnen danken.

Mirjam E. Kotwick, New York City

INHALT

EINLEITUNG 11
  Fund und materielle Beschaffenheit des Papyrus 11
  Datierung des Papyrus und der darin enthaltenen
  Abhandlung 14
  Editionsgeschichte 17
  Kennen wir den Autor? 19
  Die Abhandlung des Derveni-Autors 23
  Die orphische Theogonie 24
  Die physikalisch-kosmologische Theorie des Derveni-
  Autors und ihre Quellen 31
  Die Interpretation des Derveni-Autors 46

TEXT UND ÜBERSETZUNG 65

ZUM GRIECHISCHEN TEXT 105

KOMMENTAR 107

APPENDIX 351

KONKORDANZ 357

LITERATURVERZEICHNIS 365

EINLEITUNG

Fund und materielle Beschaffenheit des Papyrus

Der Derveni-Papyrus gilt als der älteste Papyrustext der griechischen Literatur und als das früheste erhaltene „Buch" Europas. Er enthält eine Abhandlung, in der ein uns namentlich unbekannter Autor eine orphische Theogonie einer radikalen naturphilosophischen Allegorese unterzieht. Der Name „Derveni" (δερβένι – < pers. *derbent / derbend* – = „Bergschlucht / Engpass") steht hier nicht für eine Siedlung, die diesen Namen trägt, sondern für einen ca. 12 km nördlich von Thessaloniki gelegenen Pass zwischen dem makedonischen Hinterland und dem Golf von Therma (zu den Fundumständen s. Themelis/Touratsoglou 1997: 192–201 u. KPT 2006: 1–4). Ca. 2,5 km südlich dieses Passes wurde im Januar 1962 während Straßenbauarbeiten ein antikes Kistengrab („Grab A") entdeckt. Bei weiteren Grabungen wurden in einem Umkreis von 200 m sechs weitere Gräber freigelegt. Aufgrund der Art und Beschaffenheit der Grabbeigaben ist anzunehmen, dass es sich hierbei um die Grabstätte mehrerer Personen aus der militärischen Oberschicht mit möglicherweise thessalischem Ursprung handelte. Unter den wertvollen Gegenständen ragt besonders der Derveni-Krater (aus Grab B) hervor, ein aufwendig verzierter Bronzekrater, auf dem unter anderem Dionysos und Ariadne dargestellt sind (Themelis/Touratsoglou 1997: 60–64; Abb. 13–17; Barr-Sharrar 2008 und 2012; s. auch Piano 2013).

Grab A enthielt neben der Urne zahlreiche weitere Gefäße und Schmuck. In dem Schutt, der vom Scheiterhaufen übrig geblieben und auf die Grabplatten gestreut worden war, befanden sich die Reste einer verkohlten Papyrusrolle. Offenbar hatte die Papyrusrolle mit dem Leichnam auf dem Scheiterhaufen verbrannt werden sollen, von dem sie jedoch aus unbekannten Gründen heruntergerollt war. Das Feuer hat große Teile der Rolle zerstört. Die obere Hälfte des inneren Teils der Rolle wurde jedoch nicht vollständig vom Feuer verzehrt, sondern durch Karbonisierung bzw. Verkohlung konserviert und somit vor ihrer natürlichen Verwitterung bewahrt. Aufgrund dieser speziellen Form der Konservierung ist der Derveni-Papyrus mit den Papyrusrollen aus der antiken Stadt Herculaneum vergleichbar, die beim Ausbruch des Vesuvs (79 n. Chr.) unter einer ca. 20 m dicken Schicht aus vulkanischem Material begraben und dadurch für die Nachwelt konserviert wurde. Die papyrologischen Techniken, die Forscher für die Behandlung der herculanensischen Papyri entwickelt haben, sind daher zum Teil auch auf den Derveni-Papyrus anwendbar.

Nach der Auffindung kam der Papyrus ins Archäologische Museum von Thessaloniki, wo er sich auch heute befindet. Anton Fackelmann von der österreichischen Nationalbibliothek übernahm 1962 die schwierige Aufgabe, den Papyrus zu entrollen. Ihm gelang es durch das Auftragen von Papyrussaft und die elektrostatische Wirkung einer Lampe, die Schichten der Rolle langsam voneinander zu lösen (Fackelmann 1970). Das Ergebnis waren 266 Papyrusstückchen, die zwischen zwei Glasplatten gelegt und versiegelt worden sind.

Der äußere Bereich der Rolle ist viel stärker zerstört als der innere. Es können insgesamt 28 Kolumnen, wenn auch in sehr unterschiedlichem Erhaltungszustand, rekonstruiert werden. Die Rekonstruktion und Lesung des Papyrus basiert vor allem auf Photographien, da der Papyrus durch die Verkohlung schwarz und daher mit bloßem Auge kaum zu lesen ist. Zusätzlich erschwert die durch die Glasplatten verursachte Lichtreflexion ein Lesen ohne technische Hilfe. Spyros Tsavdaroglou machte im Jahr 1962 die ersten Photographien des Papyrus (mit Infrarot-Licht). Diese befinden sich heute im Archiv des Archäologischen Museums von Thessaloniki. Die von Makis Skiadaresis gemachten Photographien aus dem Jahre 1978 sind in der Edition von Kouremenos/Parássoglou/Tsantsanoglou 2006 (= KPT) abgedruckt. Richard Janko hat zwischen 2014 und 2015 alle Bruchstücke des Papyrus mit Mikroskopie untersucht und sie mit Mikrophotographie auf dem neuesten Stand der Technik erfasst. Diese Photographien ermöglichen eine deutlich verbesserte Lesung der auf den Papyrusstücken erhaltenen Buchstaben. Gerade die Kombination der Evidenz aus Mikrophotographie mit normalem Licht und mit Infrarot-Licht für eine vergleichende Betrachtung der einzelnen Fragmente ermöglicht es Richard Janko, an zahlreichen Stellen Verbesserungen gegenüber den Lesungen von KPT 2006 vorzunehmen (vgl. „Zum griechischen Text").

Die erhaltenen Papyrusstücke sind die Reste der oberen Hälfte der Rolle; zusammengesetzt ergeben sie eine Länge von ca. 2,60 m (KPT 2006: 4–9). Die ursprüngliche Höhe des Papyrus kann näherungsweise auf 16–17 cm berechnet werden, wobei die beschriebene Fläche ca. 15 cm betrug. Die erhaltenen Reste zeigen, dass auf 5 cm Papyrus ca. 10 Zeilen Text passen, so dass für die ursprüngliche Rolle ca. 30 Zeilen Text pro Kolumne anzunehmen sind. Janko (2016: 13) errechnet 33 Zeilen als durchschnittliche Zeilenanzahl pro Kolumne. Die erhaltenen Papyrusstücke sind im besten Fall bis zu 9,4 cm hoch mit maximal 17 Zeilen (s. Kol. 54 und 55) Text. Die ursprüngliche Länge des Papyrus kann aufgrund eines jüngst von Richard Janko am linken Rand von Kol. 46 (zwischen den Zeilen 14 und 15) entdeckten stichometrischen

Zeichens („ο") auf insgesamt 2160 Zeilen in 66 Kolumnen berechnet werden (Janko 2016: 13). Die 28 rekonstruierbaren Kolumnen bilden 44 % der ursprünglichen Rolle. Da jedoch durchschnittlich jeweils nur etwas weniger als die Hälfte einer Kolumne erhalten ist, haben wir insgesamt nur 18 % des ursprünglichen Textes (Janko 2016: 13). Ob die Abhandlung des Derveni-Autors ursprünglich mehr als eine Rolle gefüllt hat, ist nicht sicher anzugeben, jedoch zu vermuten.

Datierung des Papyrus und der darin enthaltenen Abhandlung

Im Hinblick auf die Datierung des Papyrus ist zunächst nach dem Alter des Papyrus, auf dem der Text geschrieben ist, zu fragen: Aus welcher Zeit stammt die Papyrusrolle? Zum anderen stellt sich die Frage nach der ursprünglichen Abfassungszeit des darin enthaltenen Textes: Wann hat der Derveni-Autor gelebt und seine Abhandlung verfasst? Darüber hinaus kann dann gefragt werden, wie alt die orphische Theogonie ist, die der Derveni-Autor in seiner Abhandlung zitiert und interpretiert.

Die Datierung des Papyrus stützt sich zunächst auf die Datierung von Grab A, welches Gefäße und Münzen aus der Zeit Philipps II. (Regierungszeit: 359 bis 336 v. Chr.) enthalten hat. Als *terminus post quem* für das Grab und dessen Inhalte ergibt sich daher die Mitte des 4. Jahrhunderts v. Chr. Doch wann wurde der Papyrus beschrieben? Die Datierung des Grabs bildet hierfür den *terminus ante quem*. Die Schrift im Papyrus erlaubt gewisse Schlussfolgerungen: Auch wenn kaum Papyri aus dieser Zeit erhalten sind, die zum Vergleich herangezogen werden könnten, so ist eine große Nähe zum Stil der Inschriften (besonders Gefäßinschriften, s. KPT 2006: 9) aus der Mitte des 4. Jahrhunderts v. Chr. festzustellen. Dies zeigen besonders die Buchstaben E, Σ und Ω (Kapsomenos 1964/5: 6–8 und Merkelbach 1967: 21). Tsantsanoglou setzt somit als Zeitraum für die Beschriftung des Papyrus 340–320 v. Chr. an.

Für die Abfassung des im Derveni-Papyrus enthaltenen Textes kann zunächst aufgrund bestimmter Merkmale wiederum ein etwas früheres Datum angenommen werden. Der Text weist nämlich Fehler und Korrekturen auf, die als Spuren eines Überlieferungsprozesses verstanden werden können (s. z.B. in Kol. 61 §§71–74). Diese deuten darauf hin, dass der Text in der im Papyrus erhaltenen Form bereits einige Zeit tradiert (d.h. mehrfach kopiert) worden war. Neben diesen äußeren Anhaltspunkten sprechen sowohl sprachliche als auch inhaltliche Anzeichen für eine Abfassungszeit knapp vor oder um 400 v. Chr. Der Dialekt des Derveni-Autors ist ionisch, weist aber auch attische Elemente auf (außerdem hat Janko 1997: 62–63 auf vereinzelte dorische Einsprengsel wie νιν in Kol. 44 §12 und Kol. 51 §32 hingewiesen). Der Autor verwendet für ein und dasselbe Wort manchmal die ionische und manchmal die attische Form (z.B. nennt er die „seienden Dinge" in Kol. 49 §27, Kol. 53 §40, Kol. 56 §49 attisch τὰ ὄντα und in Kol. 55 §45, 56 §49, Kol. 57 §52 ionisch τὰ ἐόντα). Der Anteil an attischen Formen könnte ein Resultat der Überlieferung sein (West 1983: 77; Janko 1997: 62). Wahrscheinlicher ist jedoch, dass der häufige Wechsel zwischen ionischen und attischen Formen auf eine Unsicherheit im konsistenten Dialektgebrauch zurückzuführen ist. Es scheint, dass der Text eben zu einer Zeit verfasst worden ist, in der das Attische gerade im Begriff war, das Ionische als Dialektstil in der Prosa abzulösen, d.h. in den letzten Jahrzehnten des 5. Jahrhunderts v. Chr. (s. Willi 2010: 113–15).

Die Abhandlung des Derveni-Autors enthält ein hohes Maß an vor-sokratischem Gedankengut (s. unten). Die Kosmologie, die der Derveni-Autor mit Hilfe seiner allegorischen Interpretationsmethode aus dem orphischen Mythos herausliest, zeigt Übereinstimmungen mit verschiedenen Aspekten der Theorien des Anaxagoras, des Diogenes von Apollonia und anderen frühgriechischen Naturphilosophen. In diesem Zusammenhang wird gerne hervorgehoben, dass der Text vom Einfluss der Philosophie Platons gänzlich unberührt ist (Burkert 1968: 99–100). Die Annahme, dass der Derveni-Autor Platon nicht kannte, schließt jedoch keineswegs aus, dass Platon mit Autoren wie dem Derveni-Autor vertraut war und seine Dialoge daher wichtige Hinweise auf das kulturelle Milieu, aus dem der Derveni-Autor stammt, geben (s. Funghi 1997: 36–37 und im Folgenden unter „Historischer Kontext des Derveni-Autors"). Auch der Inhalt der Abhandlung spricht also für einen Abfassungszeitraum um 400 v. Chr. Neuerliche Versuche, die Datierung der im Derveni-Papyrus enthaltenen Abhandlung auf einen Zeitpunkt um hundert Jahre nach Platon zu verlegen und darin einen stoischen Einfluss festzumachen, können, wie Betegh 2007 zeigt, dagegen nicht überzeugen.

Die orphische Theogonie, die der Derveni-Autor interpretiert, ist sicher mindestens ein bis zwei Generationen älter als die Derveni-Abhandlung. Martin West (1983: 110) ist noch etwas großzügiger und datiert sie um 500 v. Chr. Der Derveni-Autor behandelt den orphischen Text, der vermutlich in den Einweihungsriten zum Vortrag kam, die er in Kol. 60 §§66–68 erwähnt, als wichtigen autoritären Bezugspunkt (s. unten). Dies legt insgesamt die Annahme nahe, dass der Text zum Zeitpunkt der Abfassung der Derveni-Abhandlung bereits als ein orphischer *hieros logos* (jedenfalls unter Eingeweihten) bekannt und etabliert war (zur orphischen Dichtung s. West 1983 u. Parker 1995).

Editionsgeschichte

Die erste Bekanntgabe des Papyrusfundes mit einer kurzen Beschreibung des Papyrus erfolgte durch S. G. Kapsomenos 1963 im *Gnomon*. 1964 folgte dann die Publikation von sieben Kolumnen (XVIII–XIX, XXI–XXIV und XXVI = Kol. 58–59, 61–64 und 66 Janko). Nach dem Tod von Kapsomenos im Jahr 1978 übernahm sein Mitarbeiter K. Tsantsanoglou (zusammen mit G. M. Parássoglou) die Arbeit an der *editio princeps*, der ersten offiziellen wissenschaftlichen Ausgabe des Textes. Während sich die Publikation dieser Edition weiter verzögerte, kursierten unter einigen Wissenschaftlern verschiedene Abschriften des Papyrustextes. Wie Walter Burkert 2014 (113–14) enthüllte, wandte er sich Anfang der 80er Jahre an Reinhold Merkelbach, der im Jahre 1982 in der von ihm herausgegebenen *Zeitschrift für Papyrologie und Epigraphik* (Nr. 47) anonym und ohne Einwilligung der griechischen Herausgeber eine Transkription der damals unter den Wissenschaftlern kursierenden Fassung des Textes veröffentlichte (= ZPE). Die griechischen Herausgeber zusammen mit dem englischen Papyrologen E. G. Turner protestierten gegen diesen ‚leak‘ und kündigten die *editio princeps* für das Jahr 1984 an (Turner/Tsantsanoglou/Parássoglou 1982). Das tatsächliche Erscheinen verzögerte sich jedoch um weitere 22 Jahre.

Im Jahre 1993 fand in Princeton eine Tagung zum Derveni-Papyrus statt, deren Ergebnisse 1997 als *Studies on the Derveni Papyrus* von André Laks und Glenn Most herausgegeben wurden. Neben der Publikation der ersten sieben

(besonders fragmentarischen) Kolumnen durch K. Tsantsanoglou bot der Band auch die erste vollständige und von
den griechischen Herausgebern am Original überprüfte
englischsprachige Übersetzung des Papyrus. Hierbei wurde
die Kolumnenzählung (I–XXVI) eingeführt, der auch die
offizielle Edition von 2006 folgt. Der Text von Janko in der
hier vorliegenden Ausgabe gibt eine neue Zählung vor (s.
oben und Janko 2016: 12–13; s. auch die Konkordanz auf
S. 357–63).

Im Jahre 2002 veröffentlichte Richard Janko einen Text
des Derveni-Papyrus (mit kritischem Apparat und eng-
lischer Übersetzung), der auf der anonymen Edition von
1982 basiert, diese aber durch die Berücksichtigung der inzwischen umfangreichen, publizierten Forschung an dem
Text deutlich verbesserte. Auf der Grundlage von Jankos
Text veröffentlichte Fabienne Jourdan 2003 eine französi-
sche Übersetzung mit Kommentar. Im Jahr 2004 erschien
Gábor Beteghs bis heute unübertroffene Gesamtstudie zum
Derveni-Papyrus. Der griechische Text darin basiert sowohl
auf einer kurzen Autopsie des Papyrus durch den Autor als
auch auf den bis einschließlich 2002 zugänglichen Quellen.

Im Jahre 2006 erschien schließlich die *editio princeps*,
herausgegeben von Th. Kouremenos, G. M. Parássoglou
und K. Tsantsanoglou (= KPT). Die Ausgabe bietet neben
der Edition des Textes eine diplomatische Umschrift, einen
ausführlichen paläographischen Apparat und hervorragende
Photographien des Papyrus (von Makis Skiadaresis). Allerdings fehlt der Ausgabe ein kritischer Apparat, in dem die
von verschiedenen Forschern bis dahin geleistete Arbeit am
Text dokumentiert wird (vgl. Janko 2006a, Kouremenos/
Parássoglou/Tsantsanoglou 2006b, Janko 2006b; s. auch
Laks 2007).

Gerade KPTs Rekonstruktion der ersten sechs Kolumnen wurde unmittelbar nach ihrem Erscheinen kritisiert (s. Janko 2006a). 2008 publizierte Richard Janko seine eigene Rekonstruktion der ersten Kolumnen, die vor allem in Kolumnen I–III KPT (= 41–43 J) und im Hinblick auf die Reihenfolge der Papyrusfragmente erheblich von KPT abweicht (Janko 2008). Dies wiederum rief neue und von Janko abweichende Rekonstruktionsversuche der ersten Kolumnen auf den Plan (s. Piano 2011 und Ferrari 2011a–c). Die in der vorliegenden Ausgabe präsentierte Version des Textes ist eine von Janko erneut auf der Grundlage von mikroskopischen Studien des Originals sowie vielen tausend Mikrophotographien überarbeitete Fassung (s. „Zum griechischen Text" und Janko 2016: 7).

Kennen wir den Autor?

Hinsichtlich der Identität des Autors stellt sich zunächst die Frage, ob wir den im Papyrus enthaltenen Text einer bestimmten uns namentlich bekannten antiken Person zuschreiben können. Hierzu wurden verschiedene Vorschläge vorgebracht.

Kapsomenos (1964/65: 12) zog Epigenes als möglichen Kandidaten für die Autorschaft in Betracht. Über Epigenes ist wenig bekannt (Janko 1997: 70–71 gibt einen Überblick), eine Datierung ins 4. Jahrhundert v. Chr. vielleicht wahrscheinlich. Er stammte wohl aus Athen. Er soll ein Werk über orphische Dichtung verfasst haben (wie Clemens von Alexandria in *Strom.* I 21.131.5 berichtet), das auch eine allegorische Interpretation beinhaltete (Clem. *Strom.* V 8.49.3), aber von dem wir sonst nichts Genaues wissen (vgl. West 1983: 9–10).

Burkert hat 1986 Stesimbrotos von Thasos als möglichen

Kandidaten für die Autorschaft ins Spiel gebracht. Über Stesimbrotos wissen wir, dass er um ca. 420 v. Chr. gelebt hat, dass er ein Werk mit dem Titel Περὶ τελετῶν (*Über Mysterien*) verfasst hat und sich als Homer-Ausleger offenbar auch einer allegorischen Interpretation bedient hat (*FGrHist.* 107 F 12a, F 13). Plato erwähnt ihn im *Ion* (530d) zusammen mit dem allegorischen Homer-Interpreten Metrodoros von Lampsakos (s. auch Xenophon, *Symp.* 3.6). Die scheinbaren inhaltlichen Überschneidungen in Bezug auf den orphischen Sukzessionsmythos, die Burkert zwischen einem Fragment des Stesimbrotos (*FGrHist.* 107 F 17) und dem Derveni-Papyrus sieht, rechtfertigen die Identifizierung mit dem Derveni-Autor jedoch nicht (vgl. Janko 1997: 72–74); zu Stesimbrotos s. auch Richardson 2006: 71–75.

Wenn man die Evidenz in den beiden platonischen Dialogen *Euthyphron* (3e, 4e–5a) und *Kratylos* (396d, 407d, 409d) zusammenführt, kann Euthyphron von Athen als ein göttlich inspirierter Seher (*Mantis*) und religiöser Experte verstanden werden, der Texte, die von Göttern handeln (wie z.B. Hesiods *Theogonie*), auslegt und sich dabei auch der etymologischen Erklärung von Götternamen bedient. Kahn (1997) sieht in ihm, wenn nicht sogar den Derveni-Autor selbst, so doch mindestens einen ‚Kollegen‘, der in demselben intellektuellen Milieu zu Hause ist (s. auch Boyancé 1974: 109–10 und Tsantsanoglou 2014: 6–11). In diesem Zusammenhang ist auch die These von Baxter erwähnenswert, wonach die etymologischen Ableitungen, die Sokrates in weiten Teilen des platonischen *Kratylos* vorführt, den Derveni-Autor und seinesgleichen ins Visier und aufs Korn nehmen (Baxter 1992: 106–107, 130–39; s. auch Hussey 1999: 311–15, der für eine direkte Verbindung zwischen Euthyphron und dem Derveni-Papyrus keine Indizien gegeben sieht).

Dem starken Einfluss frühgriechischer Philosophie und besonders der Lehre des Anaxagoras, den der Derveni-Autor aufweist, werden zwei weitere historische Personen gerecht, die jeweils als möglicher Autor des Derveni-Papyrus diskutiert worden sind (s. Sider 1997: 137–38 u. Janko 1997: 76–79): Der Anaxagoras-Schüler Metrodoros von Lampsakos (5. Jhr. v. Chr.) interpretierte die *Ilias* allegorisch. Helden wie Achill und Paris stehen demnach für physikalische Elemente und Himmelskörper wie die Sonne und die Luft, und die Götter Demeter und Dionysos für die menschlichen Organe Leber und Milz (61.3–4 D.-K.). Hinweise auf eine Allegorese orphischer Dichtung oder gar ein Bezug zum religiösen Diskurs der Mysterien finden sich in den Zeugnissen zu Metrodoros jedoch nicht (zur Allegorese des Metrodoros s. Califf 2003).

Der andere Schüler des Anaxagoras, der als möglicher Autor des Derveni-Papyrus diskutiert wurde, ist Diogenes von Apollonia (vgl. Janko 1997: 80–87). Auch wenn die vom Derveni-Autor entwickelte Kosmologie klare Parallelen zur Theorie des Diogenes zeigt, so gibt es doch auch klare Differenzen, die gegen die Identität der beiden Autoren sprechen (s. dazu unter „Frühgriechische Philosophie"). Ähnlich wie im Fall des Metrodoros lässt sich vor allem in einer dem Diogenes zugeschriebenen allegorischen Interpretation des homerischen Zeus eine interessante Überschneidung mit der Interpretation des Derveni-Autors feststellen: Diogenes soll Zeus als Luft gedeutet und dies mit dessen Allwissenheit begründet haben (64 A 8 D.-K.; s. Burkert 1968: 97–98).

Richard Janko hat Diagoras von Melos als möglichen Autor des Derveni-Papyrus vorgeschlagen (1997: 87–93; s. auch 2001: 2–15; 2002b). Aus den wenigen Quellen, die wir zu Diagoras haben, ergibt sich ein widersprüchliches

Bild: Er lebte im 5. Jahrhundert v. Chr., war ein Dithyram-
bendichter, Sophist und Vertreter physikalischer Ansichten
(T 1–3 Winiarczyk), die möglicherweise denen des Diogenes von Apollonia nahestanden (Aristoph. *Nu.* 826–31); er
galt als „Atheist", eine Zuschreibung, die sich, wie Janko
betont, auf den Unglauben an die Existenz der traditionellen Götter bezogen haben kann (s. auch Betegh 2004:
374 u. Bremmer 2007), ohne damit auch den Glauben an
eine Gottheit wie den *Nus* (des Anaxagoras oder des Derveni-Autors) auszuschließen. Laut Athenagoras (*Suppl. pro
Christ.* 4 = T 27 Winiarczyk) soll Diagoras einen orphischen
logos (Ὀρφικὸν ... λόγον) sowie Geheimnisse der Eleusinischen Mysterien öffentlich gemacht haben. Eine Bemer-
kung Epikurs kann als ein wenn auch vager Hinweis auf
eine allegorische Deutung von Götternamen (Philodem,
De Piet. I, col. 19.518–41 Obbink) durch Diagoras verstanden werden. Jedoch scheint die Evidenz insgesamt auch in
diesem Fall nicht ausreichend, um eine Zuschreibung des
Derveni-Papyrus an Diagoras von Melos zu rechtfertigen
(vgl. auch Betegh 2004: 373–80).

Keiner der gemachten Vorschläge für eine Zuschreibung
des Derveni-Papyrus an einen uns namentlich bekannten
Autor hat sich in der Forschung durchsetzen können. Auch
wenn Vergleiche des Derveni-Papyrus mit (oft nur umriss-
haft bekannten) historischen Figuren des 5. vorchristlichen
Jahrhunderts Hilfreiches zur Charakterisierung des Textes
beitragen können, so scheint der Versuch, die Frage nach
der Identität des Autors mit einem bestimmten Autorna-
men beantworten zu wollen, letztendlich wenig aussichts-
reich (vgl. Betegh 2004: 349). Erfolgversprechender ist es,
den Autor auf der Grundlage des Derveni-Papyrus in seinem Denken und Argumentieren zu charakterisieren und
auf diesem Weg ein deskriptives Autorenprofil zu erstellen.

Diese Vorgehensweise ermöglicht es vielleicht, den Autor einem bestimmten intellektuellen Milieu am Ende des 5. und Beginn des 4. Jahrhunderts v. Chr. zuzuordnen.

Die Abhandlung des Derveni-Autors

Die im Derveni-Papyrus enthaltene Abhandlung lässt sich grob in zwei Abschnitte unterteilen. Der erste Abschnitt besteht aus den Kolumnen 39–46 (vgl. I–VI KPT). Trotz des zum Teil sehr fragmentarischen Charakters des Textes ist ersichtlich, dass der Derveni-Autor hier religiöse Rituale beschreibt, die er zum Teil auch erklärt und interpretiert. Außerdem äußert der Autor Kritik am Verhalten der Menschen gegenüber göttlichen Warnzeichen (Orakel, Träume usw.): Die Menschen missverstehen diese und glauben daher auch nicht an deren Inhalte (s. Kol. 45). Anstatt sich um ein tieferes Verständnis zu bemühen, verschreiben sie sich einem Leben, das in der Erfüllung der eigenen Lust besteht.

Der zweite Abschnitt besteht aus den Kolumnen 47–66 (= VII–XXVI KPT) und umfasst ca. 80% des erhaltenen Textes. Hier fokussiert sich der Autor auf die Interpretation einer orphischen Theogonie, aus der er einzelne Verse oder Versgruppen zitiert und anschließend kommentiert. Seine Auslegung des orphischen Textes versteht diesen als von Orpheus verfasste Allegorie, die es vermittels bestimmter interpretatorischer Techniken zu entschlüsseln gilt: der Mythos von Zeus und seiner Erlangung der Herrschaft über die Götter und die Welt ist in Wahrheit eine physikalisch-kosmologische Erklärung über die Entstehung der Welt aufgrund der Einwirkung des *Nus* („Geist", „Intellekt"), der mit dem Element Luft identisch ist. In diesem Teil der Abhandlung sind drei Stränge miteinander verwoben, die es für eine Rekonstruktion und Interpretation des Textes auseinanderzuhalten gilt: Da ist zunächst die orphische Theogonie, zu der wir durch die Zitate des Derveni-Autors Zugang erhalten. Daneben ist als zweiter Strang die physikalisch-kosmologische Theorie über die Entstehung der Welt zu unterscheiden. Als dritter Strang, der gleichsam die anderen beiden miteinander verbindet, kann die allegorische Interpretation verstanden werden, durch die der Autor zeigen will, dass der mythische Text in Wahrheit über Physik spricht.

Im Folgenden gebe ich zunächst einen Überblick über die orphische Theogonie, die der Autor allegorisiert; dann untersuche ich die physikalisch-kosmologische Theorie des Derveni-Autors und seine möglichen Quellen; danach wende ich mich den Methoden und Strategien seiner Interpretation zu. Aus diesem Überblick und unter Berücksichtigung der spärlichen Hinweise des Autors auf sich und seinen Hintergrund ergeben sich bestimmte Schlussfolgerungen auf den intellektuellen Charakter des Derveni-Autors, die das Verständnis dieses enigmatischen Textes etwas erleichtern sollen.

Die orphische Theogonie

Der Name Orpheus verdankt seinen heutigen Bekanntheitsgrad vor allem den seit der Antike (Vergil, *Georgika* 4 und Ovid, *Metamorphosen* 10 und 11) bis heute geschaffenen Bearbeitungen des Mythos vom Sänger Orpheus, der zur (vergeblichen) Rettung seiner Frau Eurydike in die Unterwelt hinabsteigt und dessen Gesang so schön ist, dass er wilde Tiere, und selbst Bäume und Felsen damit bewegt. Meist weniger bekannt ist die Tatsache, dass unter dem

Namen des Orpheus seit frühgriechischer Zeit eine Vielzahl unterschiedlicher Texte und Dichtungen im Umlauf waren (zum Mythos über Orpheus s. Segal 1989; zur Figur des Orpheus s. Graf 1988, Bremmer 1991; zur orphischen Dichtung s. West 1983: 1–38; Parker 1995: 485–87; Edmonds 2013: 160–91). Zentrale Themen dieser nur sehr fragmentarisch erhaltenen orphischen Texte sind der Ursprung des Kosmos, der Götter und der Menschen sowie deren Schicksal nach dem Tod. Damit verbunden ist oftmals ein ritueller Kontext, in den die Texte sowie die Figur des Orpheus (den die Tradition auch als Begründer der Mysterien kennt) funktional eingebunden sind (vgl. Bremmer 2014: 55–80). Diese Charakteristika treffen besonders auf die dem Orpheus zugeschriebene theogonische Dichtung zu. Als Theogonie versteht man allgemein hexametrische Dichtung über die mythische Entstehung und Herrschaftsfolge der Götter (vgl. West 1983: 68).

Der vom Derveni-Autor interpretierte orphische Text ist eine solche Theogonie (im Folgenden: „Derveni-Theogonie"). Wir dürfen vermuten, dass die Derveni-Theogonie üblicherweise während eines Initiationsritus vorgetragen wurde, wo sie als sprachliche Komponente (λεγόμενα) die vollzogenen Handlungen (δρώμενα) begleitete (vgl. West 1997: 84; Tsantsanoglou 1997: 101–102; Henrichs 2003: 213–16, 233; Bremmer 2014: 76–77). In Kol. 60 §§66–68 verweist der Derveni-Autor auf Texte, die während eines Einweihungsrituals vorgetragen werden und übt Kritik daran, dass die teilnehmenden Eingeweihten nicht verstehen, was diese Texte in Wahrheit bedeuten. Es liegt nahe, dass der Derveni-Autor hier genau solche Texte im Sinn hat, wie die orphische Theogonie, die er in seiner Abhandlung interpretiert, und deren wahren Sinn er durch das interpretatorische Mittel der Allegorese ans Licht bringen möchte.

In welcher Form ist die Derveni-Theogonie im Papyrus enthalten? Der Derveni-Autor zitiert einzelne Verse oder kleine Versgruppen (von maximal vier aufeinanderfolgenden Versen) aus dem orphischen Gedicht. Zunächst scheint die Annahme nahezuliegen, dass der Derveni-Autor bei seiner Interpretation der Reihenfolge der Verse im orphischen Text folgt. Dies beschreibt jedoch keine zwingende Regel (vgl. Edwards 1991: 204–205). Denn es gibt keine Anzeichen im Text, die der Annahme widersprechen, dass der Autor selektiv zitiert und gelegentlich auch von der ursprünglichen Reihenfolge abweicht (der Derveni-Autor leitet ein Verszitat zwar mehrfach als „nächsten" Vers ein, doch dies muss nicht die Position des Verses in der Theogonie selbst meinen, sondern kann sich auf seine eigene Abhandlung beziehen). Aufgrund der speziellen Form der Bezeugung im Derveni-Papyrus den Schluss zu ziehen, dass die Derveni-Theogonie selbst eine *gekürzte* Fassung einer längeren Theogonie war (West 1983: 82–101), ist wohl übereilt. Vielmehr ist eine gewisse Freiheit des Derveni-Autors im Umgang mit dem orphischen Text wahrscheinlich, wenn man sich den generellen Duktus der Abhandlung vor Augen führt: der Autor ordnet die Zitation des orphischen Textes seinem jeweiligen Interpretationsziel unter (s. z.B. Kommentar zu §48). Mit anderen Worten, es geht dem Autor in seiner Abhandlung nicht um eine getreue Erfassung oder gar Bewahrung der mythischen Handlungsfolge. Vielmehr zitiert er eben solche Verse, die Begriffe und Namen enthalten, die er leicht mit Hilfe seiner allegorischen Interpretationsmethode entschlüsseln und zu Bausteinen einer physikalischen Kosmologie umfunktionieren kann (zur Derveni-Theogonie und ihrer Rekonstruktion s. West 1983: 68–115; Betegh 2004: 153–81; Bernabé 2007b; Santamaría 2012a; Sider 2014)

Die Handlung der Derveni-Theogonie

Unser Wissen über den Inhalt der im Derveni-Papyrus interpretierten orphischen Theogonie ist zum einen aufgrund des fragmentarischen Zustands des Papyrus und zum anderen aufgrund der selektiven Zitation der Verse durch den Derveni-Autor beschränkt. Dennoch ist eine Rekonstruktion des Handlungsverlaufs teilweise möglich (s. unten). Neben der im Derveni-Papyrus vorhandenen Evidenz in Form von Zitaten von orphischen Hexameterversen durch den Derveni-Autor können – mit gebotener Vorsicht – auch spätere Zeugnisse zu anderen Versionen der orphischen Theogonie zur Rekonstruktion der Handlung herangezogen werden. Solche spätere Zeugnisse finden sich in großer Anzahl bei neuplatonischen Kommentatoren, allen voran bei Proklos und Damaskios. Bei der Auswertung dieser spätantiken Zeugnisse ist jedoch zu beachten, dass den Zitatautoren eine andere Version der orphischen Theogonie vorlag als dem Derveni-Autor am Ende des 5. Jahrhunderts v. Chr. Die in der Spätantike am weitesten verbreitete Version war die vermutlich aus dem 1. Jh. v. Chr. stammende sogenannte *Rhapsodische Theogonie* (Ἱεροὶ Λόγοι ἐν Ῥαψωιδίαις κδ' „Hieroi Logoi in 24 Gesängen", s. *OF* 90–359 und West 1983: 70–75, 227–58). Auch wenn es sich dabei um eine andere Version der orphischen Theogonie handelt, so stimmen große Teile der Handlung der *Rhapsodischen Theogonie*, wie West 1983 gezeigt hat, mit dem überein, was uns der Derveni-Papyrus über die Derveni-Theogonie verrät (s. dazu unten).

Grundsätzlich kann die orphische Theogonie (in ihren verschiedenen Fassungen) vor allem als ein Alternativmodell zu Hesiods *Theogonie* verstanden werden. Orpheus' Theogonie stimmt zwar mit Hesiods Theogonie in wichtigen

Handlungselementen (wie z.B. der Herrschersukzession
Uranos – Kronos – Zeus) überein, erweitert und variiert
diese aber auch. So gehen z.B. in der orphischen Theogonie
der Herrschersukzession Uranos – Kronos – Zeus die Götter Phanes-Protogonos und Nacht voraus; Dionysos folgt
auf seinen Vater Zeus nach.

Der Inhalt der Teile der Derveni-Theogonie, die uns
durch den Papyrus erhalten sind, lässt sich wie folgt zusammenfassen: Am Anfang stand ein Einleitungsvers (*OF* 1
a/b), der als eine Art Siegelvers fungierte, um Unbefugten
das Zuhören zu versagen (s. Kol. 47 §21). Der Vers macht
deutlich, dass sich der folgende Inhalt nur an Eingeweihte
richtet. Dann erfahren wir von Zeus, der als Erzeuger der
übrigen Götter bezeichnet wird (*OF* 4) und von seinem Vater Kronos die Herrschaft übernimmt (*OF* 5.1–2; s. Kol. 48–
49 §§23–28). Kurz zuvor hatte Zeus von der Göttin Nacht
Orakel und Prophezeiungen über die notwendigen Schritte
zur Erlangung der Königsherrschaft erhalten (*OF* 5.1 und
6; s. Kol. 50–52 §§29–37). Durch seinen Herrschaftsantritt
reiht sich Zeus in die (auch aus Hesiods *Theogonie* und
der *Rhapsodischen Theogonie* bekannte) Herrschersukzession seiner Vorgänger ein: eine Generation zuvor hatte sein
Vater Kronos die Macht gewaltsam (nämlich durch Kastration) von seinem Vater Uranos übernommen (*OF* 9–10;
Kol. 54–55 §§42–47). Zeus' Erlangung der Königsherrschaft
schließt das Verschlucken des erstgeborenen „ehrwürdigen"
Gottes Protogonos mit ein (*OF* 5, 7 und 8; s. Kol. 53 §§38–
40; die alternative Interpretation, wonach Zeus anstelle des
Gottes Protogonos vielmehr das Schamglied des Uranos
verschluckt, kann nicht überzeugen: S. dazu Kommentar
zu §39). Die Zeugnisse der *Rhapsodischen Theogonie* zeigen,
dass der Gott Protogonos viele verschiedene Namen hatte
(Phanes, Metis); in der Derveni-Theogonie wird er offen-

bar auch als Metis bezeichnet (*OF* 11, Kol. 55 §48). Diesen Gott verschluckt Zeus. Der erste Schöpfergott Protogonos (Metis) ist mit der gesamten bisherigen Welt verwachsen, und so befindet sich nun zusammen mit dem Gott die gesamte Welt in Zeus. Zeus ist *eins* mit der gesamten Welt und somit einzig (*OF* 12, Kol. 56 §49). Die Einzigartigkeit des Zeus wird in einem Hymnus gepriesen, in dem Zeus als Anfang, Mitte und Ende sowie als König und Herrscher der ganzen Welt beschrieben wird (*OF* 14, s. auch *OF* 13, Kol. 56–57 §§51–65). Dann erzeugt Zeus aus sich heraus eine neue Welt: er erschafft erneut Götter wie Aphrodite, seine Mutter Rhea oder Okeanos, und den Mond und die Sterne (*OF* 15–17, Kol. 61–65 §§70–91) und – so ist trotz der selektiven Zitation des Autors zu vermuten – die ganze Welt aus sich (*OF* 18.1, §92). Dann hat Zeus das Verlangen, mit seiner Mutter zu schlafen (*OF* 18.2, Kol. 66 §§93–95). An diesem Punkt der Handlung bricht der Derveni-Papyrus ab, da das Ende der Papyrusrolle erreicht ist.

Wir wissen nicht, ob und wie weit der Derveni-Autor seine Interpretation der Theogonie auf einer weiteren Rolle fortgesetzt hat. Dass das Ende seiner Abhandlung insgesamt nicht mit dem uns erhaltenen Ende von Kolumne 66 zusammengefallen ist, ist immerhin wahrscheinlich (vgl. Janko 2016: 15). Überlegungen dazu, wie die Handlung der Derveni-Theogonie über das inzestuöse Begehren des Zeus hinaus weiter gegangen ist, sind freilich spekulativ. Allerdings kann auch hier die Handlung der *Rhapsodischen Theogonie* Anhaltspunkte liefern (s. im Folgenden).

Die Handlung der *Rhapsodischen Theogonie*

Der Inhalt der *Rhapsodischen Theogonie* kann auf der Basis
spätantiker Fragmente folgendermaßen zusammengefasst
werden (s. West 1983: 70–75; Betegh 2004: 140–43; *OF*
90–359 Bernabé; vgl. auch Edmonds 2013: 148–59, der die
Rhapsodische Theogonie nicht als eine kohärente Erzählung,
sondern als Sammlung verschiedener Erzählungen versteht): Am Anfang war *Chronos* („Zeit"), der mit *Ananke*
(„Notwendigkeit") verbunden ist (*OF* 109–110). *Chronos* erschafft den *Aither* und das *Chasma* (einen großen Schlund,
das Chaos) (*OF* 111–13). Im *Aither* erschafft die Zeit (*Chronos*) ein großes Ei (*OF* 114–19). Aus dem im *Aither* befindlichen Ei schlüpft Phanes, der auch Metis, Erikepaios, Protogonos oder Eros heißt. Phanes hat vier Augen und Hörner,
goldene Flügel, mehrere Tierköpfe und beide Geschlechter.
Phanes ist eine Lichtgestalt, die so hell strahlt, das nur die
Nacht sie ansehen kann (*OF* 120–43). Phanes-Protogonos
erschafft aus sich die Welt und wird der erste Königsherr-
scher (*OF* 144–67). Ihm folgt auf den Thron die Nacht, die
seine Partnerin und auch seine Tochter ist (*OF* 148; 168–71).
Auf die Nacht wiederum folgt deren Sohn Uranos als Herrscher, der mit Gaia verschiedene Götter zeugt. Da Uranos
seine Nachkommen in den Tartaros wirft, gebiert Gaia
die Titanen im Verborgenen. Unter den Titanen ist allei-
ne Kronos bereit, seinen Vater zu kastrieren und die Herrschaft zu übernehmen (*OF* 174–89). Kronos wird selbst ein
tyrannischer Herrscher. Er zeugt mit seiner Schwester Rhea
verschiedene Kinder, die er verschluckt (*OF* 190–204). Ihren Sohn Zeus versteckt Rhea (die jetzt Demeter ist) in der
Höhle der Nacht. Die Nacht gibt Zeus Weisungen, wie er
seinen Vater Kronos besiegen kann (*OF* 205–15). Zeus kastriert daraufhin Kronos (*OF* 219–25) und verschluckt (auch

auf Anweisung der Nacht) den ersten Herrschergott Phanes-Protogonos und mit ihm die ganze bisherige Welt (*OF*
226–42). Dadurch wird Zeus einzig und durch die anschließende Neuerschaffung der Welt aus sich zum neuen Schöpfergott (*OF* 243). Er erzeugt mit einer Reihe von Göttinnen verschiedene Götter (*OF* 244–68), darunter mit seiner
Mutter Rhea-Demeter die Göttin Persephone-Kore (*OF*
276–79); mit seiner Tochter Persephone-Kore zeugt Zeus
den Dionysos (*OF* 280–83), den er zu seinem Nachfolger
macht (*OF* 296–300). Die eifersüchtigen Titanen töten Dionysos, zerstückeln ihn und essen von seinem Fleisch (*OF*
301–13). Athene rettet das noch schlagende Herz des Dionysos, so dass dieser wiedererschaffen werden kann. Zeus tötet
die Titanen zur Strafe mit dem Blitzstrahl. Der neuplato-
nische Kommentator Olympiodor berichtet, dass aus dem
Ruß, der von den verbrannten Titanen aufstieg, sodann das
Menschengeschlecht geschaffen wurde (*OF* 314–31).

Die physikalisch-kosmologische Theorie des Derveni-Autors und ihre Quellen

Laut Derveni-Autor ist die eigentliche Aussage von Orpheus' Gedicht über Zeus und die anderen Götter eine
physikalische. In Wahrheit handelt die Theogonie nicht
von Zeus, sondern von *Nus* – das geistige Prinzip, dass alles
in der Welt bestimmt und identisch mit der Luft ist. Laut
Derveni-Autor handelt die Theogonie nicht von der Genealogie der Götter, sondern von der Entstehung des Kosmos
und unserer Welt. Die physikalische Weltentstehungsthe-
orie, die der Autor vermittels allegorischer Interpretation
aus den Zitaten des orphischen Textes ableitet, steht in der
Tradition der kosmogonisch-ontologischen Theorien früh-

griechischer Naturphilosophen. Es finden sich besonders klare Übereinstimmungen mit den Lehren des Anaxagoras und des Diogenes von Apollonia, sowie einzelne Parallelen mit den Lehren der Atomisten Leukipp und Demokrit, und mit der Lehre des Empedokles. Sie alle stehen wie der Derveni-Autor selbst in der Nachfolge des Parmenides (den der Derveni-Autor nach der neuen Rekonstruktion von Janko in Kol. 39 §2 sogar zitiert). Darüber hinaus offenbart der Derveni-Autor durch sein Zitat in Kol. 44 §12 eine direkte Verbindung zu Heraklit.

Die Kosmologie des Derveni-Autors

Die Kosmologie des Derveni-Autors lässt sich, soweit es der fragmentarische Zustand des Textes erlaubt, wie folgt rekonstruieren und zusammenfassen (vgl. Betegh 2004: 224–77; KPT 2006: 28–45; McKirahan 2012): Die Grundbestandteile der Welt sind „die seienden Dinge" (τὰ ὄντα, ion. τὰ ἐόντα). Die seienden Dinge sind unentstanden und ewig (Kol. 56 §49). Alle *momentan* existierenden Dinge (τὰ νῦν ὄντα „die jetzt seienden Dinge") sind aus den *ewig* seienden Dingen (τὰ ὑπάρχοντα „die vorhandenen, zugrundeliegenden Dinge") gebildet. Eine wirkliche Neuentstehung kann es nicht geben. Denn aus nichts (*ex nihilo*) kann nicht etwas entstehen (Kol. 56 §49). *Nus* („Geist", „Vernunft"), der mit dem Element Luft identisch ist (vgl. Kol. 63 §80) und zu den ewig existierenden Dingen gehört (Kol. 57 §52), umfasst und beherrscht alles, was es gibt (Kol. 59 §62). Somit befindet sich alles, was es gibt, in der Luft (Kol. 57 §55). Das Denken des *Nus* (φρόνησις) bestimmt den Ablauf des kosmischen Geschehens (Kol. 59 §63; s. auch Kol. 65 §§90–91) und das Schicksal (*Moira*) der Menschen (Kol. 59 §63).

Der Ursprung und das Zustandekommen unserer gegenwärtigen Welt ist durch folgenden kosmischen Geschehensablauf zu erklären: Am Anfang war alles eine von der Macht des Feuers dominierte, extrem heiße Mischung. Die seienden Dinge gingen undifferenziert in dieser heißen Masse auf, weil das Feuer sie daran hinderte, sich zu einzelnen Partikeln zu formieren, die in der Lage wären, sich mit anderen Partikeln zu größeren Einheiten zu verbinden (Kol. 49 §27). Nachdem *Nus*/Luft (der selbst nicht Teil der Mischung ist) die Lage erkannt hatte, entzog er der heißen Urmasse eine bestimmte Menge an Feuer und bildete daraus die Sonne (Kol. 49 §27; s. auch Kol. 65 §91). *Nus* milderte die Hitzewirkung des zur Sonne umfunktionierten Feuers ab, indem er es auf einer Bahn mit sicherem Abstand von den übrigen seienden Dingen fixierte (Kol. 49 §27 und Kol. 55 §45). Möglicherweise entstanden zu diesem Zeitpunkt auch die übrigen Gestirne – in jedem Fall bestehen die Sterne aus dem gleichen Feuer-Material wie die Sonne und auch ihre jeweilige Position ist von *Nus* bzw. der Luft bestimmt, in der sie sich schwebend befinden. *Nus*/Luft verhindert, dass die Feuerteilchen ihre Position verlassen und sich erneut zu einer Feuermasse zusammenballen (Kol. 65 §§88–91). Die Luft (*Nus*) sorgt im Gegensatz zum Feuer, dessen Hitze die Dinge zu einer undifferenzierten Masse auflöst, dafür, dass sich die Dinge als individuierte Partikeln bewegen können. Denn nach dem Entzug des Sonnen-Feuers aus der Urmischung nahm die Luft den in der Mischung freigewordenen Platz ein und bewirkte, dass sich die in ihr befindlichen Dinge zu individuierten Partikeln formieren und Verbindungen miteinander eingehen konnten (Kol. 49 §27, s. auch Kol. 50 §31). In ihrer Bewegung kollidieren die einzelnen Partikeln immer wieder und stoßen sich so voneinander ab (Kol. 54 §42; Kol. 55

§45). Unter dem Einfluss des *Nus* kollidieren die Partikeln nicht nur willkürlich miteinander, sondern bespringen sich auch direkt. Zur Vereinigung von Partikeln zu größeren Entitäten kommt es immer dann, wenn Teilchen aufeinander treffen, die miteinander „vertraut" sind und zueinander passen (Kol. 61 §§71–73). Unsere Welt und die momentan darin existierenden Dinge sind – so ist auf der Basis des fragmentarischen Papyrus zu vermuten – das Resultat solcher Verbindungen unter den seienden Dingen.

Frühgriechische Philosophie

Die Kosmologie, die der Derveni-Autor aus der Interpretation des orphischen Textes entwickelt (zur Methode s. unten), zeigt Überschneidungen mit verschiedenen Theorien anderer frühgriechischer oder vorsokratischer Philosophen. Der Derveni-Autor erweist sich als Kenner unterschiedlicher naturphilosophischer Lehren über den Kosmos; gleichzeitig zeigt er sich als kreativer Benutzer dieser Lehren, indem er aus mehreren verschiedenen Erklärungsmodellen Elemente übernimmt und daraus seine eigene, in das Gewand der Interpretation eines Mythos gekleidete, kosmologische Lehre entwickelt.

Die erste grundlegende Annahme, die in der Nachfolge und als Antwort auf die Philosophie des Parmenides zu verstehen ist, besteht darin, dass nichts aus nichts entstehen kann (*ex nihilo nihil fit*, s. 28 B 8.5–21 D.-K.). Das Seiende ist für Parmenides unentstanden und unvergänglich. Dieses ontologische Grundprinzip ist für die nachfolgenden frühgriechischen Denker wie Anaxagoras, Empedokles und die Atomisten zum Maßstab geworden, an dem sie ihre eigene Theorie ausrichten. Anaxagoras' Antwort ist, dass alles, was in der Welt passiert und von den Menschen für Entstehen und Vergehen gehalten wird, lediglich Mischung und Entmischung der Grundstoffe („des Seienden") ist (59 B 17 D.-K.). Empedokles' Antwort besteht darin, dass allein die vier Elemente (Feuer, Wasser, Erde und Luft) und die beiden Prinzipien Liebe und Streit ungeworden und unvergänglich sind (31 B 7 D.-K.). Unsere Welt ist ein temporäres Übergangsprodukt gebildet aus den sechs genannten (selbst ewig bestehenden) Komponenten (*Physika* I, 261–66 = D.-K. 31 B 17.30–35). Was die Menschen „Entstehen" und „Vergehen" nennen, ist ausschließlich Vereinigung und Trennung der vier Grundstoffe (31 B 8 D.-K.). Für die Atomisten Leukipp und Demokrit besteht das unentstandene und unvergängliche Seiende in einer unendlichen Vielzahl kleiner „Massen" (oder Atome), die sich im Leeren bewegen und durch ihre Verbindung und Trennung „Entstehen" und „Vergehen" in der wahrnehmbaren Welt bewirken (67 A 7 D.-K.). Die Theorie des Derveni-Autors reiht sich in diese post-Parmenideische Tradition ein. Die seienden Dinge (τὰ ὄντα), zu denen auch *Nus*/Luft gehört, sind ewig und ungeworden. Die gegenwärtige Welt ist das Ergebnis von Vereinigungen unter den seienden Dingen in Partikelform. Die Menschen denken zwar, dass Dinge neu entstehen können, die vorher nicht existierten, aber diese Annahme ist falsch (vgl. Kol. 57 §§52–53). Unsere Welt ist nur eine neue Zusammensetzung aus selbst ewig bestehenden Bestandteilen (Kol. 56 §49 mit Erläuterungen; vgl. Laks 1997: 128–29; McKirahan 2012: 81–83).

Anaxagoras

Daneben zeigt die Kosmologie des Derveni-Autors weitere, spezifische Übereinstimmungen mit der Theorie des Anaxagoras (vgl. Betegh 2004: 278–305). Für Anaxagoras sind alle Entitäten unserer Welt aus Mischungen derselben Grundstoffe (z.B. das Trockene, das Feuchte, das Warme, das Kalte, Fleisch und Haar, s. 59 B 4, 10, 12 D.-K.) gebildet, wobei alle Dinge etwas von jedem Grundstoff enthalten („alles ist in allem enthalten", 59 B 6, B 11 D.-K.). Denn die Grundstoffe selbst bestehen genauso wie alle Dinge in der Welt aus Mischungen aller übrigen Grundstoffe. Der Unterschied zwischen z.B. Fleisch und Gold besteht darin, dass im Fleisch die Fleischanteile überwiegen und im Gold die Goldanteile. Das, was jeweils in höchster Konzentration in der Mischung vorherrscht, bestimmt, was etwas ist (B 12, A 41.19–20). Da in jedem noch so kleinen Bestandteil eines Dinges in der Welt selbst wieder alle Grundstoffe enthalten sind, gibt es keine kleinsten unteilbaren Bestandteile. Die Menge der Grundstoffe ist unendlich (59 B 1, 3 D.-K.). Einzig und allein *Nus* („Geist") hat keinen Anteil an der Mischung, aus der alles Übrige besteht; er ist vollkommen rein und ungemischt (B 11–12). Anaxagoras' *Nus* weiß alles, beherrscht alles, plant und ordnet alle Dinge in der Welt und setzt alles in Bewegung (B 12–14). Anaxagoras nimmt einen kosmischen Anfangszustand an, in dem alles miteinander vermischt war und es keine Unterschiede gab, durch die etwas *als etwas* bestimmt werden konnte (B 1 und 4). Diesen Urzustand, in dem alles in Ruhe war, beendet *Nus*, indem er die totale Mischung der seienden Dinge in eine Rotationsbewegung versetzt. Mit dieser Bewegung wird die Entstehung des Kosmos in Gang gesetzt, da durch sie die Dinge beginnen sich zu trennen und auszudifferenzieren (B 13).

Die Kosmologie des Derveni-Autors kommt der Theorie des Anaxagoras in folgenden Punkten besonders nahe: Der Derveni-Autor geht wie Anaxagoras von einem Urzustand aus, in dem alle seienden Dinge ineinander aufgehen. Jedoch sind die seienden Dinge in diesem Zustand nicht in Ruhe, sondern vielmehr durch die Feuerhitze in Aufruhr und Bewegung versetzt (ταράccοι, Kol. 49 §27). In Anaxagoras' Anfangszustand werden die Luft und der *Aither* als diejenigen Mächte beschrieben, die alles andere niederhalten und bedecken, und dann als erstes ausgesondert werden (B 1–2). Dies passt gut zur Position, die wir im Derveni-Papyrus für *Nus*/Luft während des Urzustands annehmen dürfen, in dem alle übrigen Dinge in der Feuermischung aufgehen. Ähnlich wie bei Anaxagoras, können sich die Dinge in diesem Anfangszustand nicht zu bestimmten Entitäten formieren; sie gehen formlos ineinander auf (κ[ω-λ]ύοι τὰ ὄντα cυνίcταcθαι, Kol. 49 §27). Es ist wie bei Anaxagoras der *Nus*, der diesen Zustand beendet und ermöglicht, dass sich die Dinge ausdifferenzieren, voneinander abtrennen (Kol. 55 §§45–46) und zu Entitäten formieren (τὰ ἐ]όντα cυμπαγῆναι, Kol. 49 §27). Allerdings wird dies im Gegensatz zu Anaxagoras nicht (vorrangig?) durch den Beginn einer Rotationsbewegung ausgelöst (vgl. jedoch Kol. 58 §57 m. Erläuterungen), sondern durch die Entfernung einer Portion Feuer aus der Mischung (Kol. 49 §27). Die Eigenschaften, die Anaxagoras dem *Nus* zuschreibt, stimmen wiederum in wichtigen Aspekten mit der *Nus*-Konzeption des Derveni-Autors überein: *Nus* plant und ordnet den Kosmos (Kol. 59 §§63–64, Kol. 65 §91), *Nus* beherrscht den Kosmos (Kol. 59 §62), *Nus* bewegt einzelne Bestandteile des Kosmos (Kol. 49 §27, Kol. 54 §41, Kol. 55 §45, Kol. 65 §§89–90) und *Nus* hat den Anstoß für die Bildung unserer Welt gegeben (Kol. 49 §27, Kol. 55 §§45–46).

Jedoch hat *Nus* in der Derveni-Kosmologie im Gegensatz zu Anaxagoras einen *materiellen* Aspekt: er ist identisch mit der Luft (s. dazu im Folgenden).

Eine genauere Betrachtung der von Anaxagoras und dem Derveni-Autor grundsätzlich geteilten Auffassung, dass unsere Welt aus Mischungen zugrundeliegender Bestandteile besteht, zeigt jedoch auch, dass die Adaption, die der Derveni-Autor von Anaxagoras' Theorie vornimmt, an deren Oberfläche bleibt. Mit anderen Worten, von der Komplexität der Mischungs-Ontologie, wie sie in den Fragmenten des Anaxagoras aufscheint, ist im Derveni-Papyrus nichts zu finden. Die eklektische Rezeption des Derveni-Autors lässt sich an folgendem Beispiel illustrieren: Anaxagoras sagt, dass dasjenige, was in der jeweiligen Mischung vorherrscht, bestimmt, als was wir diese Mischung bezeichnen (B 12, A 41.19–20, s. oben). Diese Annahme ist Teil seiner weitreichenden und komplexen Theorie von unendlich teilbaren Mischungs-Bestandteilen, die selbst immer auch alle anderen Bestandteile beinhalten.

Der Derveni-Autor übernimmt nun einen Teil dieser Theorie: Er übernimmt den Gedanken, dass sich die Bezeichnung von etwas nach dem vorherrschenden Element richtet. Diesen Gedanken funktioniert er zu einer allgemeinen Regel um und wendet sie dann auf seine allegorische Explikation des orphischen Mythos an: Da Zeus bzw. *Nus*/Luft die ganze Welt beherrscht, ist „Zeus" bzw. *Nus*/Luft der eigentliche Name, der sich hinter allen Göttern im orphischen Mythos verbirgt (s. Kol. 59 §62 m. Erläuterungen).

Diogenes von Apollonia

Von einer Identifikation des *Nus* mit der Luft, wie sie der Derveni-Autor vornimmt, finden wir bei Anaxagoras nichts. Ebenso bezeichnet Anaxagoras den *Nus* nicht explizit als Gott, obwohl er dessen Allmacht und besonderen Status stets betont. Genau diese beiden Aspekte der *Nus*-Konzeption des Derveni-Autors finden sich jedoch bei Diogenes von Apollonia (64 B 4 und 5 D.-K.), der selbst ebenfalls stark von Anaxagoras beeinflusst ist (s. Laks 1983; Janko 1997: 80–87; Betegh 2004: 306–21). Darüber hinaus scheint auch der teleologische Aspekt, den der Derveni-Autor dem *Nus* bzw. der Luft zuschreibt (Kol. 65 §91), ebenfalls bei Diogenes vorhanden zu sein (B 3, s. Janko 1997: 81; Laks 2008b u. Sedley 2008: 75–78). Allerdings ist die Übereinstimmung zwischen dem Derveni-Autor und Diogenes keineswegs total: Diogenes scheint die Luft (in Anlehnung an die Tradition des materiellen Monismus) als das Element zu verstehen, aus dem alles besteht (B 2 und 5) — eine Vorstellung, die der Rolle des *Nus* im Derveni-Papyrus (wo die Dinge sich *in Nus*/Luft befinden, aber nicht *aus* der Luft bestehen) widerspricht (s. Laks 1997: 130–31). Damit verbunden ist eine weitere Differenz in der Art und Weise gegeben, wie *Nus* auf den Kosmos einwirkt: einen Anfangsmoment, in dem Luft als geistiges Prinzip die Bildung des Kosmos in Gang setzt, kann es bei Diogenes nicht geben (Betegh 2004: 315–18). Auch wenn Diogenes die Luft ebenfalls als geistiges Prinzip versteht, so verwendet er für dieses im Gegensatz zu Anaxagoras und dem Derveni-Autor nicht den Begriff *Nus* („Geist", „Intellekt"), sondern *Noesis* („Denken"). Dennoch ist gerade im Hinblick auf den Derveni-Papyrus im Ganzen als weitere signifikante Übereinstimmung hervorzuheben, dass Diogenes den Zeus (in

Homer) als Ausdruck für die Luft *gedeutet* haben soll und zwar mit der Begründung, dass Zeus allwissend ist (64 A 8 D.-K.; s. Burkert 1968: 97–98).

Empedokles

Im Vergleich zu den Übereinstimmungen mit Anaxagoras und Diogenes lassen sich deutlich weniger spezifische Anknüpfungspunkte zwischen der Theorie des Derveni-Autors und der Lehre des Empedokles feststellen (vgl. Betegh 2004: 278). Ein kurzer Blick darauf lohnt sich dennoch. Auch Empedokles negiert in der Nachfolge des Parmenides ein Entstehen *ex nihilo*. Als ‚ewig seiende Dinge‘ nimmt Empedokles die vier Elemente (Feuer, Luft, Wasser und Erde) und die auf diese Elemente einwirkenden Mächte Liebe und Streit an. Aus den vier Elementen und unter der wechselseitigen Einwirkung von Liebe und Streit entsteht und vergeht der Kosmos (und unsere Welt) in einem immerwährenden Zyklus (zur Lehre des Empedokles insgesamt s. Primavesi 2013b). Die deutlichste Übereinstimmung zwischen dem Derveni-Autor und Empedokles ist im Prozess der Vereinigungen der Elemente bzw. Partikeln untereinander gegeben. Bei Empedokles wird die Verbindung heterogener Elementpartikel dem Wirken der Liebe (die er „Philia", „Aphrodite", s. B 17.24, B 71, B 86, B 87 D.-K., oder „Harmonia", s. B 27, B 96, nennt) zugeschrieben, die heterogene Elementpartikel einander angleicht und sie so ihrer Vereinigung zuführt (B 22.5 D.-K.). Die Vereinigung homogener Elemente hingegen passiert aufgrund eines den Elementen selbst innewohnenden Strebens des Gleichen zum Gleichen. Der Derveni-Autor beschreibt den Mechanismus der Partikelvereinigung in Kol. 61, wo er den Götternamen Aphrodite und Harmonia interpretiert: Aphrodite, ein anderer Name für *Nus*, bringt verschiedene seiende Dinge dazu, sich miteinander zu vereinigen; Harmonia, die ebenfalls für *Nus* steht, bewirkt, dass sich die Teilchen ineinanderfügen. Daneben hat auch das den Teilchen inhärente Streben des Gleichen zum Gleichen einen Platz in der Derveni-Kosmologie: in Kol. 65 §90 beschreibt der Autor, wie *Nus* dem Vereinigungswillen der Feuer-Teilchen (Sterne) mit ihresgleichen entgegenwirkt. Abgesehen von diesen technischen Details teilt die Abhandlung des Derveni-Autors mit der Lehre Empedokles eine besonders innige Verflechtung von mythischen und naturphilosophischen Modi der Darstellung: Während der Derveni-Autor die mythische Welterklärung des Orpheus als physikalische Welterklärung interpretiert, verwendet Empedokles selbst beide Darstellungsformen in seiner Dichtung.

Leukipp und Demokrit

Als letzte unter den Naturphilosophen, die explizit in der Nachfolge von Parmenides' Bestimmung des Seienden als unentstanden und unvergänglich stehen, sind die Atomisten Leukipp und Demokrit zu nennen. Die Theorie, dass sich die seienden Dinge in Form kleiner Atome im Leeren bewegen (67 A 1 und 7; 68 A 57, B 9 D.-K.) und dabei miteinander kollidieren, kommt der Vorstellung recht nahe, die der Derveni-Autor von den seienden Dingen in der Luft zu haben scheint (s. Kouremenos 2006: 39). Nach der Abtrennung des Sonnenfeuers aus der Urmischung beginnen die seienden Dinge sich als differenzierte und somit selbständige Partikel zu bewegen (Kol. 49 §27, Kol. 55 §54). Dies wird ihnen vor allem dadurch ermöglicht, dass an die

Stelle des Feuers nun die Luft getreten ist, *in* der sie sich
bewegen können (vgl. Kol. 65 §§89–90; Kol. 57 §54). Der
Strudel (δίνη, δῖνος), in dessen Rotationsbewegung sich die
Atome miteinander verbinden (67 A 1; 68 A 1, A 83, B 167
D.-K), findet gemäß der sehr wahrscheinlichen Ergänzung
von Walter Burkert (τὴν δ[ίνη]ν) in Kol. 58 §57 (s. Erläuterungen und Kouremenos 2006: 42) ebenfalls eine Parallele
im Derveni-Papyrus (s. auch Kol. 63 §82). Auch wenn sich
die atomistische Darstellung der Vereinigung kollidieren-
der Teilchen (67 A 1, 68 A 37) von der des Derveni-Autors
in anderen Details unterscheidet (vgl. Kol. 61 §§71–73), so
findet sich als weitere Parallele zu den Atomisten die Beschreibung der Kollisionen als durch Notwendigkeit (ὑπ'
ἀνάγκης 67 B 2; τῆι ἀνάγκηι 68 A 39; ἐν ἀνάγκηι Kol. 65
§90) und Schicksal (εἱμαρμένη, 67 B 2; μοῖρα, Kol. 58 §57)
bestimmt. Sogar die Erklärung der Notwendigkeit bzw. des
Schicksals als Wirkung des *Nus* scheint der Derveni-Autor
(Kol. 58 §59, Kol. 65 §§90–91) mit Leukipp zu teilen (67 B
2: „er sagt in *Über den Nus*").

Generell ist also festzuhalten, dass der Derveni-Autor
mit den frühgriechischen Philosophen, die in der Nachfolge des Parmenides stehen, die Grundannahme teilt, dass
unsere Erfahrungswelt zwar ein Entstehen und Vergehen
der Dinge suggeriert, es sich dabei in Wahrheit aber stets
nur um die Verbindung und Trennung selbst ewig beste-
hender elementarer Grundstoffe handelt (59 B 17; 31 B
8–11). Die Grundhaltung, wonach sich hinter der Welt, in
der Entstehen und Vergehen scheinbar allgegenwärtig und
für jeden sichtbar sind, eine tiefere Wahrheit verbirgt, die
die Welt in ihrer *eigentlichen* Form zeigt, übernimmt der
Derveni-Autor nicht nur im Hinblick auf seine *Nus*/Luft-
Kosmologie, die er als die wahre Ursache hinter den Erscheinungen in der Welt präsentiert. Er macht darüber hi-

naus diese Haltung zur Grundlage seiner Interpretation des orphischen Textes: Hinter der vordergründigen, wörtlichen und für jedermann einsichtigen Bedeutung des mythischen Textes verbirgt sich dessen wahre Aussage, die der Derveni-Autor erst ans Licht bringt.

Heraklit

Mit dieser Grundhaltung rückt der Derveni-Autor auch in die Nähe des frühgriechischen Philosophen Heraklit, den der Derveni-Autor als einzigen Autor neben Orpheus namentlich zitiert (s. Kol. 44 §12; zu Heraklit im Derveni-Papyrus s. Sider 1997; Betegh 2004: 325–48 m. weiterer Literatur; s. auch Erläuterungen zu Kol. 44 §12). Auch wenn sich Heraklits Lehre von den bisher besprochenen frühgriechischen Denkern in vielen Punkten unterscheidet, so zeigt die Abhandlung des Derveni-Autors doch folgenden grundlegenden Berührungspunkt mit Heraklit. Aus dem fragmentarischen Kontext des Heraklit-Zitates in Kol. 44 §12 ergibt sich als Gemeinsamkeit die Annahme, dass der Kosmos durch *ein* (rationales) göttliches Prinzip seine Ordnung erhält (Heraklit: 22 B 32, B 114 D.-K.; vgl. Derveni-Papyrus: Kol. 56 §50, Kol. 58 §62), und dass dieses Prinzip zwar allgemeine Gültigkeit besitzt, aber von den meisten Menschen nicht verstanden wird (Heraklit: 22 B 1, 17, 34, 72; vgl. Derveni-Papyrus: Kol. 60, Kol. 49 §26, Kol. 58 §58, Kol. 59 §62, Kol. 66 §96). Der Derveni-Autor präsentiert sich genauso wie Heraklit (B 1) als jemand, der sich der Offenlegung eines kosmischen Prinzips verschrieben hat (Kol. 45 und 60). Und ebenso wie Heraklit äußert sich der Derveni-Autor dabei kritisch über die Verständnisfähigkeit der anderen Menschen: Die Unverständigen, die zwar glauben zu verstehen, es aber nicht wirklich tun, unterscheiden sich klar von den wahrhaft Verständigen; und vom Zuhören allein erlangen sie keine Einsicht (Kol. 60 u. 22 B 1, 17, 34 D.-K.; s. Sider 1997: 146 u. Schefer 2000: 56–67). Außerdem bot Heraklit möglicherweise eine Inspirationsquelle für den Derveni-Autor im Hinblick auf die Analyse von Sprache: Heraklit reflektiert in B 48 die Polysemie des Wortes ΒΙΟΣ, das im Griechischen sowohl βίος „Leben" als auch βιός „Bogen" bedeutet (zur Rolle der Polysemie in der Interpretation des Derveni-Autors s. unter „Die Interpretationsmethode").

Darüber hinaus wurde in der Forschung mehrfach auf die Bedeutung hingewiesen, die dem Feuer bei Heraklit, im Derveni-Papyrus und den sogenannten orphischen Goldblättchen zukommt (Betegh 2004: 325–48; vgl. auch Most 1997: 131–34), und darauf aufbauend gefragt, inwiefern sich aus der Bedeutung des Feuers eine Verbindung von Kosmologie und Eschatologie, von Physik und Religion ergibt – eine Frage die sich sowohl für Heraklit (vgl. Most 2013) als auch besonders für den Derveni-Papyrus stellt. Beide, Heraklit wie der Derveni-Autor, scheinen insgesamt traditionelle religiöse Vorstellungen und besonders deren Ausübungen in Mysterien als wichtige kulturelle Komponente wahrzunehmen, die es durch korrekte Interpretation mit einer rationalistischen Weltbetrachtung in Einklang zu bringen gilt (vgl. Janko 2001: 4–6; Most 2013).

Die Rezeption durch den Derveni-Autor

Im Vergleich mit anderen frühgriechischen Lehren zeichnet sich folgendes grundlegende Merkmal der Kosmologie des Derveni-Autors ab. Anders als bei den genannten Naturphilosophen tritt die Kosmologie in der Derveni-Abhandlung nicht als selbständige Lehre hervor, sondern vielmehr als Resultat der Interpretation eines Textes. Die Kosmologie des Derveni-Autors kann sich daher mitunter des Eindrucks nicht erwehren, eine *ad hoc*-Konstruktion zu sein, die aus dem orphischen Mythos in Bezugnahme auf bereits bestehende kosmologische Lehren abgeleitet wird. Hierbei schöpft der Derveni-Autor aus verschiedenen ihm bekannten frühgriechischen Erklärungsmodellen und physikalischen Theorien. Er übernimmt eklektisch einzelne Elemente und setzt diese neu zu seiner eigenen *Nus*-Kosmologie zusammen. Da der Derveni-Autor seine *Nus*-Kosmologie stets als Ableitung aus dem orphischen Text präsentiert (vgl. Most 1997: 122), bleibt seine Darstellung der Weltentstehung an vielen Stellen skizzenhaft. Laks (1997: 132) spricht von einer „truncated cosmology" oder, positiv gewendet, von einer Kosmologie, die sich auf bestimmte Aspekte konzentriert und andere dabei außer Acht lässt. Auch wenn der Derveni-Autor seine eigene Kosmologie eklektisch und selektiv aus den Theorien seiner Vorgänger zusammenbaut, so ist ihm dabei doch ein beeindruckendes Maß an Kreativität zuzuschreiben.

Der Umgang mit den frühgriechischen Quellen ist in einer weiteren Hinsicht aufschlussreich. Er legt den Schluss nahe, dass es dem Derveni-Autor weniger um eine physikalische Lehre geht oder gar darum, eine neue kohärente Theorie über die Natur des Kosmos zu entwerfen, als vielmehr darum, sich als Interpretationskünstler zu beweisen, der eine tiefere, nicht auf Anhieb zu erkennende Wahrheit hinter dem traditionellen Mythos aufdeckt. Die kosmogonische Lehre scheint diesem Anliegen als Mittel zum Zweck untergeordnet. Die Rezeption und Anverwandlung der neuesten wissenschaftlichen Theorien ist hier Teil des

Programms, sich als Experte zu etablieren, und, so ist zu vermuten, Anhänger und Kunden anzulocken (s. Edmonds 2013: 111–35). In dieser Hinsicht ist der Derveni-Autor auch mit den medizinischen Experten des 5. Jahrhunderts v. Chr. zu vergleichen, die uns in Schriften des hippokratischen Korpus begegnen und die ebenfalls durch die Einbeziehung naturphilosophischer Theorien ihre Heilkunst auf eine physikalisch-kosmologische Grundlage stellten, um unter anderem bei ihren Kunden Glaubwürdigkeit zu erlangen und sich gegen Konkurrenten durchzusetzen (s. dazu Betegh 2004: 353–57, Laskaris 2002: 73–124 und unten unter „Profil des Derveni-Autors").

Die Interpretation des Derveni-Autors

Nach einer Betrachtung der orphischen Theogonie auf der einen und der daraus abgeleiteten Kosmologie auf der anderen Seite stellt sich nun die Frage, wie der Autor den Übergang vom Mythos zur Physik genau vollzieht. Wie funktioniert die allegorische Interpretation und was sagt sie uns über den Autor und seine Schrift?

Ein Kommentar?

Die Abhandlung des Derveni-Autors teilt bestimmte Merkmale mit der Kommentarliteratur, die für uns als philologische Disziplin ab dem 3.-2. Jahrhundert v. Chr. durch die Alexandrinischen Homerexegeten greifbar wird (zur Kommentarliteratur s. Pfeiffer 1978: 201–202; 261–85, Dorandi 2000 u. Schironi 2012; zu den Kommentarelementen im Derveni-Papyrus s. Lamedica 1991, 1992, Obbink

2003: 179–83, Rusten 2014: 125–26). Zu den Merkmalen der Kommentarliteratur, die uns im Derveni-Papyrus in einer Frühform zu begegnen scheinen, gehört zum einen das *Lemma*-Zitat, d.h. die Zitation eines (oder mehrerer) Verse(s) aus dem orphischen Text (meist durch einen *Paragraphos*, „__", am linken Rand des Textes markiert) und dessen anschließende Auslegung. Zum zweiten ist das fachsprachliche Vokabular (δηλόω, cημαίνειν [vom Dichter oder der Dichtung gesagt:] „aufzeigen, deutlich machen, bedeuten", vgl. Lamedica 1991: 91) zu nennen und zum dritten die philologische Exegese bestimmter Begriffe der hexametrischen Dichtung, wie z.B. des Olymps (in Kol. 52 §§35–36, s. Schironi 2001). Jedoch sind diese Merkmale auf den zweiten Teil (Kol. 46–66) der Abhandlung beschränkt. Der erste Teil (Kol. 39–45) ist inhaltlich und in Bezug auf die formal-exegetischen Merkmale von gänzlich anderer Natur. Daher sollte von der Bezeichnung des Derveni-Papyrus im Ganzen als „Kommentar" bzw. des Derveni-Autors als „Kommentator" abgesehen werden.

Allegorese einer *orphischen* Theogonie

Nicht nur die formalen Eigenschaften der Interpretation des Derveni-Autors lassen sich mit anderen antiken Quellen vergleichen, sondern auch die darin exerzierte allegorische Methode (vgl. Tate 1934; Obbink 2010). Auch wenn sonstige Belege für frühe Formen der allegorischen Auslegung von Texten sehr spärlich sind, so informiert uns doch Porphyrios (3. Jh. n. Chr.) darüber, dass Theagenes von Rhegium bereits im 6. Jahrhundert v. Chr. Homerallegorese betrieben hat (8 Fragment 2 D.-K. = Porph. *ad Il.* 20.67). Theagenes erklärte den Götterkampf im 20.

Buch der *Ilias*, in dem z.B. Hephaistos gegen den Flussgott Skamander kämpft, als Darstellung der Reaktion der
Elemente Feuer und Wasser aufeinander. Daneben wissen
wir von Metrodoros von Lampsakos aus dem 5. vorchristlichen Jahrhundert (s. oben unter „Kennen wir den Autor?"),
dass er die homerischen Götter und Helden als Elemente,
Gestirne und menschliche Organe allegorisierte (s. Califf
2003). Der Impetus dieser beiden Formen der Allegorese
scheint die moralische Verteidigung von Homer gewesen zu
sein: hinter den homerischen Göttern, die sich wie schlechte Menschen verhalten, verbirgt sich in Wahrheit eine physikalische oder ethische (Anax. 59 A 1.11 D.-K.) Aussage.
Im Fall des Derveni-Papyrus scheint die Motivation für die
Allegorese jedoch eine andere gewesen zu sein (s. dazu im
Folgenden; vgl. auch Laks 1997: 134–35; s. auch Tate 1934,
der – ohne Kenntnis des Derveni-Papyrus – die Ansicht
vertritt, dass die verteidigende Funktion der Allegorese
weder die ursprüngliche noch die zunächst vorherrschende war; Ford 1999: 35–38). In den uns bekannten frühen
Beispielen der Allegorese ist es stets Homer, der allegorisiert
wird. Der Derveni-Papyrus zeigt nun, dass auch die dem
mythischen Sänger Orpheus zugeschriebenen Dichtungen
allegorisiert wurde, und kann somit in gewisser Hinsicht
als ein früher Vorläufer der spätantiken, neuplatonischen
Allegorese orphischer Dichtung bezeichnet werden.

Die Charakterisierung der orphischen Dichtung

Der Derveni-Autor charakterisiert den orphischen Text als
rätselhaft, enigmatisch (αἰνι̣[γμ]ατῶδης, Kol. 47 §20) und
sogar furchterregend (ὀκ[νο]ίη, Kol. 47 §19). Jedoch betont
er, dass der rätselhafte und erschreckende Charakter der

Dichtung nur ein Gewand ist, unter dem sich als wahrer
Inhalt eine heilige Botschaft verbirgt (θεμ[ι]τὰ λέγο[υϲαν,
Kol. 47 §19; ἱερ[ολογ]εῖται, Kol. 47 §21). Dass der Der-
veni-Autor Orpheus' Göttergeschichten als erschreckend
bezeichnet, leuchtet sofort ein. Schließlich wird darin er-
zählt, wie Kronos seinen Vater kastriert (Kol. 54 §43) und
Zeus seine Mutter vergewaltigt (Kol. 60 §69; Kol. 66 §96).
Die Charakterisierung als „Rätsel" hingegen erklärt sich
nicht von selbst. Indem der Derveni-Autor die orphische
Theogonie als αἴνιγμα („Rätsel") bezeichnet, stellt er eine
Verbindung zu Orakelsprüchen her, deren ainigmatischer
Charakter paradigmatisch ist (vgl. Hussey 1999: 309–10;
Betegh 2004: 364–70). Und genauso wie man rätselhafte
Orakel nur durch die richtige Interpretation entschlüsseln
kann, muss man auch den orphischen Text interpretieren.
Somit weist der Autor mit seiner Bezeichnung des Textes
als „rätselhaft" auch auf die von ihm verwendete Methode
der allegorischen Interpretation voraus, für die αἴνιγμα ein
Schlüsselbegriff ist (s. Struck 2004: 39–50). In dem Verb
αἰνίζομαι („in Rätseln sprechen", „allegorisch sprechen"),
mit dem der Derveni-Autor das Dichten des Orpheus beschreibt (Kol. 49 §28, Kol. 50 §31, Kol. 53 §39), ist impliziert, dass die gedichteten Worte einer allegorischen Auslegung bedürfen, um ihren wahren Sinn zu offenbaren. Der
heilige Inhalt, der sich hinter dem Rätselgewand versteckt,
ist dabei von gänzlich anderer Art als die mythische Fassa-
de. Die eigentliche Botschaft besteht in einer Kosmologie,
in der *Nus*, der mit dem physikalischen Element Luft identisch ist, das alles beherrschende Prinzip ist.

Darüber hinaus liegen der Interpretation des Derveni-
Autors die folgenden beiden Annahmen über die orphische
Dichtungsweise zugrunde. Erstens betont der Derveni-
Autor, dass Orpheus den wahren Inhalt seiner Dichtung

bewusst versteckt und somit für Unbefugte unzugänglich gemacht hat (s. Kol. 47 §21 und Kol. 65 §92 jeweils mit Erläuterungen). Die Annahme einer bewussten Codierung auf Seiten des Orpheus bildet die Ausgangsbasis für eine Interpretation der Decodierung durch den Derveni-Autor. Zweitens scheint der Derveni-Autor eine Korrelation zu sehen zwischen der Regelhaftigkeit und Ordnung im Kosmos und der Regelhaftigkeit und Ordnung in Orpheus' Dichtung. Diese Korrelation drückt sich unter anderem in der für beide Bereiche verwendeten Formel κατὰ τὸν αὐτὸν λόγον „nach demselben Prinzip" (*Dichtung*: Kol. 54 §43, Kol. 59 §62; *Kosmos*: Kol. 65 §88) aus. Beide Bereiche funktionieren nach einem bestimmten *logos*, den der Derveni-Autor erkannt zu haben glaubt: Orpheus hat seinen Text aus einzelnen Wörtern zusammengebaut genauso wie der Kosmos aus einzelnen Teilchen der seienden Dinge besteht (s. dazu Kol. 53 §39 und im Folgenden).

Die Interpretationsmethode

Die Interpretation des Derveni-Autors vollzieht sich meist in zwei Schritten. Der erste Schritt ergibt sich aus der Grundannahme, dass der orphische Text aus einzelnen Wörtern wie Bausteinen zusammengesetzt ist, und besteht in der Isolierung oder ‚Atomisierung' einzelner Wörter (oder Wortverbindungen) aus dem orphischen Gedicht (zum Begriff der Atomisierung s. Long 1992: 54, Lange/ Pleše 2013: 91; zum Vorgehen des Derveni-Autors insgesamt s. die Analyse in Kotwick 2017, vgl. auch Bierl 2014: 196–202). Hierbei löst der Derveni-Autor einen bestimmten Begriff aus dem epischen Text und interpretiert diesen unabhängig von seinem syntaktischen oder inhaltlichen

Kontext (s. Kol. 53 §39). So löst er z.B. das Wort αἰδοῖον, das im orphischen Text „ehrwürdig" bedeutet und sich auf den Gott Phanes/Protogonos bezieht, aus seinem ursprünglichen Kontext, um es dann (aufgrund der Mehrdeutigkeit des Wortes αἰδοῖον) als „Schamglied" zu verstehen (Kol. 53 §40). Der Derveni-Autor reflektiert über dieses Vorgehen, indem er über Orpheus' Dichtung sagt (Kol. 53 §39): „Weil er das ganze Gedicht als Allegorie auf die Wirklichkeit gestaltet, ist es notwendig, jedes Wort einzeln zu besprechen." Offenbar sieht der Derveni-Autor die Notwendigkeit der Isolierung einzelner Begriffe dadurch gegeben, dass Orpheus seine Dichtung in Analogie zum korpuskularen Charakter der Welt gestaltet hat.

Der zweite Schritt besteht in der Interpretation des isolierten Wortes (bzw. der isolierten Wortverbindung) nach dem Prinzip der *Gleichheit* (x ist dasselbe wie y, und somit ist x eigentlich y). Die Gleichheit, auf die sich der Autor beruft, ist entweder in dem isolierten Wort selbst gegeben (z.B. in Form einer Mehrdeutigkeit oder Polysemie); oder die Gleichheit besteht zwischen dem isolierten Wort und einem anderen Wort (z.B. in Form von Paronomasie, d.h. der Klangähnlichkeit zweier verschiedener Wörter); oder die Gleichheit besteht in der Funktion oder Tätigkeit, die in der Bedeutung zweier sonst ganz unterschiedlicher Begriffe enthalten ist (z.B. die Funktion, Leben zu erzeugen im Fall der Sonne und des Schamglieds).

Einige Beispiele können dieses Vorgehen veranschaulichen (s. Kotwick 2017).

In Kol. 54 §43 atomisiert der Derveni-Autor den Namen Kronos (Κρόνος), der im Mythos den Vater des Zeus bezeichnet, und interpretiert ihn als Kro-*Nus*, d.h. als den „*Nus*", der die Dinge gegeneinander „stößt" (κρούειν). Diese Interpretation basiert zunächst auf der Klangähnlich-

keit (Paronomasie) von Kronos und Kro-*Nus*, und versteht
diese möglicherweise auch als Hinweis auf die etymologische Herkunft des Namens.

Ebenfalls auf einem Wortspiel bzw. einer Klangähnlichkeit beruht die Deutung des epischen Possessivums ἑᾶϲ
(bzw. episch ἑῆϲ) „seiner" als ἑᾶϲ „gut" (Kol. 66 §93). Auch
hier geht der Deutung die Isolierung aus dem mythischen
Kontext voraus, aus „seiner Mutter" wird „guter *Nus*".

In Kol. 51 §32 macht sich der Autor die Polysemie bzw.
Mehrdeutigkeit des Verbaladjektivs ἄδυτον zunutze, welches im orphischen Vers „das Innere des Heiligtums" der
prophezeienden Göttin Nacht bezeichnet (ἄ-δυτον „etwas,
das nicht zugänglich ist") und vom Autor, gänzlich isoliert,
als Hinweis darauf erklärt wird, dass die Nacht (verstanden
als Zeitspanne) im Gegensatz zum Tageslicht „nicht untergeht" (ἄ-δυτον „etwas, das nicht eintaucht").

Daneben bedient sich der Autor auch des sprichwörtlichen Sprachgebrauchs um zwei scheinbar ganz verschiedene
Ausdrücke in ihrer Bedeutung miteinander gleichzusetzen.
In Kol. 63 §81 deutet er das Epitheton des Okeanos, das den
Gott als „weithin fließend" (εὐρὺ ῥέοντοϲ) charakterisiert,
im Sinne von „ein-fluss-reich" mit der Begründung, dass
mächtige Menschen sprichwörtlich als „stark fließend" und
„ein-fluss-reich" bezeichnet werden. Mit dem „weithin fließenden Okeanos" meint Orpheus eigentlich den ein-fluss-
reichen *Nus*.

Die Begründungen für eine Gleichsetzung zweier Begriffe sind jedoch nicht ausschließlich auf sprachliche Ähnlich-
keiten beschränkt. In Kol. 50 §30 beruft sich der Derveni-
Autor auf das Prinzip der Implikation, durch das der Begriff
„sagen" den Begriff „lehren" als Unterart enthält. Aufgrund
der Doppeldeutigkeit des griechischen Verbs χωρίζεϲθαι,
das sowohl „getrennt sein" als auch „unterschiedlich sein"

bedeutet, schließt er dann von der Untrennbarkeit der beiden Begriffe auf deren Identität.

Auch wenn viele seiner Argumente bizarr erscheinen oder aus unserer Sicht offensichtlich unhaltbar sind, so ist dem Derveni-Autor doch auch ein hoher Grad an philologischer Expertise zuzuschreiben. Dies wird vor allem an seiner Analyse der Nomen-Epitheta-Verbindungen (οὐρανὸc + εὐρὺc „Himmel" + „weit" vs. μακρὸc + Ὄλυμποc „lang" + „Olymp") in Kol. 52 §36 deutlich. Unabhängig von den in unseren Augen waghalsigen Deutungen, die der Derveni-Autor aus seinen Beobachtungen ableitet, ist ihm zuzugestehen, dass er mit den Eigenheiten der epischen Sprache bestens vertraut ist (zur Verbindung von wilder Allegorese und strenger Philologie s. Struck 2004: 18, 72).

Die Interpretation einzelner, atomisierter Wörter und Wortverbindungen aus dem orphischen Text führt in den meisten Fällen zu einer bestimmten Aussage über die physikalische Wirklichkeit. Der Autor löst einzelne Begriffe aus dem mythischen Zusammenhang heraus (z.B. den Namen „Aphrodite"), entnimmt diesem eine bestimmte durch allegorische Interpretation erkannte Bedeutung (*die seienden Dinge vereinigen sich untereinander*) und integriert diese Bedeutung dann in einen neuen, physikalischen Zusammenhang (*der Vereinigungsprozess ist von Nus gesteuert und führt zur Bildung unserer Welt*). Auch wenn sich viele der Einzeldeutungen des Autors zu einem größeren Bild vom Kosmos zusammensetzen lassen, bleibt dieses (aufgrund des fragmentarischen Erhaltungszustands des Papyrus?) an vielen Stellen lückenhaft.

Das Verfahren bestehend aus De-kontextualisierung eines mythischen Begriffs, der allegorischen Interpretation dieses Begriffs und der damit einhergehenden Integration der neuen Bedeutung des Begriffs in einen physikalisch-

kosmologischen Zusammenhang bringt im Resultat folgende Eigenheit mit sich. Der chronologische Ablauf des
mythischen Geschehens (z.B. die Herrschaftsabfolge von
Uranos, Kronos, Zeus) und der chronologische Ablauf des
kosmischen Geschehens (z.B. Feuerherrschaft, dann *Nus*-
Herrschaft mit Schaffung der Sonne, dann Entstehung
unserer Welt) lassen sich *nicht* miteinander *parallelisieren*.
Es geht daher nicht an (wie in der Forschung mehrfach
versucht wurde), die Herrschaft des Uranos und/oder die
des Kronos mit der Feuerherrschaft und die des Zeus mit
der *Nus*-Herrschaft gleichzusetzen. Vielmehr stehen alle
genannten Götternamen für einen bestimmten Aspekt der
Nus-Herrschaft. Dass die Chronologie der Herrschafts*folge*
im Mythos (erst Kronos, dann Zeus) keine Rolle für die
Deutung des Derveni-Autors spielt, sieht man z.B. daran,
dass Zeus' Übernahme der Macht des Kronos als Beschreibung der Sonnenbildung durch *Nus* gedeutet wird (Kol. 49
§§26–27), während die Kollisionen unter den seienden Dingen, die eine *Folge* dieser Sonnenbildung sind (s. Kol. 55 §45
m. Erläuterungen), im *Mythos* durch den Namen des Kronos, der Zeus *vorausgeht*, Ausdruck findet (Kol. 54 §42–43).
Dem Derveni-Autor geht es also nicht um das Aufzeigen
einer stringenten Korrespondenz zwischen dem Handlungsablauf im Mythos und dem Handlungsablauf im kosmischen Geschehen. Die Schnittstellen, an denen der Autor
den Mythos mit seiner Physik zusammenführt, sind stets auf
einzelne Begriffe beschränkt (vgl. Kotwick 2017).

Warum schreibt Orpheus in Rätseln?

Die Interpretationsmethode und die vom Autor gemachten Äußerungen über die orphische Dichtung werfen

Fragen auf. Warum verbreitet Orpheus nach Ansicht des Derveni-Autors seine kosmologische Botschaft überhaupt in verschlüsselter Form und als Allegorie? Auf der einen Seite betont der Derveni-Autor, dass Orpheus seine Lehre bewusst abschirmt (Kol. 65 §92) und sozusagen vor unbefugtem Zutritt schützt (s. dazu auch Kol. 47 §21). Die Zuschreibung eines esoterischen Charakters der orphischen Lehre ist eng verbunden mit ihrem heiligen Status (Kol. 47 §21); sie bedarf genauso wie andere heilige Botschaften (wie z.B. Orakel oder Träume, vgl. Kol. 45 §§14–15) einer allegorischen Entschlüsselung (vgl. Hussey 1999: 315–16). Auf der anderen Seite jedoch weist der Derveni-Autor wiederholt darauf hin, dass Orpheus sich in seiner Rätselsprache bewusst an dem allgemeinen und sogar sprichwörtlichen Sprachgebrauch der Menschen orientiert (Kol. 58 §59, Kol. 59 §64, Kol. 61 §72, Kol. 63 §81) und deren Eigenheiten bewusst für seine Darstellungsweise benutzt. Insofern scheint Orpheus seine Botschaft also doch so gestaltet zu haben, dass sie leicht zugänglich und potentiell für jedermann verständlich ist. Der Schlüssel zur Auflösung dieses Paradoxes liegt in der Bedeutung, die der Derveni-Autor seiner eigenen Interpretation zuschreibt. Denn wer sich dem orphischen Text ohne seine Anleitung näherte, für den bliebe die wahre Aussage verschlossen. Wer sich hingegen seiner interpretatorischen Führung anvertraue, werde erkennen, dass Orpheus in deutlichen und einfachen Worten spricht. Das Rätselgewand dient somit der Trennung der Verständigen von den Unverständigen, die allein durch die Interpretation des Derveni-Autors erkannt und überwunden werden kann: Die Trennlinie verläuft scharf, doch die Verständigen wissen, dass es nur des richtigen interpretatorischen Schlüssels bedarf, um zur Wahrheit des Textes vorzudringen.

Interpretation des Ritus

Die allegorische Interpretationsmethode, die der Derveni-
Autor im zweiten Teil des Papyrus auf eine orphische Theogonie anwendet, ist keinesfalls auf Texte beschränkt. Die
wenigen Reste, die wir vom ersten Teil des Papyrus haben,
deuten vielmehr darauf hin, dass der Derveni-Autor seine
Interpretation auch auf rituelle Handlungen und Opferbräuche angewandt hat (vgl. Betegh 2004: 74–91; Bernabé
2014). Die Formulierungen in den stark fragmentierten
Kolumnen 39–46 zeigen, dass der Autor religiöse Praktiken
nicht nur beschreibt, sondern auch *erklärt* (s. Formulierungen wie „sind die Ursache dafür, dass…" in Kol. 43 §10 und
„deswegen vollführen die *Magoi*" in Kol. 46 §17) und dabei
interpretiert (s. z.B. „müssen als Seelen verstanden werden"
und „so als ob sie Buße zahlen" in Kol. 46 §17; „Eumeniden sind Seelen" in §18). Den Erklärungen und Interpretationen der rituellen Handlungen im vorderen Teil des
Papyrus liegt dieselbe Struktur zugrunde wie der Erklärung
und Interpretation des orphischen Textes im hinteren Teil:
„x ist *wie* y" bzw. „x ist *eigentlich* y". Eine rationalisierende
Erklärung von religiösen Handlungen ist uns auch aus anderen Quellen bekannt. Die Vorstellung, dass neben Texten
auch Rituale eine tiefere Botschaft enthalten, die durch Interpretation zu entschlüsseln ist, spricht z.B. aus Sokrates'
Bemerkungen in Platons *Phaidon* (69c). Sokrates verweist
hier auf die wahre, allegorisch (αἰνίττεσθαι) zu verstehende
Bedeutung der Mysterien (s. Struck 2004: 49–50).

Allerdings erlaubt der fragmentarische Erhaltungszustand des ersten Teils des Papyrus keine Schlüsse auf eine
(zusammenhängende) Lehre, die der Derveni-Autor aus der
Interpretation des Ritus ableitete. Möglicherweise spielten
Seelen und *Daimones* (s. Kol. 46) darin eine prominente

Rolle. Unklar ist auch, in welchem Zusammenhang die möglicherweise ebenfalls in einen größeren interpretatorischen Kontext eingebundenen Erläuterungen religiöser Praktiken mit der *Nus*-Lehre des zweiten Teils steht.

Interpretation und Kritik oder: Wozu Allegorese?

Die beiden Bereiche des Papyrus eint nicht allein der Modus der Interpretation und das Offenlegen einer tieferen, wahren Bedeutung, die sich gleichsam hinter göttlichen Botschaften, religiösen Ritualen und heiligen Texten versteckt, sondern der Autor verbindet seine Interpretationen auch jeweils mit einer mahnenden Kritik an seinem Publikum. Diese Kritik kann uns wiederum Aufschluss darüber geben, was der Autor mit seiner Interpretation und der Derveni-Abhandlung im Ganzen eigentlich bezweckt und welche Ziele er verfolgt.

Zur Beantwortung der Frage, welche Absicht der Derveni-Autor verfolgt, bietet es sich an, einen Blick auf die zwei Textstellen zu werfen, an denen der Autor in der ersten Person spricht. Die erste Stelle befindet sich im Kontext der Beschreibung und Auslegung von Ritualen und göttlichen Zeichen, die zweite im Kontext der Auslegung des orphischen Textes. Beide Stellen, an denen der Autor sich selbst nennt, stehen im Kontext einer Kritik, die er gegenüber seinem Publikum und möglichen Konkurrenten vorbringt.

In Kol. 45 (§§14–16) spricht der Derveni-Autor von Orakeln, die nicht eingeholt und Anfragen, die nicht gestellt werden. Wahrscheinlich beziehen sich diese von ihm geforderten, aber von den Menschen nicht gestellten Fragen auf die „Schrecken im Hades" (τὰ ἐν Ἅιδου δεινά), die uns nach dem Tod dort erwarten können, und auf die er drei Zeilen später zurückkommt (§14). Der Derveni-Autor rechnet sich selbst zu einer Gruppe von Menschen, die Orakelstätten aufsucht (πάριμεν „wir betreten"), um zu erfragen, ob die „Schrecken im Hades" göttlich sanktioniert sind. Gleichzeitig kritisiert er das Desinteresse seiner Mitmenschen an der wahren Bedeutung von Orakelsprüchen (οὐ] χρης[τη]ριαζόμ[ενοι τί εἴη ἡ τούτων δύν]αμις, Kol. 45 §14) und fragt nach dem Grund, warum die Menschen nicht an die Schrecken im Hades glauben (τί ἀ[πιc]τοῦcι;). Seine Antwort scheint zu sein, dass sie deswegen nicht daran glauben, weil sie nicht verstehen (οὐ γινώς[κ]οντεc), was ihre Träume, die genauso wie Orakel göttliche Warnbotschaften enthalten, eigentlich bedeuten. Weil sie die wahre Bedeutung der göttlichen Zeichen nicht verstehen (ἀμα[θίη), schenken sie diesen auch keinen Glauben (ἀπ[ι]-cτίη). Neben dem Desinteresse prangert der Autor als weitere Ursache des Unverständnisses die Lustergebenheit (ὑπὸ … [τ]ῆc … ἡδον[ῆ]c νενικημέν[οι) der Menschen an.

Die andere Stelle, an der unser Autor in der ersten Person spricht, ist Kol. 60 (§§66–68), und auch hier handelt es sich um eine als Verwunderung getarnte Kritik. Diesmal richtet sie sich an zwei unterschiedliche Formen von Einweihungsriten und deren Teilnehmer: Die öffentlich in Städten durchgeführten Einweihungen sind Großveranstaltungen. Dies macht es für den Einzelnen schier unmöglich, die während der Initiation vorgetragenen Texte zu hören, geschweige denn zu verstehen, was sie eigentlich bedeuten. Dagegen ist bei den Weihriten, die von privaten Priestern angeboten werden, zwar die Teilnehmerzahl gering, doch kommt auch hier, so die Kritik des Derveni-Autors, kein wahres Verständnis der heiligen Texte zustande. Die Ursache dafür sieht der Derveni-Autor in der verfehlten Einstellung der Teilnehmer, die keine Fragen stellen und somit das wahre Verständnis des während des Ritus Gesagten notwendigerweise verfehlen. Impliziert ist hier auch der Vorwurf an die Priester, die (anders als er) keine Erklärung der wahren Bedeutung der heiligen Texte bieten (vgl. Janko 2001: 2).

Somit stehen beide Äußerungen in der ersten Person im Kontext einer Kritik, die der Derveni-Autor an seinen Kollegen und Mitmenschen übt. Die inhaltliche Verbindung der beiden Stellen liegt auf der Hand: Die Kritik richtet sich in beiden Fällen gegen das *mangelnde Verstehen der eigentlichen Bedeutung heiliger Botschaften und Texte*, sei es Orakel, traditionelle Schreckgeschichten über drohende Strafen im Hades (Kol. 45) oder heilige Texte, die während einer Einweihung vorgetragen werden (Kol. 60) und zu denen aller Wahrscheinlichkeit nach auch die orphische Theogonie zählt. Das vom Autor angeprangerte Unverständnis ist jedoch kein Selbstzweck, sondern dient vor allem der Hervorhebung seiner eigenen exegetischen Fertigkeiten und seinem Angebot an seine Leser und Kunden: Er unterscheidet sich von den Priestern öffentlicher Einweihungen auf der einen und von bestimmten privaten Predigern auf der anderen Seite eben dadurch, dass er die wahre Bedeutung der göttlichen Botschaften zu entschlüsseln und so dem allgemeinen Unverständnis ein Ende zu bereiten weiß. Wir erhalten ja im Derveni-Papyrus eine Vorführung seiner allegorischen Interpretationskunst, die den wahren Sinn der mythischen Göttergeschichten freilegt. Dieser wahre Sinn besteht eben in einer physikalischen Theorie über die Entstehung des Kosmos. Somit lässt sich erkennen, dass der Autor die Allegorese als Mittel versteht, um eine verborgene Wahrheit ans Licht zu bringen und seine Mitmenschen und potentielle Kunden von deren Unverständnis zu befreien.

Profil des Derveni-Autors

Was also lässt sich abschließend auf der Basis der Informationen im Derveni-Papyrus als Profil des Derveni-Autors festhalten? Als sein primäres und vertrautes Umfeld erscheint der Bereich der Mysterien, zu dem nicht zuletzt der orphische Text gehört, den er interpretiert (vgl. West 1997: 84; Tsantsanoglou 1997: 98–99; 117; Obbink 1997: 52; Most 1997: 120–21; Betegh 2004: 350); dazu kommt der Bereich von Opfern und rituellen Handlungen für Verstorbene sowie der Bereich der Orakelvergabe und der Orakel- und Traumdeutung. Aus diesem religiösen Hintergrund stammt nicht nur der Text der orphischen Theogonie. Auch die allegorische Interpretationsmethode, die der Autor auf den Text anwendet, ist in diesem Umfeld (besonders im Bereich der Orakeldeutung) etabliert. Diesen primären Bereich verbindet der Derveni-Autor jedoch mit einem zweiten Bereich, den er als das wahre Ziel seiner Interpretation präsentiert. Dieser Bereich ist eine auf der Grundlage verschiedener frühgriechischer Theorien entwickelte *Nus-/* Luft-Kosmologie. Die physikalische Lehre ist gegenüber dem religiösen Hintergrund dahingehend als sekundär zu bezeichnen, dass sie aus dem orphischen Text abgeleitet wird. Hierbei baut der Derveni-Autor aus verschiedenen ihm bekannten naturphilosophischen Theorien seine eigene Kosmologie zusammen, wobei es ihm weniger um die Aufstellung eines eigenen, kohärenten Systems zu gehen scheint als vielmehr um den interpretatorischen Effekt, den er durch eine physikalische Entschlüsselung des orphischen Mythos erzielt. Die Lehre vom *Nus* und der Entstehung unserer Welt aus Zusammensetzungen aus unvergänglichen Grundstoffen ist klar als die wahre und eigentliche Aussage des Orpheus deklariert und hat damit in gewissem Sinne

Priorität gegenüber der mythischen Verkleidung. Jedoch bleibt die Autorität des Orpheus als Verkünder einer heiligen Botschaft durchweg bewahrt und durch die Interpretation keinesfalls in Frage gestellt (vgl. Janko 1997, 2001: 5: „sophistical Orphic and Orphic sophist"; Laks 1997: 137: „science *is* religion").

Aus diesem Vorgehen des Derveni-Autors im Ganzen ergibt sich daher der Eindruck, dass es ihm nicht allein um den Inhalt der von ihm entwickelten kosmologischen Welterklärung geht, sondern vor allem auch um den Effekt der Wahrheitsfindung und Erzeugung von „Verstehen" göttlicher Zeichen (vgl. auch Edwards 1991). Und so ist weniger die Allegorese das Mittel und die Physik der Zweck, als vielmehr die Physik ein probates Mittel für den Zweck der Allegorese, die sich als rationalistischer Wahrheitsbringer mit eschatologischem Anspruch verkaufen lässt. Mit anderen Worten, das Heilsversprechen, das er seinen Lesern gibt, wird eben durch das Verstehen der wahren Botschaft des mythischen Textes, die in einer physikalischen Kosmologie besteht, eingelöst. Der Fokus liegt dabei auf dem *Akt des Verstehens* selbst (mehr als auf der Autorität des Orpheus und mehr als auf der physikalischen *Nus*-Lehre), welcher als Weg zu einem besseren Leben im hier und im Jenseits gepriesen wird.

Historischer Kontext des Derveni-Autors

Mit der Fokussierung auf ein rationalistisches Verstehen mythischer Texte und ritueller Handlungen sowie der Rhetorik, die diese als eigene Expertise präsentiert, kann der Derveni-Autor in den Kontext des im Athen des 5. Jahrhunderts zu verortenden Expertentums gestellt werden, das sich uns auch aus anderen Quellen erschließt. Experten im religiösen Bereich begegnen uns z.B. bei Platon (s. Funghi 1997: 37; Betegh 2004: 350–55). Das von Platon gezeichnete Bild solcher „Weisen" (*Men.* 81a–b, *Grg.* 493a–c) ist oftmals ironisch oder auch unverblümt negativ: im *Staat* beschreibt er sie als Quacksalber und Betrüger (*Rep.* 364e–365a; s. auch Erläuterungen zu Kol. 60 §§67–68), im *Gorgias* (493a–c; vgl. auch *Phdr.* 229c–230a) wird die allegorische Interpretationsmethode mindestens mit einem Augenzwinkern vorgeführt.

Darüber hinaus sieht Betegh (2004: 351–53) auch in den von Platon in den *Nomoi* (720a–e; 857c–e) beschriebenen medizinischen Experten Parallelen zum Derveni-Autor: *Mutatis mutandis* stellen die professionellen Mediziner ähnlich wie der Derveni-Autor ihre Tätigkeit in den Kontext naturphilosophischer Lehren, um damit bei ihren Patienten ein *Verstehen* von der Ursache ihrer Krankheit zu bewirken. Der Vergleich des Derveni-Autors mit den medizinischen Experten des 5. Jahrhunderts im Hinblick auf ihre argumentative Rhetorik wird auch durch die Evidenz in den hippokratischen Schriften gestützt (s. *De morbo sacro, De victu I, De arte, De natura hominis*). Die Verfasser dieser Schriften treten als Experten auf, die sich einer eklektischen Benutzung naturphilosophischer Lehren bedienen und darauf aufbauend harsche Kritik an ihren rückständigen Rivalen üben (vgl. Laskaris 2002: 73–124). Der Anspruch, selbst über wahres Expertenwissen (*techne*) und die damit einhergehende Autorität zu verfügen, während die anderen Vertreter derselben Profession methodisch und inhaltlich rückständig sind, wird hier, ähnlich wie im Derveni-Papyrus, im Gestus sophistischer Rhetorik und Didaktik an Hörer und Leser und somit an potentielle Kunden gebracht (s. Hussey 1999: 320–21). Edmonds (2013: 111–35) situiert die Derveni-

Abhandlung im Kontext des agonistischen Wettbewerbs um intellektuellen Einfluss und Autorität im Athen des 5. Jahrhunderts. Genau in diesem Klima des Wettbewerbs begannen einander konkurrierende Experten sich die technologische Errungenschaft des Buches als neues Medium zur großflächigen Verbreitung ihres Spezialwissens zu Nutze zu machen. Des neuartigen Mittels „Buch" bediente sich offenbar auch unser Derveni-Autor.

TEXT UND ÜBERSETZUNG

Leidener Klammersystem (erweitert):

α̣   ein Buchstabe, der auch anders gelesen werden könnte

[α]   ein vom Herausgeber ergänzter Buchstabe in einer Lücke im Papyrus

{α}   ein vom Herausgeber gestrichener Buchstabe

⟨α⟩   ein vom Herausgeber ergänzter Buchstabe

⌊α⌋   ein aufgrund einer Parallelstelle vom Herausgeber ergänzter Buchstabe

⟦α⟧   ein von einem Schreiber gestrichener Buchstabe

ʻαʼ   ein von einem Schreiber über der Zeile hinzugefügter Buchstabe

α̦   ein vom Herausgeber korrigierter Buchstabe

[.]   ein nicht erhaltener Buchstabe

[ ]   ein oder mehrere nicht erhaltene Buchstaben

[.(.)] ein oder zwei nicht erhaltene Buchstaben

. . . . . die Reste von genauso vielen Buchstaben

fettgedruckt = Zitat

[1] usw. = Kolumnen-Nummer

§1 usw. = Abschnitts-Nummer

Hinweise zur Übersetzung:

[abcd]   Ein deutsches Wort erscheint dann in eckigen Klammern, wenn das äquivalente griechische Wort auch anders ergänzt werden könnte.

(abcd)   Runde Klammern enthalten Zusätze der Übersetzerin, die das Verständnis des Textes erleichtern sollen

…   Die im Deutschen zur Angabe einer Textlücke gesetzten Punkte entsprechen in ihrer Zahl nicht den darin fehlenden Buchstaben. Sie markieren die Lücke im Papyrus nur näherungsweise.

fettgedruckt = Verszitat

„lacuna" bezeichnet eine größere Textlücke.

§1 [1]–[38] [*lacuna*]

§2 [39] (*pars sinistra columnae*) [*lacuna* - - - . . .] . . . κ[- - -
] . [.] . . . λι[- - -]κδη . θεο[- - -] . ι . . . ο . [- - -
. (.)] . . . (.)ο[- - - . (.)] . . . . [- - -
(*pars dextera columnae*) [*lacuna* . . . .
. . . . . (.)]οπερ[ ] [. . . . . (.)]·

"ἵπποι ταί με φέρουϲιν, ὅϲον τ' ἐπὶ θ.υμὸϲ ἱκά.νοι."
[. . . . (.)]τ . (.)ειδο . [
. . . . (.) . . . .
. . . . (.) ἤκ]ουϲεν [. . . . .
. . . . (.)] ἔχει[. . . . .
. . . . . . (.)] [. . . . . (.)
γὰ]ρ [*lacuna*

§3 [40] (*pars sinistra columnae*) - - - . (.)]ιτα[- - -
.]οαρηϲ[- - -] εὕρω[ϲι - - -]ο μαντ[- - - .]οεμ . θε[- - -
.]οα . . [- - - . (.)] . . κοι[- - -
(*pars dextera columnae*) - - - .]υν[- - -]πιμε[- - -]ντρ[- - -

§4 [41] [*lacuna* . . . .] . κε[. . . . .
. . . . (.) . . . .] ἐπὶ το[. . . .
. . . .]ιδ[. . . . φυϲι]κοῖϲ, καὶ
κα[. . . . .] . . αραλ[. . . . .]αι τὰ
ϲημε[ῖα . . . . . . (.)]οιρ . [. . . . . (.)]δαπανα[. .
. . (.)]ιον . . οε[. . . . . . (.)]ν ἕκαϲτον [μερ]ίδι νειμ[α . .
. . . .]α η[. . . . . . (.)] . αι [. . .] ὑπέθηκε[ν, ὥ]ϲπερ
φυϲικ[όϲ, χρᾶν τιν]α θεὸν [κατ]ὰ τὰ ϲημαι[νό]μενα
εὐχα[ῖϲ. §5 ὅταν δὲ τῶν [τελ]ετῶν κάω[ϲιν] ἀνημμέ[να
ἱερά, δι]ὰ τοιούτω[ν χρηϲ]μὸϲ ἀπ[ὸ εὐ]χῆϲ
τ[. (.)]ν[]ϲα[.]μεν[. . . . .]λοηπο[. . . . .
π]υρόϲ· ὕδατοϲ δ' ε[ἶ]ναι δη[λοῖ τοια]ῦ[τα ϲημεῖα.
§6 [καὶ γὰρ ἔϲτ]ιν ἕκαϲτα ϲημεῖα ἀνθρώ[ποιϲ . . . . .
. . . . (.)]ουϲ καὶ τ̣ἄλλ' ὅϲα [. .]μενου[. . . . .
. . . . . *lacuna*]

§1 [1–38] [*lacuna*]
§2 [39] [*lacuna ---*] ... ...
[*lacuna* ... ...] ... ...
... ...

„die Stuten, die mich tragen, soweit mein Drang auch reicht" ...

... ...

...er/sie/es hörte... ... ...er/sie/es hat/hält ...

... ... [denn] ... [*lacuna*]

§3 [40] ---

... ...[sie] finden ... ... weissag[... ...

§4 [41] [*lacuna* ... ...] ...

... auf ... ... [für Naturphilosophen], und ... ... die Zeichen ... ... aufwend-... ... ... jedes einzeln einem Teil zuteil[...] ... ... nahm er wie ein Natur[philosoph] als Voraussetzung an, dass [irgendein] Gott [gemäß] den durch Gebete bezeichneten Dingen [?weissagt].

§5 [Aber immer wenn] sie die entzündeten [Opfer] für die Weiheriten verbrennen, [... durch] solche Dinge [ein Orakelspruch] von einem [Gebet] ausgehend ... ... des Feuers. [Er/sie/es macht] deutlich, dass [solche Dinge] Zeichen für Regen sind. §6 [Und es sind nämlich] alle Zeichen für die Menschen ... ... und alles andere, was ... [... *lacuna*].

§7 [42] [.............................]ϲι
μαν[τ.............................ἐκ]άϲτωι
ἡ ἀ[ρὴ.............................]ερ οὐ
διεκω[λυ............................, ο]ὐδ'
ἔξου[ϲι θ]εοι̣[ ] δ̣[....................(.)]
πάντας χ[ύτ]ρη κ[.........................(.)
ὑπ]ό̣δικο̣ι ἔ[λε]γον ἰόντι λ[...............
.................]μουμένη[..............
..................] καὶ [...............
....
..................]ει [lacuna]
(pars huius columnae) [- - - ...(.)]ι̣τ̣[- - -]ειν
ἀμφοτέρο̣[υϲ - - -]λ̣οια γει̣..ϲ.[- - - ...].ει̣.[- - -
lacuna]
§8 [43] [lacuna ....(.)] ὑπελάμ̣[βαν....
.................]α̣ δίκηϲ ο[....
.]ωι̣[................]ιαπαϲ[.....
....(.)] Ἐριν[υ...........(.) ....(.)]ων
γίνετα[ι....(.)] τιμῶϲι .. τοκε[....(.)]ο̣., [τοὺϲ]
μὴ ἐξώλεαϲ [τιμῶϲι χ]οαὶ ϲταγόϲιν Ἐρινύω[ν. §9 οἳ] δὲ
[δ]αίμονεϲ, οἳ κατὰ [τοὺϲ μ]άγουϲ τιμὰϲ [ἀ]έξουϲι [τῶν]
θεῶν ὑπηρέται δ[ίκηϲ, πα]ρ' ἑκάϲτὸἰϲ ὅρ[κοι]
μεγά[λο]ι εἰϲίν, ὅπωϲπερ ἀ[λοίτηϲ θ]εόϲ, τοῖϲ τὸ
[φοβ]ερὸν [ἀρωμ]ένοι[ϲ]· §10 αἰτίην [δ' ἔ]χουϲι [τοῦ
ποε]ῖν̣ τούτο[υϲ] ἄοινα [ἱερά], οἵουϲ π.[.].[....
.............]ηι̣.[.]ρ̣ιη ἐὼ̣ν [....]υϲτα̣[....
...............]αι φυο[...... lacuna]
§11 lacuna] [44] [τ]οῦ εδ[.....................
...........]ων ὁ κείμ[ενα] μεταθ[εὶϲ...........
..(.) ἐ]κδοῦναι μᾶλλ[ον ἢ] ϲίνεται [...........
.....(.)· τ]ὰ τῆϲ τύχηϲ γ[ὰρ] οὐκ εἴ[α λα]μμάνειν. ἆρ'

§7 [42] [... ... ...] ... weissag[... ...] einem jeden
das [Gebet ... ...] nicht verhindert[... ... ...] und
auch nicht werden die Götter haben/können [... ... ...]
alle ... ein Tontopf [... ... ...] Schuldige sagten dem
kommenden ... ... und ... . [... *lacuna*] ... ...
beide... [- - - *lacuna*].

§8 [43] [*lacuna* ... ...] annahm[... ... ...]
... des Rechts ... ... Erinye(n)... ... er/sie/es
entsteht ... ... sie ehren ... ... Weihegüsse in Tropfen für
die Erinyen [ehren die,] die nicht bösartig sind. **§9** [Die]
Daimones aber, die gemäß [den] *Magoi* als Diener des
Rechts die Ehren [der] Götter vermehren, sind große
Schwüre, wie ein [Rachegott,] bei all denjenigen, die [das
Furchterregende herbeiwünschen]. **§10** Sie (die *Daimones*)
sind die Ursache dafür, dass diejenigen weinlose [Opfer
vollführen,] die ... [...] ... seiend ... [... ... *lacuna*].

§11 [*lacuna*][44] des ... ... der das Festgesetzte
verändert[... ... ...] aufzugeben eher [als] er schädigt ...
... ... die Geschicke des Zufalls nämlich [ließ er/sie/es]

οὕτω[c ἔχει διὰ τῶ]νδε κόcμοc; §12 κατὰ [ταῦτ]ὰ
Ἡράκλειτοc, μα[ρτυρήcαc] τὰ κοινά, κατ[αcτρέ]φει τὰ
[κο̣] ἴδ̣΄[ι]α· ὅcπερ ἴκελ̣[α ἱερῶι] λόγωι λέγων [δηλοῖ]·
"ἥλι̣ο̣c̣᾿, [κόc]μου κατὰ φύcιν, ἀνθρωι̣π̣ι̣[ου] ε̣ὖροc
ποδόc [ἐcτι], τὸ μ[έγεθο]c οὐχ ὑπερβάλλων· εἰ γὰ[ρ
εὖ]ρουc ἑ[ωυτοῦ ἐκ]β̣[ήcετα]ι̣, Ἐρινύε̣ι̣c̣᾿ νιν
ἐξευρήcου̣ι̣cι, Δίκηc ἐπίκουροι̣, [ὅκωc μὴ δρόμον
ὑπερ]βατὸν πο⟨ι⟩ῆι κ[. . . . ."
§13 . . . . (.)]ν θύο̣υcι[. . . . .
. . . .]α Δίκηc [. . . . .
. . . . ά]μήνιτα κ[. . . . .
. . . .]ξ̣ηται τ̣ο[. . . . .
§14 *lacuna*] [45] [τὰ ἐν Ἅι]δ̣ου δειν[ὰ . . . .
. . . . , οὐ] χ̣ρηc[τη]ριαζόμ[ενοι τί εἴη ἡ τούτων
δύν]α̣μιc, ο[ὐδὲ] χρηc[τ]ηριάζον[ται . . . .
.] πόθωι . [. .]ι̣ αὐτοῖc πάριμεν [εἰc τὸ μα]ντεῖον
ἐπερ[ω]τήcο̣ν̣τ̣εc, τῶν μαντευομέν[ων ἕ]νεκεν, εἰ θεμί[τ᾿
ἐc]τ̣ι̣ν καὶ [τὰ] ἐν Ἅιδου δεινά. §15 τί ἀ[πιc]τοῦcι; οὐ
γιν̣ώc[κ]ο̣ν̣τεc `[ὁ]ρῶ[ντεc]΄ ἐνύπνια οὐδὲ τῶν ἄλλων
π[ρα]γμάτων ἕκαcτ̣[ον], {πα} ποῖον ἂν παραδειγμάτων
π[ι]cτεύοιεν, ὑπὸ τ̣[ῆc τε] ἁμαρτ̣ί̣ηc καὶ [τ]ῆc ἄλληc
ἡδον[ῆ]c νενικημέν̣[οι; τί ο]ὐ̣κ̣ ἐπ[αῖο]υcιν [οὐδὲ]
π̣ιcτεύουcι; §16 ἀπ[ι]cτίη δὲ κ̣ἀμα[θίη τὸ αὐτό· ἢν γὰ]ρ
[μὴ μα]νθάνωcι μ[ηδ]ὲ γινώ[c]κ̣ωc[ι, οὐκ ἔcτιν ὅπωc
πιcτεύcου]cιν καὶ ὁρ[ῶντεc ἐνύπνια· . . . .
. . τ]ὴν ἀπιcτί[ην . . . .]
φαίνεται [. . . .]
§17 [*lacuna*] [46] [. . . . (.) δω]ρ̣εαὶ καὶ θυc[ί]αι
μ[ειλ]ίccουcι τὰ̣[c ψυχάc. ἐπ[αοιδὴ δ]ὲ ΄τ⟨ῶν⟩΄ μάγων
δύν[α]ται δαίμοναc ἐμ[ποδὼν] γ[ινομένου]c μεθιcτάναι.

nicht ergreifen. [Verhält sich] die Weltordnung so [durch diese]? **§12** Auf [dieselbe Weise beseitigt] Heraklit, nachdem er das Allgemeingültige [bezeugt hat], die (falschen) Privatansichten; und er [macht deutlich], indem er einer [heiligen] Rede gleich sagt:

> „Die Sonne hat, gemäß der Natur der Weltordnung,
> die Breite des Fußes eines Menschen, und sie über-
> schreitet ihre Größe nicht. Denn falls sie über [ihre]
> Breite [hinausgehen sollte], werden die Erinyen sie
> ausfindig machen, die Helfer der Dike, [damit sie ihre
> Bahn nicht] überschreitet ... .“

§13 ... ... sie opfern ... ... der Dike ... . ohne Zorn ... ... **§14** [*lacuna*] [**45**] [die] Schrecken [im] Hades ... ... wobei [sie] das Orakel [nicht] fragen, [was die] Bedeutung [dieser Schrecken] sei, [und sie] fragen das Orakel [auch nicht] ... ... durch Verlangen ... für sie betreten wir die Orakelstätte, um wegen der Prophezeiungen zu erfragen, ob auch [die] Schrecken im Hades gottgewollt und rechtens sind. **§15** Warum glauben sie nicht? Wenn sie zwar Träume [haben], aber diese nicht verstehen, und auch nichts von den anderen Dingen, was für (einer Art von) Warnzeichen dürften sie (dann) wohl Glauben schenken, wo sie von Verfehlung und noch dazu von Lust besiegt sind? [Warum] verstehen sie nicht [und] glauben [auch nicht]? **§16** Unglaube und Unwissenheit [sind dasselbe. Denn wenn] sie [nicht] lernen und nicht verstehen, [ist es unmöglich, dass sie glauben], selbst wenn sie [Traumgesichte] sehen ... ... den Unglauben ... ... es scheint ... .

  §17 [*lacuna*] [**46**] ... ... Geschenke und Opfergaben stimmen [die Seelen] gnädig. [Der Gesang] der *Magoi* kann *Daimones* vertreiben, wenn sie [hinderlich werden]. Hin-

δαίμονες ἐμπο[δὼν ὄντες] ψ[υχαὶ νοητ]έροι· τὴν θυσί[η]ν
τούτου ἔνεκε[ν] π[οιοῦσιν] οἱ μά[γο]ι, ὡ[c]περεὶ
ποινὴ[ν] ἀποδιδόντες. τοῖ⟨c⟩ δὲ ἱεροῖ[c] ἐπιcπένδουcιν
ὕ[δω]ρ καὶ γάλα, ἐξ ὧνπερ καὶ τὰc χοὰc ποιοῦcι.
ἀνάριθμα [καὶ] πολυόμφαλα τὰ πόπανα θύουcιν, ὅτι καὶ
αἱ ψυχα[ὶ ἀνά]ριθμοί εἰcι. §18 μύcται Εὐμενίcι
προθύουcι κ[ατὰ τ]αὐτὰ μάγοιc· Εὐμενίδεc γὰρ ψυχαί
εἰcιν. ὧν ἕνεκ[εν ὁ θέλων ἱ]ερὰ θεοῖc θύειν φ[ο]ρτίον
πρότερον [ἀείρει ταῖc ψυχ]αῖc· πονε[ον]ται [γάρ], ὥ[c]τε
καὶ τὸ κα[. . . . .]οι. εἰcὶ δὲ
[ψυχ]αὶ .[. . . . .]ου δέουc· ὅcαι δὲ
[. . . . .] περιέχει, κ[αὶ] φόβου
κ[. . . . .]μαρα[*lacuna*].
§19 ₁φθέγξομαι οἶc θέμιc ἐcτί· θύραc δ' ἐπίθεcθε βέβηλοι.
[*lacuna*] [47] [. . . . .
. .(.)]αγ[. . . . .]οcε[. . . . . τί εἴη ἡ
δύνα]μιc, ἀ[λλὰ τὴν ἀοιδ]ὴν ὀκ[νο]ίη καὶ θεμ[ι]τὰ
λέγο[υcαν· ἔφθ]αρτο γὰρ [τῆ]ι ποήcει, [κ]αὶ εἰπεῖν οὐχ
οἷόν τ' [ἦν τὴν τῶν ὀ]νομάτων [θέ]cιν καὶ τ[ὰ] ρηθέντα.
§20 ἔcτι δὲ μ[αντικὴ ἡ] πόηcιc [κ]αὶ ἀνθρώ[ποιc]
αἰνι[γμ]ατώδηc, [κα]ὶ [Ὀρ]φ[εὺ]c αὐτ[οῖc ἐ]ρίcτ'
αἰν[ίγμα]τα οὐκ ἔθελε λέγειν, ἐν [αἰν]ίγμαc[ι]ν δὲ
[μεγ]άλα. §21 ἱερ[ολογ]εῖται μὲν οὖν καὶ ἀπὸ [το]ῦ
πρώτου [καὶ] μέχρι ⟨τ⟩οῦ [τελε]υτ[αί]ου ρήματος, ὡ[c]
δηλο[ῖ] καὶ ἐν τῶι [εὐκ]ρινήτω[ι ἔπει]. "ₜθₜύραc" γὰρ
"ἐπιθέₜcθαₜι" ὁ κελεύcαc τοῖ[c ὠcὶ]ν αὐτ[οὺc μὴ θεοὺc
ἀ]cεβεῖν φη[cιν] τοῖ[c πολλοῖc [. . . . .
τὴ]ν ἀκοὴν [διατηρο]ῦνταc καθ[αρήν . . . .
. . . .]η[. . . . .]υειτ[. . . . .
. . . . ἐν τούτ]ωι τ[ῶι] ἔπε[ι . . . . .(.) . . . . .
. . . .

derliche *Daimones* [müssen als Seelen verstanden werden].
Deswegen [vollführen] die *Magoi* das Opferritual, so als ob
sie Buße zahlten. Auf die Opfergaben gießen sie Wasser und
Milch, woraus sie auch die Trankopfer herstellen. Sie brin-
gen unzählige vielnoppige Opferkuchen dar, weil auch die
Seelen unzählig sind. **§18** Eingeweihte opfern zuerst den
Eumeniden [auf] dieselbe [Weise] wie *Magoi*. Denn die
Eumeniden sind Seelen. Deswegen [entfernt der, der] den
Göttern Opfer bringen [will], zuerst eine Last [von den
Seelen. Denn] sie tragen schwer daran, so dass auch das …
… … sie sind aber [Seelen] … … … der Furcht. Welche
[Seelen] aber … … … umfasst, und des Schreckens … …
… . [*lacuna*].

§19 [„**Ich werde zu den Berechtigten sprechen: Ihr
Profanen aber, schließt die Türen!**"]
[*lacuna*] [**47**] … … … . … was die Bedeutung] sein
könnte, [aber] (dass) er/sie zurückschreckt [vor dem Lied],
auch wenn es Rechtmäßiges sagt. Denn sie (die Bedeutung) wurde durch die Versdichtung entstellt. Und [es
war] nicht möglich, [die Verwendung der] Wörter anzugeben und was gesagt wird. **§20** Die Dichtung ist [prophe-
tisch] und für Menschen rätselhaft, [und] Orpheus beabsichtigte nicht, [ihnen] strittige Rätsel zu geben, sondern
in Rätseln Großes zu sagen. **§21** Er [verkündet] demnach
[Heiliges] und zwar vom ersten bis zum letzten Wort, wie
er auch in dem leicht verständlichen [Vers] deutlich macht.
Denn mit dem Befehl „Schließt die Türen" vor den
[Ohren,] sagt er (Orpheus) den Vielen, dass [sie nicht gegen Götter] freveln sollen, … … … die ihr Gehör rein
[erhalten] … … … … … … in diesem Vers… … … .

§22 ἐν δ]ὲ τῶι ἐχομ[έ]νωι πᾶ[cι λέγει·

"................ ....].τ. . ἔργ' ο[ὐ]κ̣ ἀτ[έλεcτα."
§23 [*lacuna*] [48] [........, ὡc] ἐδήλω[cεν ἐν τῶιδ]ε
τῶι ἔπ[ει·

"ο]ῖ̓ Διὸc ἐξεγένοντο [περιφραδ]έοc βαcιλῆοc."
§24 ὅπωc δ' ἄρχεται, ἐν τῶ[ιδε δη]λοῖ·

"Ζεὺc μὲν ἐπεὶ δὴ πα̣ι̣τρὸc ἑο̣ι̣ῦ πάρα θέ[c]φατον ἀρχὴν
[ἀ]λκήν τ' ἐν χείρεcc'{ι} ἔλ̣αβ̣ι̣εν κ̣ι̣α̣ὶ δαίμον̣ι̣α̣ι̣ κ̣υδρόν".
[τ]α̣ῦτα τὰ ἔπη ὑπερβατὰ ἐό[ν]τα λανθάν[ει. ἔc]τιν δὲ
ὧδ' ἔχοντα· "Ζεὺc μὲν ἐπεὶ τὴ[ν] ι̣άρ̣ι̣χὴν ι̣πα̣ι̣ρὰ πατρὸc
ἑοῦ ἔλαβεν καὶ δαίμονα κ̣ι̣υδρ̣ι̣όν". §25 [οὕτω] δ' ἔχοντα
οὐκ ἀκούειν τὸν Ζᾶ[ν' ἀποκαλύπ]τει [τοῦ πατρ]όc, ἀλλὰ
τὴν ἀλκὴν λαμβ[άνειν ἀπ' αὐτο]ῦ. [ἄλλωc δ' ἔ]χοντα
παρ[ὰ] θέcφατα δ[είκνυοι ἂν λαβεῖν τὴν ἀρχήν. ἔο]ικεν
γὰρ τούτωι μαλ̣[................ ἀ]νάγκην
νομιζομ[....................], καὶ μαθὼν
τε[................. *lacuna*] [49] εἶναι. §26 τὴ[ν
ῥο]π̣ὴν οὖν τοῦ ἰc̣χυρ[ο]τάτου ἐπόη[cεν] εἶναι, ὡc[περ]ε̣ὶ
παῖδα πατρόc. οἱ δὲ οὐ γινώcκον[τεc] τὰ λεγό[μεν]α
δοκοῦcι τὸν Ζᾶνα παρὰ τοῦ αὐτο[ῦ] πατρὸc [τὴν] ἀλκήν
τε κα[ὶ] τὸν δαίμονα λαμβά[νειν]. §27 γινώcκ[ω]ν̣ οὖν
τὸ πῦρ, ἀναμεμειγμένον τοῖc ἄλλοιc, ὅτι ταράccοι καὶ
κ[ωλ]ύοι τὰ ὄντα cυνίcταcθαι διὰ τὴν θάλψιν,
ἐξαλλάc[cει ὅc]ον τε ἱκανόν ἐcτιν ἐξαλλαχθὲν μὴ
κωλύ[cαι τὰ ἐ]όντα cυμπαγῆναι. ὅcα δ' ἂ[ν] ἀφθῆι

§22 [Im] nächsten Vers [sagt er zu allen]:
„... **Werke nicht unvollendet**“.

§23 [*lacuna*] [**48**] [... wie] er [in folgendem Vers] deutlich machte:
**„die aus Zeus entstanden sind, dem [umsichtigen]
König“**.

§24 wie er (Zeus) beginnt, zeigt er (Orpheus) in folgendem (Verspaar):
**„Als Zeus von seinem Vater die prophezeite Herrschaft
und die Macht in seine Hände genommen hatte und den
ruhmvollen *Daimon* ...“**
Man bemerkt nicht, dass diese Wörter in Sperrung stehen.
In Wahrheit verhalten sie sich folgendermaßen: „Als Zeus
die Herrschaft von seinem Vater genommen hatte und den
ruhmvollen *Daimon*...“. **§25** Da die Wörter sich [so] verhalten, [enthüllen sie] nicht, dass Zeus [von seinem Vater]
(Weissagungen) hört, sondern dass er die Macht [von ihm]
nimmt. Wenn sie (die Wörter) sich [anders] verhalten,
[könnten sie anzeigen, dass er die Herrschaft] entgegen den
Prophezeiungen [nahm]. Denn so scheint diesem ... ...
Zwang ... glaub- ... ... und erfahren habend ... ...
[*lacuna*] [**49**] zu sein. **§26** Er ließ also (in seiner Dichtung)
[den entscheidenden Einfluss] vom Stärksten herkommen
wie ein Kind vom Vater. Diejenigen, die das Gesagte nicht
verstehen, glauben, dass Zeus von seinem eigenen Vater
die Macht und den *Daimon* nimmt. **§27** Weil er (*Nus*)
also erkennt, dass das Feuer dadurch, dass es sich mit den
anderen Dingen vermischt hat, die seienden Dinge aufwiegelt und durch die Hitze daran hindert, sich zusammenzuschließen, entfernt er eine ausreichend große Menge (des
Feuers), damit es, nachdem es entfernt worden ist, die
seienden Dinge nicht mehr daran hindert sich zusammen-

ἐπικρα[τεῖται, ἐπικ]ρατηθέν⟨τα⟩ δὲ μίϲγεται τοῖϲ
ἄλ[λο]ιϲ. §28 ὅτι δ᾽ "ἐν χειρ[ϲὶ⟨ν⟩ ἀλκὴν ἔλαβ]εν"
ἠινίζετο, ὥϲπε[ρ τ]ἄλλα τὰ π[αρὰ τοῦ πατρὸϲ
ἀρ]χόμεν[α, ταῦτ]α [β]εβαιότατα νομί[ζει ἄρχειν. ὁ
Ὀρφεὺϲ οὖ]ν ἰϲχυρῶϲ ἔφη τὸν Ζᾶνα τυ[ραννῆϲαι
λαβόντα τὸ]ν δαίμονα, [ὡ]ϲπερεὶ ε[. . . . .
. . . . (.)]τα [ἰϲχ]υροῦ [lacuna]
    §29 [τὸ δ᾽ ἐχόμενον ἔποϲ·]
["Ζηνὶ] ˻πανομφεύουϲα˼ [θεῶν] ˻τρόφοϲ ἐξ ἀ˼[δύτοι]˻ο˼."
["πανομφεύειν" καὶ "πάντα διδάϲκειν" τὸ αὐτό· "ὀμφὴ"
γὰρ καὶ "φωνὴ" τὸ αὐτό. "φωνεῖν" δὲ τὸ αὐτὸ δύναται]
[50] καὶ "λέγειν"· [οὐδὲ γ]ὰρ λέ[γ]ειν οἷόν τε μὴ
φωνοῦντ[ι]. ἐνόμιζε δὲ τὸ αὐτὸν εἶναι τὸ "λέγειν" τε καὶ
"φωνεῖν". §30 "λέγειν" δὲ καὶ "διδάϲκειν" τὸ αὐτὸ
δύναται· οὐ γὰρ οἷόν τε δι[δ]άϲκειν ἄνευ τοῦ λέγειν, ὅϲα
διὰ λόγων διδάϲκετα[ι]. νομίζεται δὲ τὸ "διδάϲκειν" ἐν
τῶι "λέγειν" εἶν[αι]. οὐ τοίνυν τὸ μὲν "διδάϲκειν" ἐκ τοῦ
"λέγειν" ἐχ[ω]ρ[ί]ϲθη, τὸ δὲ "λέγειν" ἐκ τοῦ "φωνεῖν"·
τὸ δ᾽ αὐτὸ δύν[α]ται "φωνεῖν" καὶ "λέγειν" καὶ
"διδάϲ[κειν]". οὕτωϲ [οὐδὲν κωλ]ύει "πανομφεύουϲαν"
καὶ "πά[ντα] διδά[ϲκουϲαν" ταὐ]τὸ εἶναι.

    §31 "τροφ[ὸν" δὲ καλῶν αὐ]τὴν αἰ[νίζε]ται, ὅτι,
[ἅ]ϲϲα ὁ ἥλι[οϲ θερμαίνων δι]αλύει, ταῦτα ἡ νὺξ
ψύ[χουϲα] ϲυ[νίϲτηϲι. τῶν γὰρ ὄντων], ἄϲϲα ὁ ἥλιοϲ
ἐθέρ[μαινεν, ταῦτα ἡ νὺξ ἔψυχε. . . . .]τα[. . . . .
. . . . . . lacuna] [51] [τ]ῆϲ νυκτόϲ.

zufügen. Alles was (vom Feuer) entfacht wurde, wird beherrscht, und wenn es beherrscht wird, vermischt es sich mit den anderen Dingen. **§28** Weil er (Orpheus) die Wendung „[er nahm die Macht] in die Hände" allegorisch sagte, wie auch die anderen [vom Vater] beherrschten Dinge, meint er (eigentlich), dass [diese] auf die sicherste Weise [?beginnen/herrschen. Orpheus] sagte [also], dass Zeus auf starke Weise [an die Macht kam, als er] den *Daimon* [ergriffen hatte,] wie wenn ... ... eines Starken ... [*lacuna*]

§29 [Der nächste Vers:]

[„**Dem Zeus** (*sc.* **weissagt**) **die alles verkündende Amme der Götter aus dem Inneren des Heiligtums**"]

[„Alles verkünden" und „alles lehren" ist dasselbe. Denn „Stimme" (*omphe*) und „Laut" (*phone*) sind dasselbe. „Aussprechen" aber bedeutet dasselbe] [50] wie „sagen". Denn es ist [un]möglich, (etwas) zu sagen ohne (es) auszusprechen. Er meinte, dass „sagen" und „aussprechen" dasselbe seien. **§30** Und „sagen" und „lehren" bedeuten dasselbe. Denn es ist unmöglich, zu lehren, ohne das zu sagen, was durch Worte gelehrt wird. Und das Lehren gilt als eine Art des Sagens. Folglich wurde „lehren" nicht von „sagen" getrennt (oder: unterschieden), und „sagen" nicht von „aussprechen", und „aussprechen", „sagen" und „lehren" haben dieselbe Bedeutung. So [steht der Auffassung nichts im Wege], dass „die alles verkündende" und „die alles lehrende" dasselbe sind.

§31 [Indem er sie] als „Amme" [bezeichnet], sagt er allegorisch, dass alles, was die Sonne [durch Erwärmung] auflöst, die Nacht [durch Abkühlung zusammenfügt]. Denn was die Sonne [von den seienden Dingen] erwärmte, [dieses kühlte die Nacht ab. ... ... *lacuna*] [51] der Nacht.

§32 "ἐξ ἀιδύτο.ιο" δ' αὐτὴν [λ]έγει "χρῆσαι",
γνώμην ποιού[με]νος "ἄδυτον" εἶναι τὸ βάθος τῆς
νυκτός· οὐ γ[ὰρ] "δύνει", ὥсπερ τὸ φῶс, ἀλλά νιν ἐν τῶι
αὐτῶι μέ[νο]ν αὐγὴ κατα[λ]αμβάνει. §33 "χρῆσαι" δὲ
καὶ "ἀρκέσαι" ταὐτὸ [δύ]ναται. σκέψασθαι δὲ χρή, ἐφ'
ὧι κεῖτα[ι τὸ] "ἀρκέσαι", καὶ τὸ "χρῆσαι"·
"χρᾶν τόνδε τὸν θεὸν νομίζοντ̣[ες, ἔρ]χονται πευсόμενοι
ἄссα ποῐ ὧсι."
§34 τὰ δ' [ἐπὶ τούτ]ωι λέγει·
"[Νὺξ] ἔχρησεν ἄπαντα, τά οἱ θέ[μιс ἦν τελεέс]θαι".
[οὕτω] θεὶс ἐδήλωσεν, ὅτι ο[. . . . .]ε̣ [. . . . .
. .]ι παρὰ τὰ̣ ἐόντ̱ᾰ΄ ατ[. . . . .] . αι
οἷον τ[. . . . .]νεсθαι сυγ[. . . . .
. . . . (.)]μ [*lacuna* τὴν ἀρχὴν - - -] [52] καὶ
ἀφα[ιρεῖ]ν̣.
§35 τὸ δ' ἐχόμε[νον ἔ]ποс ὧδ' ἔχει·
"ὡс ἄρ̱ξ[ηι κα]τὰ καλὸν ἔδος νιφόεντος Ὀλύμπου".
"Ὀλυμπ[ος" καὶ "χ]ρόνος" τὸ αὐτόν. οἱ δὲ δοκοῦντες
"Ὀλυμπ[ον" καὶ] "οὐρανὸν" [τ]αὐτὸ εἶναι ἐξαμαρ-
τάν[ουс]ιν̣, [οὐ γ]ινώσκον[τ]ες, ὅτι οὐρανὸν οὐχ οἷόν τε
"μακ[ρό]τερον" ἢ "εὐρύτε[ρο]ν" εἶναι. §36 χρόνον δὲ
"μακρὸν" εἴ τις [ὀνομ]άζοι, οὐκ ἄν ἐ[ξα]μαρτάνοι. ὁ δέ,
ὅπου μὲν "οὐρανὸν" θε[λήс]α̣ι [αἰνί]ζε[σθαι], προσθήκην
"εὐρὺν" ἐποεῖτο, ὅπου δ' "Ὀ[λυ]μπο[ν", τὸ] ἐναντίον,
"εὐρὺν" μὲν οὐδέποτε, "μα̣[κρὸ]ν" δέ. §37 "[νιφ]ό̣εντ̣[α]"
δὲ φήσας εἶναι, τῆι [δ]υνάμει ε[ἰκάζει τὸν χρόνον τῶ]ι
νιφετώδει. [τὸ δὲ] νιφετῶ[δες λαμπρόν τε καὶ λε]υκόν
ἐ[στι]. μ[ηδὲ λ]αμπ[ρὸν . . . .],
πολιὸν δ' ἄ[ρ]' ἐν λ[. . . . .]να καὶ

§32 „Aus dem Inneren des Heiligtums (*Adyton*)", sagt er, „dass sie Orakel verkündet", womit er eigentlich meint, dass die Tiefe der Nacht nicht sinkt (*a-dyton*). [Denn] sie geht nicht unter wie das Licht, sondern das Tageslicht ergreift von ihr Besitz, während sie in derselben Position bleibt. **§33** „Orakel verkünden" und „helfen" bedeuten dasselbe. Man muss überlegen, in welcher Bedeutung „helfen" und „Orakel verkünden" vorkommen.

„Im Glauben, dass dieser Gott Orakel verkündet,
gehen sie hin, um zu erfahren, was sie tun sollen".

§34 Und die Worte [nach diesem (Vers)] lauten:

„[Nacht] weissagte alles, was ihm bestimmt [war zu vollenden]"

[Mit diesem] Ausdruck machte er deutlich, dass … … … zu/neben den/die seiende(n) Dinge(n) … … wie/möglich … … … mit … … … [*lacuna* die Herrschaft - - -] ⌊52⌋ und sie zu rauben.

§35 Der nächste Vers lautet folgendermaßen:

„damit er Herrscher wird auf dem schönen Sitz des schneebedeckten Olymps"

„Olymp" und „Zeit" sind dasselbe. Aber diejenigen, die glauben, dass „Olymp" [und] „Himmel" dasselbe seien, irren sich, weil sie nicht verstehen, dass der Himmel nicht „lang", sondern nur „weit" sein kann. **§36** Wenn hingegen jemand die Zeit als „lang" bezeichnete, dürfte er sich keineswegs irren. Er (Orpheus) jedoch, wo auch immer er in allegorischer Weise „Himmel" sagen wollte, setzte „weit" hinzu, wo er aber „Olymp" sagen wollte, im Gegenteil niemals „weit", sondern „lang". **§37** Indem er sagte, dass er (der Olymp) „schneebedeckt" ist, [macht er die Zeit] in ihrer Bedeutung [dem] Schneeigen [gleich]. [Das] Schneeige ist [hell und] weiß. [Aber nicht] hell … …, demnach

τα[. . . . .]το[. . . . .
. . . .]ι
[*lacuna* . §38 ἐν δὲ τούτωι δηλοῖ·] [53]
"Ζεὺς μέν, ἐπεὶ δὴ πατρὸς ἑοῦ πάρα [θ]έςφατ' ἀκούςα[c]".
οὔτε γὰρ τότε ἤκουσεν, ἀλλὰ δεδήλωται ὅπως ἤκουσεν,
οὔτε ἡ Νὺξ κελεύει. §39 ἀλλὰ δηλοῖ ὧδε λέγων·
"αἰδοῖον κατέπινεν, ὃς Αἰθέρα ἔκθορε πρῶτος".
ὅτι μὲν πᾶσαν τὴν πόησιν περὶ τῶν πραγμάτων αἰνίζεται,
ἔςτ' ἔπος ἕκαστον ἀνάγκη λέγειν. §40 ἐν τοῖς
α[ἰ]δο[ίο]ις ὁρῶν τὴν γένεσιν τοὺς ἀνθρώπου[ς]
νομίζο̣ν̣[τας ε]ἶ̣ναι, τούτωι ἐχρήσατο, ἄνευ δὲ τῶν
αἰδοίων [μὴ γίν]εςθαι, "αἰδοίωι" εἰκάσας τὸν ἥλιο[ν].
ἄνευ [γὰρ τοῦ ἡ]λ̣[ίο]υ̣ τὰ ὄντα τοιαῦτα οὐχ οἷόν̣ [τ' ἦν]
γίν[εςθαι· ἀλλὰ γενομ]ένων τῶν ἐόντων [οὐ . . . . . .],
πρ[ὶν . . . . (.)] τὸν ἥλιο[ν] πάντα ὁμ[ο . .
. . . . §41 . . . .]cάμε[να] ὁμο[. .
. . . .]να διεζ[. . . .
. . . . . (.) . . . .]οιουτε[. . . . .
. . . . . (.) *lacuna*]·
§42 [τὸ δ' ἐχόμενον·]
["ἐκ τοῦ δὴ Γαίηι] ι̣γένετο Κρόνος, ὃς μέγ' ἔρεξεν̣".
[*lacuna* , ὡς ἂν] [54] [ἐ]κθόρηι τὸ{ν} λαμπρότατόν τε
[καὶ θε]ρμό[τ]ατον χωρισθὲν ἀφ' ἑωυτοῦ. τοῦτον οὖν
τὸν "Κρόνον" "γενέςθαι" φησὶν ἐκ τοῦ ἡλίου τῆι "Γῆι",
ὅτι αἰτίαν ἔσχε διὰ τὸν ἥλιον "κρούεσθαι" πρὸς ἄλληλα.
διὰ τοῦτο λέγει "ὃς μέγ' ἔρεξεν".

grau … in … … … … und … … … … … … [*lacuna*.
§38 In diesem Vers macht er deutlich:] [**53**]
„**Als Zeus von seinem Vater, nachdem er die Prophezeiungen gehört hatte…**".
denn weder hörte er damals – sondern es ist bereits deutlich gemacht worden, wie er hörte –, noch befiehlt die
Nacht. **§39** Aber er macht es deutlich, indem er folgendermaßen spricht:
„**Er verschluckte den ehrwürdigen (*aidoion*), der als erster
in den *Aither* heraussprang.**"
Weil er das ganze Gedicht als Allegorie auf die Wirklichkeit gestaltet, ist es notwendig, jedes Wort einzeln zu besprechen. **§40** Weil er sah, dass nach Ansicht der Menschen die Erzeugung in den Geschlechtsteilen liege, ohne
die Geschlechtsorgane aber nichts entstehe, gebrauchte er
dieses Wort, indem er die Sonne als „Geschlechtsorgan"
(*aidoion*) bezeichnet. [Denn] ohne [die] Sonne [hätten] die
seienden Dinge nicht von solcher Art werden können.
[Aber nachdem] die seienden Dinge [entstanden sind], …
[nicht …], bevor … … die Sonne alles in gleich- … …
§41 … … … gleich- … … … durch- … … … [*lacuna*].
    §42 [Der nächste (Vers)]:
[„**Sodann wurde von ihm der Gaia der Kronos geboren,
der Großes vollbrachte**"].
[*lacuna*, sodass] [**54**] das Hellste und Heißeste „herausspringt", abgetrennt von sich selbst. Er (Orpheus) sagt also,
dass eben dieser „Kronos" der Erde von der Sonne „geboren
wurde", weil er (Kronos) dafür verantwortlich ist, dass aufgrund der Sonne die Dinge aneinanderstoßen (*kruesthai*).
Deswegen sagt er „der Großes vollbrachte".

§43 τὸ δ᾽ ἐπὶ τούτωι·

"Οὐρανὸγ Εὐφρονίδην, ὃc πρώτιcτοc βαcίλευcεν".

"κρούοντα" τὸν "Νοῦν" πρὸc ἄλληλ[α] "Κρόνον" ὀνομάcαc, "μέγα ῥέξαι" φηcὶ τὸν "Οὐρανόν"· ἀφαιρεθῆναι γὰρ τὴν βαcιλείαν αὐτόν. "Κρόνον" δὲ ὠνόμαcεν ἀπὸ τοῦ ἔ[ρ]γου αὐτόν, καὶ τἄλλα κατὰ τ[ὸ]ν αὐ[τὸν λ]όγον. §44 [τῶν ἐ]όντων γὰρ ἀπάντ[ων ὑπὸ Νοῦ κρουομέ]νων [ἰcχυρ]ῶc, ὀρ[ᾶcθα]ι φύcιν [. . . . .
 . . . . (.)]αν [. . . . . .]c. ἀφαιρ[εῖ]cθαι δ᾽ αὐ[τόν φηcι τὴν βαcιλε]ίαν [κρουο]μένων τ[ῶν λοι]π[ῶν ἀλλήλοιc, ... (.)]ο̣ντα [*lacuna* §45 *lacuna* , ὡc ἂν ὁ Νοῦc αἰτίαν ἔχηι] [55] κρούε⟨ι⟩ν αὐτὰ πρὸ[c ἄλ]ληλα, κα[ὶ] ποήcηι τὸ [πρῶτ]ον χωριcθέντα διαcτῆναι δίχ᾽ ἀλλήλων τὰ ἐόντα. χωρ[ι]ζομένου γὰρ τοῦ ἡλίου καὶ ἀπολαμβανομένου ἐν μέcωι, πήξαc ἴcχει καὶ τἄνωθε τοῦ ἡλίου καὶ τὰ κάτωθεν.

§46 ἐχόμενον δὲ ἔποc·

"ἐκ τοῦ δὴ Κρόνοc αὖτιc, ἔπειτα δὲ μητιέτα Ζεύc".

λέγει ὅτι ἐκ τοῦδε [ἀ]ρχή ἐcτιν, ἐξ ὅcου βαcιλεύει. ἡ δὲ ἀρχὴ διηγεῖται, ἐ[ξ οὗ τὰ] ἐόντα κρούων πρὸc ἄλληλα διαcτήcαc τε [ποιεῖ τὴ]ν νῦν μετάcταcιν, οὐκ ἐξ ἑτέρ[ων] ἕτερ᾽ ἀλλ᾽ ἕτε[ρ᾽ ἐκ τῶν αὐτῶν. §47 τὸ δ᾽ "ἔπειτα ᾰδὲ μητιέτα Ζε̮ύc"· ὅτι μὲν οὐχ ἕτερ[οc] ἀλλὰ ὁ αὐ[τόc, δῆλόν ἐcτι.]

§43 Und (der Vers) nach diesem:
„**Uranos, Sohn der Nacht, der als allererster König wurde.**"
Weil der „*Nus*" (die Dinge) „aneinanderstößt" (*kruonta*),
hat er ihn „Kronos" (Kro-*Nus*) genannt und er sagt, dass er
dem „Uranos Großes angetan hat". Denn er (Uranos) sei
seiner Herrschaft beraubt worden. Er nannte ihn „Kronos"
(Kro-*Nus*) nach seiner Tat und alles andere nach demselben Prinzip. **§44** Denn während die seienden Dinge alle
[durch *Nus* heftig aneinandergestoßen werden], ... die Natur [zu sehen] ... ... [Er (Orpheus) sagt], dass er [der
Herrschaft] beraubt wird, [während die übrigen Dinge an-
einanderstoßen] ... [*lacuna* **§45** *lacuna*, sodass *Nus* dafür
verantwortlich ist,] [**55**] dass sie aneinanderstoßen, und er
bewirkt, dass die seienden Dinge, nachdem sie zunächst
(*sc.* von der Sonne) abgetrennt worden sind, entfernt voneinander stehen. Denn während die Sonne abgetrennt und
in der Mitte eingesperrt wird, hält er (*Nus*) den Bereich
oberhalb und unterhalb der Sonne in fester Position.

   §46 Nächster Vers:
„**nach ihm Kronos wiederum, und dann der Rat
ersinnende Zeus.**"
Er sagt, dass es seit dem Zeitpunkt eine Herrschaft / einen
Beginn gibt, seitdem er König ist. Die Herrschaft / der
Beginn wird von dem Moment an beschrieben, wo *Nus*,
indem er [die] seienden Dinge gegeneinanderstößt, und
nachdem er sie auseinander gestellt hat, die jetzige Umgestaltung [bewirkt], (und zwar) nicht aus anderen (Dingen)
andere (Dinge), sondern andere [aus denselben]. **§47** Die
Wendung: „und dann der Rat ersinnende Zeus": Dass er
kein anderer ist, sondern [derselbe, ist klar].

§48 [λέγ]ει δὲ [τ]όδε·
"Μῆτιν κάπ[πιεν, ὃς δὲ {ε}πόρ]ε̣ν βασιληΐδα τιμ[ήν,
ἐς μ[έσσον καταθεὶς κεφαλὴν κ]αὶ ἶνας ἀπά[σας."
εἰ μ[.......................(.)]ς̣[......
lacuna]

§49 [καὶ ὅτι μὲν] [56] "[αἰδοῖ]ον" τὸν ἥλιον ἔφ[η]σεν
εἶναι, δε[δήλ]ωται· ὅτι δὲ ἐκ τῶν ὑπαρχόντων τὰ νῦν
ὄντα γίνεται, λέγει·
"πρωτογόνου βασιλέως αἰδοίου· τῶι δ' ἄρα πάντες
ἀθάνατοι προσέφυν μάκαρες θεοὶ ἠδὲ θέαιναι
καὶ ποταμοὶ καὶ κρῆναι ἐπήρατοι ἄλλα τε πάντα,
ὅσσα τότ' ἦν γεγαῶτ'· αὐτὸς δ' ἄρα μοῦνος ἔγεντο."
[ἐ]ν τούτοις σημαίνει, ὅτι τὰ ὄντα ὑπῆ[ρ]χεν ἀεί, τὰ δὲ
νῦν ἐόντα ἐκ τῶν ὑπαρχόντων γίν[ετ]αι. §50 τὸ δὲ
"ͺαὐͺτὸς δὲ ἄρα μοῦνος ἔγεντο"· τοῦτο δὲ [λ]έγων
δηλοῖ [αὐ]τὸν Νοῦν πάντων ἄξιον εἶναι μόν[ο]ν ἐόντα,
[ὥσπερ]εἰ μηδὲν τἆλλα εἴη· οὐ γὰρ [ἐξῆν τοια]ῦτα εἶναι
[τὰ νῦν] ἐόντα ἄν[ε]υ τοῦ Νοῦ.

§51 [ἔτι δ' ἐν τῶι ἐχ]ομένωι [ἔπει τούτ]ου ἄξιον
πάντων [ἔφησεν τὸν Νοῦν ε]ἶναι·
"νῦν δ' ἐστὶ]ν βασιλεὺς πάντ[ων καί τ' ἔσσετ' ἔπ]ειτα."
[δῆλον ὅτι ὁ] Νοῦς καὶ "πͺάντͺ[ων] ͺβασιλεύͺς." [ἐστι
τα]ὐτόν. [*lacuna*]

§48 Und er [sagt] Folgendes:
„**Er verschluckte Metis, [der ihm] königliche Ehre
[verschaffte, nachdem er mitten] hinein [gelegt hat den
Kopf] und alle Sehnen,**"
wenn … … … …   … [*lacuna*]

§49 [Und dass] [**56**] er (Orpheus) sagte, dass die Sonne
[„ehrwürdig" (*aidoion*)] ist, ist deutlich gemacht worden.
Er sagt aber, dass die jetzt seienden Dinge aus den vorhandenen Dingen entstehen.

„**…des ehrwürdigen Königs Protogonos. An ihm waren
nämlich alle Unsterblichen angewachsen, glückselige
Götter und Göttinnen, Flüsse, liebliche Quellen und alles
andere, was damals entstanden war. Er selbst aber wurde
dadurch einzig.**"

Mit diesen Worten zeigt er an, dass es die seienden Dinge
immer schon gab, und dass die jetzt seienden Dinge aus
den vorhandenen Dingen entstehen. **§50** Die Wendung
„er selbst aber wurde dadurch einzig": Indem er dies sagt,
macht er deutlich, dass *Nus* selbst alles an Wert aufwiegt,
weil er als einziger existiert, [so] als ob die anderen Dinge
nichts wären. Denn es [wäre] nicht [möglich], dass [die
jetzt] seienden Dinge so beschaffen sind (wie sie sind)
ohne den *Nus*.

§51 [Außerdem] sagte er im darauffolgenden [Vers],
dass [*Nus*] alles aufwiegt.
[„**Jetzt ist er] König von allen [und wird es auch] später
sein.**"
[Es ist offensichtlich, dass] *Nus* und [„König von allen"]
dasselbe [bedeutet. *lacuna*]

§52 [τὸ δ' ἐχόμενον·]

["ˌΖεὺς πρῶτος γένετο, Ζεὺς ὕστατος ˌἀργικέραυνοςˌ".]

[Ὀρφεὺς "Ζῆνα πρῶτον" φάμενος δηλοῖ, ὅτι ὁ Ζεὺς]
[57] π[ρ]ότερον ἦν πρ[ὶν ὀν]οµαςθῆναι· ἔπε[ι]τα
ὠνοµάςθη. ἦν γὰρ καὶ πρόςθεν ʽ[ἐ]ὼν΄ ἢ τὰ νῦν ἐόντα
ςυςταθῆναι ἀήρ, καὶ ἔςται ἀεί· οὐ γὰρ ἐγένετο, ἀλλὰ ἦν.
§53 δι' ὅ τι δὲ "ἀὴρ" ἐκλήθη, δεδήλωται ἐν τοῖς
προτέροις. "γενέςθαι" δὲ ἐνοµίςθη, ἐπείτ' ὠνοµάςθη
"Ζεύς", ὡςπερεὶ πρότερον µὴ ἐών. §54 καὶ "ὕςτατον"
ἔφηςεν ἔςεςθαι τοῦτον, ἐπείτε ὠνοµάςθη "Ζεὺς", καὶ
τοῦτο αὐτῶι διατελεῖ ὄνοµα ʽ{ε}΄ ὂν µέχρι εἰς τὸ αὐτὸ
εἶδος τὰ νῦν ἐόντα ςυνεςτάθη, ἐν ὧιπερ πρόςθεν ἐόντα
ἠιωρεῖτο.

§55 τὰ δ' ἐόντα [δηλοῖ] γενέςθαι τοιαῦτ[α] διὰ
τοῦτον, καὶ γενόµενα ε[ἶναι] ἐν τούτωι [ἅπαντα.
ςη]µαίνει δ' ἐν τοῖς ἔπεςι το[ῖςδε]·
"Ζεὺς κεφαˌλή, Ζεὺς µέςˌςα, Διὸς δ' ἐκ ˌπˌάντα τέτˌυκταιˌ".
§56 κεφαλὴν [ἔχειν πάντα τὰ ὄ]ντ' αἰγ[ί]ζεται Ζ[ῆνα]·
"κ[ε]φαλὴ[ν" γὰρ λέγει, ἐπεὶ ἡ] ἀρχὴ γίνεται cὺ[ν τῆι]
βο[υλῆι τοῦ τὰ ὄντα ςυςτ]αθῆναι, µ[. . . . .]
ο[. . . . .
lacuna].

§57 [τὸ δ' ἐχόµενον·]
"[ˌΖεὺς πνοιὴ πάντωνˌ, [Ζεὺς πάντων ἔπλετο] ˌµοῖραˌ.]"
[lacuna] [58] καὶ τὰ κάτω [φερό]µενα. ʽτὴν δὲ
"πνοιὴ]ν" φάµενος ἔ[φηςε]ν΄ τὴν δ[ίνη]ν καὶ τἆλλα

§52 [Der nächste (Vers):]
[„**Zeus wurde erster, Zeus wurde letzter, der hellblitzende**".]
[Orpheus macht deutlich, indem er „Zeus erster" sagt, dass
Zeus] [**57**] früher existierte, bevor er benannt wurde; dann
wurde er benannt. Denn die Luft war existent, bevor sich
die jetzt seienden Dinge zusammenfügten, und sie wird
immer sein; denn sie entstand nicht, sondern existierte
bereits. **§53** Warum sie Luft genannt wurde, ist im Vorhergehenden deutlich gemacht worden. Man glaubte aber,
dass er entstanden sei, nachdem er „Zeus" genannt worden
ist, als ob er vorher nicht existiert hätte. **§54** Und er sagte,
dass dieser „letzter" sein werde, nachdem er „Zeus" genannt worden ist; und dies wird solange sein Name sein,
bis die jetzt seienden Dinge in demselben Zustand zusammengesetzt wurden, in dem sie vorher schwebten.

   §55 [Er (Orpheus) zeigt auf], dass die seienden Dinge
durch sie (die Luft) zu derartigen geworden sind und sich
[alle] entstandenen Dinge in ihr befinden. Er zeigt es in
[folgenden] Worten:
„**Zeus ist das Haupt, Zeus die Mitte, aus Zeus ist alles
gemacht.**"
§56 Er sagt allegorisch, dass [alle Dinge] Zeus als Haupt
und Anfang [haben. Denn er nennt] ihn „Haupt", [weil
der] Anfang [der] Zusammensetzung [der seienden Dinge]
mit [dem] Beschluss (des Zeus/*Nus*) einsetzt, ...
[*lacuna*].

   §57 [Der nächste (Vers):]
[„**Zeus ist der Atem von allem, Zeus die Bestimmung von
allem**"].
[*lacuna*] [**58**] und die nach unten getragenen (Teilchen).
Indem er [„Hauch"] sagte, [meinte er eigentlich], dass sich

πάν[τ]α εἶναι ἐν τῶι ἀέρι, π[νε]ῦμα ἐόν. τοῦτ' οὖν τὸ
πνεῦμα Ὀρφεὺς ὠνόμασεν "**Μοῖραν**". **§58** οἱ δ' ἄλλοι
ἄνθρωποι κατὰ φάτιν "Μοῖραν ἐπικλῶσαί" φασί[ν]
σφισιν καὶ "ἔσεσθαι ταῦθ' ἅσσα Μοῖρα ἐπέκλωσεν",
λέγοντες μὲν ὀρθῶς, οὐκ εἰδότες δὲ οὔτε τὴν "Μοῖραν"
ὅ τι ἐστὶν οὔτε τὸ "ἐπικλῶσαι". **§59** Ὀρφεὺς γὰρ' τὴν
φρόνης[ι]ν "**Μοῖραν**" ἐκάλεσεν· ἐφαίνετο γὰρ αὐτῶι
τοῦτο προσφερέστατον ε[ἶ]ναι, ἐξ ὧν ἅπαντες ἄνθρωποι
ὠνόμασαν. πρὶν μὲν γὰρ κληθῆναι "Ζῆνα", ἦν Μοῖρα
φρόνησις τοῦ θεοῦ ἀεί τε καὶ διὰ παντός. **§60** ἐπεὶ δ'
ἐκλήθη "**Ζεύc**", γενέσθαι αὐτὸν ἐ[νομίσθη], ὄντα μὲν καὶ
πρόσθεν, [ὀ]νομαζόμ[ε]νον δ' ο[ὔ. Ὀρφεὺς δὲ λέ]γει
"**Ζεὺς πρῶτος** ₁**γέν₁ετο**", πρ[ῶ]τόν γ' ὄντα [. . . . .
.] ἐπειτ[. .] ἱερα .[.]ο[] [. . .]cων. **§61** οἱ δ' ἄνθρωπ[οι,
οὐ γινώσκοντ]ες τὰ λεγόμενα, [διὰ] ἐκλογὴν ὀ[νόματος
νομίζουσιν αὐ]τὸν "Ζῆνα" [λέγειν "γενέσθαι"·
. .(.)]γ[. . . . .]cοι[. . . . .(.)
§62 *lacuna*] [**59**] ἐκ[λήθ]η τὰ ἐόντα, ἓν [ἕ]καστον
κέκ[λητ]αι ἀπὸ τοῦ ἐπικρατοῦντος. "**Ζεὺ[c]**" πάντα
κατὰ τὸν αὐτὸν λόγον ἐκλήθη· πάντων γὰρ ὁ ἀὴρ
ἐπικρατεῖ τοσοῦτον, ὅσον βούλεται. **§63** "Μοῖραν" δ'
"ἐπικλῶσαι" λέγοντες, τοῦ Διὸς τὴν φρόνησιν
"ἐπικυρῶσαι" λέγουσιν τὰ ἐόντα καὶ τὰ γινόμενα καὶ τὰ
μέλλοντα, ὅπως χρὴ γενέσθαι τε καὶ εἶναι κα[ὶ]
παύσασθαι.

§64 "**βαcιλεῖ**" δὲ αὐτὸν εἰκάζει (τοῦτο γὰρ οἱ
προσφέρειν ἐφα[ί]νετο ἐκ τῶν λεγομένων ὀνομάτων),
λέγων ὧδε·

der Strudel und alle anderen Dinge in der Luft befinden, und zwar als Hauch (*Pneuma*). Eben diesen Hauch (*Pneuma*) nannte Orpheus „Moira". **§58** Die übrigen Menschen aber sagen nach dem Sprichwort, dass „Moira ihnen zuspinnt" und „dass ihnen das zustoßen wird, was Moira zuspann", wobei sie zwar richtig sprechen, aber weder verstehen, was „Moira" noch was „zuspinnen" ist. **§59** Orpheus nämlich nannte das Denken „Moira". Denn dieser Name schien ihm am besten zu passen von denen, die alle Menschen (ihm) gegeben hatten. Denn bevor es Zeus genannt wurde, war Moira das Denken des Gottes, ewig und alles durchdringend. **§60** Aber weil es „Zeus" genannt wurde, [glaubte man], dass es entstanden sei, obwohl es auch schon vorher existierte, aber (noch) [nicht] (Zeus) genannt wurde. [Und Orpheus sagt] „Zeus *wurde* erster", obwohl er freilich erster *ist*, ... dann ... heilige ... . **§61** Die Menschen aber, die das Gesagte [nicht verstehen, glauben wegen der] Auswahl [des Wortes,] dass er [sagt,] dass Zeus selbst [entstanden ist.] ... ... [**§62** *lacuna*] [**59**] ... die seienden Dinge [benannt wurden], hat jedes einzelne seinen Namen von dem erhalten, was Beherrschend ist: Alles wurde nach demselben Prinzip „Zeus" genannt. Denn die Luft beherrscht alles, soviel, wie sie will. **§63** Wenn man sagt, „Moira spinnt zu (*epiklosai*)", dann sagt man eigentlich, dass das Denken des Zeus festsetzt (*epikyrosai*), wie die seienden Dinge, und zwar sowohl die entstehenden als auch die zukünftigen, notwendigerweise entstehen, existieren und aufhören zu sein.

§64 Er (Orpheus) stellt ihn als König dar – denn dies schien ihm von den geläufigen Bezeichnungen gut zu passen –, indem er folgendermaßen spricht:

"Ζεὺς βασιλεύς, Ζεὺς δ' ἀρχὸς ἀπάντων ἀργικέραυνος".

"β[ασιλέ]α" ἔφη εἶναι, ὅτι πολλῶ[ν τῶν ψή]φων μία
[βουλὴ κ]ρατεῖ καὶ πάντα τελεῖ, [ἃ τῶν πολι]τῶν οὐδενὶ
[ἄλλωι ἔξεс]τιν τε[λ]έсαι. ο[. . . . . .με]να
[Ζ]εὐ[с . . . .]. §65 "ἀρχὸν" δὲ ["ἀπάντων" ἔφη
εἶναι] αὐτόν, [ὅτι πάντα ἄρ]χεται διὰ [τὸν ἀέρα. . . . . .
. . . . . (.)]ιδε [lacuna]

§66 [ὅсοι μὲν τῶν] [60] ἀνθρώπω[ν ἐ]ν πόλεсιν
ἐπιτελέсαντες [τὰ ἱ]ερὰ εἶδον, ἔλαссον сφᾶс θαυμάζω
μὴ γινώсκειν· οὐ γὰρ οἷόν τε ἀκοῦсαι ὁμοῦ καὶ μαθεῖν
τὰ λεγόμενα. §67 ὅсοι δὲ παρὰ τοῦ τέχνην ποιουμένου
τὰ ἱερά, οὗτοι ἄξιοι θαυμάζεсθαι καὶ οἰκτε[ί]ρεсθαι,
θαυμάζεсθαι μέν, ὅτι, [δ]οκοῦντες πρότερον ἢ
ἐπιτελέсαι εἰδήсειν, ἀπέρχονται ἐπιτελέсαντες πρὶν
εἰδέναι, οὐδ' ἐπανερόμενοι, {ὥсπερ} ὡс εἰδότες τέων
εἶδον ἢ ἤκουσαν ἢ ἔμαθον· [ο]ἰκτε(ί)ρεсθαι δέ, ὅτι οὐκ
ἀρκεῖ сφιν τὴν δαπάνην προανηλῶсθαι, ἀλλὰ καί, τῆс
γνώμης сτερόμενοι πρόс, ἀπέρχονται. §68 πρὶν μὲν τὰ
[ἱ]ερὰ ἐπιτελέсαι, ἐλπίζον[τε]с εἰδήсειν,
ἐπ[ιτελέс]αντ[ες] δέ, сτερηθέντες κα[ὶ τῆ]с ἐλπί[δος]
ἀπέρχονται. §69 τῶ[ι δὲ ταῦτ' ἀκ]ουόντ[ι . .(.)] λόγος
δι[. .(.)]ται .[. .(.)]ονα μ[. . . . .(.)] . ι τῆι
ἑαυτοῦ Ὀλ[ύμπιον Ζῆνα μ]ητρὶ μὲν [θόρνυсθαι, τῆι] δ'
ἀδελφῆ[ι сυμμ]εῖ[ξαι κρατερ]ῶс. εἰ δὲ [. . . . .
. . . .]λε[. . lacuna]·

§70 [τὰ δ' ἐχόμενα·]
["ˌΖεὺсˌ   ˌθόρ{ν}ηιˌ   ]
[ˌΟὐρανίηˌ [τ'] Ἀφροδίτηˌ]

„Zeus ist König, Zeus ist Anführer von allen, mit dem strahlenden Blitz."

Er sagte, dass er ein [König] ist, weil sich *ein* [Beschluss] gegenüber vielen [Stimmen] durchsetzt, und er alles ausführt, [was keinem anderen Bürger möglich] ist auszuführen. ... ... [Zeus] ... . **§65** [Er (Orpheus) sagt,] dass er (Zeus) „Anführer [von allen" ist], [weil] von [der Luft alle Dinge] beherrscht werden ... . [*lacuna*]

§66 Dass [diejenigen] [**60**] Menschen, die in Städten heilige Weiheriten vollzogen und gesehen haben, nicht verstehen, wundert mich weniger. Denn es ist unmöglich, das, was gesagt wird, zu hören und es zugleich zu verstehen. **§67** Diejenigen, die sich dagegen von jemandem einweihen lassen, der Riten professionell betreibt, sind es wert, bewundert und bemitleidet zu werden: bewundert, weil sie, obwohl sie vor der Durchführung der Weiheriten glauben, dass sie Wissen erlangen werden, nach der Einweihung weggehen, bevor sie (etwas) wissen, wobei sie nicht einmal Fragen stellten, so als ob sie etwas von dem wüssten, was sie sahen, hörten oder lernten; (sie sind es aber wert,) bemitleidet (zu werden), weil es ihnen nicht genügt, die Kosten im Voraus bezahlt zu haben, sondern sie noch dazu ihrer Erkenntnis beraubt weggehen. **§68** Während sie vor der Durchführung der Weiheriten Hoffnung haben, Wissen zu erlangen, gehen sie nach der Einweihung auch ihrer Hoffnung beraubt weg. **§69** Demjenigen, der [dieses] hört, ... eine Rede ... ... der [Olympische Zeus] seine eigene Mutter [zu begatten,] und sich mit seiner Schwester [gewaltsam zu vereinigen.] Wenn aber ... ... [*lacuna*].

§70 [Die nächsten (Verse):]
[„Zeus ... ...er/sie/es springt ...   ]
[... himmlische Aphrodite]

[⌊Πειθώ⌋ [θ'] ⌊Ἁρμονίη⌋ [τε."]

§71 [*lacuna* ....., ὅτε cυνεcτάθη οὔτε τὸ θερμὸν τῶι
θερμῶι] [61] οὔτε τὸ ψυχ[ρὸν] τῶι ψυχρῶι. "θόρ{ν}ηι"
δὲ λέγ[ων] δηλοῖ, ὅτι ἐν τῶι ἀέρι κατὰ μικρὰ μεμεριc-
μένα ἐκινεῖτο καὶ ἐθόρνυτο, θορνύμενα δ' ἕκα⟨c⟩τα
cυνεcτάθη πρὸc ἄλληλα· μέχρι δὲ τούτου ἐθόρνυτο,
μέχρι ἕκαcτον ἦλθεν εἰc τὸ cύνηθεc.

§72 "Ἀφροδίτη Οὐρανία" καὶ "Ζεὺc" καὶ
{αφροδιcιαζειν κα̣ι θορνυcθαι και} "Πειθὼ" καὶ
"Ἁρμονία" τῶι αὐτῶι θεῶι ὄνομα κεῖται. ἀνὴρ γυναικὶ
μιcγόμενοc "ἀφροδιcιάζειν" ⟨καὶ "θόρνυcθαι"⟩ λέγεται
κατὰ φάτιν. §73 τῶν γὰρ νῦν ἐόντων μιχθέντων
ἀλλ̣[ή]λοιc "Ἀφροδίτη" ὠνομάcθη, "Πειθὼ" δ', ὅτι εἶξεν
τὰ ἐ[ό]ντα ἀλλήλο̣[ι]cι̣ν ("ε[ἴ]κειν" δὲ καὶ "πείθειν" τὸ
αὐτόν), "[Ἁ]ρμονία" δέ, ὅτι πο[λλὰ "προcή]ρμοcε" τῶν
ἐόντων ἑκάcτω[ι]. §74 ἦν μὲν γ[ὰρ καὶ π]ρόcθεν,
ὠνομάcθη δὲ ⟨οὔ· ἐνομίcθη δὲ⟩ γενέcθ[αι] ἐπεὶ
διεκρίθ[η· τῶι γὰρ δι]ακριθῆναι δηλοῖ, ὅτ[ι] τὰ̣[c
μεί]ξειc [τῶν ἐόντων ὁ Νοῦc κ]ρατεῖ, ὥcτε διέcτ[ηκε τὰ
ἐόντα ἀλλήλων ...... (.)]ε[...].ντ.......... (.)
τὰ] νῦν [ἐόντα ....
... *lacuna*]·

§75 [τὸ δ' ἐχόμενον·]
["μήcατο δ' αὖ] ⌊Γαῖάν⌋ [τε καὶ Οὐρανὸν εὐρὺν ὕπερθεν."]
[62] πάν[τ' ἀ]νομοίω[c ὠ]νόμαcεν ὡc κάλλιcτα
ἠ[δύν]ατο, γινώcκων τῶν ἀνθρώπων τὴν φύcιν, ὅτι οὐ̣

[**und Peitho und Harmonia.**"]

§71 [*lacuna* …, als weder Warmes sich mit Warmem vereinigte] [**61**] noch das Kalte mit dem Kalten. Indem er „er/sie/es springt" sagt, macht er deutlich, dass sie (die seienden Dinge) sich in Form kleiner Teilchen in der Luft fortwährend bewegten und besprangen und, indem sie einander besprangen, sich miteinander vereinigten. Sie besprangen einander so lange bis ein jedes zu seinem Vertrauten kam.

§72 „Himmlische Aphrodite", „Zeus", „Peitho" („Überredung") und „Harmonia" („Harmonie") sind Namen für ein und denselben Gott. Wenn ein Mann mit einer Frau schläft, sagt man nach allgemeinem Sprachgebrauch, dass er „aphrodisiert" ⟨und „begattet"⟩. **§73** Denn weil sich die jetzt seienden Dinge miteinander vermischten, wurde (der Gott, d.h. *Nus*) „Aphrodite" genannt. „Peitho" („Überredung") aber (wurde er genannt), weil die seienden Dinge einander nachgaben. „Nachgeben" und „Überreden" (*peithein*) ist dasselbe. „Harmonia" („Harmonie") aber (wurde er genannt), weil er viele der seienden Dinge einzeln zusammenfügte. **§74** [Denn] sie (die seienden Dinge) existierten [auch schon] vorher, aber sie wurden ⟨nicht⟩ benannt. ⟨Man glaubte,⟩ dass sie entstanden sind, als sie sich ausdifferenzierten. [Denn durch das] Ausdifferenzieren wird deutlich, dass [*Nus* die Mischungen der seienden Dinge] beherrscht, so dass [die seienden Dinge] getrennt voneinander stehen … … … [die] jetzt [seienden … … … *lacuna*].

§75 [Der nächste (Vers):]
[„**er** (*sc.* Zeus) **ersann wiederum Gaia und den weiten Uranos darüber**"]
[**62**] (Orpheus) benannte in bestmöglicher Weise alles unterschiedlich, weil er erkannte, dass nicht alle Menschen

πάντες ὁμοίαν ἔχουσιν οὐδὲ θέλουσιν πάντες ταὐτά.
κρατιστεύοντες λέγουσι, ὅ τι ἂν αὐτῶν ἑκάστωι ἐπὶ
θυμὸν ἔλθηι, ἅπερ ἂν θέλοντες τυγχάνωσι, οὐδαμὰ
ταὐτά, ὑπὸ πλεονεξίας, τὰ δὲ καὶ ὑπ' ἀμαθίας. §76 "Γῆ"
δὲ καὶ "Μήτηρ" καὶ "Ῥέα" καὶ "Ἥρη" ἡ αὐτή. ἐκλήθη
δὲ "Γῆ" μὲν νόμωι, "Μήτηρ" δ⟨έ⟩, ὅτι ἐκ ταύτης πάντα
γ[ίν]εται, "Γῆ" καὶ "Γαῖα" κατὰ [γ]λῶσσαν ἑκάστοις.
"Δημήτηρ" [δὲ] ὠνομάσθη, ὥσπε[ρ] ἡ "Γῆ Μήτηρ", ἐξ
ἀμφοτέρων ἓ[ν] ὄνομα — τὸ αὐτὸ γὰρ ἦν §77 (ἔστι δὲ
καὶ ἐν τοῖς Ὕμνοις εἰρ[η]μένον
"Δημήτηρ [Ῥ]έα Γῆ Μήτηρ Ἑστία Δη[ι]ώι"·
§78 καλε[ῖτ]αι γὰρ καὶ "Δηιώ", ὅτι "ἐδηι[ώθ]η" ἐν τῆι
μείξει· δηλώσει δέ, [ὅτ]αν κατὰ τὰ ἔπη γέν[ητα]ι),
§79 "Ῥέα" δ⟨έ⟩, ὅτι πολλὰ καὶ παν[τοῖα] ζῶια ἔφυ [πάνυ
ῥαιδίως] ἐξ αὐτῆς, "Ῥέα" καὶ ["Ῥείη"] κατ[ὰ γλῶσσαν
ἑκάστοι]ς. ἡ δεκ[*lacuna*]·
  §80 [τὸ δ' ἐχόμενον·]
["μήσατο δ' Ὠκεανοῖο μέγα σθένος εὐρὺ ῥέοντος."]
[63] τοῦτο τὸ ἔπος πα[ρα]γωγὸν πεπόηται, καὶ το[ῖς] μὲν
πολλοῖς ἄδηλόν ἐστιν, τοῖς δὲ ὀρθῶς γινώσκουσιν
εὔδηλον, ὅτι "Ὠκεανός" ἐστιν ὁ ἀήρ, ἀὴρ δὲ Ζεύς.
οὔκουν "ἐμήσατο" τὸν Ζᾶνα ἕτερος Ζεύς, ἀλλ' αὐτὸς
αὑτῶι "σθένος μέγα". §81 οἱ δ' οὐ γινώσκοντες τὸν
"Ὠκεανὸν" ποταμὸν δοκοῦσιν εἶναι, ὅτι "εὐρὺ ῥέοντα"
προσέθηκεν. ὁ δὲ σημαίνει τὴν αὑτοῦ γνώμην ἐν τοῖς

die gleiche Natur haben und auch nicht alle dasselbe
wollen: Wenn sie große Macht haben, sagen sie, was einem
jeden von ihnen in den Sinn kommt, was immer sie gerade
wollen, niemals dasselbe, aus Gewinnsucht, aber auch
aufgrund von Unkenntnis. **§76** „Ge" („Erde"), „Meter"   ·
(„Mutter"), „Rhea" und „Hera" ist dieselbe. „Ge" („Erde")
wurde sie aus Konvention genannt, „Meter" („Mutter")
aber, weil aus ihr alles entsteht, „Ge" und „Gaia" nach der
jeweiligen Mundart. Und sie heißt „Demeter" wie *„Ge-
Meter"* („Erd-Mutter"), aus beiden (entsteht) *ein* Name –
denn er (der Name) war derselbe. **§77** (Und auch in den
Hymnen heißt es:
„Demeter Rhea Ge Meter Hestia Deio".
§78 Denn sie wird auch „Deio" genannt, weil sie bei der
Vereinigung vernichtet (*edeiothe*) wurde. Es wird klar werden, wenn sie (sc. die Vereinigung) im Gedicht vorkommt).
§79 „Rhea" aber (wird sie genannt), weil viele [verschie-
denartige] Lebewesen [ganz leicht (*radios*)] aus ihr entstanden, „Rhea" und [„Rheie"], nach der [jeweiligen Mundart].
Sie … [*lacuna*].
　§80 [Der nächste (Vers):]
[„**er ersann die große Stärke des weithin fließenden
Okeanos"**].
[**63**] Dieser Vers ist irreführend verfasst und er ist für die
breite Masse unverständlich, aber für diejenigen, die richtig verstehen, ist ganz klar, dass „Okeanos" die Luft ist und
die Luft Zeus. Folglich „ersann" nicht ein anderer Zeus
den Zeus, sondern er selbst für sich „große Stärke".
§81 Die Unverständigen glauben aber, dass Okeanos ein
Fluss ist, weil er (Orpheus) die Wörter „weithin fließend"
hinzugesetzt hat. Doch er (Orpheus) bringt seine Ansicht
in umgangssprachlichen und allgemein gebräuchlichen

λεγομέν[ο]ις καὶ νομιζομένοις ῥήμασι. καὶ γὰρ τῶν
ἀν[θ]ρώπων τοὺς μέγα δυνασ[θέ]ντας "μεγάλους" φασὶ
"ῥυῆναι".

§82 τὸ δ' ἐχόμενον·
"ἲνας δ' ἐγκατι̣έλε̣ι̣ξ' Ἀχελωῖου ἀργυι̣ρ̣ι̣οδίνει̣ω̣ι̣".
τῶ[ι] ὕδα[τι] ὅλ̣[ως τίθη]σι⟨ν⟩ "Ἀχελῶιον" ὄνομ[α. τὸ
γὰρ] τὰς δίνα[ς "ἐγκαταλ]έξαι" ἐστ[ὶν κάτ]ω ἐγγε[ννᾶ]ν.
τὴν [γ]ὰ̣ρ [δίνην τῶν ἐό]ν̣των αὐ[τ . . . .
. . . (.)]τ̣ο̣ν̣ ἑκασ[τ . . . .]δεβουλ̣[. . . . .
. . .], ἐ̣ὰ̣ν [. . . . .]ην το[. . . . .
lacuna].

§83 [τὰ δ' ἐχόμενα·]
["μήσατο δ'] ι̣ισομ̣ελῆ̣ι̣ [Σελήνην"].
§84 ["ἰσομελῆ" λέγει τὰ κυκλοειδέα. ὅσα μὲν γὰρ
κυκλοειδέα], [64] ἴσα ἐστὶν ἐκ τοῦ [μέ]σου μετρούμενα,
ὅσα δ[ὲ μ]ὴ κυκλοειδέα, οὐχ οἷόν τε "ἰσομελῆ" εἶναι.
§85 δηλοῖ δὲ τόδε·
"ἣ πολλοῖς φαίνει μερόπεσσ'{ι} ἐπ' ἀπείρονα γαῖαν".
τοῦτο τὸ ἔπος δόξειεν ἄν τις ἄλλως ε⟨ἰ⟩ρῆσθαι, ὅτι, ἢν
ὑπερβάληι, μᾶλλον τὰ ἐόντα φαίνεται ἢ πρὶν ὑπερβάλλειν. §86 ὁ δὲ οὐ τοῦτο λέγει, ⟨φὰς⟩ "φαίνειν" αὐτήν·
εἰ γὰρ τοῦτο ἔλεγε, οὐκ ἂν "πολλοῖς" ἔφη "φαίνειν"
αὐτὴν (ἀλλὰ "πᾶσιν" ἅμα), τοῖς τε τὴν γῆν ἐργαζομένοις
καὶ τοῖς ναυτιλλομένοις, ὁπότε χρὴ πλεῖν, τούτοις τὴν
ὥραν. §87 εἰ γὰρ μὴ ἦν σελήνη, οὐκ ἂν ἐξηύρ[ι]σκον οἱ
ἄνθρωποι τὸν ἀριθμὸν οὔτε τῶν ὡρέων οὔτε τῶν
ἀνέμω[ν . . . .] καὶ τἆλλα πάντα [. . . . . .]ην
εκ[. . . . . (.)]σα εν[.] . . [. . . . .]ει
[. . . . . τὰ ἀγ]αθὰ τῶν [. . . . . (.)]ι
[. . . . . (.)]νη τουτω[. . . . .

Wendungen zum Ausdruck. Denn man sagt auch von den
Menschen, die sehr mächtig sind, dass sie „sehr ein-fluss-
reich" (wörtl: „stark fließend") sind.

§82 Der nächste (Vers):
**„und er legte die Sehnen des silberstrudelnden Acheloios
hinein".**
Er (Orpheus) nennt das Wasser im Allgemeinen „Acheloios". [Denn] die Strudel [hinein]zulegen bedeutet sie
„[nach unten] hinein zu erzeugen". Denn der [Strudel der
seienden] Dinge ... ... jede/-r/-s ... ... immer wenn
... *lacuna*].

§83 [Die nächsten (Verse):]
[**„Er ersann den gleichgliedrigen Mond ...".**]
§84 [Er nennt runde Dinge „gleichgliedrig". Denn alles
was rund ist,] [**64**] ist gleich vom Mittelpunkt aus gemessen, und alles, was nicht rund ist, kann nicht gleichgliedrig
sein. §85 Der folgende Vers macht es deutlich:
**„welcher (*sc.* der Mond) für viele Sterbliche scheint über
die grenzenlose Erde."**
Man könnte glauben, dass dieser Vers etwas anderes sagt,
nämlich, dass, immer wenn der Mond voll ist, die seienden
Dinge deutlicher *erscheinen* als (zur Zeit) vor dem Vollmond. §86 Aber er (Orpheus) meint nicht dies, ⟨wenn er
sagt,⟩ dass der Mond scheint. Denn wenn er dies meinte,
hätte er nicht gesagt, dass er „für viele scheint", – sondern
„für alle" zugleich –, (nämlich) sowohl für die, die das Land
bearbeiten, als auch für die Seefahrer, (*zeigt* der Mond *an*,)
wann sie fahren sollen, und für jene die richtige Jahreszeit.
§87 Denn wenn es den Mond nicht gäbe, dann könnten
die Menschen weder die Berechnung der Jahreszeiten noch
die der Winde entdecken. ... und alles andere, ... aus- ...
... ... die guten Dingen der ... ... diesem

....] ἀλλα ποι[.......... ...]ϲ
[.............. ....]υ φηϲ[ι.......... .....(.)]υ̣ [
lacuna. **§88** τὰ μὲν ἐξ ὧν ὁ ἥλιοϲ ϲυνεϲτάθη θερμότητα
ἔχει] [**65**] καὶ λαμπρό[τ]ητα, τὰ δ᾽ ἐξ ὧν ἡ ϲελήνη
[λ]ε̣υκότατα μὲν τῶν ἄλλων, κατὰ ⟨δὲ⟩ τὸν αὐτὸν λόγον
μεμεριϲμένα, θερμὰ δ᾽ οὔκ̣ ἐϲτι.

§89 ἔϲτι δὲ καὶ ἄλλα νῦν ἐν τῶι ἀέρι ἑκὰϲ ἀλλήλων
αἰωρούμεν⟨α⟩. ἀλλὰ τῆϲ μὲν ἡμέρηϲ ἄδηλ᾽ ἐϲτὶν ὑ[π]ὸ̣
τοῦ ἡλίου ἐπικρατούμενα, τῆϲ δὲ νυκτὸϲ ἐόντα δῆλά
ἐϲτιν, ἐπικρατεῖται δὲ διὰ ϲμικ[ρ]ότητα. **§90** αἰωρεῖται
δ᾽ αὐτῶν ἕκαϲτα ἐν ἀνάγκηι, ὡϲ ἂν μὴ ϲυνίηι πρὸϲ
ἄλληλα· εἰ γὰρ μή, ϲυνέλθοι ⟨ἂν⟩ ἀλέα ὅϲα τὴν αὐτὴν
δύναμιν ἔχει, ἐξ ὧν ὁ ἥλιοϲ ϲυνεϲτάθη. **§91** τὰ νῦν ἐόντα
ὁ θεὸϲ εἰ μὴ ἤθελεν εἶναι, οὐκ ἂν ἐπόηϲεν ἥλιον.
ἐποίηϲε δὲ τοιοῦτον καὶ τ[ο]ϲοῦτον γινόμενον, οἷοϲ ἐν
ἀρχῆι τοῦ λόγου διηγεῖται.

§92 τὰ δ᾽ ἐ̣πὶ τούτοιϲ ἐπίπροϲθε π[ο]ιεῖται, [ο]υ̣
[β]ου[λό]μενο[ϲ] πάντας γιν[ώ]ϲκε̣[ι]ν. ἐν δὲ [τ]ῶιδε
ϲημαί[ν]ε[ι]·

"[αὐτ]ὰ̣ρ [ἐ]πεὶ δ[ὴ πά]ντα Διὸ[ϲ φρὴν μή]ϲατ̣[ο ἔ]ργα."
[.......... .....φί]λτρον η ϲ[.............. ...
....(.)]ν πηγὴν [.............. ...
....(.)]ων Ζ[εὺϲ ....
lacuna]·

§93 [τὸ δ᾽ ἐχόμενον·]
[**"ἤθελε μητρὸϲ ἑῆϲ μιχθήμεναι ἐν φιλότητι."**]
[*lacuna* ὁ δὲ λέγει] [**66**] **"μη[τρ]ὸϲ"** μέν, ὅτι μήτηρ ὁ
Νοῦϲ ἐϲτιν τῶν ἄλλων, **"ἑᾶϲ"** δέ, ὅτι ἀγαθῆϲ. **§94** δηλοῖ
δὲ καὶ ἐν τοῖϲδε τοῖϲ ἔπεϲιν, ὅτι "ἀγαθὴν" ϲημαίνει·

… … … aber/sondern … … … er/sie/es sagt… … …
lacuna]. **§88** [die Teilchen, aus denen die Sonne besteht,
enthalten Wärme] [**65**] und Glanz. Die (Teilchen) aber,
aus denen der Mond besteht, sind am weißesten von allen,
auch wenn sie nach demselben Prinzip geteilt sind, aber
nicht warm.

§89 Es gibt aber auch andere, die jetzt in der Luft weit
entfernt voneinander schweben. Am Tag aber sind sie
unsichtbar, weil sie von der Sonne beherrscht werden, in
der Nacht aber sind sie als seiende erkennbar; beherrscht
werden sie aufgrund ihrer Kleinheit. **§90** Jedes einzelne
von ihnen schwebt unter Zwang, damit sie sich nicht miteinander vereinen. Denn andernfalls würden sich solche
(Teilchen), die über dieselbe Kraft verfügen und aus denen
die Sonne besteht, zu einem Haufen zusammenballen.
§91 Wenn der Gott nicht gewollt hätte, dass die jetzt
seienden Dinge existieren, hätte er die Sonne nicht geschaffen. Er machte sie aber von solcher Art und Größe,
wie am Beginn der Erzählung behandelt wird.

§92 Die darauffolgenden Verse sind zur Abschirmung
gedichtet, weil er nicht will, dass alle sie verstehen. In folgendem Vers zeigt er an:
**„Aber als [der Verstand] des Zeus alle Werke ersonnen
hatte"**
… … Reiz … … … Quelle … … … Z[eus *lacuna*].
   §93 [Der nächste (Vers):]
**[„er wollte sich mit seiner (*hees/heas*) Mutter in Liebe
vereinigen."]**
[*lacuna* Er (Orpheus) sagt] [**66**] „Mutter", weil *Nus* die
Mutter aller anderen Dinge ist, und „gut" (*eas*), weil sie
gut ist. **§94** Es wird auch in den folgenden Versen deutlich, dass es „gut" bedeutet.

"Ἑρμῆ, Μαιάδος υἱέ, διάκτορε, δῶτορ ἑάων".
§95 δηλοῖ δὲ καὶ ἐν τῶιδε·
"δοιοὶ γάρ τε πίθοι κατακήαται ἐν Διὸς οὔδει
δώρων οἷα διδοῦσι, κακῶν, ἕτερος δέ τ᾿ ἑάων".
§96 οἱ δὲ τὸ ῥῆμα οὐ γινώσκοντες δοκοῦσιν εἶναι
"μητρὸς ἑαυτοῦ". ὁ δ⟨έ⟩, εἴπερ ἤθελεν "ἑαυτοῦ μητρὸς
ἐν φιλότητι" ἀποδεῖξαι "θέλοντα μιχθῆναι" τὸν θεόν,
ἐξῆν αὐτῶι γράμματα παρακλίναντι "μητρὸς ἑοῖο"
εἰπε[ῖ]ν· οὕτω γ[ὰ]ρ ἂν "ἑαυτοῦ" γίνοιτο, [υἱὸς δ᾿]
αὐτῆς ἂν ε[ἴ]η. §97 ἔστι δὲ δ]ῆλον, ὅτι
τ[. . . . .] . .[. . . . .] ἐν τῆι συγ[γενεία]ι [. .]
ἀμφοτερ[. . . . .] ἀγαθή, ὦ[ς . . . .
. . .(.)]ιαο[.] .[. . . . .]νεν ἀγ[αθ . . . .
. . . .]υ[. . . . .
. . . . lacuna brevis]

[Post libri finem, nomen auctoris et titulus operis,
quae in parte inferiore columnae descripta erant, perierunt.]

„**Hermes, Sohn der Maia, Götterbote, Geber guter Dinge**
(***eaon***).“

§95 Klar ist die Bedeutung auch hier:

„**Denn es stehen zwei Fässer auf dem Fußboden (im**
Palast) des Zeus,
(voll) von Gaben, die sie geben, von schlechten Gaben das
eine, das andere aber von guten (*eaon*).“

§96 Diejenigen, die den Ausdruck nicht verstehen, meinen, es hieße „seine Mutter". Wenn er jedoch darstellen
wollte, dass sich der Gott „mit seiner Mutter in Liebe vereinigen will", dann wäre es ihm durch eine kleine Veränderung der Buchstaben möglich gewesen, „seine (*heoio*)
Mutter" zu sagen. Denn so könnte sie „seine" werden, und
er könnte ihr [Sohn] sein. **§97** [Es ist] offensichtlich, dass
… … … in der [Verwandtschaft.] … beide … … gut,
wie/weil … … … … gut … … … *lacuna*].

ZUM GRIECHISCHEN TEXT

Der griechische Text dieser Ausgabe ist von Richard Janko auf der Grundlage von Autopsie im Archäologischen Museum von Thessaloniki im Mai 2014 und Mai 2015 sowie auf der Grundlage von über 10.000 hochauflösenden Mikrophotographien erstellt worden und ist in dem hier vorliegenden Stadium bisher nicht veröffentlich worden (s. Janko 2016: 7). Richard Janko hat mir diesen Text auf dem Stand von 2016 und im Format eines fortlaufenden Fließtextes als Grundlage für meine Übersetzung und meinen Kommentar zur Verfügung gestellt.

Während meines Forschungsaufenthaltes an der University of Michigan (2015) hatte ich die Möglichkeit, die zahlreichen Richard Janko vorliegenden (Mikro-)Photographien gemeinsam mit ihm zu lesen und zu analysieren. Meine eigenen in diesem Zeitraum entwickelten Vorschläge zur Lesung, Ergänzung oder Verbesserung einzelner Textstellen wurden von Richard Janko berücksichtigt und wiederholt in seinen Text aufgenommen. Im Kommentar kennzeichne und rechtfertige ich die meisten meiner Ergänzungen und Verbesserungen als solche. Substanzielle Ergänzungen und Verbesserungen, die Janko von anderen Forschern für seinen Text übernimmt, hebe ich im Kommentar ebenfalls meist als solche hervor.

Da der Text hier als Fließtext erscheint, werden die Kolumnennummern am jeweiligen Beginn einer Kolumne in eckigen Klammern („[39]" bis „[66]") angegeben. Zusätzlich führt Janko Paragraphennummern ein. Der griechische Text erscheint in normalisierter Form, d.h. viele der im Papyrus vorhandenen Eigenheiten (z.B. die Angleichung des End-ν an den Anlaut des nächsten Wortes) sind der griechischen Standardform angepasst. Jedoch wurden zahlreiche der im Papyrustext gemachten Verbesserungen wie z.B. Zusätze über der Zeile als solche kenntlichgemacht (s. z.B. die Hinzufügung des ι in ἑκάϲτοῑϲ in Kol. 43 §9). Im Papyrus vorhandene *Paragraphoi* („___") zur Markierung eines Zitates oder Absatzes werden nicht wiedergegeben.

KOMMENTAR

§2: Ein Zitat aus Parmenides' Lehrgedicht

"ἵπποι ταί με φέρουςιν, ὅςον τ' ἐπὶ θ‸υμὸϲ ἱκά‸νοι‸"
„die Stuten, die mich tragen, soweit mein Drang auch reicht"

Auf einem Papyrusfragment, das nach Jankos Berechnung zu Kolumne 39 gehört, liest Janko die Buchstabenfolge υμοϲικα̣. Diese Buchstabenfolge kommt im Korpus der griechischen Literatur äußerst selten vor (s. Janko 2016: 16–17). Eine der wenigen Stellen, die diese Buchstabenfolge enthalten, ist der erste Vers in Parmenides' Lehrgedicht: ἵπποι ταί με φέρουϲιν, ὅϲον τ' ἐπὶ θυμὸϲ ἱκάνοι „die Stuten, die mich tragen, soweit mein Drang auch reicht" (weitere Wendungen, in denen die Buchstabenfolge bezeugt ist, sind ἰχνεύμοϲι καταθρύπτοντες „für Aufspürer Stücke abreißen" bei dem Historiker Hekataios von Abdera, 4.–3. Jhdt. v. Chr. und κακόχυμος ἱκανῶϲ „genügend ungesund" bei dem Arzt Galen aus dem 2. Jhdt. n. Chr.). Daher liegt die Vermutung nahe, dass der Derveni-Autor den parmenideischen Vers zitiert hat.

Parmendies' Gedicht beginnt mit einem mythischen Fahrtbericht (28 B 1 D.-K.), in dem der Erzähler beschreibt, wie ihn die Stuten der Helios-Töchter auf der Himmelsbahn zur Burg der Nacht bringen, die ihm dort zuerst „das unerschütterliche Herz der wohl überzeugenden Wahrheit" (29) und dann die unwahren „Meinungen der Sterblichen" (30) offenbart (zum Fahrtbericht s. Primavesi 2011). Die Rolle, die der Göttin Nacht hier als Rat gebende Verkünderin zukommt, zeigt klare Parallelen zur Nacht in dem orphischen

Text, den der Derveni-Autor ab Kol. 47 interpretiert (Burkert 2008: 26). Ob der Derveni-Autor diese Ähnlichkeit im
Blick hatte, muss offenbleiben. Janko (2016: 17) verweist auf
die Möglichkeit einer Verbindung zwischen dem von Parmenides im übernächsten Vers (28 B 1.3) genannten *Daimon*
(überliefert ist der Genitiv Singular δαίμονοϲ, der Nominativ
Plural δαίμονεϲ, von dem Janko ausgeht, ist eine Konjektur
von Stein), womit wohl die Göttin Nacht gemeint ist, und
den in den nächsten Kolumnen mehrfach genannten *Daimones* (Kol. 43 §9, Kol. 46 §17). Zur Mysterienterminologie
in Parmenides' Proömium s. Burkert 2008; Most 2007: 280.

§3

Die von Kol. 40 erhaltenen Reste ergeben leider in keinem
Fall ein vollständiges Wort. Die Buchstaben μαντ[könnten
auf eine Form des Nomens μάντιϲ „Seher", „Wahrsager"
oder des Verbs μαντεύομαι „weissagen", „Orakel geben",
„Orakel ersuchen" hinweisen.

§4 *(vgl. Kol. I KPT): Göttliche Zeichen*

ὑπέθηκε[ν, ὥ]ϲπερ φυϲικ[όϲ   *nahm er wie ein Natur-
[philosoph] als Voraussetzung an*
Das Verb ὑποτίθημι wörtl. „darunterlegen" ist hier wahrscheinlich in der übertragenen Bedeutung „als Voraussetzung annehmen", „voraussetzen" (mit AcI s. Plat. *Phd.* 100b,
Prt. 338d) verwendet. Der Begriff φυϲικός bzw. im Plural οἱ
φυϲικοί ist seit Aristoteles die gängige Bezeichnung für die
vor-sokratischen Naturphilosophen, s. z.B. *Ph.* 184b17, *Metaph.* 1071b27). Ob der Derveni-Autor den Begriff bereits in

dieser Bedeutung verwendet hat, ist fraglich (vgl. auch Jankos Ergänzung [.... φυϲι]κοῖϲ wenige Zeilen zuvor). Most (1987: 7–9) verweist auf die Häufung von φύϲιϲ-Begriffen in Scholien und bei antiken Kommentatoren, die durch allegorische Interpretation die tiefere *physikalische* Bedeutung eines mythischen Textes offenbaren.

χρᾶν τιν]α θεὸν̣ [κατ]ὰ̣ τὰ ϲημαι[νό]μενα εὐχα̣[ῖϲ. ... *dass [irgendein] Gott [gemäß] den durch Gebete bezeichneten Dingen [?weissagt]*

Möglicherweise wirft der Derveni-Autor hier die Frage auf, ob die von einem Gott gegebenen Zeichen und Botschaften tatsächlich so formuliert sind, wie die Menschen das erwarten und es in ihren Gebeten beschreiben. Vielleicht möchte der Derveni-Autor seine Leserschaft an dieser Stelle darauf aufmerksam machen, dass heilige, von göttlicher Seite sanktionierte Zeichen (vgl. τὰ ϲημε[ῖα und ϲημεῖα̣ in §§5–6), zu denen nicht nur Opferbräuche (s. Kol. 46 §§17–18) und daraus abzuleitende Anzeichen, sondern auch Orakel (Kol. 45 §14), Träume (Kol. 45 §15) und im besonderen Maße die orphische Dichtung (Kol. 47–66) gehören, eine andere Botschaft enthalten, als die Menschen zunächst glauben. Wie der Fortgang seiner Abhandlung zeigt, ist der Derveni-Autor davon überzeugt, dass göttliche Zeichen einer besonderen Interpretation bedürfen, um deren wahre Aussage ans Licht zu bringen (s. auch Kol. 45, 47 und 60).

§5 (vgl. Kol. I KPT): Verbrennung von Opfergaben

ὅταν δὲ] τῶν [τελ]ετῶν κάῳ[ϲιν] ἀνημμέ[να ἱερά   *[Aber immer wenn] sie die entzündeten [Opfer] für die Weiheriten verbrennen*

Nach Jankos neuer Rekonstruktion beschreibt der Derveni-Autor einen Opfervorgang, der während Weiheriten (τε-λεταί) stattfindet. Der Begriff τελετή kann sowohl für religiöse Feiern im allgemeinen Sinn als auch speziell für Initiationsriten gebraucht werden (Burkert 2011a: 413). Zum Mysterien-Kontext im Papyrus s. μύcται in Kol. 46 §18 und ἐπιτελέcαντεc [τὰ ἱ]ερὰ εἶδον in Kol. 60 §66. Zur Verbrennung von Opfergaben s. Kol. 46 §17 und 18 m. Erläuterungen.

π]υρόc· *des Feuers*

Aufgrund des Kontexts ist zu vermuten, dass die Nennung des Feuers Teil der Beschreibung Opfervorgangs ist. Ob der Derveni-Autor bereits hier eine Verbindung zum Feuer als wichtige Komponente seiner Kosmologie (s. Kol. 49 §27, Kol. 53 §40, Kol. 54 §45) hergestellt hat, ist nicht anzugeben.

ὕδατοc δ' ε[ἶ]ναι δη[λοῖ τοια]ῦ[τα cημ]εῖα *[Er/sie/es macht] deutlich, dass [solche Dinge] Zeichen für Regen sind*

Janko versteht ὕδατοc hier nicht als „Wasser" (etwa in Opposition zu dem vorangehenden „Feuer"), sondern als „Regen" (vgl. Hdt. 8.13; Xen. *An.* 4.2.2) und vermutet, dass hier eine Form der Zeichendeutung zur Wettervorhersage beschrieben wird. Eine solche Art der Zeichendeutung ist bei Aristoteles (s. Arist. *Meteor.* 372b16–32, 377b24; *Div. Somn.* 463b23–4) und Theophrast (Autor des Werkes *De signis / Über Wetterzeichen*, s. *Sign.* 10–25 Sider/Brunschön) vielfach bezeugt (vgl. Sider/Brunschön 2007: 1–39; vgl. auch die Äußerungen über den Mond als Indikator für Jahreszeichen und Wetter in Kol. 64 §86 mit Erläuterungen).

§6 (vgl. Kol. I KPT): Zeichen für die Menschen

ἕκαστα cημεῖα ἀνθρώ[ποιϲ *alle Zeichen für die Menschen*
Vgl. Erläuterungen zu §4. Die göttlichen Zeichen sind als
Botschaften an die Menschen gerichtet. Um deren wahre
Aussage zu verstehen, bedarf es der richtigen Interpretation.
Dabei will der Derveni-Autor helfen.

§7 (vgl. Kol. II KPT): Weihegaben (?)

χ[ύτ]ρη *Tontopf*
Als Ergänzung für χ[..]ρη kommen nur die Wörter χ[ύτ]-
ρη „Tontopf" oder χ[λω]ρή „grün" in Frage. Für χ[ύτ]ρη
spricht, dass ein solches Tongefäß möglicherweise für die
im Folgenden mehrfach genannten Weihegüsse (χοαί, s.
Kol. 43 §8 und Kol. 46 §17) verwendet wurde. Die *Chyt-*
ren (Χύτροι) waren ein athenisches Topffest, das am dritten
Tag der Anthesterien (ein großes, dreitätiges Fest für Dionysos, s. Burkert 2011a: 358–64) stattfand und bei dem der
Toten gedacht und ihnen eine Opferspeise in Tontöpfen
dargebracht wurde (Parke 1977: 107–24; besonders 116). Zu
diesem Fest wurden Eingangstüren mit Pech beschmiert,
um die Geister der Verstorbenen, die sich an diesem Tag
unter die Lebenden mischten, fernzuhalten. Gerade die
Verbindung zu den chthonischen Gottheiten passt gut in
den Kontext von Kol. 43 und 46.

ὑπ]όδικοι *Schuldige*
Wie die wiederholten Nennungen der *Dike* (Göttin der
Gerechtigkeit) und der Erinyen in den folgenden beiden
Kolumnen (Kol. 43–44 §§8–13) nahelegen, zieht sich die

Thematik von Buße und Bestrafung für Vergehen durch diesen frühen, äußerst fragmentarischen Abschnitt des Papyrus. Dazu passt auch die Nennung von Schuldigen hier (vgl. auch Kol. 46 §17).

§8 (III.1–5 KPT): Weihegüsse für die Erinyen

Ἐριν[υ *Erinye(n)*

Bei Hesiod (*Th.* 183–87) werden die Erinyen aus dem Blut geboren, das bei der Kastration des Uranos durch seinen Sohn Kronos auf die Erde tropft. Diese Geburtsgeschichte umschreibt die Zuständigkeit der Gottheiten, die vor allem angerufen werden, wenn es um die Rache für ein Vergehen zwischen Blutsverwandten geht; sie tragen Sorge, dass das Opfer, das sich nicht mehr selbst wehren kann, durch die Bestrafung des Täters gerächt wird (s. ihre Rolle in Aischylos' *Orestie*: *Ag.* 1186–89, 1433, 1580–82; *Ch.* 283, 648–50; *Eu.* 46–59; vgl. Lloyd-Jones 1990). In der *Ilias* werden die Erinyen von Eltern angerufen, die für ein Vergehen ihrer Kinder Rache fordern: *Il.* 9.454, 570–571 (s. Johnston 1999: 251–58). Daneben stehen die Erinyen (unabhängig von verwandtschaftlicher Blutschuld) in engem Zusammenhang mit Schwüren (Agamemnon ruft sie an, wenn er schwört: *Il.* 19.258–60 u. 3.276–80; bei Alkaios fr. 129.13–14 werden sie zur Ahndung eines Schwurbruchs angerufen; s. Johnston 1999: 257–58). Sie gelten als Garanten für die Durchsetzung von göttlichem Recht (*Il.* 19.418; s. auch das Heraklit-Zitat in Kol. 44 §12 mit Erläuterungen). Gerade die Verbindung der Erinyen mit der Rache unter Blutsverwandten sowie mit Schwüren allgemein scheint an dieser Stelle eine Rolle zu, wie die Reste τοκε[. . . (vgl. οἱ τοκεῖc „Eltern") und ὅρ[κοι] μεγά[λο]ι („große Schwüre") in §9 nahelegen. Zur

Doppelnatur von Erinyen und Eumeniden s. Erläuterungen zu Kol. 46 §18.

[τοὺϲ] μὴ ἐξώλεαϲ [τιμῶϲι χ]οαὶ ϲταγόϲιν Ἐρινύω[ν
Weihegüsse in Tropfen für die Erinyen [ehren die,] die nicht bösartig sind

Das Adjektiv ἐξώληϲ bedeutet „vollkommen zerstört" (Hdt. 7.9) und ist häufig Bestandteil von Schwurformeln (Dem. 54.41: εἰ δ' ἐπιορκῶ, ἐξώληϲ ἀπολοίμην αὐτὸϲ… „wenn ich aber einen Meineid schwöre, soll ich selbst gänzlich vernichtet werden"); darüber hinaus kann das Adjektiv im übertragenen Sinn in Bezug auf Personen auch „bösartig", „widerlich", „verdorben" (Aisch. *Supp.* 741) bedeuten. Vielleicht wird demnach an vorliegender Stelle gesagt, dass die Weihegüsse für die Erinyen denjenigen Verstorbenen zugute kommen, die nicht bösartig sind, da sie entweder nicht negativ auf die Lebenden einwirken (vgl. Kol. 46 §17) oder zu Lebzeiten keine Verbrechen begingen. Allerdings ist die Verneinung (μὴ ἐξώλεαϲ „*nicht* bösartig") keineswegs sicher, besonders da der vorausgehende Text stark zerstört ist und auch das Verb des Satzes („ehren") eine Ergänzung ist. Somit bleibt das Verständnis der Satzaussage spekulativ.

Weihegüsse (χ]οαὶ) wurden vor allem den chthonischen Gottheiten bzw. den Seelen der Toten dargebracht (vgl. Erläuterungen zu Kol. 46 §17; s. Henrichs 1984: 259; Johnston 1999: 277 Anm. 63; Burkert 2011a: 306). Da es sich dabei normalerweise um größere Ausgüsse aus Kesseln handelt, ist es verwunderlich, dass hier von einem Ausguss in Tropfen (ϲταγόϲιν) die Rede ist (Tsantsanoglou 1997: 102).

Die Erinyen sind klarerweise die Empfänger der Weihegüsse, der Genitiv (Ἐρινύω[ν) somit als *objectivus* zu verstehen (vgl. Aisch. *Pers.* 619: χοαῖϲι ταῖϲδε νερτέρων „diese Weihegüsse für die Toten").

§9 (III.5–8 KPT): Daimones

οἱ] δὲ [δ]αίμονες [*Die*] **Daimones** *aber*
Vgl. Kol. 46 §17, wo *Daimones* als Mächte beschrieben
werden, die den Seelen der Verstorbenen hinderlich werden können. Dort möchte der Derveni-Autor die *Daimones*
selbst als Seelen verstanden wissen (s. Erläuterungen dort).

Der griechische Begriff *Daimon* hat viele Facetten: In
der epischen Sprache bezeichnet er vorrangig einen Gott
bzw. eine göttliche Macht (s. Kol. 48 §24 m. Erläuterungen; vgl. die Bedeutung bei Homer, s. dazu Brenk 1986:
2071–82); darüberhinaus kann der Begriff auch „Schicksalszuteiler, -macht" oder „Schicksal" bedeuten (von δαίομαι
„zuteilen", s. Mader 1991; vgl. auch εὐδαίμων „glücklich");
er kann (göttlich gewordene) Verstorbene bezeichnen (so in
Hes. *Op.* 122–26, wo die verstorbenen Menschen des gol-
denen Zeitalters Beschützer der heutigen Menschen sind;
oder Dareios in Aisch. *Pers.* 642; Alkestis in Eur. *Alc.* 1003)
oder ein „Zwischenwesen" zwischen Mensch und Gott
(s. Plato's *Smp.* 202e–203a; vgl. Sokrates' „Daimonion" in
Plat. *Ap.* 31d; s. Brenk 1986: 2085–91; zur Bedeutung der
Daimones bei Empedokles s. Primavesi 2013b: 667–74). An
vorliegender Stelle ist die Bestimmung der Bedeutung der
Daimones durch den schlechten Erhaltungszustand des Papyrus stark erschwert. Sie werden – gemäß der Ansicht der
Magoi – als Helfer der Dike bestimmt und dann vom Derveni-Autor präzisierend als personifizierte Schwüre bzw. als
Rachegott beschrieben (s. im Folgenden). Daraus ergibt
sich eine enge Verbindung zwischen *Daimones* (s. Mader
1991: 198 „als ‚Schicksalszuteiler' den Moiren nahestehend:
(*Todes*)*Schicksal, Tod*") und den Erinyen (s. §8) und deren
Rachefunktion (s. dazu im Folgenden ἀ[λοίτης θ]εὸς „Rachegott"), vgl. Aisch. *Pers.* 354: ἀλάστωρ ἢ κακὸς δαίμων

„ein Rächer oder Unglücksdaimon" (s. auch Burkert 2011a: 276–79).

κατὰ [τοὺϲ μ]άγουϲ *gemäß [den] Magoi*

Die *Magoi* werden hier zum ersten Mal als Referenz genannt, gemäß welcher bestimmte religiöse Handlungen ausgeführt oder erklärt werden. Zur Identifizierung der *Magoi* s. Erläuterungen zu Kol. 46 §17. Hier scheint der Autor die Erklärung, wonach die *Daimones* die Ehren der Götter vermehren, indem sie dem Recht als Helfer (ὑπηρέται δ[ίκηϲ, s. unten) beistehen, auf die Autorität der *Magoi* zurückzuführen. Die *Magoi* werden mehrfach in Kol. 46 §17 genannt, wo ihre Opferhandlung der Besänftigung hinderlicher *Daimones* gilt; in §18 dienen sie als Vergleichsreferenz („auf dieselbe Weise wie *Magoi*") für die Handlungen der Eingeweihten (*Mysten*) (s. Erläuterungen dort).

τιμὰϲ [ἀ]έξουϲι [τῶν] θεῶν
die Ehren [der] Götter vermehren

Das Verb ἀέξω („vermehren, verherrlichen, ehren") ist eine dichterische Nebenform von αὔξω / αὐξάνω („ich vermehre, fördere"). Sie ist auch bei Herodot belegt (Hdt. 3.80.6 τὸ πλῆθος ἀέξειν „die Menge (d.h. Demokratie) stärken").

ὑπηρέται δ[ίκηϲ *Diener des Rechts*

Die *Daimones* werden (in der Ergänzung von Janko) als „Diener des Rechts" bzw. „Diener der Dike" bezeichnet. Vgl. dazu Hes. *Op.* 122–26, wo *Daimones* als Hüter der Rechtssprüche (φυλάϲϲουϲιν … δίκαϲ) und Wächter über Verbrechen bezeichnet werden. Die Bezeichnung der *Daimones* als „Diener des Rechts" passt gut zum Heraklit-Zitat in Kol. 46 §12, wo die Erinyen als „Helfer der Dike" (Δίκηϲ ἐπίκουροι) auftreten und dafür sorgen, dass die Sonne ihre

vorgeschriebenen Größenmaße einhält. Insofern lassen
sich die zuvor genannten Erinyen (§8) mit den *Daimones*
verbinden oder gar identifizieren (vgl. Betegh 2004: 87).
Diese scheinen auf Geheiß der Dike Strafen zu vollziehen
(vgl. Johnston 1999: 276 mit Verweis auf Porphyrios, der
in seinem Kommentar zu *Il.* 9.571 die Erinye als ὑπήρετις
des Hades bezeichnet). Zur Verbindung von Dike, Erinyen
und *Daimones* s. auch Eur. *Med.* 1389–90 und 1391, wo mit
θεὸς ἢ δαίμων auf sie Bezug genommen wird. In Kol. 46
§17 identifiziert der Derveni-Autor die *Daimones* mit den
hinderlichen Seelen von Verstorbenen und in §18 die Eumeniden mit den Seelen.

ὅρ[κοι] μεγά[λο]ι *große Schwüre*

Das Wort ὅρκος bezeichnet sowohl den Schwur als auch
den Gegenstand, bei dem man schwört, bzw. den Zeugen,
den man dabei anruft. Die Charakterisierung eines Schwu-
res als μεγά[λο]ι „groß" (mein Ergänzungsvorschlag) ist
idiomatisch und hat zahlreiche Parallelen (*Il.* 1.239: ὃ δέ
τοι μέγας ἔσσεται ὅρκος „dies wird dir ein großer Schwur
sein"; *Il.* 9.132; Hes. *Th.* 400: ἔθηκε θεῶν μέγαν ἔμμεναι
ὅρκον „er machte sie (*sc.* Styx) zum großen Schwur für die
Götter"; Plut. *Dion.* 56.5 ὀμόσαι τὸν μέγαν ὅρκον „den
großen Eid schwören"). Hier werden die *Daimones*, die
der Derveni-Autor wahrscheinlich mit den Erinyen identifiziert, als Schwurinstanzen bzw. verkörperte Schwüre
bezeichnet, die angerufen werden, wenn Menschen (πα]ρ'
ἑκάστο`ι´ς) furchterregende Rache herbeiwünschen. (Zur
engen Verbindung der Erinyen mit Rache und Schwüren s.
Erläuterungen zu Kol. 43 §8).

ὅπωϲπερ ἀ[λοίτηϲ θ]ε̣όϲ *wie ein [Rachegott]*

Die *Daimones* (bzw. Erinyen), die von den *Magoi* als „Helfer der Dike" bezeichnet werden, werden (nach der Ergänzung von Janko) vom Derveni-Autor mit einem Rachegott verglichen (s. Erläuterungen oben). Das Wort ἀλοίτηϲ (= ἀλείτηϲ) „Rächer" ist bei Empedokles als Beiwort des Todes (31 B 10 D.-K.: θάνατον ἀλοίτην „Rächer Tod") bezeugt. Vgl. auch den Begriff des ἀλάϲτωρ („Rachegott", „Rachegeist"), der häufig verbunden mit dem Begriff *Daimon* steht, z.B. bei Aisch. *Ag.* 1501, 1508; *Pers.* 354, Soph. *OT* 787 (dazu Burkert 2011a: 279). Mit diesem Vergleich präsentiert sich der Derveni-Autor als jemand, der (vielleicht im Gegensatz zu den *Magoi*) die eigentliche Bedeutung der *Daimones* kennt. Diese sind als Rachegeister zu verstehen und entsprechend zu behandeln (s. die Besänftigungsversuche der „hinderlichen *Daimones*" in Kol. 46 §17).

§10 (III.9–11 KPT): Weinlose Opfer

αἰτίην [δ᾽ ἔ]χουϲι [τοῦ ποε]ῖ̣ν τρ̣ύτο[υϲ] ἄοινα [ἱερά]
Sie (die Daimones) sind die Ursache dafür, dass diejenigen weinlose [Opfer vollführen]

Die Wendung αἰτίην ἔχειν „verantwortlich sein" hat oft, aber keineswegs immer negative Konnotation („schuldig sein", „Verantwortung tragen" z.B. in Aisch. *Eu.* 579 und „beschuldigt werden" z.B. Hdt. 5.70). Der Derveni-Autor verwendet sie im Sinne von „ursächlich sein" mit neutraler oder positiver Konnotation in Kol. 54 §42 (s. auch die Ergänzung in §45). Hier in §10 zeigt die Wendung, dass sich der Autor im Erklärungsmodus befindet, wenn er über die von ihm geschilderten Opferhandlungen spricht (vgl. die Erklärungen der Opferhandlungen in Kol. 46 §17). Er deckt die wahre Bedeutung auf, die sich hinter den Handlungen verbirgt, und die in einer Art Bezahlung für die *Daimones* zu bestehen scheint.

Weinlose Opfergaben (ἄοινα [ἱερά) sind oft für die Götter der Unterwelt bestimmt (s. die in Kol. 46 §17 angeführten Opferspenden aus Milch und Wasser). In Aischylos' *Eumeniden* (107) werden den Erinyen „weinlose Gussspenden" (χοάς τ' ἀοίνους) dargebracht, in Sophokles' *Ödipus auf Kolonos* werden die Erinyen (100) selbst als „weinlose" (ὑμῖν ... ἀοίνοις) bezeichnet. Theophrast (Fr. 584A, 416.172–194 Fortenbaugh) bezeichnet nicht alkoholische (νηφάλια) Opfer als die ursprüngliche Opferform, die später durch Weinspenden ersetzt wurde; als Indiz verweist er auf Empedokles (s. 31 B 128 D.-K.). Zur weinlosen Opferpraxis s. auch Graf 1980 u. Erläuterungen zu Kol. 46 §17.

§11 (IV.1–4 KPT): Zufall vs. Ordnung

ὁ κείμ[ενα] μεταθ[εὶς *der das Festgesetzte verändert*[...
Der Begriff κείμ[ενα „das, was festgelegt worden ist" (Ergänzung von Tsantsanoglou) kann verschiedene Bedeutungen haben und ist keineswegs, wie Kouremenos (2006: 148) suggeriert, auf die Bedeutung „Gesetze" beschränkt. Auch die Annahme, dass *Nus* („Geist"), der (gemäß der ab Kol. 47 folgenden Interpretation des orphischen Textes) die Entstehung unserer Welt in Gang setzt (s. Kol. 49 §27 m. Erläuterungen), das Subjekt von μεταθ[εὶς („der, der verändert") ist (Kouremenos 2006: 148–49), bleibt Spekulation. Was mit einiger Sicherheit gesagt werden kann, ist lediglich, dass der Derveni-Autor hier den Gedanken formuliert, dass etwas Festgesetztes (κείμ[ενα) und in bestimmter Weise Geordnetes (s. im Folgenden) einer Veränderung

(μεταθ[...) unterzogen wird oder wurde (Tsanstanoglou 1997: 106–107).

ἐ]κδοῦναι μᾶλλ[ον ἢ] ϲίνεται
aufzugeben eher [als] er schädigt

Die Ergänzung μᾶλλ[ον ἢ] ϲίνεται (Tsantsanoglou 1997: 94 u. 107) ist der Ergänzung μᾶλλ[ον ἃ] ϲίνεται „eher, was schädigt" (KPT 2006: 69 u. 152) vorzuziehen. Kouremenos (2006: 150–53) liest dies als Aussage über die Absicht von *Nus*/Luft, die Weltordnung für den Menschen zum Guten einzurichten, wozu auch die Erschaffung der Sonne in ihrer bestimmten Größe gehört (s. dazu §12 im Folgenden u. Kol. 49 §27 u. 65 §91). KPT verstehen ἐ]κδοῦναι (wörtl. „herausgeben") im Sinne von „in die Ehe freigeben" und damit als Umschreibung der Wirkung des *Nus* auf die seienden Dinge, die er zu neuen Entitäten vereinigt (vgl. Kol 61 §§71–73).

Es ist jedoch äußerst fraglich, ob der Derveni-Autor in diesem Abschnitt seiner Abhandlung überhaupt auf den von *Nus* regierten kosmischen Ablauf eingegangen ist. Vielmehr erwecken die Reste der Kolumnen 39–46 insgesamt den Anschein, dass die *Nus*-Kosmologie auf den Abschnitt der Abhandlung beschränkt ist, in dem er den orphischen Text interpretiert (d.h. Kol. 47–66).

τ]ὰ τῆϲ τύχηϲ γ[ὰρ] οὐκ εἴ[α λα]μμάνειν *die Geschicke des Zufalls nämlich [ließ er/sie/es] nicht ergreifen*

Zur Position von γ[ὰρ] an dritter oder vierter Stelle s. Denniston 1954: 95–98. Auch die Aussage dieses Satzes bleibt unklar (zu anderen Konstruktionen s. Tsantsanoglou/Parássoglou 1988: 128–29). Die Bestimmung des Subjekts muss erneut offen bleiben. Immerhin scheint klar, dass „die Geschicke des Zufalls" (τ]ὰ τῆϲ τύχηϲ) der Regularität einer

„Weltordnung" (κόcμοc) gegenübergestellt werden. Das Thema „Ordnung" ist der rote Faden in der Einleitung zum Heraklit-Zitat (s. im Folgenden). Vielleicht spricht der Derveni-Autor hier indirekt über den *logos* (vgl. §12), den Heraklit mit seiner Lehre aufdenken will, und den auch der Derveni-Autor als Welt-Ordnung zu verstehen scheint. Wie wir im Laufe der Interpretation des orphischen Textes erfahren werden (Kol. 47–66), geht diese Macht auf den Gott *Nus* („Geist", „Intellekt") zurück, der mit der Luft identisch ist und nach dessen Plan unser Kosmos entstanden ist.

ἆρ' οὖτω[c ἔχει διὰ τῶ]νδε κόcμοc;
[*Verhält sich*] *die Weltordnung so* [*durch diese*]?

Laut Janko ist die Lesung eines α vor der Lücke (ἆρ' ουτα̣[...) aufgrund der neuen Photographien unwahrscheinlich (Janko 2016: 18). Dies macht frühere Ergänzungsvorschläge obsolet (KPT: ἆρ' οὐ τά̣[ξιν ἔχει διὰ τό]νδε κόcμοc; „Hat nicht der Kosmos Ordnung durch diesen (sc. *Nus*)?" Janko 2001: ἆρ' οὐ τά̣[ccεται διὰ τῶ]νδε κόcμοc; „Ist nicht der Kosmos durch diese geordnet?"). Janko liest nun ω und ergänzt οὖτω[c „so". Die Verbindung ἔχειν + οὖτωc kann „sich so ergeben", „sich so verhalten" oder „so bestehen" (s. LSJ s.v. ἔχειν B) bedeuten. Das Pronomen τῶ]νδε („diesen") kann sich auf τ]ὰ τῆc τύχηc beziehen oder auf das (zu ergänzende) Subjekt von εἴ[α oder auf die evtl. bereits genannten τὰ κοινά (vgl. §12).

Der entscheidende Begriff ist κόcμοc „(Welt-)ordnung", „Kosmos". Er leitet direkt zum Heraklit-Zitat über (s. [κόc]μου κατὰ φύcιν „gemäß der Natur des Kosmos", §12) und ist auch mit der Auffassung einer universalen (τὰ κοινά) Weltordnung zu verbinden, die Heraklit im Folgenden zugeschrieben wird.

*§12 (IV.5–10 KPT): Die stabile Größe der Sonne
(Heraklit-Zitat)*

κατὰ [ταῦτ]ὰ *auf* [*dieselbe Weise*]

Eine naheliegende Ergänzung von Tsantsanoglou/Parásso-
glou 1988: 129. Ebenfalls möglich ist κατὰ [ταῦτ]α „demgemäß“. Zum asyndetischen Satzanschluss bei einem Demonstrativpronomen s. K.-G. II §546.5a.γ; S. 343–44 u.
Denniston 1952: 109–10. Ein vergleichbarer Gebrauch des
Asyndetons liegt z.B. in Kol. 46 §17 (τὴν θυcί[η]ν τούτου
ἕνεκε[ν]…) vor. S. auch Kol. 50 §30 (οὕτωc [οὐδὲν…).
Vgl. die Asyndeta in Kol. 48 §24 ([τ]αῦτα τὰ ἔπη), Kol.
56 §49 ([ἐ]ν τούτοιc cημαίνει) und Kol. 63 §80 (τοῦτο τὸ
ἔποc); zu dieser Form des Asyndetons s. Erläuterungen zu
Kol. 48 §24.

Ἡράκλειτοc, μα[ρτυρήcαc] τὰ κοινά, κατ[αcτρέ]φει τὰ
ἴδ΄[ι]α … *beseitigt*] *Heraklit, nachdem er das Allgemeingültige* [*bezeugt hat*], *die* (*falschen*) *Privatansichten*

Der Derveni-Autor leitet zu einem Zitat des ionischen
Philosophen Heraklit (*Akme*: 504–501 v. Chr.) über, dessen
Lehre er zuvor kurz charakterisiert. Hierbei verwendet er
Begriffe wie τὰ κοινά „das Gemeinsame, Universale“ und
τὰ ἴδια „die eigenen/privaten Ansichten“, die uns aus Heraklit-Fragmenten bekannt sind: In 22 B 1 D.-K. bestimmt
Heraklit den *logos*, demgemäß alles in der Welt geschieht
und den er in seiner Lehre offenlegen will, als immer gültig
(τοῦ δὲ λόγου τοῦδ' ἐόντοc ἀεὶ, s. dazu Kahn 1979: 93–95)
und universal (s. B 72: λόγωι τῶι τὰ ὅλα διοικοῦντι „dem
Logos, der das All verwaltet“; vgl. auch B 113: ξυνόν ἐcτι
πᾶcι τὸ φρονέειν „das Denken ist allen gemeinsam“ und
B 114); das Unverständnis der Menschen gegenüber dem
universalen *logos* äußert sich in deren verfehlten Privat-

ansichten (B 17: ἑωυτοῖϲι δὲ δοκέουϲι „sie bilden es sich
selbst ein"; B 34: ἀξύνετοι „unverständige"). In B 89 vergleicht Heraklit die Differenz zwischen dem Zustand des
Wachseins, in dem die Welt der Menschen einer gemeinsamen Ordnung (κοινὸν κόϲμον) unterliegt, und dem des
Schlafens, in dem jeder seine eigene Welt (εἰϲ ἴδιον) schafft.
Eine Gegenüberstellung des Allgemeingültigen und des In-
dividuellen bietet auch B 2 (Sext. Emp. *Adv. math.* VII 133):

> διὸ δεῖ ἕπεϲθαι τῶι ⟨ξυνῶι, τουτέϲτι τῶι⟩ κοινῶι·
> ξυνὸϲ γὰρ ὁ κοινόϲ. τοῦ λόγου δ' ἐόντοϲ ξυνοῦ
> ζώουϲιν οἱ πολλοὶ ὡϲ ἰδίαν ἔχοντεϲ φρόνηϲιν.

> Deshalb muss man dem Allgemeinen folgen, d.h.
> dem Gemeinsamen. Denn der „gemeinsame" (*logos*)
> ist „allgemein". Aber obwohl der *logos* allgemein ist,
> leben die Vielen, als ob sie ein privates Verständnis
> hätten.

κατ[αϲτρέ]φει *er beseitigt*
Heraklits Lehre besteht im Sichtbarmachen des die Welt
ordnenden und sie durchdringenden *logos*. Der Derveni-
Autor beschreibt diesen Vorgang als ein Aufheben und
Beseitigen (κατ[αϲτρέ]φει, Ergänzung von Tsantsanoglou)
der falschen Privatansichten, und ein Aufzeigen des allgemeingültigen, gemeinsamen *logos* (μα[ρτυρήϲαϲ). Hierbei
schreibt der Derveni-Autor der herakliteischen Lehre eine
aufklärerische Absicht zu, die in Verbindung zu seiner eigenen Lehre gesetzt werden kann. Die Kritik, die Heraklit
am Unverständnis der Vielen gegenüber dem *logos* äußert
(B 17, B 34), ähnelt den Vorwürfen, die der Derveni-Autor
an diejenigen richtet, die den orphischen Mythos wörtlich
verstehen, anstatt ihn gemäß seiner Anleitung allegorisch

zu entschlüsseln (s. Kol. 60; vgl. auch Kol. 49 §26, Kol. 58
§58, Kol. 66 §96; vgl. Schefer 2000: 56–67). Darüber hinaus ergibt sich eine Parallele aus Heraklits Verständnis des
logos als einer alles bestimmenden göttlichen Macht (B 32,
B 114) und der Konzeption der alles bestimmenden Denkkraft des *Nus* in der Lehre des Derveni-Autors (s. oben; vgl.
Kouremenos 2006: 156 und Einleitung unter „Heraklit").

ἴκελ.[α ἱερῶι] λόγωι λέγων
indem er einer [heiligen] Rede gleich sagt
Das Heraklit-Zitat wird mit einem Vergleich (ἴκελος ion.
„ähnlich", „gleich") eingeleitet. Deswegen muss sich die
Ergänzung der Lücke ἴκελ.[.....]λόγωι an der Frage orientieren, wie der Derveni-Autor die Sprechweise des Heraklit
beschreiben würde. Vorgeschlagen wurde ἴκελ.[α ἀστρο]-
λόγωι „wie ein Himmelsforscher" (s. KPT), ἴκελ.[α φυσιο]-
λόγωι „wie ein Naturphilosoph" und ἴκελ.[α ἱερῶι] λόγωι
„wie in einem *hieros logos*" (s. Tsantsanoglou/Parássoglou
1988: 130). Die ersten beiden Vorschläge sind laut Janko
für die Lücke zu lang. Die Ergänzung ἴκελ.[α ἱερῶι] λόγωι
(„wie in einer heiligen Rede") ist gegenüber der leicht abweichenden Konstruktion ἴκελ.[α ἱερο]λόγωι („wie der
Verfasser einer heiligen Rede", Vorschlag von Sider) vorzuziehen, da letztere um einen halben Buchstaben kürzer und
die Bezeichnung ἱερολόγος als Verfasser von ἱεροὶ λόγοι
erst im 1. od. 2. Jh. n. Chr. bei Herennios Philon belegt ist
(Sider 1997: 135). Als weitere Alternative hat Tsantsanoglou
(1997: 94; 109) die Ergänzung ἱκελ.[οῖ μυθο]λόγωι „wie ein
Mythenerzähler" vorgeschlagen; darin werde eine ironische
Haltung gegenüber Heraklit zum Ausdruck gebracht.

Gemäß der Ergänzung ἴκελ.[α ἱερῶι] λόγωι vergleicht
der Derveni-Autor Heraklit indirekt mit Orpheus, dessen
hieros logos er im Folgenden auslegen wird (zum Begriff des

hieros logos s. Erläuterungen zu Kol. 47 §21; zu den zahlrei-
chen Bezugnahmen des Heraklit auf die Terminologie und
Praxis der Mysterien s. Schefer 2000, zum ‚*hieros logos*‘ des
Heraklit s. S. 56–57, 68–72). Wenn nach der Auffassung des
Derveni-Autors auch Heraklits Worte im Sinne eines *hieros
logos* zu verstehen sind, dann bedürfen sie wohl ebenfalls
einer solchen Auslegung. Für diese Auffassung des Derveni-
Autors spricht, dass Heraklit auch sonst als *ainiktes* („der in
Rätseln spricht“; Diog. Laert. 9.6 = 22 A 1 D.-K.) und *sko-
teinos* („der Dunkle“; Ps.-Arist. *De mundo* 369b20; Clem.
Al. *Strom.* 5.8.50) bezeichnet wird, was gut zum Bild von
Orpheus in der Derveni-Abhandlung passt (vgl. auch die
These von Clemens von Alexandria über eine Beeinflussung
des Heraklit durch Orpheus: *Strom.* 6.2.17.1–2 = *OF* 437
und 22 B 36 D.-K. = fr. 66 Marcovich = T 643 Mouraviev;
s. Sider 1997: 146–48; Schefer 2000: 52–53, 69–70; Betegh
2004: 343–44).

ἥλμοcⱼ, *Die Sonne* …
Die vom Derveni-Autor zitierten Worte des Heraklit stimmen (abgesehen von kleinen sprachlichen Unterschieden)
mit zwei Heraklit-Fragmenten überein, die bei Plutarch
(*De exilio* 604 A = 22 B 94 D.-K.) und Aëtios (II.21.4 =
22 B 3 D.-K.) erhalten sind (s. auch T 93 Mouraviev), und
vordem als getrennte Fragmente betrachtet wurden. Die
Bezeugung im Derveni-Papyrus spricht dafür, dass die beiden Fragmente ursprünglich zusammengehörten (Lebedev
1989: 42, Sider 1997: 131; 141), auch wenn nicht sicher ausgeschlossen werden kann, dass der Derveni-Autor sie erst
zusammenfügte (Most 1997: 126 Anm. 31; Hülsz Piccone
2012: 18).

I) 22 B 94 D.-K. = Plutarch, *De exil.* 604 A; fr. 52 Marcovich; T 491 Mouraviev): Ἥλιος γὰρ οὐχ ὑπερβήσεται μέτρα·

εἰ δὲ μή, Ἐρινύες μιν Δίκης ἐπίκουροι ἐξευρήσουσιν.
„Denn die Sonne wird ihre Maße nicht überschreiten. Andernfalls werden sie die Erinyen, die Helfer der Dike, aus-
findig machen." (Vgl. auch Plutarch, *De Is.* 370 D: Ἥλιον
δὲ μὴ ὑπερβήσεσθαι τοὺς προσήκοντας ὅρους· εἰ δὲ μή,
Κλῶθάς μιν Δίκης ἐπικούρους ἐξευρήσειν) (s. Sider 1997:
140–44).

II) 22 B 3 D.-K. = Aëtios II.21.4; fr. 57 Marcovich; T
438–39 Mouraviev: (περὶ μεγέθους ἡλίου) εὖρος ποδὸς
ἀνθρωπείου. „Über die Größe der Sonne (sagt Heraklit):
Die Breite eines menschlichen Fußes." (s. Sider 1997: 139–
43).

[κόc]μου κατὰ φύσιν **gemäß der Natur der Weltordnung**
Die rechte Seite des μ (]μου) ist auf den Mikroskop-Auf-
nahmen von Janko unzweifelhaft zu erkennen; Ergänzungsvorschläge, wie z.B. περιό]δου (Ferrari), ἑωυ]τοῦ oder
κύκ]λου (Tsantsanoglou) sind somit ausgeschlossen. Die
Ergänzung κόc]μου, die bereits von Lebedev 1989 erwo-
gen wurde (von Lebedevs Ergänzung ἄρχει vor ἥλι[ος ist
jedoch abzusehen), ist aus inhaltlichen Gründen der Ergänzung δρό]μου („gemäß der Natur ihres Laufes", ebenfalls von Lebedev; zum Ausdruck vgl. Plat. *Crat.* 397d2)
vorzuziehen. Vgl. das Zeugnis des Diogenes Laertios, der
in seiner Zusammenfassung der Lehren des Heraklit sagt
(9.7; 22 A 1 D.-K.): εἴρηκε δὲ καὶ περὶ τῶν ἐν κόσμῳ
συνισταμένων πάντων παθῶν, ὅτι τε ὁ ἥλιός ἐστι τὸ
μέγεθος οἷος φαίνεται „Und er (Heraklit) hat über alle sich
im Kosmos zutragenden Ereignisse gesprochen und gesagt,
dass die Sonne so groß ist, wie sie erscheint."). Die Ergänzung κόc]μου schließt außerdem an die Äußerungen des
Derveni-Autors in §11 (a.E.) an: Dem Derveni-Autor geht
es in diesem Abschnitt seiner Abhandlung vor allem um das

Aufzeigen einer kosmischen Stabilität, für die er Heraklit als Zeugen anzuführen scheint (s. Sider 1997: 133).

ἀνθρώ⌊π⌋[ου] ἑῦρος ποδός [ἐστι]
die Breite des Fußes eines Menschen

Hat Heraklit tatsächlich die Auffassung vertreten, dass die Größe der Sonne 1 ποῦς/Fuß beträgt (1 attisch-ionischer Fuß entspricht 29,5 cm, ein olympischer Fuß 32 cm)? Oder spricht Heraklit nur von der augenscheinlichen Größe der Sonne, die sich leicht aus unserer Sinneswahrnehmung ergibt (vgl. 22 B 50 D.-K.), aber von der rationalen Überlegung des *logos* widerlegt wird (vgl. 22 B 107 D.-K.)? Die Evidenz im Papyrus spricht dafür, dass Heraklit, wie von Diogenes Laertios (9.7; s. Erläuterungen oben) bezeugt, von der tatsächlichen Größe der Sonne spricht (Marcovich 1967: 310, Sider 1997: 139–40).

τὸ μ[έγεθο]ς οὐχ ὑπερβάλλων
und sie überschreitet ihre Größe nicht

Das Zitat im Papyrus zeigt auf, dass die Überschreitung, die der Sonne untersagt ist, ihre *Größe* (vgl. ἑῦρος und εὔ]ρους „Breite") und nicht etwa ihre Umlaufbahn betrifft. Letzteres Verständnis wurde bisher durch den Kontext des Plutarch-Zitates (*De exil.* 604 A) nahegelegt, wo von der Ordnung der Bewegungsbahn der Planeten (ἐν μιᾶι σφαίραι ... περιπολῶν „in einer einzigen Kugelschale umherwandelnd") die Rede ist. Dies erscheint im Lichte des Papyrus nun als interpretatorischer Zusatz des Plutarch (vgl. Sider 1997: 140–41). Die Sonne übersteigt laut Heraklit die Grenzen ihrer Größe nicht. In Kol. 64 §85 beschreibt der Derveni-Autor die Zunahme des Mondes mit dem Verb ὑπερβάλλειν im Sinne von „zunehmen", „im Vollmond stehen" (s. Erläuterungen dort und Scermino 2011b).

εἰ γὰ̣[ρ εὔ]ρουϲ ἑ[ωυτοῦ ἐκ]β̣[ήϲετα]ι̣...
Denn falls sie über ihre Breite hinausgehen sollte…

Die Vorstellung, dass die Sonne ihre Größenbegrenzungen überschreitet (ἐκ]β̣[ήϲετα]ι̣ vorgeschlagen von Tsantsano-glou/Parássoglou 1988: 133), könnte ein Ausdruck für die scheinbare Vergrößerung der Sonne bei ihrem Untergang sein. Sider (1997: 142; vgl. dagegen Betegh 2004: 327 Anm. 4) schlägt vor, dass sich hinter Heraklits Worten folgende volkstümliche Vorstellung verbirgt (s. Plat. *Rep.* 498a und 22 B 6 D.-K.): die Erinyen bestrafen die Größenüberschrei-tung der Sonne beim Untergang mit der Auslöschung der Sonne und erzeugen so die Nacht. Am nächsten Morgen entsteht dann eine neue Sonne in alter Größe (vgl. auch Xe-nophanes' Vorstellung vom Verlöschen und Neuentstehen der Sonne in 21 A 41 D.-K. = Aëtios II.24.5).

Das Heraklit-Zitat ist auf zwei Weisen in die Derveni-Abhandlung verankert (Betegh 2004: 326–32). 1. Die Sonne spielt in der Kosmologie des Derveni-Autors eine entschei-dende Rolle. Die Erschaffung der Sonne und die damit ein-hergehende Begrenzung der Macht des Feuers durch *Nus/*Luft ist der Beginn der gegenwärtigen kosmischen Ordnung. Größe und Entfernung der Sonne von der Erde sind für das Bestehen des Kosmos in seiner gegenwärtigen Form verant-wortlich (s. Kol. 49 §27, Kol. 53 §40, Kol. 65 §91 mit evtl. Rückverweis auf Kol. 44 §12). 2. Neben der Sonne, die vor allem in der kosmologischen Interpretation des orphischen Textes präsent ist, sind es die Erinyen im Heraklit-Zitat, die eine Verbindung zur eschatologischen Thematik der vorde-ren Kolumnen des Derveni-Papyrus herstellen (s. auch Most 1997: 126–27). Die Erinyen werden in Kol. 43 §8 genannt, und stehen dort neben den *Daimones* (§9) im Kontext von Ehrungen durch Weihegüsse (χ]οαὶ), des Rechts/der Dike (ὑπηρέται δ[ίκηϲ) und der Schwurpraxis (ὅρ[κοι] μεγά̣[λο]ι).

Ἐρινύειϲ ... Δίκηϲ ἐπίκουροι
Erinyen ... die Helfer der Dike
Zum Charakter der Erinyen bei Homer und im Drama s.
Erläuterungen zu Kol. 43 §8. Die Erinyen dienen generell
der Bewahrung der göttlichen Ordnung, welche durch
Dike (Recht) repräsentiert wird (s. dazu Lloyd-Jones 1990:
204). In der archaischen griechischen Literatur garantiert
Dike vor allem Ordnung und Stabilität, die dafür sorgt,
dass sich die Welt und die Geschehnisse in ihr so verhalten, wie es den üblichen und ‚natürlichen' Maßstäben entspricht. Nach diesen Maßstäben darf die Sonne nicht über
ihre natürliche Begrenzung hinausgehen.

Zur orphischen Darstellung der Dike als Begleiterin des
Zeus s. *OF* 32 u. 233. Vgl. auch die Rolle der Dike in Par-
menides' Proömium 28 B 1.14 (dazu Burkert 2008: 10 m.
Anm. 25).

[ὅκωϲ μὴ δρόμον ὑπερ]βατὸν πο⟨ι⟩ῆι
[*damit sie ihre Bahn nicht*] *überschreitet*
Da es im vorausgehenden Teil des Zitates um die Überschreitung der *Größe* der Sonne (s. oben εὖροϲ „Breite",
τὸ μ[έγεθο]ϲ „Größe" und εὔ]ρουϲ „Breite") geht, ist gegenüber der Ergänzung δρόμον (Janko) „Umlaufbahn" die
Ergänzung εὖροϲ (Piano) „Breite" oder μέγεθοϲ (Ferrari)
„Größe" zu bevorzugen. Zur ποῆι vs. ποιῆι s. Janko 2002: 2
u. KPT 2006: 19. Janko stellt durch seine Korrektur (πο⟨ι⟩
ῆι) den Wortlaut her, der in einem Text des Heraklit zu
erwarten wäre. Das Zitat könnte entweder vom Derveni-
Autor oder einem Schreiber an die Schreibpraxis des Papyrus angepasst worden sein.

Es ist anzunehmen, dass Heraklit hier weiter auf die zu
vermeidende Überschreitung (ὑπερ]βατὸν) der Sonne ein-
ging und mit dem Wort ὑπερ]βατὸν nicht, wie Lebedev

1989 und Burkert 2011b vorschlagen, das Stilmittel des Hyperbaton (vgl. Kol. 48 §24) gemeint ist.

*§14 (V.1–6 KPT): Orakelanfragen zu den Schrecken
im Hades*

[τὰ ἐν Ἄι]δου δειν̣[ὰ   [die] **Schrecken** [im] **Hades**
Janko kann den Beginn der ersten Kolumnenzeile mit Hilfe eines Papyrusbruchstücks ergänzen, das sich gelöst hatte und nach unten gerutscht war. Auf die „Schrecken im Hades" kommt der Derveni-Autor im Folgenden zurück.

οὐ] χρης[τη]ριαζόμ[ενοι ... ο[ὐδὲ] χρης[τ]ηριάζον[ται
*wobei [sie] das Orakel [nicht] fragen, ... [und sie]
fragen das Orakel [auch nicht]*
Durch Jankos Ergänzungen werden die beiden Formen von χρηστηριάζεσθαι („eine Anfrage an ein Orakel richten", s. z.B. Hdt. 1.159.1) verneint. Demnach beklagt der Derveni-Autor, dass die Menschen keine oder nicht die entscheidenden Fragen an das Orakel richten. Sie fragen nicht nach, was die furchteinflößenden Erzählungen über das postmortale Schicksal eigentlich *bedeuten* (δύν]αμις). Sie kümmern sich zu wenig um das, was ihnen im Hades droht.

αὐτοῖς πάριμεν [εἰς τὸ μα]ντεῖον ἐπερ[ω]τήσοντες ...
für sie betreten wir die Orakelstätte, um zu erfragen ...
Der Dativ αὐτοῖς („für sie") bezieht sich auf die Menschen, für die ein Orakel eingeholt wird. Die Verbform πάριμεν („wir betreten", in Bezug auf ein Heiligtum vgl. Hdt. 5.72) ist als Präsens zu verstehen (LSJ s.v. πάρειμι „also in pres. sense"), auch wenn das *Simplex* εἶμι in der ionischen Prosa und im Attischen futurische Bedeutung hat. Der Derveni-

Autor spricht in der ersten Person Plural und schließt sich somit selbst in diese Gruppe ein. Für die Annahme, dass der hiesige Sprecher nicht der Derveni-Autor ist (Kouremenos 2006: 53, 162), gibt es keine Indizien (s. Most 1997: 120, 126). Dass die Form ein dorischer Infinitiv (παρίμεν) ist (Burkert 2014: 113), scheint unwahrscheinlich. Die erste Person Plural („wir") kann entweder in einem allgemeinen Sinn („man") (Johnston 2014: 91; dagegen Most 1997: 120 Anm. 12) oder als tatsächlicher Hinweis auf den lebensweltlichen oder beruflichen Hintergrund des Derveni-Autors verstanden werden. Dieser stünde dann in Verbindung mit der Orakelvergabe (zum Ablauf der Orakelvergabe in Delphi s. Parke 1967: 73–98; Fontenrose 1978: 196–224). Neben der orakelgebenden Person (wie der Pythia in Delphi) und dem Anfrager waren weitere Personen, wie Helfer (*hosioi*) und Priester (*prophetai*) in die Orakelvergabe involviert (Fontenrose 1978: 218–19). Es gibt jedoch keine Belege dafür, dass diese als ständige Vermittler zwischen dem Orakel und der fragenden Person oder als deren Stellvertreter fungierten (Fontenrose 1978: 217–18). Dennoch ist vorstellbar, dass es oftmals der *prophetes* war, der die Äußerungen und Laute der Pythia in Form, d.h. in hexametrisches Versmaß brachte (s. Parke 1967: 84–85; Baumgarten 1998: 20–25). Ein solcher *prophetes* ist jedoch nicht mit einem religiösen Experten gleichzusetzen, der bei der Entschlüsselung und *Deutung* des rätselhaften Orakels (s. dazu Erläuterungen zu Kol. 47 §20) behilflich sein konnte. Solche *chresmologoi* (Hdt. 7.142.3, 143.1) oder *manteis* waren unabhängig von einem bestimmten Orakel tätig (Fontenrose 1978: 152–58; Baumgarten 1998: 38–48; Dillery 2005; Bremmer 2010: 14–16); sie werden oft mit selbständigen Wanderpredigern identifiziert (Fontenrose 1978: 154; s. auch Kol. 60 mit Erläuterungen). Auf diese Berufsgruppe scheinen auch die Äußerungen des Derveni-Autors in Kol. 60 §§66–68 hinzuweisen. Ferner passt in diesen Kontext auch die allegorische Interpretation, die als Technik zur Lösung von Orakeln Anwendung fand (s. Kol. 47 §20; Betegh 2004: 364–70; s. auch Struck 2005: 152–65). Die beiden Berufsbilder Orakelpriester und unabhängiger Wanderprediger sind nur schwer miteinander zu vereinbaren (s. Johnston 2014: 89–91). Ist der Derveni-Autor einer der beiden Gruppen zuzuordnen? Klar ist jedenfalls, dass der Derveni-Autor diese Formen religiöser Praxis gut kannte und sie Teil des sozio-kulturellen Hintergrunds sind, vor dem er seine Abhandlung verfasst hat (vgl. auch Betegh 2004: 349–70; Edmonds 2008: 31–34).

τῶν μαντευομέν[ων ἕ]νεκεν *wegen der Prophezeiungen* Das Partizip ist als Passiv (τὰ μαντευόμενα „die Dinge, die prophezeit werden", „die Prophezeiungen", vgl. Hdt. 5.114.2; 5.45.1) zu verstehen (Janko 2001: 20 n. 84) und nicht als Medium „die (Menschen), die sich ein Orakel geben lassen/ein Orakel befragen" (Kouremenos 2006: 162). Eine Wiederholung der Tatsache, dass er sich wegen der (oder gar für die) anfragenden Menschen (αὐτοῖc „für sie") an das Orakel wendet, ist weniger plausibel als dass sich die Anfrage auf die bereits erhaltenen Weissagungen (τῶν μαντευομέν[ων, vgl. Hdt. 5.45.1) bezieht.

Das Erfragen der wahren Bedeutung eines bereits gegebenen Orakelspruchs (τῶν μαντευομέν[ων) ist programmatisch und kann im Zusammenhang mit den Vorwürfen in Kol. 60 §§66–68 gesehen werden, die der Autor an diejenigen Teilnehmer von Mysterien richtet, die nicht nach dem wahren Sinn der während des Ritus vorgetragenen Texte fragen (s. §67 οὐδ' ἐπανερόμενοι). Im vorliegenden

Fall wirft der Derveni-Autor den Menschen vor, dass sie nicht nach der wahren Bedeutung der Orakel fragen.

Die dramatischen Konsequenzen, die das Versäumnis eines solchen Nachfragens haben kann, finden wir als literarischen Topos bereits bei Herodot. Für Kroisos, der das Orakel ‚Du wirst ein großes Reich zerstören!‘ missverstand (1.91) und nicht bedachte, dass das Reich auch sein eigenes sein könnte, war es der größte Fehler, dass er „das (vom Orakel) Gesagte nicht verstand und auch nicht nachfragte" (οὐ cυλλαβὼν δὲ τὸ ῥηθὲν οὐδ' ἐπανειρόμενος). Im Gegensatz dazu präsentiert sich der Derveni-Autor als jemand, der nachfragt, was gegebene Orakel in Wahrheit bedeuten. Ein solches Nachfragen und Ergründen des eigentlichen, tieferen Sinns bildet die interpretatorische Grundhaltung, die er gegenüber der orphischen Theogonie in Kol. 47–66 einnimmt.

εἰ θεμί[τ' ἐc]τὶν καὶ [τὰ] ἐν Ἅιδου δεινά   *ob auch [die] Schrecken im Hades gottgewollt und rechtens sind*
Die Frage, ob etwas gemäß göttlichem Recht (θέμιc) geschieht, ist vergleichbar mit anderen überlieferten Orakelanfragen (vgl. z. B. Hdt. 5.67.2, s. auch Porphyr. *Abst.* 2.9; vgl. auch die Frage, ob etwas ὅcιοc „fromm", „nach göttlichem Recht geboten" ist: Xen. *HG* 4.7.2: χρηcτηριαζόμενοc ἐπηρώτα τὸν θεὸν εἰ ὁcίωc … „er wandte sich an das Orakel und fragte den Gott, ob es in Einklang mit göttlichem Recht sei…"). Das Adjektiv θεμιτόc bedeutet „in Einklang mit göttlichem Recht", „dem göttlichen Willen entsprechend".

Durch Jankos neue Lesung (ἐc]τὶν καὶ [τὰ] ἐν Ἅιδου δεινά) ist nun klar, dass hier nicht nach der Rechtmäßigkeit einer bestimmten Handlung gefragt wird (vgl. KPT 2006: 162, Johnston 2014: 91–93), sondern danach, ob die Schrecken im Hades generell dem göttlichen Willen entsprechen (vgl. auch die von Piano 2016: 13 vorgeschlagene Lesung εἰ θέμι[c προc]δοκᾶν ἐν Ἅιδου δεινά „ob es gottgewollt und rechtens ist, im Hades Schrecken zu erwarten"). Die sonst überlieferten Orakelanfragen bestehen zwar meist aus Fragen zum Verhalten in einer bestimmten Situation (Soll ich X tun?/ Was soll ich tun?). Jedoch sind auch Fragen, ob eine bestimmte Annahme zutrifft (Ist X wahr?), bezeugt (s. Fontenrose 1978: 35–39, Nr. 1, 4, 11). Ein berühmter Fall ist z.B. Chairephons Frage, ob irgendjemand weiser ist als Sokrates (Plat. *Ap.* 21a, vgl. auch Xen. *Ap.* 14; s. Strycker/Slings 1994: 74–82). Damit vergleichbar ist die hier formulierte Frage, ob es zutrifft, dass die Schrecken im Hades göttlich sanktioniert sind (vgl. auch Janko 2001: 19 Anm. 82).

Es scheint, dass der Derveni-Autor den Menschen zum Vorwurf macht, dass sie niemals fragen, ob die ihnen drohenden Schrecken im Hades göttlichem Recht entsprechen und gottgewollt sind, sondern immer nur fragen, was sie in bestimmten Situationen tun sollen (s. dazu Kol. 51 §33). Was ihnen am Herzen liegt, ist ihr Wohlergehen in der hiesigen Welt (s. dazu §15); dabei vernachlässigen sie die Sorge um ihr Seelenheil im Jenseits.

[τὰ] ἐν Ἅιδου δεινά [*die*] *Schrecken im Hades*

„Hades" bezeichnet sowohl den Gott der Unterwelt als auch den Ort, der allgemein als Aufenthaltsort der Toten gilt (vgl. Bremmer 1998; zur Bedeutungsentwicklung s. Thieme 1968). Die Unterwelt wurde seit Homer vor allem als dunkler Ort am Rand der Welt dargestellt (*Il.* 8.16; *Od.* 11.13–19; vgl. Hes. *Th.* 720–29), an dem die Seelen der Verstorbenen mit Strafen für ihre Vergehen rechnen müssen (Graf 1998). Daneben gibt es, ebenfalls seit früher Zeit, die Vorstellung eines diesem Ort entgegengesetzten Paradieses

(*Od.* 4.561–69; Hes. *Op.* 168–73), einer Insel der Seligen. Vor allem Mysterien versprachen Eingeweihten Zugang zu diesem anderen Ort (Burkert 2011a: 303), wie z.B. die ‚orphischen‘ Goldblättchen belegen (*OF* 474–96; s. Graf/ Johnston 2013: 94–136). Die Nicht-Eingeweihten hingegen haben Schlimmes zu erwarten in der Unterwelt (s. *Hym. Dem.* 480–82; Soph. *Frg.* 837; Plat. *Phd.* 69c; vgl. auch *Grg.* 493a1–c3). Es versteht sich von selbst, dass gerade solche Einweihungspriester, die für ihr Handwerk warben, das postmortale Schicksal der (noch) Nicht-Eingeweihten in besonders drastischen Bildern beschrieben haben. Ist dies der Hintergrund, vor dem die Worte des Derveni-Autors zu verstehen sind, der zu mehr (Ehr-)Furcht vor den Schrecken im Hades aufruft (vgl. hierzu Kotwick 2017)?

Mit dem Hinweis auf die Schrecken im Hades, die von den Menschen nicht ernst genug genommen werden, erhöht der Autor den moralischen Druck auf seine Leser- und Zuhörerschaft. Im Folgenden wird er die Menschen explizit für ihr Unverständnis, ihren Unglauben und ihre Genusssucht verurteilen. Dagegen stützt sich das offenbar von ihm selbst gegebene Heilsversprechen auf eine bestimmte Form des *Verstehens*. Was er mit diesem Verstehen meint, wird aus seiner Interpretation des orphischen Textes ersichtlich, durch die er den Mythos als physikalische Lehre entschlüsselt (Kol. 47–66). In welcher Weise aus der Erkenntnis, dass Orpheus anstatt über Zeus und andere Götter eigentlich über *Nus*/Luft spricht, ein eschatologisches Heilsversprechen folgt, wird aus dem uns erhaltenen Teil des Papyrus nicht direkt ersichtlich (s. Kol. 60 m. Erläuterungen; vgl. Betegh 2004: 360–64).

§15 (V.6–10 KPT): Der Unglaube der Menschen

τί ἀ[πισ]τοῦσι; *Warum glauben sie nicht?*

Nach seiner Beschwerde, dass sich die Menschen zu wenig um ihr postmortales Heil kümmern, fragt der Derveni-Autor nach der Ursache dieses Verhaltens: Warum haben die Menschen keinen Glauben? (Zur asyndetischen Anreihung von Fragen s. K.-G. II §546 e; S. 346). In Platons *Staat* (330d–331a) beschreibt Kephalos, wie Menschen den tradierten Horrorgeschichten über das Schicksal im Hades erst dann beginnen Glauben zu schenken, wenn ihr eigener Tod in spürbare Nähe rückt (vgl. auch Plat. *Ep.* VII, 335a3–5). Zum Begriff der ἀπιστία („Unglaube") s. §16.

οὐ γινώς[κ]οντες ˋ[ὁ]ρῶ[ντες]ˊ ἐνύπνια *Wenn sie zwar Träume [haben], aber diese nicht verstehen*

Janko liest oberhalb von γινώς[κ]οντες ἐνύπνια die Reste der Buchstaben ρω. Mein Vorschlag ist, diese als Reste des Partizips ὁρῶντες („wenn sie sehen") zu verstehen, das über der Zeile nachgetragen wurde. Zum Ausdruck ἐνύπνιον ὁρᾶν „eine(n) Traum(vision) sehen" vgl. Hdt. 4.172.3, 4.184.4, Plat. *Polit.* 290b7 und Arist. *HA* 537b18 (vgl. auch ὁρᾶν ὄψιν ἐνυπνίου in Hdt. 3.124.1; 5.55; 8.54). Dass Träume genauso wie Orakelsprüche göttliche Botschaften enthalten, die es durch Auslegung zu entschlüsseln gilt, ist eine seit frühester Zeit belegte Annahme (Baumgarten 1998: 16; Hollmann 2011: 85–91, 102–13).

οὐδὲ τῶν ἄλλων π[ρα]γμάτων ἕκαστ[ον] *und auch nichts von den anderen Dingen*

Der Unglaube an die im Hades drohenden Schrecken gründet sich nach Ansicht des Derveni-Autors auf die mangelnde Fähigkeit, (göttliche) Warnzeichen richtig zu deuten und zu verstehen (οὐ γιν̣ώς̣[κ]ο̣ν̣τ̣ες). Solche Zeichen sind neben Orakeln (§14) und Träumen andere (Unglücks)omina (τῶν ἄλλων π[ρα]γμάτων, wörtl. „andere Dinge"; möglicherweise ist πραγμάτων eine Verschreibung aus παραδειγμάτων, wie A. H. Griffiths in Janko 2001: 20 Anm. 86 vorschlug; s. auch im Folgenden).

Das Scheitern der Menschen, die eigentliche Bedeutung von Träumen und anderen göttlichen Zeichen richtig zu verstehen oder auch nur als solche ernst zu nehmen, ist ein verbreiteter Topos (Hdt. 1.38–40; 1.53–56; 1.91; 3.57–58; 3.124–25; 5.56). Die Botschaften treten oft als Rätsel in Erscheinung, die man mit den richtigen Techniken entschlüsseln muss. Eine in literarischen Quellen oftmals als erfolgreich deklarierte Interpretationstechnik ist die allegorische Deutung (vgl. die allegorische Deutung von Träumen und Orakel in Herodot: 1.91; 3.124–25; 6.107; 7.142; dass die allegorische Deutung in der Traumauslegung wichtig war, bezeugt auch Artemidor, 2. Jhdt. n. Chr., in seinen *Oneirocritica*, dazu Harris-McCoy 2012: 38–40). Die Praxis der Auslegung von Orakeln und Träumen wird vom Derveni-Autor im zweiten Teil des Papyrus auf einen orphischen Mythos angewandt (vgl. Most 1997: 120; Hussey 1999: 309–10; Betegh 2004: 364; Struck 2004: 29–34; Lange/Pleše 2014: 100–11). Somit stehen die Äußerungen hier (Kol. 45) mit der Exegese in Kol. 47–66 in direktem Zusammenhang.

ποῖον ἂν παραδειγμάτων π[ι]στεύοιεν *was für (einer Art von) Warnzeichen dürften sie (dann) wohl Glauben schenken …?*

Janko liest auf der Grundlage der neuen Photographien des Papyrus ποῖον (Akk. Sg.; zu πιστεύω + Akk. s. K.-G. I §410.2b; S. 305) anstelle des zuvor von Tsantsanoglou (1997: 94) gelesenen ποίων (Gen. Pl.). Zu Konstruktion ποῖον +

Gen. Pl. (παραδειγμάτων) im Sinne von ‚welches aus der Menge von x?‘ s. Soph. *Ph.* 1227 u. Plat. *Men.* 80d6. Zur Bedeutung von παράδειγμα als „warnendes Beispiel", „Warnzeichen" s. Thuk. 6.77 u. Eur. *El.* 1085. Mit den Warnzeichen sind wohl Horrorgeschichten und furchteinflößende Träume über das postmortale Schicksal im Hades gemeint.

ὑπὸ τ[ῆϲ τε] ἁμαρτ ΐ ηϲ καὶ [τ]ῆϲ ἄλληϲ ἡδον[ῆ]ϲ νενικημέν[οι *wo sie von Verfehlung und noch dazu von Lust besiegt sind*

In dem Ausdruck καὶ [τ]ῆϲ ἄλληϲ ἡδον[ῆ]ϲ „und von anderer Lust" = hier: „und noch dazu von Lust" (anders Most 1997: 127 Anm. 33 u. Rangos 2007: 39) hat das attributive ἄλληϲ die Bedeutung „überdies, außerdem" (s. K.-G. I §405b.2c. Anm.1; S. 275; vgl. Eur. *Hipp.* 381–83, Plat. *Phd.* 110e, *Smp.* 191b).

Den Grund für den Unverstand und den daraus resultierenden Unglauben sieht der Autor in der menschlichen Fehlerhaftigkeit und dem Genussstreben: Die Menschen sind ihrer eigenen Lust (ἡδονή) ergeben, ohne sich um ihr postmortales Seelenheil zu kümmern (vgl. Rangos 2007: 37–40). Der Begriff der ἡδονή („Lust", „Vergnügen") wird nicht näher bestimmt. Klar ist, dass er negativ verwendet wird („Genusssucht") und sich vor allem auf körperliche Genüsse wie Wollust und Schwelgerei bezieht, aber auch andere Formen von Maßlosigkeit miteinschließt.

Kritik und Warnung vor unkontrolliertem Genuss ist in der griechischen Tradition tief verwurzelt, was z.B. in den *Maximen der sieben Weisen* (Demetrios 10.3 D.-K.: ἡδονῆϲ κρατεῖν) fassbar wird (Gosling/Taylor 1982: 13). Vgl. auch Plat. *Grg.* 493a1–c3, wo Sokrates seine Warnung vor einem kallikleischen Leben, das der ἡδονή im Sinne einer unmittelbaren Befriedigung der eigenen Bedürfnisse ergeben ist,

ebenfalls mit einem Mythos über die Schrecken im Hades
verbindet. In der von Sokrates referierten (allegorischen)
Deutung dieses Mythos wird das lustergebene Leben ebenfalls als Resultat von Unglauben (δι' ἀπιϲτίαν) und Unverstand (τῶν ἀνοήτων) gebrandmarkt (s. dazu Kouremenos
2006: 164–65; Burkert 2014: 109; Kotwick 2017).

τί ο]ὺ̣κ̣ ἐπ[αΐο]υ̣ϲιν [οὐδὲ] π̣ιϲτεύουϲι;
[*Warum*] *verstehen sie nicht* [*und*] *glauben* [*auch nicht*]?
Janko liest die Buchstabenreste nach νενικημέν[οι als
ο]ὺ̣κ̣ ἐπ[αΐο]υ̣ϲιν „sie verstehen nicht", „sie wissen nicht"
(Tsantsanoglou liest dagegen οὐ] μα̣ν̣θ̣[άνο]υ̣ϲιν „sie lernen nicht"). Nach Jankos Messung ist vor ο]ὺ̣κ̣ Platz für 1,5
Buchstaben, was die Ergänzung τί „warum" nahelegt, die
den Satz zu einer Frage macht (vgl. τί ἀ[πιϲ]τοῦϲι am Beginn von §15). Ob als Frage oder als Aussage formuliert, was
sich aus den erhaltenen Resten an dieser Stelle relativ sicher
schließen lässt, ist, dass der Derveni-Autor eine Verbindung
sieht zwischen der zügellosen Verfolgung der eigenen Lust,
dem Unverständnis gegenüber den von göttlicher Seite gegebenen Warnungen und dem Unglauben (vgl. τί ἀ[πιϲ]-
τοῦϲι; oben und ἀπ[ι]ϲτίη in §16) gegenüber dem Inhalt
dieser Geschichten (vgl. Heraklit 22 B 86 D.-K., der mangelnde Erkenntnis des Göttlichen auf Unglauben, ἀπιϲτίη,
zurückführt). Mit οὐ]κ ἐπ[αΐο]υ̣ϲιν („sie verstehen nicht",
„sie wissen nicht") bezieht sich der Derveni-Autor speziell
auf den Umstand, dass die Menschen die *wahre* Bedeutung
der göttlichen Zeichen, die nur mit Hilfe einer allegorisch-
physikalischen Erklärung zu erlangen ist, nicht verstehen.
Für den Derveni-Autor sind Unverständnis und Unglauben
eng verbunden (s. im Folgenden).

§16 (V.10–14 KPT): Unglaube und Ignoranz

ἀπ[ι]cτίη δὲ κ̣άμα[θίη τὸ αὐτό

Unglaube und Unwissenheit sind dasselbe

Die enge (kausale) Verbindung, die der Derveni-Autor zwischen Unwissenheit (ἀμαθίη) und Unglauben (ἀπιcτίη) sieht, mündet nun in der Gleichsetzung der beiden Begriffe. Mit dieser Gleichsetzung erhalten wir einen Vorgeschmack auf die interpretatorische Strategie, die der Derveni-Autor bei der Explikation des orphischen Textes mehrfach anwenden wird. (s. Kol. 50 §30; Kol. 51 §33; Kol. 52 §35; Kol. 61 §73; Kol. 62 §76). Zur Verbindung von Verstehen und Glauben s. auch Kol. 60. Offensichtlich bezweckt der Derveni-Autor mit seiner physikalischen Erklärung des orphischen Textes mehr als nur ein Verständnis dessen, was seiner Meinung nach eigentlich gemeint ist. Ist das richtige Verständnis für ihn der Schlüssel zu einem besseren Leben, welches aufgrund der gewonnenen Einsicht von ausschweifenden Genüssen ablässt und sich auf die Bewahrung des Seelenheils nach dem Tod konzentriert?

§17 (VI.1–8 KPT): Opferriten für die Seelen

δω]ρεαὶ καὶ θυcί̣[ί]αι μ[ειλ]ί̣ccουcι τὰ̣[c ψυχάc

Geschenke und Opfergaben stimmen [die Seelen] gnädig

Die auf den ersten Blick gewagte Ergänzung τὰ̣[c ψυχάc (Tsantsanoglou 1997) wird durch den weiteren Verlauf von §17 gestützt, wo die Seelen direkt und indirekt als die Empfänger der rituellen Handlungen genannt werden. Mit den Seelen, die im Folgenden als „unzählig" bezeichnet werden, sind die Seelen der Verstorbenen gemeint, die häufig als in Schwärmen auftretend vorgestellt wurden (Henrichs 1984:

262). Die Besänftigung (vgl. Burkert 2011a: 298) gilt vor allem solchen Seelen, die anderen Schaden zufügen können oder wollen. Die Angst, dass rastlose Seelen (z.B. von Verstorbenen, die nicht angemessen bestattet wurden und daher keinen Einlass in den Hades finden) den Lebenden Schaden zufügen könnten, war weit verbreitet (s. z.B. *Od.* 11.73; dazu Johnston 1999: 10; zu den seit archaischer Zeit verbreiteten Vorstellungen über die Seelen der Toten s. auch Bremmer 1983: 82–89, 123–24).

ἐπ[αοιδὴ δ]ὲ 'τ⟨ῶν⟩' μάγων   [*Der Gesang*] *der Magoi*
Da ἐπ[ωιδὴ (Tsantsanoglou 1997) für die Lücke etwas zu kurz ist, ist die ionische Form ἐπ[αοιδὴ (Tsantsanoglou 2008) vorzuziehen (vgl. Hdt. 1.132.3). Janko versteht ein zwischen die Zeilen geschriebenes τ als nachträgliche Einfügung des Artikels und setzt τ⟨ῶν⟩ in den Text (s. Janko 2016: 19–20).

Das Bedeutungsspektrum des Wortes ἐπωιδή (ἐπαοιδή) reicht von allgemein „begleitender Gesang" (vgl. ᾠδή „Lied") bis „Beschwörung", „Zauberformel", wobei die spezielle Bedeutung als magische Beschwörung häufiger belegt ist (Graf 1996: 39; zur Bedeutung von ἐπῳδή bei Platon s. Helmig 2003; zum Verb ἐπαείδειν in den Getty-Hexametern s. Bremmer 2013: 22). Gleichzeitig ist die Vorstellung alt, dass von Dichtung selbst eine magische Wirkung ausgehen kann (*Od.* 1.337; 12.40, 44; 17.521; Pindar *N.* 4.3; Aisch. *Prom.* 173); eine Verbindung zur mythischen Autor-Figur Orpheus ist vielfach bezeugt (*Frag. Adesp.* Fr. 129.6–7 = *OF* 950; Apoll. Rhod. 1.23–31 = *OF* 951; vgl. Eur. *Cyc.* 646: οἶδ' ἐπωιδὴν Ὀρφέως „ich kenne ein Lied von Orpheus", wobei die Funktion des Liedes hier auch einem Zauberspruch gleichkommt; s. auch Segal 1989: 11–14).

Eine Vergleichsstelle bei Herodot ist hier besonders aufschlussreich: In den *Historien* 1.132.3 schreibt Herodot über die Opferbräuche der Perser: „wenn dies (*sc.* das Opfer) eingerichtet ist, singt ein hinzugetretener *Magos* eine Theogonie, wie jene jedenfalls den Gesang bezeichnen." (διαθέντος δὲ αὐτοῦ μάγος ἀνὴρ παρεστεὼς ἐπαείδει <u>θεογονίην</u>, οἵην δὴ ἐκεῖνοι λέγουσι εἶναι τὴν <u>ἐπαοιδήν</u>). Hier werden die *Magoi* ebenfalls mit einem „begleitenden Gesang" (ἐπαοιδήν) in Verbindung gebracht, der dann in den Worten des Herodot explizit als „Theogonie", also als Erzählung über die Entstehung und Sukzession der Götter, bezeichnet wird (zum Gesang der *Magoi* allgemein s. auch Xen *Cyr.* 8.1.23 u. Eur. *IT* 1338). Aufgrund der Vergleichsstelle bei Herodot liegt die Vermutung nahe, dass zwischen dem im Papyrus erwähnten Gesang der *Magoi* (ἐπ[ωιδὴ δ]ὲ ῾τ⟨ῶν⟩᾽ μάγων) und der orphischen *Theogonie*, die ab Kol. 47 einer allegorischen Interpretation unterzogen wird, ein Zusammenhang besteht (Tsantsanoglou 1997: 111). Ist der hier beim Ritual vorgetragene Text eben die orphische Derveni-Theogonie? (s. dazu Kol. 47 §19).

Wer sind die im Papyrus genannten *Magoi*? Aus den übrigen Erwähnungen der *Magoi* in griechischen Texten ergeben sich zwei Bedeutungsmöglichkeiten. (i) Ursprünglich bezeichnet der Begriff *Magos* einen persischen bzw. iranischen Priester oder rituellen Experten. So z.B. bei Herodot, wo beschrieben wird, wie persische *Magoi* Opfer verrichten (1.132, 140; 7.43, 113), Träume auslegen (1.107, 128, 7.19) oder Winde beruhigen (7.191), s. Bremmer 2008: 239–41. Vgl. auch Aisch. *Pers.* 317, dazu Bremmer 2008: 237–38. Tsantsanoglou (1997: 110–15) geht daher davon aus, dass der Derveni-Autor hier die Kultpraxis persischer *Magoi* beschreibt (s. auch Ferrari 2001a, Russell 2001, Ahmadi 2014). (ii) Daneben gibt es zahlreiche Belege, die zeigen, dass die Bezeichnung *Magoi* im griechischen Sprachgebrauch auch für rituelle Experten aus dem griechischen Kulturraum ver-

wendet wurde. Hier hat der Begriff aber meist eine negative
Konnotation (s. Soph. *OT* 387–89) und ist gleichbedeutend
mit „Scharlatan" (vgl. Hipp. *Morb. Sacr.* 1.10 = *OF* 657; s.
auch Bremmer 2008: 236–40; 246) oder „Wanderprediger",
und wohl vergleichbar mit dem auf orphische Texte speziali-
sierten *Orpheotelestes* (vgl. hierzu Kol. 60 §67; *Orpheotelestes*
ist ein Begriff, der vor allem von einer Außenperspektive aus
verwendet wird und meist eine negative Haltung impliziert;
s. Theophr. *Ch.* 16.11 = *OF* 654; Bernabé 2014: 36; Bremmer
2010: 28). Clemens von Alexandria (*Protr.* 2.22.2) bezeugt
als Zielgruppe, gegen die sich Heraklits Androhungen einer postmortalen Strafe richten, „Nachtschwärmer, Magoi,
Bacchen, Mänaden, Eingeweihte" (νυκτιπόλοις, μάγοις,
βάκχοις, λήναις, μύσταις in 22 B 14 D.-K. = Clem. Alex.
Protr. 2.22.2 = T 612 Mouraviev = 87 Marcovich, der μάγοις
als Interpolation streicht; s. Bremmer 2008: 236–37 u. Most
2013: 8–9). Mit Blick auf den Derveni-Papyrus wurde jedoch
mehrfach betont, dass der Begriff *Magos* in der Bedeutung
(griechischer) „ritueller Experte" oder „Privatpriester" nicht
ausschließlich negativ konnotiert gewesen ist und somit
auch die wertneutrale bis positive Konnotation, die der Begriff offenbar im Derveni-Papyrus hat (anders Jourdan 2003:
37–38; Kouremenos 2006: 53; 167–68), nicht automatisch als
Hinweis auf iranische oder persische Priester zu verstehen ist
(Most 1997: 120; Betegh 2004: 78–82; Edmonds 2008: 25,
35; Ferrari 2011a: 71–72; Bernabé 2014: 36; dagegen Ahmadi
2014: 487–93). Der Derveni-Autor scheint hier nicht von
einer (negativen) Außenperspektive auf die Tätigkeit der
Magoi zu blicken, sondern vielmehr aus einer (neutralen)
Innenperspektive über ihre Handlungen zu berichten. Für
die im Folgenden beschriebenen Opferhandlungen der *Magoi* gibt es zahlreiche Parallelen im *griechischen* Kulturraum
(s. im Folgenden).

δαίμονας ἐμ[ποδὼν] γ[ινομένου]ς μεθιστάγαι

Daimones *vertreiben, wenn sie [hinderlich werden]*

Während die Opfergaben zur Besänftigung der Seelen dienen, kann der Gesang der *Magoi* hinderliche *Daimones*
(ἐμ[ποδὼν] γ[ινομένου]ς Tsantsanoglou 1997: 95) vertreiben. Wer sind diese *Daimones* und wem stellen sie sich in
den Weg? Auch wenn das Wort δαίμων (*daimon*) zunächst
(und in der epischen Sprache) gleichbedeutend mit „Gott"
ist (vgl. Kol. 48 §24), liegt hier eine speziellere Bedeutung
vor, wonach es sich um göttliche Mächte handelt, die in
einer bestimmten Form auf die Menschen (oder andere
Seelen) einwirken (vgl. Burkert 2011a: 276–79; Ahmadi
2014: 491–97). In Kol. 42 §9 werden *Daimones* als Helfer
des Rechts bezeichnet, die von Menschen angerufen werden, wenn diese Rache wünschen. Hier treten die *Daimones*
nun als hinderliche Kräfte in Erscheinung, die es umzustel-
len bzw. zu vertreiben (beide Bedeutungen sind im Verb
μεθιστάναι enthalten) gilt.

Haben die *Daimones* die Fähigkeit, den korrekten Ablauf des Opferrituals zu behindern (Henrichs 1984: 257,
262–63)? Johnston (1999: 137–39) betont, dass die Abwehr
negativer Einflüsse ein wichtiger Aspekt von Mysterien-
kulten war, was sich besonders bei den Einweihungs- und
Opferzeremonien zeigt. Hierbei geht es um unglückliche
Seelen Verstorbener, die den Initiationsritus negativ be-
einflussen können und so den Kontakt der Seele des Initianden mit dem Gott blockieren können. Zum anderen
könnte die hier im Derveni-Papyrus genannte Gefahr darin
bestehen, dass die *Daimones* andere Seelen und zwar besonders die von verstorbenen Eingeweihten beim Gang in die
Unterwelt behindern und vom Elysium abhalten können
(Tsantsanoglou 1997: 112; zur Figur der *Empousa* in Aristophanes' Mysterien-Karikatur in den *Fröschen* (290–96) und

der dahinterstehenden Kultpraxis s. Brown 1991, Johnston
1999: 131–35 u. Núñez 2011).

Oder sind die *Daimones* hier mit den *Daimones* in Kol.
42 §9 zu identifizieren, die für etwas Rache nehmen wollen
und somit die direkten Adressaten des im Folgenden beschriebenen Opferrituals?

δαίμονες ἐμπο[δὼν ὄντες] ψ[υχαὶ νοητ]έοι *Hinderliche*
Daimones [*müssen als Seelen verstanden werden*]
Der asyndetische Satzanschluss ist explikativ zu verstehen
(s. K.-G. II §546.5a; S. 342–45; vgl. Denniston 1952: 112–
23). S. auch Kol. 61 §72 (ἀνὴρ γυναικὶ) mit Erläuterungen.

Janko liest aufgrund der neuen Photographien]εοι
(KPT 2006:].οι bzw.]ροι) und erwägt als Ergänzung
κλητ]έοι „müssen (Seelen) genannt werden" (s. Janko 2016:
21); mein Vorschlag, dem Janko hier folgt, ist νοητ]έοι
„müssen als (Seelen) verstanden werden" (vgl. Eur. Frg. 1129
Nauck = Adespota 622: θεὸν δὲ ποῖον, εἰπέ μοι, νοητέον;
τὸν πάνθ' ὁρῶντα καὐτὸν οὐχ ὁρώμενον. „Sag mir: als
was muss man Gott begreifen? Als den, der alles sieht und
selbst nicht gesehen wird.").

Die hinderlichen *Daimones* sind laut Derveni-Autor als
Seelen zu verstehen und mit diesen zu identifizieren (zu
dieser Vorstellung vgl. Hes. *Op.* 121–26; Eur. *Alc.* 1003; s.
Johnston 1999: 278; Gasparro 2015: 417–18). Wenn meine
Ergänzung zutrifft, kann diese Erklärung des Derveni-
Autors mit seiner Interpretation des orphischen Textes im
nachfolgenden Teil der Abhandlung (Kol. 47–66) verglichen werden: Es werden sehr unterschiedliche Begriffe miteinander gleichgesetzt, wobei der eine die wahre Bedeutung
des anderen zeigt. Während sich die spätere Interpretation
auf einen orphischen Text bezieht, interpretiert der Autor
hier ein Ritual bzw. eine das Ritual leitende Vorstellung.

Vgl. auch Kol. 43 §8, wo der Derveni-Autor *Daimones* als Helfer der Dike bezeichnet und mit Schwüren und Rachegöttern gleichsetzt.

τὴν θυcί[η]ν ... ποινὴ[ν] ἀποδιδόντεc
das Opferritual so als ob sie Buße zahlten

Zum asyndetischen Satzanschluss mit Demonstrativpronomen (τὴν θυcί[η]ν τούτου ἔνεκε[ν]) s. K.-G. II §546.5a; S. 343–44 u. Denniston 1952: 109–10; vgl. Kol. 44 §12.

Zur Stützung seiner Interpretation („deswegen ...") der hinderlichen *Daimones* als Seelen verweist der Autor auf die Absicht, die sich hinter dem Opferritual der *Magoi* verbirgt: Das Opfer der *Magoi* dient in Wahrheit der Ableistung einer Buße. Wessen Schuld wird hierbei abgeleistet? Das Vergehen einzelner Personen, deren Seele nach dem Tod Bestrafung erwartet (vgl. Plat. *Rep.* 363d5–e1 zu im Hades drohenden Strafen und 364e2–365a3 zur Vermeidung derselben durch Buße in Form von Opferritualen; s. Graf 1974: 94–126; Edmonds 2013: 257–64)? Oder handelt es sich um Lebende (bzw. deren Seelen), die die *Daimones* als Rachegeister zu fürchten haben (vgl. Gasparro 2015: 418)? Die Verursacher der Schuld werden nicht genannt. Immerhin lässt sich aus der Erklärung des Derveni-Autors schließen, dass sich laut seiner Interpretation hinter den unangenehmen *Daimones* Seelen (verstorbener Menschen) verbergen, die Buße fordern.

τοῖ⟨c⟩ δὲ ἱεροῖ[c] ἐπιcπένδουcιν ὕ[δω]ρ καὶ γάλα...
auf die Opfergaben gießen sie Wasser und Milch...

Generell können zwei Formen von Trankopfern unterschieden werden. Bei einer cπονδή (Trankopfer) wird eine moderate Menge an Flüssigkeit von einem erhöhten Altar gespendet. Bei der χοή (Weiheguss) hingegen wird der Inhalt

großer Gefäße über niedrige Altäre, direkt auf den Boden
oder speziell über ein Grab gegossen; dieser Weiheguss ist
meist an die Unterweltsgötter oder die Verstorbenen gerichtet (Graf 1980: 217; Henrichs 1984: 259–60; Burkert 2011a:
113–17; Bernabé 2014: 30). Der Derveni-Autor scheint beide
Formen zu verbinden, indem er zwar beschreibt, wie Wasser
und Milch über die Opfer gegossen werden (ἐπισπένδειν,
vgl. σπονδή), dann aber betont, dass dieselben Flüssigkeiten für den Weiheguss (χοή) verwendet werden.

Weinlose Opfer (vgl. ἄοινα [ἱερά] in Kol. 43 §10), die
wie hier aus Wasser und Milch bestehen, markieren laut
Graf (1980: 210–14) gegenüber den gängigen Weinspenden eine besondere, abnorme Form der Spende. Henrichs
(1984: 258–59) verweist auf zahlreiche kleinere Götter und
Heroen, die in Attika als Empfänger von weinlosen Voropf-
fern belegt sind. Zu dem weinlosen Opfer passt, dass die
im Folgenden beschriebenen Opfergaben fleischlos sind, da
Wein bei Ritualen oft für Blut steht (Bernabé 2014: 30–31).

Die Besänftigung von Rachemächten und besonders
der Erinyen durch weinlose Opfer ist gut belegt (Aisch. *Eu.*
107–109, Soph. *OC* 100, 159 u. Apoll. Rhod. 4.712–15). In
den orphischen *Argonautika* wird geschildert, wie bei einer Bestattungszeremonie (5.565–75) zunächst Totenopfer
verbrannt (571–72), dann „besänftigende Trankopfer" von
Wasser, Milch und Honig für die Seele des Verstorbenen
gespendet werden (572–73), und dabei (von Orpheus selbst)
Lieder gesungen werden (575) (s. Schelske 2011: 144–47;
298–99; Bernabé 2014: 30–31 u. Johnston 1999: 277).

ἀνάριθμα [καὶ] πολυόμφαλα τὰ πόπανα θύουσιν
Sie bringen unzählige vielnoppige Opferkuchen dar
Griechische Opferkuchen (πόπανα) treten in ganz verschie-
denen Formen und Größen auf und weisen eine ausgefeilte

Nomenklatur auf (s. Henrichs 1984: 260 und Kearns 1994). Die Bezeichnung als πολυόμφαλα (wörtl. „mit vielen Nabeln versehen") zeigt, dass der Kuchen mit mehreren Vorwölbungen oder Noppen verziert war. „Opferkuchen mit vielen Noppen" (πολυόμφαλα τὰ πόπανα) erwähnt auch Clemens von Alexandria (*Protr.* 2.22.4). Opferkuchen unterschieden sich je nach Zweck und Anlass in der Anzahl und Anordnung der Noppen (s. Kearns 1994).

Der Derveni-Autor beschreibt die Opferkekse als „unzählig" (ἀνάριθμα) und begründet dies durch den Hinweis, dass auch die Seelen unzählige sind. Die Vorstellung, dass die Seelen zahllos sind und in Schwärmen auftreten, ist gut bezeugt (s. *Od.* 11.36–43; 228; 632; Verg. *Aen.* 6.706, vgl. auch *Il.* 23.72). Warum die Anzahl der Opferkuchen der Anzahl der Seelen entsprechen soll, wird nicht gesagt. Soll es für jede Seele einen Kuchen geben? Oder geht die kausale Verbindung zwischen der Anzahl der Opferkuchen und der Seelen auf die *Interpretation* des Derveni-Autors zurück, der darin ein analogisches oder symbolisches Verhältnis sieht? (s. Henrichs 1998: 45–47; Betegh 2004: 83–85).

§18 (VI.8–15 KPT): Das Voropfer der Mysten

μύςται Εὐμενίςι προθύουςι
Eingeweihte opfern zuerst den Eumeniden
Das griechische Wort μύςται („*Mysten*") bezeichnet Eingeweihte und die Teilnehmer an einer Initiation. Auch wenn in der betreffenden Zeit mit *Mysten* vor allem die Eingeweihten der *eleusinischen Mysterien* gemeint sind (Graf 1974: 29 u. 43), gibt es vereinzelte Belege für die Bedeutung „Eingeweihter" in einem allgemeineren, auch orphisch-bacchischen Sinne (s. ein Goldblättchen von Hipponium,

OF 474.16: μύσται καὶ βάκχοι „Mysten und Bacchen"; ein Goldblättchen von Pherae, *OF* 493: ... ἄποινος γὰρ ὁ μύστης „denn der Eingeweihte ist frei von Sühne"; Herakl. 22 B 14 D.-K.). Wir dürfen daher davon ausgehen, dass der Derveni-Autor mit den Mysten hier die Teilnehmer eines orphisch-bacchischen (privaten) Mysterienkultes meint, und nicht speziell eleusinische Eingeweihte (s. Henrichs 1984: 267; Tsantsanoglou 1997: 115–16; Betegh 2004: 80–83; Bernabé 2014: 35–36).

Der Begriff der Eumeniden („Wohlmeinenden") ist ein euphemistischer Name für die Erinyen (vgl. auch *Semnai Theai* „verehrte Göttinnen"); zu den Erinyen s. Erläuterungen zu Kol. 43 §8. Johnston (1999: 268) betont, im Anschluss an Henrichs (1991: 163–68), dass die Erinyen als göttliche Figuren ursprünglich die Ambivalenz des Bösen sowie des Guten in sich vereinten. Wenn auch nicht unbedingt von einer ursprünglichen Identität von „Erinyen", „Semnai Theai" und „Eumeniden" auszugehen ist (anders Lloyd-Jones 1990), so war doch die Gleichsetzung dieser drei im 5. Jahrhundert kein Problem. In den *Eumeniden* (458 v. Chr.) setzt Aischylos diese „Doppelnatur" (Henrichs 1991: 166 Anm. 10) dramatisch um, indem er die Erinyen zu *Semnai Theai* (1040–41) werden lässt. Euripides verwendet die Begriffe „Erinyen" und „Eumeniden" bereits synonymisch (Brown 1984: 266; Johnston 1999: 268; s. Eur. *Or.* 38, 238, 264, 321, 582, 836, 1650).

Besteht eine Verbindung zwischen den hinderlichen (erbosten? Rache suchenden?) Seelen in §17 und den „wohlwollenden" Seelen, den Eumeniden? Bedeutet μεθιστάναι („umstellen" bzw. „vertreiben"), dass laut Derveni-Autor die erbosten Seelen der Toten (als Erinyen) besänftigt werden müssen, damit auch sie zu guten Seelen, Eumeniden, werden (vgl. Tsantsanoglou 1997: 111–12)? In Aischylos' *Eu-*

meniden führt Athene den Transformationsprozess durch (θέλξειν μ᾽ ἔοικας καὶ μεθίσταμαι κότου „du scheinst mich zu bezaubern und ich entferne mich von meinem Zorn", 900), der aus den Erinyen (als Rachegöttinnen der Klytaimestra) die „Eumeniden" macht (der Name kommt im Drama selbst nicht vor; s. Brown 1984: 267–76, vgl. auch Johnston 1999: 250–58 und 267–73).

Die Form προ-θύουσι zeigt an, dass die Mysten *zuerst* den Eumeniden opfern (zu wein- und blutlosen Voropfern s. Henrichs 1984: 258). Trankopfer (aus Milch und Wasser, sowie Honig, aber nicht Wein) für die Eumeniden bzw. *Semnai Theai* sind gut belegt in Athen (Henrichs 1984: 259). Henrichs (1984: 266–67) betont, dass es sich im Papyrus jedoch nicht um die Darstellung des *athenischen* Kultes der Eumeniden/*Semnai Theai* handeln kann, wenn diesen nur das Voropfer (προθύουσι) gilt. Zudem ist die Verehrung der *Semnai Theai* bzw. Eumeniden nirgends als Geheimkult deklariert (Henrichs 1984: 266).

κ[ατὰ τ]αὐτὰ μάγοις· Εὐμενίδες γὰρ ψυχαί εἰσιν
[*auf*] *dieselbe* [*Weise*] *wie* **Magoi. *Denn die Eumeniden sind Seelen***
Der Derveni-Autor vergleicht die rituellen Handlungen der *Magoi* mit denen der Mysten. Beide Gruppen sind klar voneinander unterschieden, aber ihre rituellen Handlungen sind analog (s. Burkert 1999a: 106; anders Bernabé 2014: 35, der die Mysten als Assistenten der *Magoi* versteht. Vgl. Kol. 43 §9 und das oben zitierte Fragment von Heraklit 22 B 14 D.-K., wo ebenfalls *Magoi* neben *Mysten* genannt werden; dazu Betegh 2004: 81). Aus der Sicht des Derveni-Autors verbergen sich die Seelen als Adressaten hinter den Handlungen beider Gruppen; bei den einen werden die Seelen *Daimones*, bei den anderen Eumeniden genannt (zur

Identifizierung der Eumeniden als Seelen s. Henrichs 1984: 265–66; zu Erwin Rohdes einflussreicher These, dass die Erinyen/Eumeniden die Seelen gewaltsam Getöteter sind s. Rohde 1898: 269–70, Henrichs 1984: 265 Anm. 44, Tsantsanoglou 1997: 99–100, Johnston 1999: 251–52). Die Form der Gleichsetzung zweier (für den außenstehenden Betrachter) ganz unterschiedlicher Dinge ist methodisch mit der interpretatorischen Vorgehensweise des Autors im zweiten Teil des Papyrus verwandt (vgl. Kol. 50–53 m. Erläuterungen).

ὧν ἕνεκ[εν ὁ θέλων ἱ]ερὰ θεοῖc θύειν φ[ο]ρτίον πρότερον [ἀείρει ταῖc ψυχ]αῖc· *Deswegen [entfernt der, der] den Göttern Opfer bringen [will], zuerst eine Last [von den Seelen*

Nach Janko legen die Buchstabenreste im Papyrus die Ergänzung φ[ο]ρτίον „Last, Gewicht" nahe, wo zuvor seit Tsantsanoglou (1997: 95; 89) ὀ[ρ]νίθ[ε]ιον (bzw. laut Ferrari 2011a: 75: ὀρνίθιον) „Hühnchen", „kleiner Vogel" „zu einem Vogel gehörend" gelesen wurde (s. auch Bernabé 2014: 32–33; 38; vgl. Calvo 2012: 373). Vielleicht sieht der Derveni-Autor den Zweck des Voropfers (πρότερον) für die Eumeniden darin, die Seelen (der Verstorbenen) von einer Last zu befreien (Janko ergänzt [ἀείρει ταῖc ψυχ]αῖc). Diese Interpretation kann an die in §17 gemachten Äußerungen angeschlossen werden (s. auch §9), wonach von den Seelen (der Verstorbenen) Hindernisse oder gar Gefahren ausgehen können, weil diese Buße (oder Rache) einfordern.

§19   (VII.1–4 KPT): Was ist die wahre Bedeutung
des orphischen Textes?

Zum Vers (= *OF* 1a/b), der im verlorenen Teil von Kolumne 46 zitiert worden ist, s. Erläuterungen zu §21.

τί εἴη ἡ δύνα]μιϲ, ἀ̣[λλὰ τὴν ἀοιδ]ὴν ὀκ[νο]ί̣η καὶ θεμ[ι] τ̣ὰ λέγο[υϲαν … *was die Bedeutung] sein könnte, [aber] (dass) er/sie zurückschreckt [vor dem Lied], auch wenn es Rechtmäßiges sagt*

Die Buchstabenfolge]μιϲ legt als Ergänzung δύνα]μιϲ „Bedeutung" „Sinn" (vgl. Kol. 52, §37; Lys. 10.7; Plat. *Crat.* 394b4) nahe; δύναμιϲ („Bedeutung") bietet außerdem ein passendes Subjekt für den nachfolgenden Satz (s. unten). Zu ὀκνέω mit direktem Objekt „sich fürchten vor", „zurückschrecken vor" s. Soph. *OC* 731; Xen. *HG* 3.1.20; zum Gebrauch des Optativs (ὀκ[νο]ί̣η) in Nebensätzen s. K.-G. I §399; S. 250–59. Meine Ergänzung ἀοιδ]ὴν, die Janko in den Text setzt, bezeichnet die im Folgenden interpretierte orphische Theogonie als „Lied" (zur ἀοιδή des Orpheus vgl. Pind. *P.* 4.176–77 = *OF* 899, Apoll. Rhod. 1.494–95, Orph. *Arg.* 5; s. Segal 1989: 11–14; zu ἀοιδή als Bezeichnung für Dichtung in epischem Versmaß s. *Od.* 1.328, 340, 351, vgl. auch Hdt. 1.132.3, wo eine „Theogonie" als ἐπαοιδή bezeichnet wird). Wo in Jankos Text nun ἀοιδ]ὴν ὀκ[νο]ί̣η steht, las Tsantsanoglou (1997: 95 und KPT) [..ὔ]μνον [ὑγ]ι̣ή „einen Hymnus, (der) Heilsames…".

Das durch καὶ (im Sinne von εἰ καί „wenn auch", „obwohl", s. LSJ s.v. καί B.I.9) angehängte Partizip (θεμ[ι]τ̣ὰ λέγο[υϲαν) charakterisiert den Inhalt des Liedes als „göttlichem Recht entsprechend", „rechtmäßig" (zu θεμιτόϲ s. Kol. 45 §14 m. Erläuterungen). Der Derveni-Autor bringt das Paradox des orphischen Mythos auf den Punkt: Die darin erzählten Taten der Götter sind verbrecherisch und grausam (z. B. Zeus vergewaltigt seine Mutter, s. Kol. 60 §69 u. Kol. 65–66 §§93–96), aber dennoch handelt es sich um einen göttlich sanktionierten, ‚heiligen' Text.

ἔφθ]αρτο γὰρ [τῆ]ι ποήϲει *Denn sie (die Bedeutung)* *wurde durch die Versdichtung entstellt*

Die vom Derveni-Autor gegebene Antwort auf das Paradox des orphischen Textes besteht in einer radikalen allegorischen Uminterpretation des skandalösen Mythos: Die eigentliche, sich hinter dem Mythos verbergende Aussage des Orpheus betrifft die Entstehung und Beschaffenheit des Universums, das durch das göttliche Prinzip *Nus*, welches im Element der Luft materialisiert ist, geschaffen worden ist. Die physikalische Aussage, wonach *Nus*/Luft das wahre und einzige göttliche Prinzip ist, wird durch die mythische Form, in die Orpheus seine Geschichte gehüllt hat, korrumpiert (ἔφθ]αρτο). Das Wort φθείρομαι (ἔφθαρτο) bedeutet „vernichtet/verdorben/korrumpiert werden", in speziellen Kontexten aber auch „vom Kurs abkommen" eines Schiffes (Eur. *IT* 276) oder (aktiv) „kontaminieren" von Farben (Plut. *E ap. Delph.* 393c), „(Gesetze) untergraben" (Soph. *Aj.* 1344). In ἔφθ]αρτο „wurde entstellt" wird die These des Derveni-Autors auf den Punkt gebracht: die mythische Erzählung „entstellt" die eigentliche Aussage (vgl. die Beschreibung des Mythos als Abschirmung in Kol. 65 §92) und verhindert dadurch, dass der Text sofort in seiner wahren Bedeutung verstanden wird (s. im Folgenden ἡ] ποηϲιϲ [κ]αὶ ἀνθρώ[ποιϲ] αἰνι[γμ]ατώδηϲ). Das Subjekt von ἔφθαρτο wird nicht eigens genannt; das im vorangehenden Satz ergänzte δύνα]μιϲ „Bedeutung" kann diese Lücke füllen.

[κ]αὶ εἰπεῖν οὐχ οἷόν τ' [ἦν τὴν τῶν ὀ]νομάτων [θέ]ϲιν καὶ τ[ὰ] ῥηθέντα. *Und* [es war] *nicht möglich,* [die Verwendung der] *Wörter anzugeben und was gesagt wird.*

Der wörtliche Sinn des Textes verhüllt den wahren Sinn desselben so gut, dass die tatsächliche Aussage des Orpheus bisher unerkannt blieb. Bisher war es nicht möglich, den Text richtig zu verstehen, da man ihn wörtlich nahm, ohne weiter nach einem Hintersinn zu fragen. Der Derveni-Autor spricht hier von der Vergangenheit (οὐχ οἷόν τ' [ἦν „[es war] nicht möglich"), da er gegenwärtig im Begriff ist, den eigentlichen Sinn des Textes ans Licht zu bringen. Das καὶ „und" (in καὶ τ[ὰ] anstelle von οὐδέ „und nicht" nach Verneinung) ist wohl explikativ („d.h.") zu verstehen (s. LSJ s.v. καί A.I.2). Tsantsanoglous καί[τοι] „obwohl" ist zwar inhaltlich möglich, stilistisch jedoch kaum gegenüber καὶ τ[ὰ] vorzuziehen.

In Platons *Kratylos* bezeichnet das „Setzen" (θέϲιϲ) von Wörtern und Namen (ὀνόματα τιθέναι, ἡ τοῦ ὀνόματος θέϲιϲ s. 390d) den ursprünglichen Akt der Sprachstiftung durch den Namensgeber (ὁ θέμενοϲ πρῶτοϲ τὰ ὀνόματα 436b, νομόθετηϲ 390d; s. Barney 2001: 29–30; 54). Ein Akt der sich von der Komposition eines Gedichtes freilich unterscheidet. Dennoch könnte der Derveni-Autor hier von Orpheus sagen, dass dessen neue Verwendung (θέϲιϲ) von mythischen Götterfiguren (zur Beschreibung physikalischer Tatsachen) bisher nicht verstanden wurde (vgl. dazu auch Erläuterungen zu §§52–54).

Neben der Ergänzung [θέ]ϲιν wäre auch die von Tsantsanoglou vorgeschlagene Lesung τὴν τῶν ὀ]νομάτων [λύ]-ϲιν „Entschlüsselung der Worte" möglich. Demnach würde sich der Derveni-Autor direkt auf die Entschlüsselung und Interpretation des orphischen Textes beziehen und diese als bisher erfolglos deklarieren.

Auch die Ergänzung τὴν τῶν ὀ]νομάτων [φύ]cιν „das wahre Wesen der Worte" ist möglich (s. Tsantsanoglou 1997: 120; vgl. die Verwendung von φύcιc „Natur", „Wesen" im Heraklit-Zitat in Kol. 44 §12; s. auch Kol. 54 §44 u. Kol. 62 §75; daneben vgl. auch Heraklit 22 B 123: φύcιc κρύπτεcθαι φιλεῖ „die Natur liebt es sich zu verbergen"; s. auch Diog. Apoll. 64 B 2).

§20 (VII.4–7 KPT): Der Rätselcharakter der orphischen Dichtung

ἔcτι δὲ μ[αντικὴ ἡ] πόηcιc [κ]αὶ ἀνθρώ[ποιc] αἰνι[γ-μ]ατώδηc *Die Dichtung ist [prophetisch] und für Menschen rätselhaft*

Die orphische Dichtung wird als αἰνιγματώδηc „rätselhaft" beschrieben (s. im Folgenden αἰν[ίγμα]τα, ἐν [αἰν]ίγμαc[ι]ν). Damit gibt der Derveni-Autor einen Hinweis auf seine allegorische Interpretationsmethode, die im Begriff des αἴνιγμα zum Ausdruck kommt. Der Allegorese liegt die Annahme zugrunde, dass der wörtliche Sinn des „rätselhaften" Textes nur die Oberfläche bildet, hinter der sich ein tieferer, vom Autor eigentlich intendierter Sinn verbirgt (zur Allegorese in der Antike s. Cancik-Lindemaier/Sigel 1996). Der Begriff des αἴνιγμα „Rätsel" (s. Struck 2004: 39–50) wird im späteren griechischen Sprachgebrauch durch ὑπόνοια (Plat. *Rep.* 378d; Xen. *Smp.* 3.6) und ἀλληγορία (Plut. *De aud. Po.* 19e–f) – woraus sich unser Begriff der Allegorie ableitet – ersetzt.

Bei der Allegorese wird der auszulegende Text behandelt wie eine göttliche Weissagung oder ein (von Gott gesandter) Traum – zwei typische Divinationsformen, die einer (allegorischen) Interpretation durch die Menschen bedürfen (vgl. Hussey 1999: 309–310; s. Struck 2004: 25–59; 162–94). Die genuine Verwandtschaft zwischen der allegorischen Interpretation poetischer Texte und der Deutung von Orakeln und Träumen kommt auch in der Beschreibung der Dichtung als μ[αντικὴ (Ergänzung von West und Struck) „prophetisch, mantisch, in der Art einer Weissagung" zum Ausdruck. Der Begriff μαντικόc impliziert die Vorstellung, dass es einen Gott gibt, für den der wahre Sinn der Äußerung klar verständlich und keineswegs rätselhaft ist.

[κα]ὶ Ῥ'Ορ]φ[εὺ]c αὐτ[οῖc ἐ]ρίcτ' αἰγ[ίγμα]τα οὐκ ἔθελε λέγειν [*und*] *Orpheus beabsichtigte nicht, [ihnen] strittige Rätsel zu geben*
Janko folgt Bernabé, indem er den Satz durch [κα]ὶ „und" anschließt. Eine vielleicht zu bevorzugende Alternative ist die Ergänzung von KPT 2006 durch [κε]ἰ „auch wenn". Somit schließt sich der Satz adversativ an: die Dichtung ist für Menschen rätselhaft, auch wenn Orpheus keine Rätsel geben wollte. Des Weiteren ergänzt Tsantsanoglous αὐτ[zu αὐτ[ὸ]ς (die Spuren des angeblichen c sind laut Janko nur Papyrusfasern) im Sinne von „(Orpheus) selbst". Dagegen ist, zumal wenn man der früheren Ergänzung κα]ὶ folgt, das von Janko vorgeschlagene αὐτ[οῖc „ihnen" als Rückbezug auf die „Menschen" vorzuziehen: Orpheus wollte *ihnen* nicht…. Orpheus wird hier zum ersten Mal im erhaltenen Teil des Papyrus als Autor der Theogonie genannt. Zwei weitere Nennungen von Orpheus finden sich in Kol. 58 §57 u. §59.

Es war nicht Orpheus' Intention „strittige", „dem Wettstreit dienende" (ἐ]ρίcτ') Rätsel zu verfassen. Der Derveni-Autor möchte mit diesem Hinweis ein mögliches Missverständnis aus dem Weg räumen. Denn gewöhnliche Rätsel sind disputable und dienen dem Wettstreit, insofern die Lösung eines Rätsels als Sieg über den Rätselsteller gilt, und

das Scheitern an der Lösung als Niederlage (vgl. z.B. das
berühmte Rätsel der Sphinx, das erst Ödipus lösen konnte,
s. Soph. *OT* 393, 1525). Orpheus' Dichtung ist nicht in dem
Sinne rätselhaft, wie es das Rätsel der Sphinx ist, sondern
vielmehr in dem Sinne, wie göttliche Orakel für den Menschen rätselhaft sind und der (allegorischen) Interpretation
bedürfen.

ἐν [αἰν]ίγμας[ι]ν δὲ [μεγ]άλα ...
sondern in Rätseln Großes zu sagen
Mit [μεγ]άλα „Großes", „große Inhalte" sind die physika-
lisch-kosmologischen Lehren gemeint, die Orpheus laut
Derveni-Autor durch das Rätselgewand des theogonischen
Mythos vor unbefugtem Zugriff schützt.

§21 (VII.7–13 KPT): Der Eingangsvers des orphischen Textes

ἱερ[ολογ]εῖται μὲν οὖν καὶ ἀπὸ [το]ῦ πρώτου [καὶ] μέχρι
⟨τ⟩οῦ [τελε]υτ[αί]ου ῥήματος　*Er [verkündet] demnach
[Heiliges] und zwar vom ersten bis zum letzten Wort*
Beteghs Textvorschlag [καὶ] μέχρι „(als auch) bis" ist
der Ergänzung von Tsantsanoglou (1997: 95) [ἀεὶ] μέχρι
„fortwährend bis" vorzuziehen. Vergleichsstellen in Thuk.
5.26.4.2 (καὶ ἀρχομένου τοῦ πολέμου καὶ μέχρι οὗ
ἐτελεύτηςε) und Plat. *Parm.* 153c5 zeigen, dass der griechische Sprachgebrauch hier 'sowohl (καὶ) vom ersten *als auch*
(καὶ) bis zum letzten' nahelegt.

　　Jankos Konjektur μέχρι ⟨τ⟩οῦ ist nicht zwingend notwendig (s. die eben zitierte Vergleichsstelle aus Thukydides):
Zum einen bezieht sich bereits τοῦ πρώτου auf ῥήματος,
so dass es vor τελευταίου ῥήματος keines Artikels bedarf;
zum andern steht anstelle der Präposition μέχρι + Gen.

auch bei Herodot in gleicher präpositionaler Funktion öfters μέχρι οὖ + Gen. (vgl. LSJ s.v. μέχρι II.5). Dieser ionische Sprachgebrauch scheint auch hier im Derveni-Papyrus vorzuliegen.

Der Derveni-Autor kommt hier zurück auf die Charakterisierung des Inhalts des orphischen Textes als heilig (vgl. θεμ[ι]τὰ λέγο[υcαν in §19) und bringt dies mit einer neuen Formulierung auf den Punkt (die Partikelkombination μὲν οὖν bedeutet hier soviel wie „man kann sogar besser sagen, dass…", s. Denniston 1954: 478–79): Orpheus (Subjekt der medialen Form ἱερ[ολογ]εῖται) gibt einen *hieros logos* (ἱερὸc λόγοc), eine „heilige Erzählung" (zum Verb ἱερολογέω vgl. Lukian *Syr.* 26; zum Begriffsfeld ἱερόc „heilig" s. Burkert 2011a: 402–406; zu *hieroi logoi* s. Baumgarten 1998: 70–143 und Henrichs 2003, besonders 213–16; 233). Die Etikettierung eines Textes als *hieros logos* ist auch andernorts explizit mit Orpheus' Namen verbunden (Hdt. 2.81; Clem. Alex. *Strom.* 1.21.131.5 = *OF* 406; Orph. *Arg.* 43–5; s. Henrichs 2003: 212–16). Die sogenannte *Rhapsodische Theogonie* des Orpheus (wohl 1. Jahrhundert v. Chr.) trägt den Begriff *hieros logos* im originalen Titel: Ἱεροὶ Λόγοι ἐν Ῥαψωιδίαιc κδ΄ *Heilige Reden in 24 Gesängen* (vgl. auch Erläuterungen zu Kol. 44 §12). Auch wenn der Autor den Text als „heilig" und damit als Text über Götter deklariert, so unterscheidet sich der Gott, um den es seiner Meinung nach in Wahrheit geht, deutlich von den traditionellen Göttern: Orpheus spricht nicht über Kronos und Zeus, sondern einzig und allein über *Nus* (Νοῦc wörtl. „Verstand", „Geist"), der mit dem physikalischen Element Luft gleichzusetzen ist. Dass der Derveni-Autor *Nus* explizit als Gott (θεόc) versteht, ergibt sich aus Kol. 58 §59, Kol. 61 §72 u. Kol. 65 §91.

ὡ[c] δηλο[ῖ] καὶ ἐν τῶι [εὐκ]ρινήτω[ι ἔπει] *wie er auch in dem leicht verständlichen [Vers] deutlich macht*

Die exakte Bedeutung der Form [εὐκ]ρινήτω[ι (ergänzt von Tsantsanoglou 1997) ist schwer zu bestimmen. Die Form εὐκρίνητος kann als Verbaladjektiv zum bei Xenophon belegten Verb εὐκρινέω verstanden werden (Xen. *HG* 4.2.6), das dort das „sorgfältige Auswählen" von Soldaten im Hinblick auf die Qualität ihrer Ausrüstung meint. Daraus ergäbe sich für das Adjektiv an unserer Stelle die Bedeutung: „(ein Vers), der sorgfältig ausgewählt worden ist", ein Vers, den Orpheus gut komponiert hat. Eine Belegstelle zum Adjektiv εὐκρίνητος gibt es erst bei dem kaiserzeitlichen Arzt Aretaios (III, 6 περὶ μανίης §8); allerdings bedeutet εὐκρίνητοι dort „gut im Erkennen", „überempfindlich" (anders Tsantsanoglou 1997: 124) mit Bezug auf geisteskranke Patienten. Dies hilft uns hier wenig. Doch auch die auf die xenophontische Verwendung gestützte Bedeutung „sorgfältig ausgewählt" erscheint für unseren Kontext unpassend. Es liegt näher, εὐκρίνητος auf die gute *Auslegbarkeit* des Verses zu beziehen (vgl. Kouremenos 2006: 173 und Jankos Übersetzung als „easily explained"). Ein solches Verständnis erfordert jedoch, dass der Derveni-Autor εὐκρίνητος nicht als Verbaladjektiv von εὐκρινέω versteht, sondern vielmehr als Kompositum aus εὖ und dem Verbaladjektiv von κρίνω, d.h. im Sinne von εὔκριτος „leicht zu unterscheiden" „leicht zu erkennen", „leicht zu deuten". Für dieses Verständnis von εὐκρίνητος spricht auch, dass das Verb κρίνω in der Bedeutung „interpretieren" ein weiterer *terminus technicus* im Bereich der Traumdeutung ist (Hdt. 1.120.1; Aisch. *Pr.* 485; *Ch.* 542; Hipp. *De victu* IV, 86 vgl. *Od.* 19.535: ὑπόκριναι und 560: ἀκριτόμυθοι). Demnach sagt der Derveni-Autor, dass der im Folgenden besprochene, spezielle orphische Vers in dem Sinne leicht verständlich ist, dass seine Botschaft auch ohne allegorische Auslegung für jeden ersichtlich ist.

"ͺθͺύρας" γὰρ "ἐπίθειͺcθαͺι" ὁ κελεύcαc τοῖ[c ὠcὶ]ν
Denn mit dem Befehl „Schließt die Türen" vor den [Ohren]
Bei den zitierten Dichterworten handelt es sich um die zweite Hälfte eines Verses, der uns in zwei Varianten als Einleitung eines orphischen *hieros logos* bezeugt ist (*OF* 1a/b). Anspielungen auf den Vers finden sich früh (z.B. Empedokles 31 B 3.3–5 D.-K., s. Kern 1888: 504–505, Riedweg 1995: 53-59 u. Bremmer 2011; Euripides, fr. 648 Kannicht u. *Ba.* 471–74, s. Macías 2011; Plat., *Smp.* 218b, s. Graf 2011); direkt bezeugt ist der Vers jedoch in der Version (a) zuerst bei Stobaios (*Flor.* 3.1.199 = *OF* 1 I, mit Bezug auf Pythagoras) und Plutarch (*Quaest. Conv.* 2.3.1, p. 636d = *OF* 1 II, mit Bezug auf Orpheus), und in der Version (b) bei Eusebios (*Praep. Ev.* 3.7.1 = *OF* 1 XIII) (zu den beiden Versionen des Verses s. Bernabé 1996).

(a) ἀείcω ξυνετοῖcι· θύρας δ' ἐπίθεcθε, βέβηλοι

Ich werde für die Verständigen singen: Ihr Profanen aber, schließt die Türen!

(b) φθέγξομαι οἶc θέμιc ἐcτί· θύρας δ' ἐπίθεcθε, βέβηλοι

Ich werde zu den Berechtigten sprechen: Ihr Profanen aber, schließt die Türen!

Da der Derveni-Autor im erhaltenen Teil des Papyrus nur die zweite Hälfte des Verses zitiert, kann nicht mit Sicherheit angegeben werden, welche Version in der Derveni-Theogonie vorlag (Bremmer 2011). Für Version (a) spricht, dass die Abweisung der *Unverständigen* (ἀείcω ξυνετοῖcι „ich will für Verständige singen") gut zur Programmatik des

Autors passt, für den die Unterscheidung zwischen Verständigen und Unverständigen fundamental ist (Kol. 49 §26,
Kol. 52 §35, Kol. 58 §58, Kol. 60, Kol. 63 §80, Kol. 66 §96;
s. West 1983: 83, 114; Santamaría 2012a: 55–57).

Für Version (b), die Janko in den Text setzt, spricht,
dass die Wendung οἷc θέμιc ἐcτί („welchen das Zuhören
erlaubt ist", „den Berechtigten") in der Charakterisierung
der Derveni-Theogonie durch den Derveni-Autor in Kol.
47 §19 als θεμ[ι]τὰ λέγο[υcαν „Rechtmäßiges sagend" an-
zuklingen scheint (Bernabé 2002: 101 u. Graf 2011: 14–15).

Was bedeutet die zweite Vershälfte (θύραc δ' ἐπίθεcθε,
βέβηλοι), die beiden Varianten gemeinsam ist? Die ursprüngliche Bedeutung des Befehls „Schließt die Türen!"
könnte darin liegen, dass bei einer sakralen Prozession
(*Pompe*) die durch die Straßen getragenen heiligen Gegenstände nicht von allen Bewohnern gesehen werden durften.
Diejenigen, die dem Kult nicht angehörten und somit un-
rein waren, wurden durch den Ausruf in ihre Häuser verwiesen (West 1983: 82–83; Bernabé 1996: 17; Burkert 2011a:
138; Primavesi 2013a: 51). Umgekehrt könnte das „Schließt
die Türen!" aber auch aus dem Inneren eines nur für Club-
Mitglieder bzw. Eingeweihte zugänglichen Hauses gesprochen worden sein (Bremmer 2010: 27; 2011: 3–5) und somit Nicht-Eingeweihte nach draußen verweisen. In einem
übertragenen, metaphorischen Sinn bezieht sich das Schließen der Türen auf die *Ohren* all derer, denen das Zuhören
am Vortrag des heiligen Gedichtes untersagt ist.

Das hohe Alter dieser *übertragenen* Bedeutung der Formel war schon vor Bekanntwerden des Derveni-Papyrus
bezeugt (zu Anklängen im hippokratischen Eid s. Scodel
2011: 92). In Platons *Symposion* (218b = *OF* 1 XVIII) port-
rätiert Alkibiades in seiner Lobrede auf Sokrates diesen als
vollkommen selbstbeherrscht, indem er schildert, wie seine

eigenen Verführungsversuche bei Sokrates nichts ausrichten konnten. Da er weitere intimere Details jedoch nur seinen Freunden mitteilen möchte, wendet er sich mit folgenden Worten zunächst an diese und dann an die Dienerschaft:

πάντες γὰρ κεκοινωνήκατε τῆς φιλοσόφου μανίας τε καὶ βακχείας· διὸ πάντες ἀκούσεσθε· συγγνώσεσθε γὰρ τοῖς τε τότε πραχθεῖσι καὶ τοῖς νῦν λεγομένοις. οἱ δὲ οἰκέται, καὶ εἴ τις ἄλλος ἐστὶν βέβηλός τε καὶ ἄγροικος, πύλας πάνυ μεγάλας τοῖς ὠσὶν ἐπίθεσθε

Denn ihr alle habt am philosophischen Wahnsinn und der Raserei teilgenommen. Deswegen werdet ihr alle es hören. Denn ihr werdet meinen damaligen Handlungen und den jetzigen Worten zustimmen. Ihr Diener aber, und wenn es hier sonst noch jemanden gibt, der profan und unkultiviert ist: schließt gewaltige Torflügel vor euren Ohren!

Platon lässt hier Alkibiades (dessen Verwicklung in den be-rühmten Hermenfrevel und die Verunglimpfung der Eleu-sinischen Mysterien im Jahr 415 v. Chr. in das Jahr nach dem fiktiven Datum des *Symposium* fällt) Sokrates und seine Freunde wie Eingeweihte in geheime Mysterien ansprechen und in seinem Befehl an die Dienerschaft auf die Eingangs-verse der orphischen Theogonie anspielen (vgl. Tsantsano-glou 1997: 124–27; Graf 2011: 14; Primavesi 2013a: 51).

Ein weiteres Detail verbindet die Passage aus dem *Sym-posium* mit unserer Stelle im Papyrus: Sowohl Platon als auch der Derveni-Autor (wenn man Tsantsanoglous plau-sibler Ergänzung τοῖ[ς ὠσὶ]ν „vor die Ohren" folgt) helfen der metaphorischen Bedeutung der *Türen* auf die Sprünge, indem sie explizit machen, dass damit die Türflügel *der Ohren* gemeint sind.

αὐτ[οὺϲ μὴ θεοὺϲ ἀ]ϲεβεῖν φη[ϲιν] τ̣ο[ῖ]ϲ πολλοῖϲ
sagt er (Orpheus) den Vielen, dass [sie nicht gegen Götter] freveln sollen

Mit „den Vielen", „der großen Menge" (το[ῖ]ϲ πολλοῖϲ) sind die Nicht-Eingeweihten gemeint, die im Vers als βέβηλοι („Profane") angeredet werden und die vom Zuhören ausgeschlossen werden. An sie richtet sich der leicht verständliche Vers (s. oben) mit einer Warnung, dass sie keinen Frevel (ἀ]ϲεβεῖν) gegen die Götter durch unerlaubtes Zuhören begehen sollen.

Die strenge Abgrenzung der Eingeweihten gegenüber den ‚Anderen' passt auch zum elitären Anspruch, der mit jeder allegorischen Interpretation einhergeht (s. Ford 1999 und Scodel 2011: 94). Es ist anzunehmen, dass der Derveni-Autor die orphische Abschirmung der Dichtung vor unbefugtem Zutritt für seine interpretatorischen Zwecke umgedeutet hat: Orpheus will nur einer bestimmten Gruppe Zugang zum wahren Inhalt seiner Dichtung gewähren, nämlich denen, die der allegorischen Auslegung des Derveni-Autors folgen (s. Kol. 65 §92).

§22 (VII.14–15 KPT): Ein weiterer Vers

... ἔργ' ọ[ὺ]κ̣ ἀτ[έλεϲτα ... *Werke nicht unvollendet*

Das Versende des nächsten zitierten Verses. Dieser hat möglicherweise die Taten des Zeus als „nicht unvollendet" (ọ[ὺ]κ̣ ἀτ[έλεϲτα) beschrieben. Belege für diese Litotes in epischer Dichtung finden sich in: *Il.* 4.168, wo sich οὐκ ἀτέλεϲτα („nicht unvollendet"), ebenfalls am Versende, auf

die (von Menelaos erbetene) Rache des Zeus an den Tro-
ern bezieht; *Il.* 4.57, wo οὐκ ἀτέλεϲτον in Bezug auf Heras
Mühe (πόνον) steht u. *Od.* 18.345, wo οὐκ ἀτέλεϲτα Odys-
seus' Plan zur Rückeroberung seines Hauses bezeichnet.
Die Vermutung, dass am Anfang der Derveni-Theogonie
eine Zusammenfassung der Leistungen des Herrschers Zeus
stand, ergibt sich auch aus dem nächsten erhaltenen Vers (s.
Kol. 48 §23 mit Erläuterungen). Vgl. auch die Formel οὐκ
ἀτέλεϲτ' ἐπαείδω „und ich singe Lieder, die nicht unvollendet sind" in den Getty-Hexametern, dazu Bremmer 2013:
21–22 und Janko 2015.

§23 (VIII.1–2 KPT): OF 4

ὡϲ] ἐδήλω[ϲεν ἐν τῶιδ]ε τῶι ἔπ[ει·
wie] er [in folgendem Vers] deutlich machte
Das Subjekt ist Orpheus. Das Wort ἔποϲ bedeutet hier
„Vers" und nicht „Wort" (vgl. Kol. 55 §46, Kol. 57 §55). Die
Ergänzung eines ὡϲ (Janko) vor ἐδήλω[ϲεν kann durch die
Parallelstelle in Kol. 47 §21 gestützt werden, wo ein Vers
nachträglich als Indiz für eine Aussage mit ὡ[ϲ] δηλο[ῖ]
eingeführt wird. Gegen die Ergänzung δ]εδήλω[ται (ZPE
1982) spricht, dass der Derveni-Autor das Perfekt von
δηλόω nur für Rückverweise auf seine eigenen Äußerungen
verwendet (vgl. Kol. 53 §38, Kol. 56 §49, Kol. 57 §53).

ο]ἳ Διὸϲ ἐξεγένοντο [περιφραδ]έοϲ βαϲιλῆοϲ *die aus
Zeus entstanden sind, dem [umsichtigen] König* (= OF 4)
Die Formel οἳ Διὸϲ ἐξεγένοντο „die aus Zeus entstanden
sind" steht auch in *Il.* 5.637, wo es sich auf die Menschen
bezieht; in leicht abweichender Form auch in *Hom. Hymn.*
17.2 in Bezug auf die Dioskuren Kastor und Polydeukes

(vgl. auch Hes. *Th.* 46, 106, 111). Die Ergänzung [περιφρα-
δ]έος (Sider 2014) „umsichtig" ist gegenüber [ὑπερμεν]έος
(ZPE; vgl. ὑπερμενέος Κρονίωνος *OF* 243.20) „allmäch-
tig" vorzuziehen, da sie keinen Hiat erzeugt. Die von Janko
2002 vorgeschlagene Ergänzung [περισθεν]έος „sehr stark"
erzeugt zwar ebenfalls keinen Hiat, kann sich aber auf weniger Vergleichstellen (z. B. in ἐν περισθενεῖ … cτόλωι „in
der sehr anstrengenden Unternehmung", Pind. *N.* 3.16)
stützen (Sider 2014: 236; Santamaría 2012a: 57).

Es ist wahrscheinlich, dass der Vers aus dem Proömium des orphischen Gedichtes stammt (West 1983: 84; KPT
2006: 21–22). Vielleicht begann der orphische Text mit einer
kurzen Inhaltsangabe, in der die herausragende Stellung des
Zeus bereits hervorgehoben wurde. Der Vers verweist voraus
auf eine der Hauptaussagen des orphischen Textes (Bernabé
2007b: 102–103): Zeus' Allmacht und die Erzeugung der anderen Götter aus Zeus (s. Kol. 61–65). Gerade im Vergleich
zu Hesiods *Theogonie*, an dessen Anfang ein vergleichbarer Vers über die Erschaffung der Götter aus dem Ur-Paar
Uranos und Gaia steht (οἳ Γῆς ἐξεγένοντο καὶ Οὐρανοῦ
ἀcτερόεντος „welche entstanden aus der Erde und dem
sternenreichen Himmel", Hes. *Th.* 106), wird Orpheus'
Neuerung ersichtlich: eine Radikalisierung der Vorrangstellung des Zeus gegenüber den anderen Göttern.

§24 (VIII.3–8 KPT): Zeus erlangt die Herrschaft (OF 5.1–2)

ὅπωc δ' ἄρχεται *wie er (Zeus) beginnt*

Die Verbform ἄρχεται kann (medial) „er/sie/es beginnt"
(A) oder (passivisch) „er/sie/es wird beherrscht" (B) bedeutet. Je nachdem, ergeben sich folgende Möglichkeiten für
das gedanklich zu ergänzende Subjekt: (A) ἄρχεται („er/sie/

es beginnt") kann sich (A.i) auf den Inhalt des Gedichts beziehen („wie die Geschichte beginnt'). Es ist jedoch höchst
unwahrscheinlich, dass die Geschichte (*histoire*) über die
Göttersukzession mit Zeus' Machtergreifung begann, da
notwendigerweise frühere (Herrscher-)Götter vorausgegan-
gen sind.

Eine andere Möglichkeit (A.ii) ist, das „wie es beginnt"
auf den *récit*, d.h. auf den *Handlungsablauf* in dieser speziellen Theogonie zu beziehen, und im Sinne von „wie
die Darstellung beginnt" zu verstehen. Diese *Darstellung*
könnte durchaus nicht wie üblich mit Uranos (s. Hesiod)
oder gar der nichtalternden Zeit (s. *Rhapsodische Theogonie*)
beginnen, sondern mit Zeus, dessen Sonderstellung damit
untermauert würde (West 1983: 84–85). Gemäß dieser Deutung markiert die Partikel μέν im zitierten Vers (*OF* 5.1)
den *Anfangspunkt* der erzählten Handlung, die direkt im
Anschluss an das Proömium einsetzte (Calame 1997: 67
Anm. 3. Zu μέν s. Denniston 1954: 359–60).

Alternativ (A.iii) wurde vorgeschlagen, τὰ νῦν ἐόντα
(„die aktuell existierenden Dinge") im Sinne von „unsere
Welt" als Subjekt von ἄρχεται („sie beginnt") zu verstehen
(KPT 2006: 175), denn nach der Deutung des Derveni-Autors beginnt die Welt, wie wir sie kennen, mit Zeus, der für
den Gott *Nus*/Luft steht.

Eine vierte (A.iv) Möglichkeit ist, Orpheus als Subjekt
von ἄρχεται zu nehmen („wie Orpheus anfängt"), jedoch
passt dies weniger gut zum nachfolgenden Hauptsatz „...
macht er (Orpheus) in folgendem Verspaar deutlich". Man
würde dann eher eine erklärende oder interpretierende
Äußerung des Derveni-Autors als ein Zitat aus dem orphischen Text erwarten.

Schließlich (A.v) kann Zeus das Subjekt sein („wie Zeus
anfängt"). Das, was Zeus beginnt, ist seine Herrschaft (vgl.

ἀρχήν in Zeile 4; s. Jourdan 2003: 8). Dieses Verständnis ermöglicht auch eine inhaltliche Verbindung der beiden Vers-
zitate. In *OF* 4 ist von Göttern die Rede, die *aus* Zeus entstehen, und somit von einem Ereignis, das während Zeus'
Herrschaft passiert. Als Überleitung zu den Versen *OF* 5.1–2
macht der Derveni-Autor daher klar, dass es nun darum
geht, wie Zeus an die Macht gekommen ist und somit um
den *Beginn* seiner Herrschaftszeit. Insofern scheint es naheliegend ὅπως δ᾽ ἄρχεται als „wie Zeus (*sc.* seine Herrschaft)
beginnt…" zu verstehen.

   Dagegen verteidigt Janko (2001: 21 Anm. 105) die pas-
sivische Bedeutung (B) von ἄρχεται als „er/sie/es wird beherrscht". Als Subjekt nimmt er „die Welt" an (vgl. Lösung
A.iii oben): „That (the world) is ruled (Orpheus) reveals…".

Ζεὺς μὲν ἐπεὶ δὴ πα‚ιτρὸς ἐο‚ῦ πάρα θέ[c]φατον ἀρχὴν /
[ἀ]λκήν τ᾽ ἐν χείρεcc{ι} ἔ‚λαβ‚ιεν κ‚ι‚αὶ δαίμον‚ια‚ι κυδρόν
(*OF* 5.1–2) *Als Zeus von seinem Vater die prophezeite*
Herrschaft und die Macht in seine Hände genommen
hatte und den ruhmvollen Daimon ….
Eine der beiden kurzen Silben -cι- und -ε- (in χείρεcc‚ι
ἔ‚λαβεν) ist überzählig. Das Phänomen der *scriptio plena*
(Nichtbezeichnung der Elision), liegt an zwei weiteren Stellen des Papyrus vor (Kol. 56 §50, 64 §85). Bei einer schrift-
bildlichen Korrektur des orphischen Verses kann man
entweder mit Rusten (1985: 126; s. Sider 2014: 238) das Aug-
ment streichen ({ε}λάβ[εν]) (vgl. Schwyzer: 651) oder mit
West (1983: 84) das Iota in der Dativendung (χείρεcc{ι}).

   Das Adjektiv θέcφατος (vgl. θεός < *θεc- „Gott" und
φάναι „sagen") bedeutet „von Gott gesagt", „prophezeit"
oder „von Gott bestimmt". Im Vers bezieht es sich auf das
nachfolgende ἀρχήν („geweissagte Herrschaft").

Ein δαίμων bezeichnet im homerischen Epos und im Drama einen Gott bzw. eine göttliche Macht, die aus der Sicht des Sprechers mitunter nicht genau identifizierbar ist (*Il.* 1.222, 3.420; Eur. *Ba.* 42; s. Brenk 1986: 2071–83; Mader 1991; Burkert 2011a: 276–79). Später, z.B. bei Platon (*Phd.* 107d), kann mit δαίμων auch ein persönlicher Schicksalsbegleiter oder ein Wesen, das zwischen Menschen und Göttern vermittelt (*Smp.* 202d–e), bezeichnet werden (vgl. auch δαίμονες als die Seelen der Verstorbenen in Kol. 46 §17 m. Erläuterungen). An vorliegender Stelle im orphischen Text bezeichnet δαίμων sicher einen Gott. In der spät bezeugten *Rhapsodischen Theogonie* redet Zeus seinen Vater Kronos, als er diesen um Weisungen für seine Herrschaft ersucht, als *Daimon* an (ἀριδείκετε δαῖμον, *OF* 239 I in Proklos, *In Plat. Crat.* 27.21–28.8 Pasquali). Dass sich an unserer Stelle δαίμων auf Kronos bezieht, ist jedoch (*pace* Bernabe 2007b: 104) unwahrscheinlich. Weitaus besser passt der Bezug auf den Gott Protogonos, den sich Zeus in der *Rhapsodischen Theogonie* (wie auch in der Derveni-Theogonie) bei seinem Herrschaftsantritt einverleibt (vgl. *OF* 8 in Kol. 53 §39 mit Erläuterungen; West 1983: 84–86) und der dort ebenfalls als *Daimon* bezeichnet wird (s. auch cὺ κλυτὲ δαῖμον in *OF* 492.3, dazu Betegh 2011: 224 u. Santamaría 2016b: 209). Dazu stimmt auch das Beiwort κυδρός („ruhmvoll", s. dazu Santamaría 2016a: 153–56), welches vor allem für weibliche Gottheiten gebräuchlich ist, im orphischen Korpus aber auch bei Eros steht (*OF* 99 = Orph. *Arg.* 14). In der *Rhapsodischen Theogonie* trägt Phanes-Protogonos sowohl männliche als auch weibliche Namen, die grammatisch dem männlichen Geschlecht angepasst sind: *OF* 140: πρῶτον <u>δαίμονα ϲεμνόν</u> / <u>Μῆτιν</u> ϲπέρμα <u>φέροντα</u> θεῶν κλυτόν, ὅν τε <u>Φάνητα</u> / <u>πρωτόγονον</u> μάκαρεϲ κάλεον κατὰ μακρὸν Ὄλυμπον. „Zuerst den heiligen *Daimon*,

Metis, der den Samen der Götter bringt, den berühmten, welchen die glückseligen Götter auf dem großen Olymp Phanes, den Erstgeborenen, nennen." (s. Jourdan 2003: 46–47, Brisson 2003: 21 Anm. 17, Betegh 2004: 114–15).

Der erste der beiden Verse (*OF* 5.1) ist mit dem später in Kol. 53 §38 zitierten Vers (*OF* 7) bis auf das Versende identisch: *OF* 5.1: θέ[c]φατον ἀρχήν / *OF* 7: [θ]έϲφατ' ἀκούϲα[c] „nachdem er die Weissagungen gehört hatte". Dies hat mehrfach zu der Annahme geführt, dass es sich bei *OF* 5.1 und *OF* 7 um denselben Vers handelt, der hier fehlerhaft zitiert wurde (s. West 1983: 85–86, 114 und den Überblick in Santamaría 2012a: 61–62).

Für die Annahme, dass es sich bei *OF* 5.1 eigentlich um *OF* 7 handelt, spricht, dass der Derveni-Autor in seiner Auslegung in §§24–25 sowohl das Hören des Zeus (ἀκούειν §25) als auch die Weissagungen im Plural (θέϲφατα §25) wieder aufnimmt, wodurch θέϲφατ' ἀκούϲαϲ als Versende (s. *OF* 7) bestätigt scheint (Calame 1997: 67 Anm. 3). Nun hat die verbesserte Lesung des Papyrus durch Janko jedoch gezeigt, dass in der Paraphrase des Verses in §24 nicht ἀλκήν, sondern ἀρχήν zu lesen ist. Dadurch wird θέϲφατον ἀρχήν (s. *OF* 5.1) als Versende im Zitat gestützt. Generell ist festzuhalten, dass die Wiederholung identischer Versstücke in der epischen Dichtersprache ein weitverbreitetes Stilmittel ist (s. Sider 2014: 237). Die auffällige Ähnlichkeit der Verse *OF* 5.1 und *OF* 7 allein ist also kein Indiz dafür, dass beide eigentlich denselben Vers repräsentieren. Es ist durchaus möglich, dass es sich um zwei getrennte Verse handelt, die beide Teil der Derveni-Theogonie waren.

[τ]αῦτα τὰ ἔπη ὑπερβατὰ
dass diese Wörter in Sperrung stehen
Nach einem Lemma (= Verszitat aus dem orphischen Text)
fährt der Derveni-Autor oftmals asyndetisch (d.h. ohne ver-
bindende Partikel) fort (vgl. Kol. 54 §43, Kol. 56 §49, Kol.
59 §64, Kol. 64 §85). Zum Asyndeton zur Markierung eines
neuen Abschnitts oder Gedankens s. K.-G. II: §546e; S. 346
(s. auch Denniston 1952: 109–23). In der späteren Kommentarliteratur ist asyndetischer Beginn nach Lemmazitat
die Regel (s. dazu Wittwer 1999: 67; Lamberz 1987: 9–10;
Kotwick 2016b: 41–43). Der Derveni-Autor folgt dieser Regel jedoch nicht durchgängig (s. Kol. 53 §38 οὔτε γὰρ ...
und §39 ὅτι μὲν ..., jedoch §40 ἐν τοῖς α[ἰ]δο[ίο]ις ...).

Der Autor eröffnet seine Ausführungen mit dem Hinweis, dass die Verse das Stilmittel der Sperrung (*Hyperbaton*) aufweisen (zur antiken Verwendung des Fachterminus
s. Plat. *Prt.* 343e3). Der Autor hat hierbei das Phänomen im
Blick, dass das Verb (λάβεν), auf das sich die Angabe „von
seinem Vater" (πατρὸς ἑοῦ πάρα) bezieht, erst im nächsten
Vers genannt wird (zu dieser speziellen Verwendung von
ὑπερβατόν s. Schol. A *Il.* 14.1; p. 559 Erbse). Dagegen spielt
die Anastrophe der Präposition πάρα, die sich nicht auf
das *nachfolgende* (θέςφατον), sondern das ihr *voranstehende*
Nomen (πατρὸς ἑοῦ) bezieht, in der Erklärung des Derveni-Autors an dieser Stelle noch keine Rolle (s. dazu §25).

ἔς]τιν δὲ ὧδ' ἔχοντα
In Wahrheit verhalten sie sich folgendermaßen
Der Autor liefert eine Paraphrase des Verses, die seiner
Auffassung entspricht: Bei korrektem Bezug der Wörter
πατρὸς ἑοῦ πάρα besagt der Vers, dass Zeus von seinem
Vater die Herrschaft (ἀρχὴν) und den *Daimon* nahm.

§25 (VIII.9–14 KPT): Anmerkungen zu Sprache
und Syntax der Verse

[οὔτω] δ᾿ ἔχοντα οὐκ ἀκούειν τὸν Ζᾶ[ν᾿ ἀποκαλύπ]τει ...
Da die Wörter sich [so] verhalten, [enthüllen sie] nicht,
dass Zeus [von seinem Vater] (Weissagungen) hört ...
Zur Verdeutlichung des Bezugs von „er nahm" und „von
seinem Vater" führt der Autor erneut das seiner Meinung
nach falsche Verständnis an: Die Wörter besagen nicht, dass
Zeus (der Akkusativ Ζᾶνα ist ionisch und dorisch; auch in
Kol. 49 §26 u. Kol. 63 §80; vgl. dagegen die attisch-ionische
Form Ζῆνα in §59–60) hört, sondern dass er die Macht und
den *Daimon* nimmt. Das falsche Verständnis resultiert aus
einer verfehlten Verbindung der beiden Satzglieder πατρὸς
ἑοῦ πάρα ... ἔλαβ‚εν „von seinem Vater ... nahm er" und
θέ[c]φατον ἀρχὴν „die prophezeite Herrschaft" verstanden
als „er nahm die *von seinem Vater prophezeite* Herrschaft".

[ἄλλωc δ᾿ ἔ]χοντα παρ[ὰ] θέcφατα ...
Wenn sie (die Wörter) sich [anders] verhalten, ... entge-
gen den Prophezeiungen
Die erhaltenen Reste dieser Zeilen lassen vermuten, dass der
Autor nun auf die *Anastrophe* eingegangen ist, in der sich die
Präposition παρά im Vers befindet (im modernen Schriftbild
durch die Versetzung des Akzents in πάρα gekennzeichnet).
Durch die Position von πάρα *nach* anstatt *vor* dem Bezugs-
wort πατρὸς ἑοῦ (Genitiv) ist es bei isolierter Betrachtung
möglich, das auf die Präposition folgende Wort θέcφατον
(Akkusativ) als Bezugswort zu nehmen, und somit die im
Vers gegebene Wortfolge πάρα θέcφατον als παρὰ̣ θέcφατον
im Sinne von „gegen die Weissagung" zu verstehen.
    Es fällt auf, dass der Derveni-Autor von „Weissagun-
gen" im Plural (θέcφατα) spricht, während im Vers selbst

Singular (θέϲφατον) steht. Macht dies die oben diskutierte
Möglichkeit einer fehlerhaften Zitation des in Kol. 53 §38
zitierten Verses *OF* 7, an dessen Ende anstelle von πάρα
θέ[c]φατον ἀρχὴν tatsächlich πάρα [θ]έϲφατ' ἀκούϲα[c]
und damit der Plural (θέϲφατα) steht, wahrscheinlicher?
Gegen diesen Schluss ist anzuführen, dass der Autor an vorliegender Stelle den Vers lediglich *paraphrasiert* und daher
den Numerus von sich aus gewechselt haben kann.

Die in §§24–25 exerzierte Deutung des Verses geht über
eine syntaktische Analyse und damit über den wörtlichen
Inhalt des mythischen Textes kaum hinaus. Von der waghalsigen Allegorese wie sie im Folgenden betrieben wird,
finden wir hier noch nichts. Vielleicht will der Autor an
dieser Stelle seiner Abhandlung demonstrieren, dass er das
Handwerk der peniblen Textanalyse versteht. Vielleicht will
er sich zunächst als Kenner der Eigenheiten der epischen
Verssprache ausweisen, um bei seinen Lesern Vertrauen
zu gewinnen, damit diese ihm auch in den folgenden Ab-
schnitten Glauben schenken, wenn er seine gewagte und
von der wörtlichen Bedeutung des Textes weit abführende
Interpretation vorführt.

§26 (IX.1–4 KPT): Der Machtwechsel von Kronos
auf seinen Sohn Zeus

τὴ[ν ῥο]πὴν οὖν τοῦ ἰϲχυρ[ο]τάτου ἐπόη[ϲεν] εἶναι,
ὡϲ[περ]εὶ παῖδα πατρόϲ. *Er ließ also (in seiner Dichtung) [den entscheidenden Einfluss] vom Stärksten herkommen wie ein Kind vom Vater.*
Das Wort ῥοπή bedeutet zunächst „Gewicht" und im Besonderen das (zusätzliche) Gewicht, das den Ausschlag (an

der Waage) gibt („Schwung", cf. Arist. *Cael.* 307b33). Oft
wird es figurativ im Sinne von „entscheidender Moment"
(Soph. *Tr.* 82) verwendet. Bei Aristoteles sind die Wendungen ποεῖν ῥοπὴν „Ausschlag geben", „von entscheidender
Bedeutung sein" (Arist. *Pol.* 1295b38) und ῥοπὴν ἔχειν
„Einfluss haben" (Arist. *EN* 1094a23; 1101a29; 1172a23; s.
auch Dem. 2.22: μεγάλη ῥοπή „von großer Bedeutung")
belegt. Aufgrund des Artikels vor ῥοπὴν und der übrigen
Bestandteile des Satzes (besonders des Infinitivs εἶναι)
kann τὴ[ν ῥο]πὴν ... ἐπόη[cεν] hier jedoch nicht „er gab
den Ausschlag" bedeuten. Dass der Satz beginnend mit
Kol. 49 vollständig ist, legt die Partikel οὖν nahe. Daher
ist das Verb ποεῖν (zum Wechsel zw. ποιεῖν u. ποεῖν vgl.
Kol. 44 §12) hier als „machen" im Sinne von „(als Dichter) schreiben, darstellen" zu verstehen (s. LSJ s. v. ποιέω
A I.4.a–c), wovon dann der Infinitiv εἶναι abhängt. Das
Subjekt ist Orpheus: „Orpheus lässt also das entscheidende
Gewicht vom Stärksten ausgehen." Anstelle der von Janko
vorgeschlagenen Ergänzung ῥο]πὴν erlauben die Reste des
Buchstabens vor η vielleicht auch die Ergänzung des Wor-
tes ῥώ]μην („Stärke").

In Kolumne 49 (§26) wird die Auslegung des in §24
zitierten Verspaares (*OF* 5) über die Machtergreifung des
Zeus fortgesetzt. Hierbei reduziert der Autor den mythischen Handlungsschritt, in dem der Sohn vom Vater die
Herrschaft übernimmt, auf das Verhältnis ‚Sohn vom Vater' / ‚Sohn eines Vaters' (παῖδα πατρός), um die darin
ausgedrückte Beziehung der *Abstammung* und/oder *Zugehörigkeit* mit dem Verhältnis gleichzusetzen, das zwischen
Einfluss und dem Stärksten besteht. Das Verhältnis (Vater–
Sohn und Stärkstes/r–Einfluss) wird jeweils durch einen
Genitiv ausgedrückt, der entweder Zugehörigkeit (Janko
2002, Betegh 2004) im Sinne von ‚der Einfluss gehört zum

Stärksten wie der Sohn zum Vater' oder Herkunft (Laks/
Most 1997) im Sinne von ‚der Einfluss kommt vom Stärksten her wie ein Sohn vom Vater' bezeichnet.

Was ist mit dem Stärksten (τοῦ ἰσχυρ[ο]τάτου) gemeint? Der Derveni-Autor könnte damit das Feuer meinen, dessen Dominanz über alles, was es entzündet, in §27
beschrieben wird (vgl. auch die Bezeichnung des Feuers als
ἰσχυρότατον in Hippokrates *De victu* I, 10; 22 C 1.10 D.-K.,
p. 185.21; s. auch die Superlative τὸ{ν} λαμπρότατόν und
θε]ρμό[τ]ατον in Kol. 54 §42). Nach diesem Verständnis
entnähme der Derveni-Autor dem mythischen Vater-Sohn-
Verhältnis die Aussage, dass das Feuer den größten Einfluss
auf die seienden Dinge ausübt. Dagegen ist zu erwägen,
ob τοῦ ἰσχυρ[ο]τάτου nicht vielmehr den *Nus* (und damit
das Element Luft) meint, dessen Einfluss auf das Feuer
und die seienden Dinge insofern entscheidend ist, dass er
durch dessen Bezwingung einen neuen Kosmos schafft (vgl.
§28 a.E.).

οἱ δὲ οὐ γινώσκον[τες] τὰ λεγό[μεν]α
diejenigen, die das Gesagte nicht verstehen
Das aus der Sicht des Autors falsche, da wörtliche, Verständnis der orphischen Verse wird ein weiteres Mal ausfor-
muliert (vgl. §§24–25). Wer die soeben dargelegte Deutung
des Vater-Sohn Verhältnisses nicht versteht, denkt, dass der
Mythos davon erzählt, wie Zeus von seinem Vater Kronos
die Macht und den *Daimon* übernimmt.

§27 (IX.5–10 KPT): Nus beendet die Feuer-Herrschaft

γινώϲκ[ω]ν̣ οὖν ... τὰ ἐ̣]όντα ϲυμπαγῆναι
*Weil er (Nus) also erkennt ... die seienden Dinge ... sich
zusammenzufügen*
In diesem Abschnitt bekommen wir zum ersten Mal einen
genaueren Einblick in den kosmischen Ablauf, der laut
Derveni-Autor im orphischen Mythos verrätselt zur Sprache
kommt. Die Partikel οὖν markiert einen neuen Gedanken-
schritt in der Erklärung des Derveni-Autors (vgl. Denniston
1954: 426). Das Subjekt des Hauptverbs (ἐξαλλάϲϲει „er
entfernt") und damit auch des Partizips γινώϲκων ("erken-
nend") ist *Nus*, für den im Mythos Zeus steht (vgl. Kol. 56
§50 u. Kol. 59 §62). Auch Anaxagoras schildert *Nus* als den,
der „erkennt" (πάντα ἔγνω νοῦϲ), wie sich die Dinge miteinander vermischen und voneinander absondern (59 B 12
D.-K.; zur Semantik von „erkennen" vgl. Sider 2005: 137).

τὸ πῦρ, ἀναμεμειγμένον τοῖϲ ἄλλοιϲ   *das Feuer dadurch,
dass es sich mit den anderen Dingen vermischt hat*
Die Dominanz des Feuers bewirkt, dass die anderen Dinge mit diesem vermischt sind und somit alles, was es gibt,
eine große heiße Masse bildet (Laks 1997: 129, vgl. auch
McKirahan 2012: 84–88). Die Perfektform des Partizips
ἀναμεμειγμένον ("vermischt") macht deutlich, dass die
Vermengung der seienden Dinge mit dem Feuer der Aus-
gangszustand des kosmischen Geschehens ist, der zu dem
Zeitpunkt bereits vorliegt, an dem die Erkenntnis und anschließende Handlung des *Nus* einsetzt.

τὰ ὄντα   *die seienden Dinge*
Mit dem Begriff τὰ ὄντα (ion. τὰ ἐόντα, beide Formen wech-
seln im Papyrus), wörtlich „die seienden Dinge", bezeichnet

der Derveni-Autor zum einen (i) die ewigen Grundbausteine aller existierenden Dinge (meist als Partikel oder kleine Teilchen vorgestellt); sie heißen auch τὰ ὑπάρχοντα („die vorhandenen, zugrundeliegenden Dinge"). Zum anderen bezeichnen „die seienden Dinge" eben (ii) die Entitäten, die sich im Verlauf des kosmischen Geschehens durch Zusammensetzung aus den ewig existierenden Grundstoffen formieren (cυνίcταcθαι, cυμπαγῆναι §27) und somit „entstehen". Diese werden auch τὰ νῦν ὄντα („die jetzt seienden Dinge", §§52, 73) genannt. Eine Entstehung *ex nihilo* und somit aus etwas anderem als den ewig existierenden Grundbausteinen oder -stoffen schließt der Autor (in der Nachfolge des Parmenides, 28 B 8.2–9ᵃ D.-K.) aus (vgl. Anaxagoras B 17 D.-K., s. auch Kol. 56 §49 mit Erläuterungen; vgl. Laks 1997: 128–29; McKirahan 2012: 81–83).

ταράccοι καὶ κ[ωλ]ύοι τὰ ὄντα cυνίcταcθαι διὰ τὴν θάλψιν ... *die seienden Dinge aufwiegelt und durch die Hitze daran hindert sich zusammenzuschließen*
Was *Nus* erkennt, ist, dass die seienden Dinge im Zustand des Vermischtseins mit dem Feuer daran gehindert werden, sich untereinander zusammenzuschließen. Das Feuer hindert die (ewigen) Grundbausteine daran, sich durch Zusammensetzung zu neuen Dingen zu formieren (dazu s. Kol. 61), indem die Hitze (τὴν θάλψιν) die Grundbausteine in ständiger Bewegung hält (über die Annahme frühgriechischer Philosophen vom Feuer als Bewegungsursache spricht Aristoteles in *Metaph.* A 3; 984b5–8). Alles was es gibt, ist heißes Magma in Bewegung. Innerhalb dieser Masse gibt es keine Ausdifferenzierung und keine Ordnung (vgl. McKirahan 2012: 86–87). Zur Entstehung von Entitäten durch Ausdifferenzierung vgl. Empedokles 31 A 46 D.-K. und Anaxagoras 59 B 16–17 D.-K., dazu Betegh 2004: 295–97.

θάλψιν *Hitze*

Der Begriff θάλψις ist in vor-hellenistischer Zeit vor allem im medizinischen Bereich belegt (Betegh 2004: 228–29); Jourdan (2003: 51) verweist auf Platons *Timaios* (61d), wo die Fieberhitze als zersetzende und auflösenden Kraft beschrieben wird.

ἐξαλλάϲ[ϲει ὅϲ]ον τε ἱκανόν ἐϲτιν ...

entfernt er eine ausreichend große Menge des Feuers

Auf die Erkenntnis des *Nus*, dass der Feuerüberschuss Verbindungen unter den Partikeln verhindert, folgt die entscheidende Tat, die darin besteht, soviel Feuer aus der Mischung zu entfernen, dass dessen hindernde Kraft aufgehoben wird.

Der Derveni-Autor schildert den Ablauf des kosmischen Geschehens meist im Präsens (vgl. Kol. 55 §§45–46). Vgl. auch Kol. 61 §71 u. Kol. 65 §91, wo Vergangenheitstempora gebraucht sind. Das Verb ἐξαλλάττω bedeutet entweder „(qualitativ) verändern" (vgl. LSJ I.1–2; Laks/Most 1997: 13; Janko 2001: 22) oder „den Ort von etwas verändern", „wegbewegen" (vgl. LSJ I.3 und II.1; Betegh 2004: 21 u. 233; KPT 2006: 131). Da das Verb die Erschaffung der Sonne beschreibt, die gemäß Kol. 55 §45 durch die *Separation* des Feuers aus der heißen Urmischung besteht, ist hier von der zweiten Bedeutung auszugehen (zu Identifizierung der Sonne mit dem Feuer bei Empedokles s. 31 B 21.3 D.-K. u. Simp. *In Phys.* 159.11).

Das Relativpronomen ὅϲ]ον kann sowohl bezogen auf τὸ πῦρ im Sinne von „so viel wie" als auch adverbial im Sinne von „so weit wie" (Betegh 2004: 21; KPT 2006: 131) verstanden werden. Das τε nach ὅϲ]ον ist als ‚episches τε' zu verstehen, das in Prosa nach Relativa stehen kann; es hat oft die Implikation eines „ungefähr", bleibt aber meist unüber-

setzt (s. LSJ s.v. τε B.II; Ruijgh 1971: §454–55; p. 557–59; vgl.
Hdt. 1.126; 2.96; 3.5; s. auch Denniston 1954: 524–25 u. LSJ
s.v. ὅϲοϲ IV.3). Für das Verständnis als „so viel wie" spricht
die Stelle in Kol. 65 §91, wo nicht nur auf die exakte Größe
(τοϲοῦτον) der Sonne verwiesen, sondern auch ein Hinweis
auf eine frühere Behandlung dieses Aspektes gegeben wird;
für das Verständnis als „so weit wie" spricht jedoch, dass
nach „er entfernt" (ἐξαλλάϲ[ϲει) vielleicht eine Angabe zur
Entfernung erwartet wird.

ἐξαλλαχθὲν μὴ κωλύ[ϲαι τὰ ἐ]όντα ϲυμπαγῆναι
damit es, nachdem es entfernt worden ist, die seienden
Dinge nicht mehr daran hindert sich zusammenzufügen
Ziel der Abtrennung einer bestimmten Feuermenge ist es,
die agitierende und auflösende Wirkung der Hitze zu ver-
mindern, so dass die seienden Dinge in Form von Partikeln
miteinander Verbindungen eingehen können.

ὅϲα δ' ἂ[ν] ἀφθῆι ἐπικρα[τεῖται, ἐπικ]ρατηθέν⟨τα⟩ δὲ
μίϲγεται τοῖϲ ἄλ[λο]ιϲ *Alles was (vom Feuer) entfacht*
wurde, wird beherrscht, und wenn es beherrscht wird,
vermischt es sich mit den anderen Dingen
Janko (2001: 22 Anm. 113) beseitigt die Inkongruenz von
ὅϲα (Plural) und ἐπικ]ρατηθέν (Singular), indem er das
Partizip in den Plural setzt (ἐπικ]ρατηθέν⟨τα⟩). Der mit
ὅϲα eingeleitete Relativsatz mit ἄν + prospektivem Konjunktiv kommt einem Konditionalsatz gleich (‚wenn etwas
entfacht wird…').
    Betrachtet man den ersten Satzteil (ὅϲα … ἐπικρα[τεῖται)
für sich, kann ἀφθῆι (von ἅπτομαι) entweder (a) „erfasst",
„angefasst" oder (b) „entzündet", „entfacht" bedeuten. Im
ersten Fall wäre als Agens *Nus* anzunehmen, von dem das
Feuer ergriffen wird (Rusten 1985: 128–30), um es zu ent-

fernen. Im zweiten Fall wäre es das Feuer, durch welches die seienden Dinge „entfacht" und somit „beherrscht" werden; die Äußerung bezöge sich dann auf den Zustand vor *Nus'* Eingreifen. Mit Blick auf den zweiten Satzteil, liegt das zweite Verständnis näher. So schließt sich der Gedanke „was beherrscht wird, vermischt sich" direkt an. Folgt man dem ersten Verständnis, bietet der nachfolgende Satz keinen befriedigenden Anschluss (vgl. Betegh 2004: 229–30). Die hier vom Autor ausformulierte Regel besagt demnach, dass, wenn die Dinge vom Feuer entfacht und von diesem beherrscht sind, sie in einer Mischung aufgehen, in der sie keine Verbindungen untereinander eingehen können (zum Prinzip des Beherrschtwerdens s. Kol. 59 §62 mit Erläuterungen).

Mit Blick auf den Mythos, in dem Zeus von seinem Vater die Herrschaft *ergreift* und die Macht *in seine Hände nimmt* (s. *OF* 5.1–2), wird klar, dass der Derveni-Autor die Form ἀφθῆι, die eben auch „erfasst" bedeutet (vgl. Rusten 1985: 129–30), bewusst gewählt hat. Das „Ergreifen" der Macht durch Zeus steht physikalisch für das „Entfacht"- und Vermischtwerden der Dinge durch das Feuer. Eine solche Deutung setzt allerdings das Prinzip der partikulären Deutung einzelner oder ‚atomisierter' Ausdrücke aus dem orphischen Text voraus, bei der es nicht um eine Parallelisierung des physikalischen mit dem mythischen Ablauf geht (s. Einleitung unter „Die Interpretationsmethode"; Kotwick 2017; zum Begriff der ‚Atomisierung' s. Long 1992: 54 und Lange/Pleše 2013: 91).

§28 *(IX.10–14 KPT): Zeus' Machtergreifung*

ὅτι δ' "ἐν χειρ[cὶ⟨ν⟩ ἀλκὴν ἔλαβ] εν" ἠινίζετο
Weil er die Wendung „er nahm die Macht in die Hände"
allegorisch sagte …
Als Ergänzung der Paraphrase des orphischen Textes schlägt
Janko χειρ[cὶ⟨ν⟩ ἀλκὴν ἔλαβ]εν vor, da die bisherige Rekonstruktion (χείρ[εccιν ἔλαβ]εν, ZPE, KPT) für die Lücke zu
kurz ist. Demnach zitiert der Autor den orphischen Vers
nicht wörtlich, wie die veränderte Stellung von ἀλκήν zeigt.

ἠινίζετο *er sagte allegorisch*
Mit dem Verb αἰνίζεσθαι unterstellt der Autor dem Dichter Orpheus einen Hintersinn in seine Dichtung gelegt zu
haben, den er, der Derveni-Autor, im Zuge seiner Interpretation entschlüsselt (vgl. Kol. 50 §31, Kol. 53 §39, Kol.
57 §56). Das Verb αἰνίζεcθαι (eine außerhalb des Derveni-
Papyrus nicht belegte Nebenform zu ion. αἰνίccεcθαι/ att.
αἰνίττεcθαι, s. Tsantsanoglou 2006: 13–14) und die ver-
wandten Begriffe τὸ αἴνγμα (Rätsel) und αἰνιγματώδηc (s.
Kol. 47 §20 m. Erläuterungen) gehören als Fachbegriffe in
den Bereich der allegorischen Auslegung von mythischen
Texten sowie der Deutung von Orakeln (vgl. Cancik-Lind-
emaier/Sigel 1996; Struck 2004: 39–52; 170–82; Parke/Wor-
mell 1961 II: xxviii).

ὁ Ὀρφεὺc οὖ]ν ἰcχυρῶc ἔφη τὸν Ζᾶνα τυ[ραννῆcαι
Orpheus] sagte [also], dass Zeus auf starke Weise [an
die Macht kam
Der Text ist stark zerstört. Klar scheint immerhin, dass
Zeus mit dem Begriff der Stärke (ἰcχυρῶc) verbunden
wird. Lässt sich aus dieser Stelle schließen, dass sich τοῦ

ἰϲχυρ[ο]τάτου in §25 auf Zeus bzw. *Nus*/Luft bezieht und nicht auf das Feuer (s. §25 m. Erläuterungen)?

§29 (X.1–2 KPT): Die Bedeutung von „die alles verkündende"

Im verlorenen Endteil von Kol. 49 muss ein orphischer Vers zitiert worden sein, in dem die Göttin Nacht als πανομφεύουϲα („die alles verkündende") und τροφόϲ („Amme") bezeichnet wird. Dieser Vers ist nicht erhalten, aber die Zitate in Kol. 50 und 51 erlauben verschiedene Rekonstruktionen. Bernabé (gestützt auf ZPE, West und Tsantsanoglou), rekonstruiert folgende Vers(teil)e (*OF 6*):

[Ζεὺϲ μὲν …   (*OF 6.1*)

ἧϲτο] πανομφεύουϲα [θεῶν] τροφὸϲ ἀμβροϲίη Νύξ·   (*OF 6.2*)

… χρῆϲαι … ἐξ ἀ[δύτοι]ο   (*OF 6.3*)

ἧϲτο ZPE : εἶπε West | θεῶν τροφὸϲ ἀμβροϲίη Νύξ cf. *OF* 112

> Zeus … es saß die alles verkündende Amme der
> Götter, die unsterbliche Nacht …Orakel zu geben…
> aus dem Inneren des Heiligtums

Dagegen vereint Santamaría (2012a: 58–59) die in Kol. 50 und 51 zitierten Wörter zu einem einzigen Vers:

[Ζηνὶ] πανομφεύουϲα ₍θεῶν₎ τροφὸϲ ἐξ ἀ[δύτοι]ο

> Dem Zeus (*sc.* weissagt) die alles verkündende Amme
> der Götter aus dem Inneren des Heiligtums

Janko übernimmt den Vers in seiner Rekonstruktion des verlorenen Endteils von Kol. 50 (§29). Neben der Wiederherstellung des orphischen Verses erlaubt die schematische Struktur des Arguments in Kol. 50 ein Stück weit die Rekonstruktion des unmittelbar vorausgegangenen

Gedankengangs (s. Text §29). Das Ziel der Argumentation in Kol. 50 wird aus dem Ende von §30 ersichtlich: das Epitheton πανομφεύουcα („die alles verkündende") bedeutet eigentlich πάντα διδάcκουcα („die alles Lehrende"). Diese Gleichsetzung stellt Janko an den Beginn des Argumentationsgangs (§29). Darauf folgt die Gleichsetzung des Wortes ὀμφή („Stimme", „Gottesstimme", „Offenbarung", „Orakelspruch"), welches in παν-ομφ-εύουcα enthalten ist, mit dem Wort φωνή („Laut", „Äußerung"). Diese Gleichsetzung hat der Derveni-Autor vielleicht durch die lautliche Verwandtschaft von ὀμφή und φωνή (Anagramm aus den Lauten o, e, ph, m/n) begründet. Der rekonstruierte Übergang zu Kol. 50, die mit den letzten beiden Wörtern eines Satzes beginnt, enthält dann die Gleichsetzung von φωνεῖν („aussprechen", „Laute äußern") – das Verb zu φωνή – mit λόγοιν („sagen").

Das Argument des Derveni-Autors in §§29–30 lässt sich auf folgende Weise verständlich machen. Das Verhältnis, in dem die Begriffe *aussprechen* (φωνεῖν), *sagen* (λέγειν) und *lehren* (διδάcκειν) zueinander stehen, wird als das einer *Implikation* ineinander (ἐν τῶι, οὐ … ἐκ τοῦ) verstanden: Das Aussprechen von Lauten (φωνεῖν) ist in jedem Sagen (λέγειν) enthalten, und jedes Lehren (διδάcκειν) impliziert ein Sagen (und somit ein Aussprechen) dessen, was gelehrt wird. Das „in etwas impliziert sein" (ἐν … εἶναι) setzt der Derveni-Autor sodann mit der Bedeutung „untrennbar verbunden" (οὐ … ἐχ[ω]ρ[ί]cθη) gleich. Aufgrund der Doppeldeutigkeit von χωρίζεcθαι, welches sowohl „getrennt sein" als auch „unterschiedlich sein" bedeuten kann, zieht der Autor dann den Schluss, dass, was „nicht getrennt" ist, „nicht unterschiedlich" und damit „identisch" ist.

Man kann in dieser Erklärungsweise ein *rudimentäres* Verständnis des Verhältnisses zwischen Gattung und Art sehen. ‚Laute äußern' (φωνεῖν) ist die Gattung, unter die ‚(etwas Sinnvolles) sagen' (λέγειν) zu stellen ist, während ‚(etwas Sinnvolles) sagen' wiederum als Gattung verstanden werden kann, unter welche ‚lehren' (διδάcκειν) als Art fällt. Die Beschreibung des Verhältnisses von Gattung und Art als Einschluss eines Begriffs im anderen, begegnet uns in ähnlicher Form bei Platon. Im *Euthyphron* (12b–e) analysiert Sokrates das Verhältnis von δέοc („Furcht") und αἰδώc („Scham") sowie das von δίκαιον („gerecht") und ὅcιον („ehrfürchtig"), indem er das eine jeweils als *Teil* charakterisiert, der im anderen enthalten ist. Die ‚Scham' ist ein Teil (μόριον), d.h. nach Platons Sprachgebrauch (s. Burnet 1977: 134–35; vgl. zu diesem Sprachgebrauch auch Plat. *Grg.* 463a–e u. Arist. *Metaph.* 1023b18), eine Art der Gattung ‚Furcht', die mehr umfasst als nur Scham (12c), und ebenso ist ‚ehrfürchtig' ein Teil im Sinne einer Art der Gattung ‚gerecht' (12d). Jedoch unterscheidet sich die Argumentation des Derveni-Autors dahingehend deutlich von der Platons, dass er aus der (rudimentären) Bestimmung der Begriffe als Gattung und Art auf die *Gleichsetzung* derselben schließt. Dass sich für den Derveni-Autor die Gleichsetzung von „aussprechen", „sagen" und „lehren" ergibt, zeigt, dass er ein nur rudimentäres Verständnis der innovativen Taxonomie von Gattung und Art hat (vgl. dagegen auch Aristoteles' Nutzbarmachung der Art-Gattung-Unterscheidung zur Erklärung und Bestimmung der Metapher in *Po.* 21, 1457b1–33).

κⲁⲓ̀ "λέγειν"· *und „sagen"*
Aus dem Fortgang des Argumentes ergibt sich, dass der Autor λέγειν („sagen") mit φωνεῖν („Laute äußern") gleichsetzt. Die Erklärung für die Gleichsetzung folgt unmittelbar.

[οὐδὲ γ]ὰρ λέ[γ]ειν οἷόν τε μὴ φωνοῦντ[ι]. *Denn es ist*
[un]möglich, (etwas) zu sagen ohne (es) auszusprechen
Das ergänzte οὐδὲ steht hier in der Bedeutung καὶ οὐ („und
nicht") (Denniston 1954: 192); alleiniges οὐ (ZPE) ist für
die Lücke zu kurz. Die Ergänzung der Dativendung in
φωνοῦντ[ι (anstelle der Akkusativform φωνοῦντ[α in ZPE
und KPT) bestätigt Janko mit dem Hinweis, dass auf dem
Papyrus nach dem Buchstaben T kein linker Fuß eines A
zu sehen ist.

Die Begründung für die Gleichung λέγειν = φωνεῖν
ist, dass jedes Sagen (λέγειν) ein Aussprechen von Lauten
(φωνεῖν) miteinschließt (s. Erläuterungen oben).

ἐνόμιζε δὲ ... *Er meinte ...*
Das Subjekt von ἐνόμιζε („er meinte") ist Orpheus, dem
der Autor hier die Gleichsetzung von „sagen" und „Laute
aussprechen" zuschreibt. Er selbst bringt diese Ansicht des
Orpheus durch seine Interpretation ans Licht.

§30 (X.3–10 KPT): Sagen, lehren und aussprechen
bedeuten dasselbe

"λέγειν" δὲ καὶ "διδάςκειν" τὸ αὐτὸ δύναται·
Und „sagen" und „lehren" bedeuten dasselbe.
Analog zur Argumentation in §29 (s. Erläuterungen dort)
formuliert der Autor nun die Gleichung λέγειν „sagen" =
διδάςκειν „lehren" (zu δύναμαι im Sinne von „bedeuten"
s. Hdt. 2.30.1; zu τὸ αὐτὸ δύναμαι „dasselbe bedeuten" s.
Aristoph. *Nu.* 674). Als Begründung dient die Implikation
von „sagen" in „lehren": Jedes Lehren impliziert ein Sagen.

νομίζεται δὲ τὸ "διδάϲκειν" ἐν τῶι "λέγειν" εἶν[αι.
Und das Lehren gilt als eine Art des Sagens.

Für die Identifizierung von „sagen" und „lehren" beruft
sich der Autor diesmal nicht speziell auf die Ansicht des
Orpheus (s. ἐνόμιζε in §29), sondern auf das allgemeine
Verständnis (νομίζεται), wonach das Lehren zum Sagen gehört bzw. sich „in ihm" (ἐν τῶι) befindet, d.h. „lehren" eine
Art von „sagen" ist. In der Formulierung ἐν τῶι ... εἶναι
bringt der Derveni-Autor das Prinzip der *Implikation*, auf
dem seine Gleichsetzungen beruhen, auf den Punkt. Daher
ist διδάϲκειν ἐν τῶι λέγειν (ZPE) „Lehren ist *im* Sagen"
gegenüber διδάϲκειν ἐν τῶι λέγειν (KPT) „Lehren ist eines
mit dem Sagen" vorzuziehen. Zur Bedeutung von ἐν τῶι
εἶναι im Sinne von „zu einer Klasse/Art gehören", s. Arist.
Ph. 210a18; *APr.* 53a21–22; *Metaph.* 1022a28 (vgl. auch die
Wendung ἐν μέρει τινὸς τιθέναι in Plat. *Rep.* 348e).

οὐ τοίνυν τὸ μὲν "διδάϲκειν" ἐκ τοῦ "λέγειν" ἐχ[ω]ρ[ί]ϲθη.
**Folglich wurde „lehren" nicht von „sagen" getrennt
(oder: unterschieden)**

Aus der Feststellung, dass Lehren *im* Sagen ist (ἐν τῶι)
und somit im Sinne einer Art unter das Sagen zu stellen
ist, folgert (τοίνυν) der Autor nun umgekehrt, dass das
Lehren *untrennbar* mit dem Sagen verbunden ist und sogar mit ihm gleichzusetzen ist (οὐ ... ἐχ[ω]ρ[ί]ϲθη „wurde
getrennt"; ἐ[χωρί]ϲθη ergänzt von Rusten 1985: 130 Anm.
20; die Aoristform ἐχωρίϲθη beschreibt entweder die Dichtungstätigkeit des Orpheus, vgl. das Imperfekt ἐνόμιζε in
§29; oder sie ist gnomisch zu verstehen, s. K.-G. I §386.7;
S. 158–60). Dieser Schluss beruht klarerweise auf der Doppeldeutigkeit des Verbs χωρίζεϲθαι, das sowohl „getrennt
sein" als auch „unterschiedlich sein" und „verschieden sein"
(s. Hdt. 1.140; Plat. *Lg.* 663a9) bedeutet. Das Gleiche gilt

für „sagen" und „Laute aussprechen" (οὐ verneint hier beide Teilsätze τὸ μὲν "διδάσκειν" … τὸ δὲ "λέγειν", s. Denniston 1954: 371): weil Sagen *im* Aussprechen bzw. eine Art
des Aussprechens ist, trifft umgekehrt auch zu, dass Sagen
nicht außerhalb (οὐ … ἐκ τοῦ "φωνεῖν") bzw. *getrennt* vom
Aussprechen sein kann. Aus dem Verhältnis der *Zugehörigkeit* zu einer Gattung (ἐν τῶι) wird hier im Handum-
drehen die Negation einer *Trennung* und damit (aufgrund
der Mehrdeutigkeit von χωρίζεσθαι) die Negation einer
jeglichen *Unterscheidung* und somit die für das Argumen-
tationsziel notwendige *Identifikation* (οὐ … ἐχ[ω]ρ[ί]σθη).

τὸ δ' αὐτὸ δύν[α]ται "φωνεῖν" καὶ "λέγειν" καὶ "διδά-
c[κειν]"　*„aussprechen", „sagen" und „lehren" haben
dieselbe Bedeutung*
Aus den Gleichsetzungen, wonach „aussprechen" (φωνεῖν)
(A) = „sagen" (λέγειν) (B) und „sagen" (λεγειν) (B) = „lehren" (διδάσκειν) (C), folgt der Autor nun, dass „aussprechen" (φωνεῖν) (A) = „lehren" (διδάσκειν) (C).

οὕτως [οὐδὲν κωλ]ύει "πανομφεύουσαν" καὶ "πά[ντα]
διδά[σκουσαν" ταὐ]τὸ εἶναι.　*So [steht der Auffassung
nichts im Wege], dass „die alles verkündende" und „die
alles lehrende" dasselbe sind*
Nach der Gleichsetzung von φωνεῖν „aussprechen" (dessen Gleichsetzung mit ὀμφή „Gottesstimme" wohl im verlorenen Teil von Kol. 49 §29 behandelt worden ist) und
διδάσκειν „lehren" ist der Autor bei seinem eigentlichen
Beweisziel angekommen, wonach das Beiwort der Göttin
Nacht „die alles verkündende" soviel bedeutet wie „die alles
lehrende".

Das Beiwort πανομφεύουσα (und das Verb πανομφεύειν)
ist sonst nicht belegt. Das Adjektiv πανομφαῖος („der alle

göttliche Zeichen hat", „allkündend") kommt jedoch als
Beiwort des Zeus in der *Ilias* (8.250) und in den orphischen
Argonautika (660; s. Schelske 2011: 308) vor.

Abgesehen von der eigenwilligen Argumentation (Implikation = Identifikation) erstaunt an dem Gedankengang
in Kol. 50 (§§29–30) vor allem, dass der schlichte Schluss,
wonach „die alles verkündende" eigentlich „die alles lehrende" ist, in keinem Verhältnis zum Aufwand des Argumentes zu stehen scheint. Die beiden Beiwörter haben klarerweise eine sehr ähnliche Bedeutung. Darüber hinaus ist
bemerkenswert, dass der Autor an dieser Stelle gar nicht
um eine allegorisch-physikalische Auslegung bemüht ist.
Will er dem Leser seine argumentative Artistik vor Augen
führen? Calame (1997: 77–78) weist darauf hin, dass der
Autor durch die Deutung von πανομφεύουϲα als „die alles lehrende" die Orakel der Nacht mit der Dichtung des
Orpheus in Verbindung bringt, die beide eine vorrangig
didaktische Funktion haben (vgl. Kol. 45 u. 60 m. Erläuterungen). Beide bedürfen der Auslegung und Deutung, die
im Falle des orphischen Textes vom Derveni-Autor gegeben
wird (vgl. auch Laks 1997: 139–40 und Piano 2010: 17–23).

§31 (X.11–14; XI.1 KPT):
Die Wirkung der kühlenden Nacht

"τροφ[ὸν" δὲ καλῶν αὐ]τὴν
[*Indem er sie*] als „*Amme*" [*bezeichnet*]
Die Göttin Nacht wird im orphischen Text „Ernährerin"
oder „Amme" (τροφός) genannt. Der Neuplatoniker Proklos bezeugt diese Bezeichnung auch für die *Rhapsodische
Theogonie* (*OF* 112: θεῶν τροφὸς ἀμβροϲίη Νύξ „der Götter Amme, die ambrosische Nacht"; vgl. auch *OF* 182 u.

209). Auch wenn die Höhle der Nacht als der Ort genannt wird (*OF* 208–12), an dem Zeus als Säugling beschützt und aufgezogen wurde, so nährt die Nacht die anderen Götter wohl vor allem mit ihrem Ratschlag und ihren Weissagungen (vgl. *OF* 113; 237; zur Rolle der Göttin Nacht in der poetischen Tradition s. Primavesi 2011: 213–18). Dass Orakel geben und Hilfe leisten eng miteinander verbunden sind, macht sich der Derveni-Autor auch in §33 zu Nutze, wo er „Orakel geben" mit „helfen" gleichsetzt.

αἰ[νίζε]ται, ὅτι, [ἅ]σσα ὁ ἥλι[ος θερμαίνων δι]αλύει...
sagt er allegorisch, dass alles, was die Sonne [durch Erwärmung] auflöst...
Die erhaltenen Buchstabenreste lassen vermuten, dass der Autor hier die Ammentätigkeit der Göttin Nacht als Abkühlungsprozess während der Nacht (verstanden als Zeitraum) gegenüber der Sonnenhitze des Tages deutet. Die Sonne, auf deren Entstehung und Bedeutung der Autor in Kol. 53 und 54 zu sprechen kommt, und das Feuer, aus dem sie besteht, bewirken durch die Hitze eine Auflösung der Dinge; diesem Prozess arbeitet die Kühle der Nacht entgegen, so dass sich die Dinge wieder zusammenfügen können. Vielleicht hat der Autor die zusammenfügende und koagulierende Wirkung der Nacht auch etymologisch aus der Bezeichnung τροφός abgeleitet, da das Verb τρέφειν neben „ernähren" zunächst „(Flüssigkeiten) verdicken" und „(etwas) gerinnen/koagulieren (lassen)" bedeutet (Janko 2001: 23 Anm. 117; Kouremenos 2006: 185–86). Es liegt nahe, die der kühlen Nacht zugeschriebene konsolidierende Wirkung auf die Dinge mit dem *Nus* (= der Luft) und dessen Wirkung auf die seienden Dinge im kosmischen Geschehen zu verbinden (s. Kol. 49, 57, 61, 65; s. auch Betegh 2004: 209–10; 252–55 u. Piano 2010: 28–33).

§32 (XI.1–4 KPT): Die Nacht geht niemals unter

ἐξ ἀιδύτοιͺο *aus dem Inneren des Heiligtums*

Der Ausdruck ἐξ ἀ[δύτοι]ο gibt den Ort an, von dem aus
Orakel gegeben werden (s. Parke/Wormell 1961: 19–24 vgl.
Plut. *De def. orac.* 437C). Das Wort „Adyton" (ἄ-δυτον)
ist aus einem alpha-*privativum* und dem Verbaladjektiv des
Passivs von δύνω/δύω (*intr.*) „eintauchen, untergehen" gebildet und bezeichnet ‚etwas, in das nicht eingetaucht werden darf'. Damit ist der Raum eines Heiligtums gemeint,
der nur zu bestimmten Zeiten und nur befugten Personen
zugänglich ist. Im orphischen Mythos ist das Adyton der
Ort, von dem aus die Göttin Nacht ihre Orakel gibt (s. Kol.
50 §29; *OF* 6.2–3): [Ζηνὶ] πανομφεύουσα ͺθεῶνͺ τροφὸς
ἐξ ἀ[δύτοι]ο „Dem Zeus (*sc.* weissagt) die alles verkündende Amme der Götter aus dem Inneren des Heiligtums" (s.
auch *OF* 164).

[λ]έγει … γνώμην ποιού[με]νος
sagt er …, womit er eigentlich meint, dass…

Die Wendung γνώμην ποιεῖcθαι kann „im Sinn haben",
„meinen" (Thuk. 1.128.7) bedeuten; da die umschreiben-
de Form aus ποιεῖcθαι + Nomen im Akkusativ (K.-G. I §
374.5; S. 106) dem einfachen Verbalbegriff (in diesem Fall
γιγνώcκειν) besonderen Nachdruck verleiht, ist γνώμην
ποιεῖcθαι hier im Sinne von „eigentlich meinen", „die Meinung vertreten", „(seine Ansicht) zum Ausdruck bringen"
zu verstehen.

Der Derveni-Autor möchte offenlegen, was Orpheus eigentlich meint, wenn er sagt, dass die Nacht „Orakel gibt"
und zwar „aus dem Inneren des Heiligtums". Zunächst (§32)
geht es um die Bedeutung des Ortes (ἀ[δύτοι]ο), danach
(§33) widmet er sich der Erklärung der Tätigkeit (χρῆcαι).

"ἄδυτον" εἶναι τὸ βάθος τῆc νυκτόc
dass die Tiefe der Nacht nicht sinkt

Die Form ἄδυτον (zur Wortbildung s. oben) kann aufgrund der Diathesenindifferenz des griechischen Verbaladjektivs (vgl. Schwyzer: 501–502) die folgenden beiden Bedeutungen haben: a) *passiv*: das, in was nicht eingesunken werden kann (= *Adyton,* s. oben); b) *aktiv*: das, was nicht sinkt/untergeht. Diese Doppeldeutigkeit macht sich der Derveni-Autor für seine Deutung zu Nutze: Das Wort ἄδυτον, welches substantivisch einen verschlossenen Raum im Heiligtum (*Adyton*) bezeichnet, und dabei auf die passive Bedeutung (= a) festgeschrieben ist, wird von ihm in der aktiven Bedeutung (= b) auf die Bestimmung einer aktiven Fähigkeit (der Tiefe) der Nacht übertragen: Das *Adyton* steht für das *Nichtuntergehen* des Dunkels der Nacht (Kotwick 2017).

οὐ γ[ὰρ] "δύνει", ὥcπερ τὸ φῶc...
[Denn] sie geht nicht unter wie das Licht...

Der Autor überträgt seine Interpretation von ἄδυτον als „nicht untergehend" (ἄδυτον = οὐ δύνει) auf seine physikalische Welterklärung: Das Dunkel der Nacht geht im Gegensatz zum Tageslicht nicht unter, sondern bleibt beständig an demselben Ort bzw. in demselben Zustand (ἐν τῶι αὐτῶι), in dem es (bei Tagesanbruch) vom Sonnenlicht eingenommen wird.

Diese asymmetrische Beziehung zwischen Tag (Licht) und Nacht (Dunkel) unterscheidet sich klar vom Bild des Schichtwechsels zwischen Tag und Nacht, das Hesiod in seiner *Theogonie* zeichnet (746–57). Hesiod stellt Tag und Nacht als Figuren dar, die zwar gemeinsam ein Haus bewohnen, in diesem aber niemals gleichzeitig anwesend sind. Vor diesem Hintergrund liegt es nahe, die Bestimmung der

Nacht als ἐν τῶι αὐτῶι μέ[νο]ν („in derselben Position bleibend") vor allem lokal im Sinne von „an demselben Ort bleibend" zu verstehen (KPT 2006: 132; 186).

Dadurch dass die Nacht sich niemals zurückzieht, sondern dauerhaft präsent ist, kommt ihr weitreichende Macht zu. Das Heraklit-Fragment 22 B 16 D.-K. (fr. 81 Marcovich; T 625 Mouraviev) bietet hierzu eine Parallele, die gleichzeitig einen Kontrast zeigt: darin wird das *Feuer* (s. Kirk 1954: 362–65), das im Gegensatz zur Sonne niemals untergeht (τὸ μὴ δῦνόν), als die Macht bestimmt, der nichts entgehen kann (πῶς ἄν τις λάθοι;). Überträgt der Derveni-Autor bewusst die Autoriät, die Heraklit dem Feuer zuschreibt, auf die Nacht, der frühesten Herrscherin im orphischen Text (vgl. Rangos 2007: 48–50)? Vgl. auch die Autorität, die Parmenides der Nacht in seinem Proömium (28 B 1 D.-K.) zuschreibt (s. dazu Primavesi 2011).

Die Dauerpräsenz der Nacht passt in jedem Fall gut zur alles umfassenden kosmischen Präsenz des Gottes *Nus*/Luft (Kol. 57 §52, Kol. 59 §62; s. auch Kol. 65 §§89–90, vgl. Rangos 2007: 46–48). Eine Gleichsetzung der Nacht mit *Nus*/Luft (die wir im verlorenen Teil der Kolumne vermuten dürfen) könnte sich auch auf folgende Strukturgleichheit stützen: so wie die (kühle) Nacht zwar regelmäßig vom (warmen) Licht eingenommen wird, aber dieses durch Beständigkeit überbietet, kann sich die Luft gegenüber dem Feuer durchsetzen und dessen Macht durch die Erschaffung der Sonne bändigen (s. Kol. 49 §27, Kol. 53 §40, Kol. 55 §§45–46, Kol. 59 §62). Eine Engführung von Nacht und Luft könnte außerdem aus einem archaischen Konzept von Luft resultieren, das diese mit Kälte (s. Kol. 50 §31), Dunkelheit und Nässe assoziiert (Betegh 2004: 210).

νιν *ihr*
Die dorische Form des Personalpronomens (ion. μιν, att.
αὐτόν / αὐτήν) (s. auch Kol. 44 §12 mit Erläuterungen).

§33 (XI.5–9 KPT): Orakel verkünden bedeutet helfen

"χρῆcαι" δὲ καὶ "ἀρκέcαι" ταὐτὸ [δύ]ναται
„ *Orakel verkünden* " und „ *helfen* " *bedeuten dasselbe*
Der Autor erklärt das Verb χρῆcαι, das im orphischen Text
die Orakelvergabe der Nacht bezeichnet, als gleichbedeutend mit dem Verb ἀρκέcαι „helfen" (vgl. Betegh 2004:
212–13; KPT 2006: 187; zur Methode s. Kol. 50 u. Kol. 52
§35). Der Autor versteht die Weissagungen der Nacht an
Zeus als Hilfeleistung zur Erlangung der Macht. Wenn wir
vermuten, dass der Derveni-Autor die Nacht, genauso wie
Zeus selbst, als *Nus*/Luft gedeutet hat, ergibt sich aus dem
mythischen Bild der Orakelvergabe, dass der alleinige Gott
Nus sich selbst hilft (vgl. Kol. 63 §80).

cκέψαcθαι δὲ χρή, ἐφ᾽ ὧι κεῖτα[ι τὸ] "ἀρκέcαι", καὶ τὸ
"χρῆcαι" *Man muss überlegen, in welcher Bedeutung*
„ *helfen* " *und* „ *Orakel verkünden* " *vorkommen*
Die Wendung ἐφ᾽ ὧι κεῖται bedeutet wörtlich: „auf was
die Wörter ... gelegt sind". Gemeint ist damit „wie die Begriffe verwendet werden", „was die Begriffe bedeuten" (LSJ
s.v. κεῖμαι IV.5 u. V.5; z.B. Hdt. 4.184). In Platons *Kratylos* finden sich zahlreiche Belege für die Wendung (ὄνομα)
κεῖcθαι „(als Name) gegeben sein" (392b10, d8; 395c2–3;
396a1, c3–6; 400d5) sowie für die spezielle Formulierung
ὄνομα κεῖται ἐπί τινι „jmd./etwas ist als Name gegeben",
„jmd./etw. heißt" (z.B. 385e1–2, 412c7–8, 419b3). Vgl. auch
ὄνομα κεῖται „geltende Namen" in Kol. 61 §72. Was der

Autor zeigen möchte, ist, dass die Begriffe „helfen" und „Orakel geben" austauschbar verwendet werden und somit die gleiche Bedeutung haben (Janko 2002: 22–23). Als Beleg dient ihm das nachfolgende Zitat.

χρᾶν τόνδε τὸν θεὸν νομίζοντ̣[ες, ἔρ]χονται πευσόμενοι ἅcca ποι̣ ͘ ῶcι. *„Im Glauben, dass dieser Gott Orakel verkündet, gehen sie hin, um zu erfahren, was sie tun sollen."* Der Satz ist im Papyrus durch einen *Paragraphos* (d.h. einen waagrechten Strich am linken unteren Rand der vorausgehenden Zeile: „___") als Zitat gekennzeichnet. Das Zitat soll offenbar die aufgestellte These begründen, dass „helfen" und „Orakel verkünden" bedeutungsgleich verwendet werden. Menschen wenden sich an ein Orakel, um dort Hilfe zu erlangen. Janko (2001: 23; 2002: 22) vermutet, dass es sich bei dem Satz um ein bisher unbekanntes Heraklit-Zitat handelt. Tsantsanoglou (1997: 14 Anm. 21) versteht den Satz als Zitat aus dem alltäglichen Sprachgebrauch (vgl. dazu die Verweise auf alltägliche Redeweisen, in Kol. 58 §58 markiert durch κατὰ φάτιν, in Kol. 61 §72 markiert durch λέγεται κατὰ φάτιν und in Kol. 63 §81 markiert durch φαcί, s. Rusten 2014: 127 m. Anm. 23).

Es trifft zu, dass in dem zitierten Satz das Verb *Orakel verkünden* in der Bedeutung „helfen" verwendet wird und mit diesem gleichbedeutend ist. Jedoch ist aus der Tatsache, dass jedes Orakel Vergeben ein Helfen ist, nicht zu schließen, dass jedes Helfen ein Orakel Vergeben ist und die beiden Begriffe miteinander gleichzusetzen sind (vgl. Erläuterungen zu Kol. 50 §30).

Der Beispielsatz des Derveni-Autors ist in zweifacher Hinsicht aufschlussreich. Zum einen zeigt er uns erneut (vgl. Kol. 45 §14 „wir betreten die Orakelstätte"), dass der Derveni-Autor mit dem Komplex der Orakelkonsultation bestens vertraut war (vgl. Most 1997: 120). Zum anderen scheint darin auch Kritik an einer Orakelbefragung auf, die auf den Erhalt von praktischen Handlungsanweisungen (ἄcca πο`ι´ ῶcι) fokussiert ist, anstatt auf die Sicherung des eigenen postmortalen Seelenheils (s. dazu Kol. 45 §§14–15).

§34 (XI.9–14; XII.1 KPT): Die Weissagungen der Nacht

[Νὺξ] ἔχρηcεν ἅπαντα, τά οἱ θέ[μιc ἦν τελεέc]θαι
[*Nacht*] *weissagte alles, was ihm bestimmt* [*war zu voll-enden*] (*OF* 6.4)

Die Ergänzung Νύξ („Nacht") am Versanfang stammt von Sider (2014: 238–39; s. auch Santamaría 2012a: 59). ZPE ergänzte ἡ δὲ („sie aber") (zur *scriptio plena* vgl. Kol. 48 §24). Wests (1983: 114) Vorschlag ἥ οἱ („sie … ihm") ist für die Lücke zu kurz (Tsantsanoglou) und wiederholt οἱ in stilistisch unattraktiver Weise (Sider). Für das Ende des Verses sind mehrere Ergänzungen möglich (Santamaría 2012a: 59–60): Tsantsanoglous ἦν ἀνύcac]θαι (oder ἐξανύcac]θαι) („[be-stimmt] war auszuführen"), Jankos (2002) ἦεν ἀκοῦ]çαι („[bestimmt] war zu hören"), das die Exklusivität der Infor-mationsvergabe hervorhebt und damit in Verbindung zu dem Eingangsvers φθέγξομαι οἷc θέμιc ἐcτί· θύραc δ᾽ ἐπίθεcθε, βέβηλοι (*OF* 1b, Kol. 47 §21) steht, und Siders ἦν τελέεc]θαι (oder ἐκτελέεc]θαι) („[bestimmt] war zu vollenden"). Wie Santamaría (2012a: 59–60) zeigt, entspricht die Ergänzung ἦν τελέεc]θαι dem epischen Sprachgebrauch am besten.

Der *OF* 6.4 unmittelbar vorausgehende Vers lässt sich aus den in §§31–33 zitierten Stücken rekonstruieren (Santa-maría 2012a: 58–59; s. auch Erläuterungen zu Kol. 50; vgl. die Rekonstruktion von Bernabé in *OF* 6).

[Ζηνὶ] πανομφεύουcα [θεῶν] τροφὸc ἐξ ἀ[δύτοι]ο
[Νὺξ] ἔχρηcεν ἅπαντα, τά οἱ θέ[μιc ἦν τελέεc]θαι,

[Dem Zeus] weissagte aus dem Inneren des Heiligtums die alles verkündende Amme [der Götter, die
Nacht] alles, was ihm [bestimmt war zu vollenden].

Zur Frage der Fortsetzung im orphischen Text s. Erläuterungen zu Kol. 52 §35.

Die Göttin Nacht hilft Zeus, indem sie ihn durch Orakel und Weissagungen auf die Herrschaftsübernahme vor-
bereitet (vgl. *OF* 113; 237). Wie der Anschluss durch *OF* 6.5
(zitiert in Kol. 52 §35) nahelegt, geht das Gespräch Zeus'
Machtergreifung voraus (s. Santamaría 2012a: 60–61). Aus
der *Rhapsodischen Theogonie* ist ein Fragment erhalten, das
einen Ausschnitt aus dem Dialog zwischen Zeus und Nacht
wiedergibt (*OF* 237). Zeus wendet sich an die Nacht (*OF*
237.1–3):

> Liebe Amme, allerhöchste unter den Göttern,
> unsterbliche Nacht, wie, zeige mir dies, wie muss
> ich eine starke Herrschaft über die Unsterblichen
> einrichten? Wie wird mir alles eines sein und (doch)
> jedes einzeln?

Darauf antwortet die Nacht (*OF* 237.4–8):

> Umfasse alles mit dem unnennbaren *Aither*, in dessen
> Mitte, den Himmel, und darin die unendliche Erde,
> darin aber das Meer, darin dann alle Gestirne, die
> den Himmel umkränzen. Aber wenn du eine starke
> Fessel um alles spannst, nachdem du eine goldene
> Kette aus dem Himmel gehängt hast … .

Wir wissen nicht genau, wie weit der Inhalt der *Rhapsodischen Theogonie* mit früheren Fassungen der orphischen

Theogonie, wie z.B. der Derveni-Theogonie, übereinstimmt. Zeus' Frage nach Einheit und Vielheit der ihm
untergebenen Welt lässt sich jedoch mit der für die frühgriechische Philosophie wichtigen Frage nach dem Verhältnis von Einheit und Vielheit in der Welt verbinden. Diese
Fragestellung findet in der orphischen Theogonie Ausdruck
im Bild von Zeus, der die ganze Welt in sich vereinigt (vgl.
Betegh 2004: 175–79).

[οὕτω] θεὶς ἐδήλωσεν, ὅτι …
[*Mit diesem*] *Ausdruck machte er deutlich, dass* …
Es schloss sich wohl eine allegorische Erklärung des zitierten Verses (*OF* 6.4) an. Zur Ergänzung des Zeilenan-
fangs schlägt Tsantsanoglou (KPT 2006: 188) διατι]θεὶς
ἐδήλωσεν im Sinne von „komponierend macht er deutlich" vor. Gegen diesen Vorschlag spricht, dass διατίθημι
in der Bedeutung „komponieren" oder „vortragen" ein
direktes Objekt, wie z.B. „Gesetze" oder „die *Ilias*" (Plat.
Lg. 834a5–6 und 658d7) erfordert. Janko erwägt τάδε]
θεὶς ἐδήλωσεν „indem er dies geschrieben hat, macht
er deutlich…". Zu τίθημι in der Bedeutung „in Worten
niederlegen", „schreiben" s. Plat. *Lg.* 793b, wo es jedoch
ebenfalls nicht absolut steht, sondern mit ἐν γράμμασι
„in Worten". Da das Pronomen τάδε eher auf das Folgende als auf das Vorausgehende verweist, schlage ich als
Alternative οὕτω] θεὶς ἐδήλωσεν („indem er so formuliert hat, machte er deutlich…") vor (zur Verwendung von
τίθημι und davon abgeleitete Nomina zur Bezeichnung
der Dichtungstätigkeit des Orpheus vgl. 47 §19 τὴν τῶν
ὀ]νομάτων [θέ]cιν).

§35 *(XII.1–6 KPT): Die Bedeutung von „Olymp"*

ὡς ἄρξ[ηι κα]τὰ καλὸν ἕδος νιφόεντος Ὀλύμπου
damit er Herrscher wird auf dem schönen Sitz des schnee-
bedeckten Olymps (OF 6.5)
Der Vers ist Teil der Prophezeiung, die Zeus von der Nacht
erhält. Die Erlangung der Herrschaft besteht in der Ein-
nahme des Olymps als Herrschaftssitz. Aus den Angaben
in Kol. 50–52 ergibt sich folgender Zusammenhang (Sider
2014: 238–44; Santamaría 2012a: 58–61; 74–75 mit weiter-
führenden Literaturangaben):

[Ζηνὶ] πανομφεύουσα ˌθεῶνˌ τροφὸς ἐξ ἀ[δύτοι]ο
(§§29–32; *OF* 6.2–3)
[Νὺξ] ἔχρησεν ἅπαντα, τά οἱ θέ[μις ἦν τελέες]θαι,
(§§33–34; *OF* 6.4)
ὡς ἄρξ[ηι κα]τὰ καλὸν ἕδος νιφόεντος Ὀλύμπου.
(§35; *OF* 6.5)

Aus dem Inneren des Heiligtums weissagte die Nacht,
die alles verkündende Amme der Götter, dem Zeus
alles, was ihm bestimmt war zu vollenden, damit er
Herrscher wird auf dem schönen Sitz des schneebedeckten Olymps.

ὡς ἄρξ[ηι **damit er Herrscher wird**
Die Konjunktivform ἄρξ[ηι wurde von Burkert vorgeschlagen (vgl. ὡς ἄ[ρξαι in West 1983: 114) und konnte nun von
Janko gesichert werden, da Reste der Buchstaben ρ und ξ
auf einem losgelösten und nach unten verrutschten Papyrusstückchen zu lesen sind. Somit ist der Vers als Finalsatz
(eingeleitet durch ὡς) mit Konjunktiv zu verstehen (K.-G.
II §553; S. 377–83). Im Finalsatz kann der Konjunktiv (an-

stelle des obliquen Optativs) auch nach Nebentempus im Hauptsatz (ἔχρηϲεν in *OF* 6.4) stehen (K.-G. II §553; S. 380–82). Tsantsanoglou las ὡϲ ἂν ἔ[χοι „damit er halten dürfte" (zum Finalsatz mit Optativ + ἄν s. K.-G. II §553; S. 386).

καλὸν ἔδοϲ νιφόεντοϲ Ὀλύμπου
auf dem schönen Sitz des schneebedeckten Olymps

Die Beschreibung von Zeus' Herrschaftssitz als „auf dem schönen Sitz des schneebedeckten Olymps" kommt ebenfalls in *Hom. Hymn.* 15.7 (νῦν δ' ἤδη κατὰ καλὸν ἔδοϲ νιφόεντοϲ Ὀλύμπου) vor (eine mögliche Abhängigkeit der Verse diskutiert Brisson 1997: 153; vgl. auch Erläuterungen zu Kol. 66 §§94–95 u. Sider 2014: 240; vgl. außerdem ἔδοϲ νιφόεντοϲ Ὀλύμπου in *Orph. Hymn.* 25.7, ἔδοϲ Ὀλύμποιο in Hom. *Il.* 24.144 und Ὀλύμπου νιφόεντοϲ 18.616).

"Ὄλυμπ[οϲ" καὶ "χ]ρόνοϲ" τὸ αὐτόν
„Olymp" und „Zeit" sind dasselbe

Der Autor deutet das Wort Ὄλυμποϲ („Olymp") als „Zeit" (zur Form der Gleichsetzung vgl. §§30, 33). Er begründet diese Deutung im Folgenden mit der sprachlichen Tatsache, dass beide Begriffe mit dem Adjektiv μακρόϲ („lang", „hoch") verbunden werden können. Die traditionelle Vorstellung, dass Ὄλυμποϲ „Himmel" bedeutet, lehnt er strikt ab, da „Himmel" als Beiwort εὐρύϲ („weit", „breit") hat.

οἱ δὲ δοκοῦντεϲ "Ὄλυμπ[ον" καὶ] "οὐρανὸν" [τ]αὐτὸ εἶναι ἐξαμαρτάν[ουϲ]ιν *diejenigen, die glauben, dass „Olymp" [und] „Himmel" dasselbe seien, irren sich*

Der Autor verteidigt die Gleichsetzung von „Olymp" und „Zeit" gegenüber der landläufigen Annahme, dass „Olymp" den Himmel bezeichnet. Wer den Olymp als Himmel versteht, irrt sich (zu ἐξαμαρτάνειν in der Bedeutung „fehl-gehen" bezogen auf eine geistige Tat, s. Plat. *Crat.* 387a–d; Brisson 1997: 154).

„Olymp" bezeichnet in der epischen Sprache durchaus den Himmel: Im homerischen Epos werden Olymp und Himmel bedeutungsgleich verwendet: z.B. in *Od.* 6.240 θεῶν, οἳ Ὄλυμπον ἔχουσι „der Götter, die den Olymp be-wohnen" und nur drei Verse später (6.243) θεοῖσιν ἔοικε, τοὶ οὐρανὸν εὐρὺν ἔχουσιν „schien den Göttern, die den wei-ten Himmel bewohnen" (s. auch *Il.* 1.497 μέγαν οὐρανὸν Οὔλυμπόν τε, dazu Sale 1984: 13–14; zur Diskussion der antiken Homerphilologen s. Schironi 2001). Olymp als Be-zeichnung für den Himmel oder einen bestimmten Teil des Himmels begegnet uns auch bei anderen frühgriechischen Denkern: Parmenides zählt den Olymp zu den Himmels-körpern (28 B 11 D.-K.: πῶς γαῖα καὶ ἥλιος ἠδὲ σελήνη / αἰθήρ τε ξυνὸς γάλα τ᾽ οὐράνιον καὶ ὄλυμπος / ἔσχατος „wie die Erde, die Sonne, der Mond, die gemeinsame Luft, die himmlische Milchstraße und der äußerste Olymp"); bei Empedokles scheint die Sonne dem Olymp, d.h. dem Himmel(sgewölbe), entgegen (31 B 44 D.-K.: ἀνταυγεῖ πρὸς Ὄλυμπον „sie (die Sonne) stahlt zum Olymp zu-rück"); s. auch Philolaos, dem die Bezeichnung Olymp für den äußersten Teil des Universums zugeschrieben wird (44 A 16 D.-K.). Dieser weitverbreiteten Verwendung des Wor-tes Olymp als Bezeichnung für den Himmel widerspricht der Derveni-Autor im Hinblick auf den orphischen Text.

Zur Begründung seiner Korrektur des geläufigen Ver-ständnisses von Olymp verweist der Autor auf die Beiwör-ter, die traditionell mit den Begriffen „Olymp" (Ὄλυμπος), „Himmel" (οὐρανός) und „Zeit" (χρόνος) verbunden werden. Eine ebenfalls auf den Gebrauch der Beiwörter gestützte Ablehnung des Verständnisses von Olymp als

Himmel wird Leagoras von Syrakus (in *Anecdotum Parisinum*, der Pariser Handschrift Lat. 7530 aus dem 8. Jahrhundert) zugeschrieben (vgl. auch Schol. A *Il.* 1.402 Ariston.; s. Schironi 2001: 12–14; 17–21; Bernabé 2007a: 214). Zur Gleichsetzung von Begriffen aufgrund ihrer Beiwörter vgl. Heraklit (der Allegoriker; 1.–2. Jh. n. Chr.), *Quaestiones Homericae* 6.6–7.15. Der Derveni-Autor stützt seine Deutung des orphischen Textes hier also auf Beobachtungen zum epischen Sprachgebrauch (vgl. §33).

[οὐ γ]ινώϲκον[τ]εϲ, ὅτι οὐρανὸν οὐχ οἷόν τε "μακ[ρό]-τερον" ἢ "εὐρύτε[ρο]ν" εἶναι **weil sie nicht verstehen, dass der Himmel nicht „lang", sondern nur „weit" sein kann**

Zur Konstruktion von μακ[ρό]τερον ἢ εὐρύτε[ρο]ν (wörtl. „eher länger als breiter") s. K.-G. II §541.5; S. 312; vgl. z.B. Hdt. 3.65). Die Unverständigen erkennen nicht, dass οὐρανόϲ mit dem Beiwort εὐρύϲ („weit"), aber nicht mit μακρόϲ („lang", „hoch") verbunden wird, welches ein gängiges Beiwort von Ὄλυμποϲ ist (s. §36). Das griechische Adjektiv μακρόϲ bedeutet sowohl „lang" als auch „hoch"; im Deutschen würde man es daher mit „lang" übersetzen, wenn es die Zeit beschreibt, und mit „hoch", wenn es den Olymp beschreibt. Jedoch verwende ich in der Übersetzung zum besseren Verständnis der Argumentation für μακρόϲ durchgehend die Bedeutung „lang".

Die sprachliche Beobachtung des Derveni-Autors ist durchaus zutreffend. Das Wort οὐρανόϲ kommt verbunden mit εὐρύϲ im homerischen Epos in verschiedenen Formeln vor (z.B. εἰϲ οὐρανὸν εὐρύν *Il.* 3.364, 5.867, 7.178; οὐρανὸϲ εὐρὺϲ 15.36; οὐρανὸν εὐρὺν *Od.* 4.378, 5.169; ein Beispiel aus dem orphischen Korpus bietet *OF* 149: οὐρανὸν εὐρὺν), verbunden mit μακρόϲ dagegen niemals

(s. Brisson 1997: 155 u. Sale 1984; vgl. auch Schironi 2001: 12–15). Ebenso belegen zahlreiche Stellen des Epos, dass μακρός typischerweise neben Ὄλυμπος steht: z.B. μακρὸν Ὄλυμπον Hom. *Il.* 1.402, 2.48, 5.398, 8.199; *Od.* 10.307, 15.43, 20.73; μακρὸς Ὄλυμπος *Il.* 15.193; s. auch *OF* 140.

§36 (XII.6–10 KPT):
Übereinstimmende Beiwörter von Olymp und Zeit

χρόνον δὲ "μακρὸν" εἴ τις [ὀνομ]άζοι, οὐκ ἂν ἐ[ξα]μαρτάνοι *wenn hingegen jemand die Zeit als „lang" bezeichnete, dürfte er sich keineswegs irren*

Im Gegensatz zu οὐρανός kommt χρόνος („Zeit") sehr wohl mit dem Beiwort μακρός (in der Bedeutung „lang") vor. Auch wenn in der homerischen Dichtung χρόνος meist mit πολύς verbunden wird, so stimmt doch auch diese Beobachtung des Derveni-Autors mit dem Sprachgebrauch überein, der sich in der griechischen Literatur insgesamt widerspiegelt (*Od.* 10.470 ἤματα μακρά; 11.373 νύξ ... μακρή; Hdt. 1.32.2 ἐν ... τῷ μακρῷ χρόνῳ; vgl. auch Aisch. *Pers.* 741 διὰ μακροῦ χρόνου, Soph. *Ant.* 422 ἐν χρόνῳ μακρῷ).

ὁ δέ, ὅπου μὲν "οὐρανὸν" θε[λήσ]αι [αἰνί]ζε[σθαι], προσθήκην "εὐρὺν" ἐποεῖτο *Er (Orpheus) jedoch, wo auch immer er in allegorischer Weise „Himmel" sagen wollte, setzte „weit" hinzu*

Nach den Feststellungen zum allgemeinen (und v.a. homerischen) Sprachgebrauch überträgt der Autor seine Beobachtungen auf die Sprache des Orpheus (ὁ δέ): Auch Orpheus folgt dem epischen Sprachgebrauch und gibt in seiner allegorisch auszulegenden Rätseldichtung (αἰνί]-

ζε[cθαι) dem Himmel (οὐρανός) stets das Beiwort εὐρύς ("weit").

ὅπου δ᾽ "Ὀ[λυ]μπο[ν", τὸ] ἐναντίον, "εὐρὺν" μὲν οὐδέ-ποτε, "μα[κρὸ]ν" δέ *wo er aber „Olymp" sagen wollte, (setzte er) im Gegenteil niemals „weit" (hinzu), sondern „lang"*
Jankos Einfügung des Fragmentstücks I 66 bestätigt nun die (bereits von ZPE vorgeschlagene und aus dem Gedankengang erforderliche) Ergänzung Ὀ[λυ]μπο[ν.

In Übereinstimmung mit der Regelhaftigkeit des Beiwortgebrauchs in der Dichtung und dem allgemeinen Sprachgebrauch verwendet Orpheus für den Olymp stets das Beiwort μακρός ("lang"). Damit hat der Autor sein Interpretationsziel erreicht: „Olymp" bedeutet „Zeit". Seine Entschlüsselung des Wortes „Olymp" als „Zeit" beruht auf dem übereinstimmenden Beiwort („lang"). Dieser Beiwortgebrauch zeigt laut Derveni-Autor, dass das traditionelle Verständnis des Begriffs „Olymp" im Sinne von „Himmel" falsch ist.

Brisson (1997: 153) stellt die Vorgehensweise des Derveni-Autors, zwei Begriffe aufgrund der Übereinstimmung einer Bestimmung (weit, lang) miteinander gleichzusetzen, der aristotelischen Regel (*Top.* VII.1, 152ᵃ33–7) gegenüber, wonach zwei Dinge nur dann identisch sind, wenn alle ihre Bestimmungen (Akzidentien) überstimmen. Diese Unterscheidung ist für das eigentliche Anliegen des Derveni-Autors jedoch wenig hilfreich. Diesem geht es weniger um eine Identifizierung der Entitäten Olymp und Zeit aufgrund (nur) einer gemeinsamen Bestimmung, als vielmehr um die Entschlüsselung dessen, was der Dichter Orpheus eigentlich meint, wenn er in seinen Versen das Wort „Olymp" verwendet. Die vom Derveni-Autor vorgeschlagene Interpretation des Wortes „Olymp" als „Zeit" basiert auf der grundsätzlichen Annahme, dass Orpheus bei der *Verschlüsselung* seiner Dichtung bestimmten Regeln folgt (Codierung), die es dem Derveni-Autor ermöglichen, die gedichteten Worte wieder zu *entschlüsseln* (Decodierung). Die hier angewandte Regel besagt, dass die eigentlich intendierte Bedeutung („Zeit"), die sich hinter dem Wort („Olymp") verbirgt, aus dem Beiwort (μακρός „lang", „hoch") abzulesen ist, welches ebenso zu dem eigentlich gemeinten Wort („Zeit") gestellt werden kann.

Auch wenn uns diese Interpretation von „Olymp" als „Zeit" fragwürdig erscheint, so zeigt sich in der vorgeführten Argumentation, dass der Derveni-Autor über eine genaue Kenntnis der epischen Sprache verfügt. Außerdem legt er hier eine philologische Herangehensweise an den Tag, die uns sonst erst aus der Alexandrinischen Homerphilologie der hellenistischen Zeit bekannt ist, und hier gleichsam in einem Frühstadium aufscheint (s. Lamedica 1991; Rusten 2014: 125–26; vgl. Einleitung unter „Ein Kommentar?"). In der Abhandlung des Derveni-Autors gibt es beides: zügellose Allegorese, aber auch strenge Philologie (vgl. Struck 2004: 18; 72).

Welche weiterführende Absicht der Autor mit seiner Deutung von „Olymp" als „Zeit" bezweckt, ist unklar. Brisson (1997) zeigt (in Antwort auf Tortorelli Ghidini 1989), dass es dem Autor sicher nicht um die aus später bezeugten orphischen Theogonien bekannte Gottheit *Chronos* (*OF* 76–79, 96, 109–11, 114) geht bzw. die vom Autor durchgeführte Interpretation kein Hinweis auf das Vorkommen dieser Gottheit in der Derveni-Theogonie ist.

§37 (XII.10–15 KPT): Zur Bedeutung von „schneebedeckt"

"[νιφ]όεντ[α]" δὲ φήcαc εἶναι ...
Indem er sagt, dass er (der Olymp) „schneebedeckt" ist ...
Der Derveni-Autor widmet sich nun dem Adjektiv νιφόειc
(„schneebedeckt"), das im orphischen Text den Olymp
beschreibt. Worauf seine Deutung von „schneebedeckt"
letztlich hinauslief, ist nicht mehr nachvollziehbar. Aufgrund der erhaltenen Reste lässt sich vermuten, dass der
Autor das Wort νιφόειc „schneebedeckt", das traditionell
die Eigenschaft eines Berges (s. *Il.* 13.754, 14.227, 20.385;
Od. 19.338) oder speziell des Olymps (*Il.* 18.616; Hes. *Th.*
42, 62, 118, 794, 953) beschreibt, in das Wort νιφετώδηc
„schneeig" übersetzte, um dieses dann mit der „Zeit" (als
der eigentlichen Bedeutung von „Olymp") zu verbinden.
Sowohl Aristoteles (*Meteor.* II. 6; 364b21) als auch Strabon
(4.5.2.33) verwenden das Adjektiv νιφετώδηc zur Charakterisierung von Winden.

Die Ergänzung des Verbs ε[ἰκάζει (Tsantsanoglou) „er
macht gleich", „er vergleicht" ist plausibel; der Autor verwendet es an zwei vergleichbaren Stellen im Papyrus (Kol.
53 §40 u. Kol. 59 §64). Was in der Lücke nach ε[ἰκάζει
stand, ist hingegen schwieriger anzugeben. Die Ergänzung
τὸν χρόνον „die Zeit" (Tsantsanoglou hatte χρόνον vorgeschlagen, s. Brisson 1997: 157, Janko aufgrund der tatsächlichen Größe der Lacuna den Artikel τὸν hinzugesetzt) ist
naheliegend (vgl. die Deutung in §§35–36), aber keineswegs
zwingend.

[τὸ δὲ] νιφετῶ[δεc λαμπρὸν τε καὶ λε]υκόν ἐ[cτι]
[*Das*] *Schneeige ist* [*hell und*] *weiß*
Sicher ist an dieser Stelle des Textes nur die erneute Erwäh-
nung von νιφετῶδεc. Die Lesung des Adjektivs λευκόc

„weiß" ist sehr wahrscheinlich, woraus sich die Vermutung ergibt, dass der Derveni-Autor hier das Erscheinungsbild von Schnee beschrieben hat. Daher bietet es sich an, mit Janko neben λευκόν „weiß" als weiteres Adjektiv λαμπρόν „hell" zu ergänzen, das im folgenden Satz wieder aufgenommen (μ[ηδὲ λ]αμπ[ρὸν) und, so Jankos Vermutung, durch das Wort πολιόν „grau" relativiert wurde: ‚Aber nicht ganz und gar hell, sondern grau…'.

Vielleicht wollte der Derveni-Autor die Zeit durch die Verbindung mit Schnee als winterliche Jahres*zeit* verstanden wissen.

§38 (XIII.1–3 KPT):
Die Machtübernahme des Zeus

Ζεὺc μέν, ἐπεὶ δὴ πατρὸc ἑοῦ πάρα [θ]έϲφατ' ἀκούϲα[c]
„Als Zeus von seinem Vater, nachdem er die Prophezei-
ungen gehört hatte, …" (*OF* 7)
Der Vers ist mit dem in Kol. 48 §24 zitierten (= *OF* 5.1: Ζεὺc μὲν ἐπεὶ δὴ πα͜ιτρὸc ἑο͜ιῦ πάρα θέ[c]φατον ἀρχὴν) bis auf das Versende identisch. Es ist nicht auszuschließen, dass es sich um denselben Vers handelt (*OF* 5.1 ≈ *OF* 7), der hier und in Kol. 48 §24 in jeweils leicht verschiedener Form zitiert wird (s. Erläuterungen zu §§24–25).

Auch der hier zitierte Vers (*OF* 7) ließe sich mit dem in §24 zitierten Anschlussvers (*OF* 5.2) verbinden, woran dann sogar der zwei Zeilen später (§39) zitierte Vers (*OF* 8) direkt angeschlossen werden könnte (s. Rusten 1985: 126; Santamaría 2012a: 61–65; 74; von einer anderen Reihenfolge gehen aus u.a. Burkert 1987: 38 Anm. 57; 2003: 98–99; Bernabé 2004: 15–19; 2007: 103–107):

Ζεὺς μέν, ἐπεὶ δὴ πατρὸς ἑοῦ πάρα [θ]ἐϲφατ' ἀκοῦϲα[ϲ]

(OF 7, cf. OF 5.1)

[ἀ]λκήν τ' ἐν χείρεϲϲ{ι} ἔλαβιεν κιαὶ δαίμονιαι κυδρόν

(OF 5.2)

αἰδοῖον κατέπινεν, ὃϲ αἰθέρα ἔκθορε πρῶτοϲ ... (OF 8)

Als Zeus, nachdem er die Prophezeiungen gehört hatte,
von seinem Vater die Macht in seine Hände nahm und
den ruhmvollen ehrwürdigen *Daimon* verschluckte,
der als erster in den *Aither* heraussprang...

In dieser Rekonstruktion beginnt mit ἐπεὶ ein sich über
drei Verse erstreckender temporaler Nebensatz, der die beiden Tätigkeiten des Zeus („er nahm" und „er verschluckte") beschreibt; der dazugehörige Hauptsatz ist nicht erhalten. Kouremenos (2006: 23) erwägt, das τ' (nachgestelltes
„und") in OF 5.2 zu tilgen, in der Annahme, dass es sich
hierbei um einen späteren Versuch handelt, ἀρχήν in OF
5.1 (!) (s. Kol. 48 §24) und ἀλκήν miteinander zu verbinden. Unter der weiteren Annahme, dass das καὶ hier apodo-
tisch steht (Denniston 1954: 308–9; Santamaría 2012a: 62),
könnte κιαὶ δαίμονιαι κυδρόν | αἰδοῖον κατέπινεν („er
verschluckte den ruhmvollen ehrwürdigen *Daimon*") dann
als Hautpsatz verstanden werden. In jedem Fall gibt es keinen Hinweis darauf, dass OF 7 und OF 8 im orphischen
Text in direkter Nachfolge standen.

Der auf den ersten Blick naheliegende Bezug von
πατρὸς ἑοῦ πάρα („von seinem Vater") auf ἀκοῦϲα[ϲ] („er
hatte gehört"), ist höchst unwahrscheinlich, da, wie Santamaría (2012a: 63) zeigt, in der epischen Sprache ἀκούω +
παρά zur Angabe des Sprechers sonst nicht vorkommt. Aus
OF 7 geht also keineswegs hervor, dass Zeus die Orakel *von
seinem Vater* gehört hat. Dass er sie vielmehr (wie aufgrund
der in §§29, 34–35 zitierten Verse = OF 6.1–5 nahegelegt)

allein von der Nacht erhalten hat, deckt sich mit dem, was
wir von der *Rhapsodischen Theogonie* wissen. Hier erhält
Zeus Orakel von der Nacht, und (*pace* Rusten 1985: 126)
lediglich *Ratschläge* von Kronos (*OF* 239 I Proklos, *In Plat.
Cratyl.* 27.21–28.8 Pasquali; vgl. West 1983: 72).

οὔτε … οὔτε *weder … noch*
Der Derveni-Autor stellt klar, dass ein wörtliches Verständnis des Mythos fehlgehen muss. Denn Zeus hat nicht gehört und die Nacht hat nichts befohlen. Er verbindet diese
Klarstellung mit dem Hinweis auf eine frühere Erörterung
dessen, was mit dem Hören des Zeus eigentlich gemeint
ist („sondern es ist bereits deutlich gemacht worden, *wie* er
hört"). Der Verweis bezieht sich wahrscheinlich auf Kol. 48
§§24–26.

Dagegen versteht Janko (2002: 27, gefolgt von Betegh
2004: 116) ὅπως nicht als indirektes Interrogativpronomen
(vgl. ὅπως in Kol. 48 §24) im Sinne von „wie er hörte, ist
bereits deutlich geworden" (nämlich in einem allegorischen
Sinn), sondern als ὡς = ὅτι: „it has been revealed *that* he
had (already) heard them".

§39 (XIII.3–6 KPT):
Zeus verschluckt den αἰδοῖον („ehrwürdigen")

**ἀλλὰ δηλοῖ ὧδε λέγων· *Aber er macht (es) deutlich,
indem er folgendermaßen spricht***
Nachdem der Derveni-Autor ausgeschlossen hat, dass Zeus
im orphischen Text einen Gott bezeichnet, der fähig ist, zu
hören, kehrt er zu seiner allegorischen Deutung des Mythos
zurück. Diese entschlüsselt die eigentliche Bedeutung des
nächsten Verses.

αἰδοῖον κατέπινεν, ὃς Αἰθέρα ἔκθορε πρῶτος
Er verschluckte den ehrwürdigen, der als erster in den
Aither *heraussprang (OF 8)*

Die Bedeutung des Wortes αἰδοῖον im orphischen Text
bildet eine der am kontroversesten diskutierten Fragen
zum Derveni-Papyrus. Die Form αἰδοῖον kann isoliert betrachtet entweder als (a) Akkusativ Singular des maskuli-
nen Adjektivs αἰδοῖος („ehrwürdig") oder als (b) Akkusativ
(oder Nominativ) Singular des neutralen Substantivs (τὸ)
αἰδοῖον („Schamglied") verstanden werden. Von der ersten,
auch aus meiner Sicht richtigen Deutung gehen u.a. West
(1983: 85–86), Rusten (1985: 124–27), Laks/Most (1997: 15),
Brisson (2003), Kouremenos (2006: 21–28), Santamaría
(2012a: 65–67; 2016a) und Sider (2014: 241–42) aus, von
der zweiten u.a. Burkert (1980: 31–32; 1999a: 81–83; 2003:
97–103), Janko in 2001: 24 Anm. 124 u. 2002: 27, Betegh
(2004: 111–22), Bernabé (2002: 105–12; 2007a: 216–19) und
Ferrari (2013: 59–61).

(a) Die Adjektivform αἰδοῖον („ehrwürdig") bezieht
sich auf den Gott Phanes-Protogonos, den sich Zeus nach
seinem Herrschaftsantritt einverleibt. Dieser Gott wird
im (vermutlich vorangehenden) Vers *OF* 5.2 als δαίμονα
κυδρόν („ruhmvoller *Daimon*") bezeichnet. Die Form
αἰδοῖον schließt sich in Enjambement an (vgl. verwandte
Fälle in *Il.* 18.385–86; *Od.* 5.87–88; s. Scermino 2011a: 63–
64; Santamaría 2012a: 63). Die Verschluckung dieses Gottes
durch Zeus ist in der *Rhapsodischen Theogonie* gut belegt
(*OF* 241). Das Resultat der Verschluckungstat wird in den
in Kol. 56 §49 zitierten Versen (*OF* 12.1–4) als die Vereinigung der gesamten Welt in Zeus geschildert (s. Erläuterungen dort; vgl. auch *OF* 240–41).

Wenn αἰδοῖον den Phanes benennt, kann der anschließende Relativsatz (ὃς αἰθέρα ἔκθορε πρῶτος „der als ers-

ter in den *Aither* heraussprang") auf diesen Gott bezogen
werden. Allein der Akkusativ αἰθέρα ist (unabhängig vom
Verständnis des Wortes αἰδοῖον) problematisch. Normalerweise wäre nach ἐκθρῴϲκει ein Genitiv zu erwarten, der
den Ort, von dem aus die Bewegung erfolgt, bestimmt
(vgl. ἔκθορε δίφρου, *Il.* 16.427; s. Scermino 2011a: 67–74
u. Santamaría 2012a: 65–67). Daher schlug Lamberton (in
Laks/Most 1997: 15 Anm. 28) vor, den Akkusativ αἰθέρα zu
αἰθέροϲ (… aus dem *Aither* sprang) zu verbessern, wodurch
auch der Hiat zwischen αἰθέρα und ἔκθορε beseitigt würde. Jedoch könnte der Akkusativ entweder dadurch erklärt
werden, dass das Kompositum ἐκ-θρῴϲκω, welches als
Simplex (θρῴϲκω „ich springe") intransitiv ist, ein Objekt
im Akkusativ zu sich nehmen kann (K.-G. I §409a1.7; S.
300–301; s. dazu Kouremenos 2006: 198 u. Fowler 2016: 17–
20), wie z.B. in Hdt. 5.104.2: ἐξελθόντα τὸ ἄϲτυ, 6.134.2:
καταθρῴϲκοντα τὴν αἱμαϲίην, und 7.29.1: ἐξῆλθον τὴν …
χώρην; oder aber dadurch, dass αἰθέρα ein Richtungsak-
kusativ („in den *Aither*") ist (Rusten 1985: 125 Anm. 9; analog zu αἰθέρ' ἵκανεν, *Il.* 14.288; 15.686; vgl. auch θρῴϲκει
δόμουϲ, Soph. *Tr.* 58). Das ἐκ- („heraus") kann sich auf
den Ort beziehen, aus dem Phanes heraussprang (ἔκ-θορε)
und der vielleicht im darauffolgenden und für uns verlorenen Vers genannt worden ist. Die Schilderung von Phanes'
Geburt in der *Rhapsodischen Theogonie* (vgl. *OF* 120–37)
kann diese Erklärung stützen. Der Geburtsakt wird dort
als ein Herausspringen des Gottes *aus* (!) einem *im Aither*
(!) befindlichen Ei dargestellt: ἐκθρῴϲκει ὁ Φάνηϲ „Phanes springt heraus" (*OF* 96); ᾠοῦ / ἐξέθορε πρώτιϲτοϲ „er
(Phanes) sprang als allererster aus einem Ei" (*OF* 121). Es
liegt die Vermutung nahe, dass Phanes auch in der Derveni-
Theogonie als *aus* dem Ei *in den Aither springend* bezeichnet
wurde (Brisson 2003: 23; s. Scermino 2011a: 67–69 u. San-

tamaría 2016a: 149–53). Vielleicht wurde in dem verlorenen Anschlussvers an *OF* 8 das Ei (im Genitiv) als Ursprungsort genannt. Der *Aither* wird in der *Rhapsodischen Theogonie* auch als Vater des Phanes bezeichnet (*OF* 124–25), in dem Phanes als „erster" entsteht (πρῶτος ἐν Αἰθέρι φαντὸς ἔγεντο, *OF* 126). Auch wenn die im erhaltenen Teil des Papyrus zitierten Verse den Namen „Phanes" selbst nicht enthalten (Betegh 2004: 117; Bernabé 2007a: 218), so gibt die Wendung πρωτογόνου βασιλέως αἰδοίου („des erstgeborenen ehrwürdigen Königs") in Kol. 56 §49 (*OF* 12.1) einen weiteren Hinweis auf eben diesen Gott, der auch in den späteren Theogonien oft „Protogonos" genannt wird (*OF* 80, 109, 123, 140, 143, s. auch Santamaría 2016a: 156–58; vgl. auch *OF* 11.1 in Kol. 55 §48, wo Metis – ein weiterer Name des Phanes (*OF* 140) – von Zeus verschluckt wird).

(b) Die Vertreter der Ansicht, dass αἰδοῖον im orphischen Vers „Schamglied" bedeutet, verstehen dies als Glied des Uranos, das, nachdem es von Kronos abgetrennt worden ist, von Zeus verschluckt wird. Gegen diese Auffassung spricht zunächst, dass die Bedeutung „Schamglied" in den meisten Fällen den Plural τὰ αἰδοῖα erfordert (s. Bernabé 2007c: 80–81 u. Santamaría 2016a: 149 zu den Ausnahmen in Hdt. 2.30, 2.48, Hipp. *Aer.* 9 und den biologischen Schriften des Aristoteles, s. *HA* 493a25). Sider (2014: 241) betont, dass gerade in der epischen Dichtung der Plural zu erwarten wäre und sich dieser Sprachgebrauch auch in der Interpretation des Autors (ἐν τοῖς α[ἰ]δο[ίο]ις und τῶν αἰδοίων in §40) widerspiegelt (zur *Interpretation* des Wortes αἰδοῖον als „Glied" durch den Derveni-Autor s. unten). Das Verständnis von αἰδοῖον als „Schamglied" macht den Relativsatz ὃς αἰθέρα ἔκθορε πρῶτος problematisch. Das maskuline Relativpronomen ὃς müsste sich nämlich auf Uranos beziehen, der dann im vorangehenden Vers (der so-

mit nicht OF 5.2 sein könnte) genannt worden sein müsste (vgl. Burkert 1999a: 81; 2003: 152 Anm. 90: ⟨βασιλῆος⟩
αἰδοῖον κατέπινεν, ὃς αἰθέρα ἔκθορε πρῶτος. S. auch
Betegh 2004: 113). Da es für einen in den *Aither* springen-
den Uranos jedoch keine Parallele gibt, und der Akkusativ
αἰθέρα ohnehin problematisch ist (s. oben), wurden andere Erklärungen des Relativsatzes vorgeschlagen. Burkert
(1999a: 81–82; 2003: 98–100; s. auch Janko 2001: 24 Anm.
125; Bernabé 2007a: 218) versteht die Form ἔκθορε transitiv als „er ejakulierte" (mit dem Ejakulierten im Akkusativ): „der als erster den *Aither*-Glanz ejakuliert hatte". Als
Vergleichsstelle dient ihm Aischylos, Fr. 15 Radt: θρῴσκων
κνώδαλα „Monster (im Bespringen) zeugend", was Hesych
(θ 814 Latte) mit ἐκθορίζων καὶ σπερματίζων. γεννῶν
„ejakulierend und säend/besamend. erzeugend" paraphrasiert (vgl. ὁ θρῴσκων „der Erzeuger" [LSJ s. v. θρῴσκω II]
und ὁ θορός = ἡ θορή „Samen"). Wie Santamaría (2012a:
66) zeigt, ist im Aischylos-Fragment jedoch sicher nicht
gemeint, dass die Monster selbst (als direktes Objekt) *ejakuliert* werden, sondern dass sie als das resultierende Objekt einer Begattung *gezeugt* werden. Nichtsdestotrotz kann
Fowler (2016: 18–20) drei weitere Belegstellen für die transitive (d.h. kausative) Verwendung von ἐκθρῴσκω als „ich
lasse herausspringen", „bringe hervor" anführen (s. auch
K.-G. I §409a1.7; S. 300–301). In Bezug auf den Hand-
lungsverlauf im orphischen Mythos stellt sich jedoch die
dringende Frage, wo das Glied des Uranos zwischen der
Abtrennung durch Kronos und der Verschluckung durch
Zeus gewesen sein soll (Brisson 2003: 28; Burkert 1980: 32
erwähnt die Höhle der Nacht als möglichen Aufbewah-
rungsort).

   Da das Motiv der Penis-Verschluckung in der griechischen Mythologie sonst nicht belegt ist, wird gerne auf

den hethitischen Text „Gesang über das Entstehen" (bzw.
„Song of Emergence", s. Corti 2007, früher bezeichnet als
Königtum im Himmel) verwiesen (Burkert 1999a: 82; 2003:
99–100; Janko 2001: 24 Anm. 124), in dem Kumarbi das
Glied des Himmelsgottes Anu abbeißt und durch Verschlucken desselben mit dem Wettergott Teššub und zwei weiteren Göttern (dem Flussgott Tigris und Tašmišu) schwanger
wird (s. Beckman 2011; Übersetzung: Ünal 1994). Auch
wenn motivische Parallelen zu orientalischen Mythen im
Fall des Sukzessionsmythos (Uranos-Kronos-Zeus) un-
bestreitbar sind (in Bezug auf Hesiod s. West 1966; West
1997a; Rutherford 2009; van Dongen 2011; s. auch Bremmer 2015: 607–13), so scheint beim speziellen Motiv der Penis-Verschluckung umgekehrt der hethitische Mythos eher
die *moderne* Interpretation des Derveni-Papyrus beeinflusst
zu haben (Sider 2014: 241). Burkert (1999a: 81–82) hat außerdem auf eine Stelle bei Diogenes Laertios aufmerksam
gemacht, wo dieser auf obszöne Inhalte in der orphischen
Dichtung verweist (Diog. Laert. 1.5 = 7.18–8.2 Marcovich).
Diogenes spricht davon, dass bei Orpheus den Göttern
„Schandtaten" angehängt werden, die „selten von gewissen
Menschen mit dem Werkzeug der Stimme ausgeführt werden" (τὰ σπανίως ὑπό τινων ἀνθρώπων αἰσχρουργούμενα
τῷ τῆς φωνῆς ὀργάνῳ). Diese vage Beschreibung wird von
Befürwortern der Verschluckungsthese gerne als Anspielung auf Oralverkehr gedeutet, und mit der (vermeintli-
chen) Verschluckung von Uranos' Penis verbunden.

Wie der Derveni-Autor im Folgenden hervorhebt, zi-
tiert und interpretiert er die Wörter, die Orpheus in seiner
Dichtung gebraucht, *einzeln* und somit *isoliert* von ihrem
Kontext. Dadurch kann er das Wort αἰδοῖον zunächst als
„Schamglied" und dann darauf aufbauend in einem wei-
teren Schritt als „Sonne" deuten (s. Erläuterungen zu §40

und Kotwick 2017). Eben diese *Interpretation* wurde vereinzelt als Indiz dafür genommen, dass αἰδοῖον bereits im orphischen Text „Schamglied" bedeutet (Betegh 2004: 117; Bernabé 2007: 218; dagegen: Henry 1986: 159; Brisson 2003: 24). Zur Stützung der Annahme, dass αἰδοῖον bereits im orphischen Text „Schamglied" bedeutete, verweist Betegh (2004: 121) darauf, dass es unwahrscheinlich ist, dass der Autor an dieser Stelle das „Schamglied" und die damit scheinbar verbundene Obszönität hineininterpretiert, wo er in Kol. 66 §§93–96 alle interpretatorischen Kräfte darauf verwendet, das sexuelle Begehren des Zeus nach seiner Mutter wegzuinterpretieren. Dieses Argument kann jedoch leicht durch die Tatsache entkräftet werden, dass die Deutung des Autors (αἰδοῖον > „Schamglied" > „Sonne") dem orphischen Text gar nichts Anzügliches oder Obszönes zuschreibt, sondern lediglich das isolierte Wort αἰδοῖον („ehrwürdig") als „Glied" im schlichten Sinne von ‚Ursprung von Leben' deutet.

ὅτι μὲν πᾶσαν ... *Weil er das ganze Gedicht als Allegorie auf die Wirklichkeit gestaltet, ...*

Zum μέν *solitarium*, d.h. ohne nachfolgende Gegensatzpartikel, s. Denniston 1954: 382–84. Der Akkusativ πᾶσαν τὴν πόησιν ist als effiziertes Objekt von αἰνίζεται „allegorisch sprechen" zu verstehen (vgl. γράφειν ἐπιστολήν „einen Brief schreiben"); s. z.B. in Hdt. 5.56.1: αἰνίσσεσθαι τάδε τὰ ἔπεα. Der Ausdruck τὰ πράγματα bedeutet hier soviel wie „die tatsächlichen Dinge", „die Wirklichkeit" (Plat. *Crat.* 436a–b; Dem. 9.15; And. 4.27).

ἔϲτ̓ ἔπος ἕκαϲτον ἀνάγκη λέγειν
… ist es notwendig, jedes Wort einzeln zu besprechen
Im Papyrus steht die Buchstabenfolge ε̣ϲθ, was als apos-
trophiertes und aspiriertes ἔϲθ̓ (= ἔϲτι „er/sie/es ist") zu
deuten und mit Janko entsprechend (zu ἔϲτ̓) zu verbessern
ist. Die Aspiration in ἔϲθ̱̓ verwundert, da kein behauchtes
Wort nachfolgt. Sie ist entweder als dem ionischen Dialekt geschuldete Unsicherheit in der Behauchung (Janko
1997: 62) oder schlichtweg als Antizipation des aspirierten
ἕκαϲτον, das der Schreiber bereits im Blick hatte, zu erklären (vgl. Schwyzer: 305). ἔπος ἕκαϲτον heißt entweder „jedes einzelne Wort" (s. Laks/Most 1997: 15 „word"; vgl. Kol.
48 §24, Kol. 57 §55) oder „jeder einzelne Vers" (vgl. Kol.
48 §23; Kol. 52 §35; Kol. 63 §80; s. Janko 2001: 24 „verse").

Der Satz ist als interpretatorische Regel zu verstehen, die
der Derveni-Autor seiner Auslegung von *OF* 8 voranstellt.
Um ein Wort des orphischen Textes allegorisch deuten zu
können, muss es *separat* und von seinem ursprünglichen
Kontext isoliert betrachtet werden. Eine solche Dekontextualisierung gilt auf der Versebene genauso wie auf der
Wortebene. Wie in der nachfolgenden Interpretation des
Wortes αἰδοῖον ersichtlich wird (§40), zitiert der Autor zunächst den Vers als ganzen, jedoch ohne den unmittelbaren
Kontext im orphischen Text. Somit ist das Adjektiv αἰδοῖον
von seinem Bezugswort im vorausgehenden Vers getrennt.
Die Interpretation von αἰδοῖον beruht dann auf einer er-
neuten Isolierung des Wortes, welches nun auch unabhängig vom Verszusammenhang (‚atomisiert') betrachtet wird.

Die Begründung, die der Derveni-Autor für seine Methode der Interpretation isolierter Wörter liefert, ist nicht
sofort einleuchtend. Warum folgt aus der Tatsache, dass
Orpheus über die tatsächlichen Dinge bzw. die Wirklichkeit (zu τὰ πράγματα in dieser Bedeutung vgl. Plat. *Crat.*

390e1 u. Arist. *Pol.* 1252a24) schreibt, die Regel, dass die Wörter seiner Dichtung einzeln zu betrachten sind? Als mögliche Erklärung bietet sich an, dass der Derveni-Autor von einer *Analogie* zwischen dem korpuskularen Aufbau der existierenden Welt und der orphischen Dichtung ausgeht: Unsere Welt ist genauso wie Orpheus' Gedicht als Zusammensetzung aus kleineren Elementen zu verstehen und dementsprechend zu analysieren (zur Frage einer Analogie zwischen Kosmos und Dichtungsweise vgl. Demokrit 68 B 21 D.-K. u. dazu Obbink 2010: 17).

§40 (XIII.7–12 KPT):
Die wahre Bedeutung von αἰδοῖον

Im Zuge seiner Interpretation löst der Derveni-Autor das Wort αἰδοῖον aus seinem inhaltlichen und syntaktischen Kontext. Dann entnimmt er dem Wort zwei verschiedene, jedoch aufeinander aufbauende Bedeutungen: zunächst versteht er das Wort im Sinne von „Schamglied", woraus er dann die Bedeutung „Sonne" ableitet.

ἐν τοῖc α[ἰ]δο[ίο]ιc ὁρῶν τὴν γένεcιν τοὺc ἀνθρώπου[c] νομίζον[ταc ε]ἶναι **weil er sah, dass nach Ansicht der Menschen die Erzeugung in den Geschlechtsteilen liege** Zum Asyndeton s. 48 §24 ([τ]αῦτα τὰ ἔπη) mit Erläuterungen, auch wenn das Asyndeton hier nicht direkt auf ein Lemmazitat folgt.

Die Deutung von αἰδοῖον („ehrwürdig") als „Schamglied" wird vom Autor nicht weiter erläutert bzw. aufgrund der Polysemie des Wortes αἰδοῖον als unmittelbar einleuchtend betrachtet. Er versteht das maskuline Adjektiv αἰδοῖον als neutrales Substantiv (τὸ) αἰδοῖον „Schamglied" (übli-

cherweise im Plural τὰ αἰδοῖα). Seine darauf aufbauende
Deutung desselben Wortes als „Sonne" begründet er durch
die Assoziation, die das Wort „Geschlechtsteil" bei Menschen hervorruft: Denn es ist eine verbreitete Ansicht, dass
die Erzeugung von Leben (τὴν γένεϲιν) in den Geschlechtsteilen liegt (vgl. Brisson 2003: 24 und Santamaría 2016a:
144). Laut Derveni-Autor wusste der Dichter Orpheus um
diese Ansicht und machte sie sich für seine Dichtung zu
Nutze (vgl. Kol. 51 §33; Kol. 62 §75; Kol. 63 §81): Das „Geschlechtsteil" ist in seiner Funktion als ‚Ursache für die Erzeugung von Leben' *analog* zur Funktion der „Sonne", die
– für Orpheus und alle Menschen im Allgemeinen genauso
wie für den Derveni-Autor im Speziellen – die *eigentliche*
‚Ursache für die Erzeugung von Leben' ist. Im Bewusstsein
dieser funktionalen Analogie zwischen Geschlechtsteil und
Sonne, kann Orpheus „Schamglied" sagen, aber „Sonne"
meinen.

Dass die Sonne die Existenz unserer Welt ermöglicht,
gilt für den Autor in zweifacher Weise: Zum einen ist es
eine universal weit verbreitete und leicht nachvollziehbare
Ansicht, dass die Sonne Wachstum auf der Erde ermöglicht
(vgl. z.B. Xenophanes 21 A 42 D.-K.); zum anderen ist gemäß seiner eigenen Kosmologie die Sonnenschaffung der
Startpunkt für die Entstehung der Welt in ihrer gegenwärtigen Form (τὰ ὄντα τοιαῦτα) (s. Kol. 49 §27; Kol. 54 §42;
Kol. 55 §45; Kol. 65 §91; vgl. Brisson 2003: 24–25). Und so
ist davon auszugehen, dass der Derveni-Autor den mythischen Handlungsschritt von Zeus' Einverleiben des αἰδοίου
als Allegorie auf die physikalische Entstehung der Sonne
durch *Nus*' Entfernung des Feuers aus der Urmasse verstanden wissen will (vgl. Kol. 49 mit Erläuterungen).

ἄνευ δὲ τῶν αἰδοίων [μὴ γίν]εϲθαι
ohne die Geschlechtsorgane aber nichts entstehe

Die Nachstellung dieses Satzglieds, das genauso wie ἐν τοῖϲ
α[ἰ]δο[ίο]ιϲ … τὴν γένεϲιν … ε]ἶναι von νομίζον[ται
abhängt, wurde als Variante des (vorrangig Platonischen)
Stilmittels der Verschachtelung („interlacing", s. Denniston 1952: 54–57; Rusten 1985: 133) interpretiert oder als ein
in den Text eingedrungener späterer Zusatz des Autors (s.
Kouremenos 2006: 195) erklärt. Die Auffälligkeit der Nachstellung ist jedoch keineswegs so groß, dass sie nicht einfach
dem zuweilen holprigen Schreibstil des Derveni-Autors zugeschrieben werden könnte.

Als Negation des Infinitivs γίν]εϲθαι wäre nach der
Schulgrammatik eher οὐ (ZPE 1982, KPT) als μή zu erwarten (K.-G. II §512; S. 193: „häufiger οὐ als μή … nach Verben des Meinens."). Das von Janko ergänzte μή ist jedoch
dadurch gesichert, dass der vorangehende Buchstabe im Papyrus nicht ν (Ny) (KPT 2006), sondern vielmehr μ (My)
ist (αἰδοίωμ, im hier abgedruckten Text ist die Schreibung
normalisiert), was als Assimilation an ein nachfolgendes μή
zu erklären ist. Die Ergänzung μή ist grammatikalisch sicher möglich (K.-G. II §512; S. 193); der Derveni-Autor betont damit den Vorstellungscharakter dieser menschlichen
Ansicht.

ἄνευ [γὰρ τοῦ ἡ]λ[ίο]υ **[Denn] ohne [die] Sonne**
Vgl. dazu Kol. 65 §91.

§42 (XIV.1–5 KPT): Die große Tat des Kronos

Die in Kol. 54 §42 zitierten Stücke aus der orphischen
Theogonie (Κρόνον γενέϲθαι und ὃϲ μέγ' ἔρεξεν) legen

die Vermutung nahe, dass im unteren und somit verlorenen
Teil von Kol. 53 ein Vers zitiert wurde, der folgendermaßen
gelautet haben könnte (rekonstruiert von Tsantsanoglou
und Janko) (vgl. *OF* 10.1):

ἐκ τοῦ δὴ Γαίηι] ιγένετο Κρόνος, ὃc μέγ᾽ ἔρεξενι

ἐκ τοῦ δὴ Γαίηι Tsants. | γένετο Κρόνος Janko | ὃc μέγ᾽
ἔρεξεν Tsants.

„Sodann wurde der Gaia von ihm (Uranos) der
Kronos geboren, der Großes vollbrachte"

Es ist nicht davon auszugehen, dass dieser Vers direkt auf
OF 8 folgte (West 1983: 88; 114; Santamaría 2012a: 68–69,
74), da das Subjekt dort Phanes-Protogonos ist (s. Erläuterungen oben), der Ausdruck ἐκ τοῦ sich jedoch auf den Vater des Kronos und somit Uranos bezieht. (Wenn man an-
nimmt, dass *OF* 8 von Uranos' Penis handelt, dann könnte
der freilich *rekonstruierte* Versbeginn ἐκ τοῦ direkt an *OF*
8 anschließen). Santamaría (2012a: 69) weist jedoch darauf
hin, dass die Rekonstruktion von ἐκ + Genitiv zur Angabe des Vaters (ἐκ τοῦ) und der Dativ (Γαίηι) als Angabe
der Mutter in der epischen Dichtung keine Parallele hat.
Kouremenos (2006: 200) schlägt vor, ἐκ τοῦ temporal im
Sinne von „von da an" zu verstehen, was jedoch die Frage
nach dem Anschluss unbeantwortet lässt. Wieviele Verse
zwischen *OF* 8 und *OF* 10.1 standen, ist nicht anzugeben.
Wahrscheinlich wurde zunächst die Erzeugung von Uranos
und Gaia aus Phanes-Protogonos geschildert, bevor dann
zu deren Sohn Kronos übergeleitet wurde. West (1983: 114,
Verse 15–16) schlägt folgende Rekonstruktion vor:

[κεῖνοc μὲν Γαῖάν τε καὶ] Οὐρανὸν εὐρὺν [ἔτικτεν·]
[τῶι δὲ πελώρη Γαῖα τέκε Κρόνον,] ὃc μέγ᾽ ἔρεξεν

Jener (Protogonos) zeugte Gaia und den weiten Uranos. Dem aber gebar die gewaltige Gaia den Kronos,
der Großes antat.

Allerdings trägt Vers 16 den Zitaten und Angaben in Kol. 54
weniger gut Rechnung als der Vers von Tsantsanoglou und
Janko (s. oben; vgl. Erläuterungen im Folgenden).

[ἐ]κθόρηι τὸ{ν} λαμπρότατόν τε [καὶ θε]ρμό[τ]ατον
χωρισθὲν ἀφ' ἑωυτοῦ ... *das Hellste und Heißeste „herausspringt", abgetrennt von sich selbst*
Der Konjunktiv ἐκθόρηι „er/sie/es springt heraus" ist wohl
Teil eines Finalsatzes gewesen: Janko ergänzt ὡς ἂν („sodass
...") als unmittelbar vorausgehenden Wortlaut (zur Partikel ἂν im Finalsatz vgl. Kol. 65 §90 u. K.-G. II §553.5; S.
385–86). Es liegt nahe, dass die Form ἐκθόρηι auf den Relativsatz ὃς αἰθέρα ἔκθορε πρῶτος in *OF* 8 (zitiert in §39)
Bezug nimmt. Dieser Rückbezug ist aber nicht zwingend,
da wir nicht wissen, was der Derveni-Autor am unmittelbar
vorausgehenden Ende von Kol. 53 (in §41) behandelt hat.
    Der Derveni-Autor scheint mit ἐκθόρηι einen Aus-
druck aus dem Mythos wiederzuverwenden. Die Superlative λαμπρότατον („das Hellste") und θερμότατον („das
Heißeste") deuten jedoch eher darauf hin, dass er hier ein
physikalisches Geschehen beschreibt, das er aus einem mythischen Handlungsschritt ableitet. Die Superlativformen
sind durch den Artikel (τὸν) als Akkusative markiert. Dies
legt zunächst eine transitive Verwendung des intransitiven
Verbs ἐκθρῴσκειν („herausspringen") nahe, zu dem die
Akkusative das direkte Objekt bilden. Wie Fowler (2016:
17–20) belegt, konnte das Verb tatsächlich transitiv verwendet werden, woraus sich der Wortlaut „er/sie/es lässt den
Hellsten und Wärmsten herausspringen" ergäbe. Wenn

man dagegen die Superlativformen als das Subjekt von ἐκθόρηι (mit intransitiver Bedeutung) versteht, das aufgrund des Partizips in χωρισθὲν ἀφ' ἑωυτοῦ „abgetrennt von sich selbst" ein Neutrum sein muss, dann ist der Artikel τὸν (Maskulin) als Fehler (aus τὸ, Neutrum) entsprechend zu korrigieren (Rusten 1985: 134).

Unabhängig von der Frage, ob das „Hellste und Heißeste" das Subjekt ist, das abgetrennt von sich selbst „herausspringt" (ἐκθόρηι intransitiv), oder als Objekt hervorgebracht wird (ἐκθόρηι transitiv, mit unbekanntem Subjekt), liegt es nahe, darin eine Beschreibung der Sonnenbildung durch die *Abtrennung* des Feuers (τὸ πῦρ) aus der *feurigheißen* Urmischung zu sehen (Kouremenos 2006: 198; vgl. die Beschreibung der Sonnenbildung in Kol. 49 §27 u. Kol. 55 §45, χωρ[ι]ζομένου γὰρ τοῦ ἡλίου „denn als die Sonne abgetrennt wurde", dazu Santamaría 2012a: 66–67, und die Darstellung der Sonne in Kol. 65 §88 λαμπρό[τ]ητα), welche der Derveni-Autor durch die Geburtsszene des Phanes (ὃς αἰθέρα ἔκθορε πρῶτος) dargestellt sieht. Die Eigenschaft des Feuers, „am hellsten" zu strahlen, passt sehr gut zur Eigenschaft des Phanes („der (Er)scheinende", s. *OF* 123–27), der nur insofern gesehen wird, dass er als Glanz im *Aither* erstrahlt (ἐν αἰθέρι φέγγος ἄελπτον, *OF* 123). Falls ἐκθόρηι hier transitiv und *Nus* das Subjekt ist, könnte der Derveni-Autor (in Analogie zur Geburt des Phanes) sagen, dass *Nus* das Hellste bzw. (in Rückbindung an das mythische Äquivalent) den (τὸν) Hellsten (d.h. Phanes), und das Heißeste, d.h. das Feuer, herausspringen ließ, abgetrennt von sich selbst, nämlich der Feuermasse (ἑωυτοῦ bezieht sich dann auf das Objekt, s. K.-G. I §455,1–3; S. 560–63). Ebenso wäre es möglich, als Subjekt das kosmische Feuer anzunehmen, welches von *Nus* veranlasst den hellsten und heißesten Teil von sich wegspringen lässt, um die Sonne zu

bilden (ἑωυτοῦ bezieht sich dann auf das Subjekt, s. K.-G.
I §455,1–3; S. 560–63)

Dagegen wurde vorgeschlagen, dass die Superlative
(λαμπρότατον und θερμότατον) den *Aither* beschreiben,
der entweder von Uranos gezeugt wird (Burkert 1999a: 82;
2003: 99; vgl. auch Betegh 2004: 234) oder als Ursprungsak-
kusativ den Ort angibt, von dem aus die Bewegung passiert
(vgl. Kouremenos 2006: 197–98). Vgl. auch Fowler 2016:
22–23. Darüber hinaus schlägt Brisson (2003: 25) vor, dass
in dem uns nicht erhaltenen Teil von Kol. 53 ein Vers zitiert
worden ist, der die Kastrationstat des Kronos gegenüber
Uranos beschreibt, und ἐκθόρηι sich auf diese zurückbe-
zieht und das Wegspringen von Uranos' Schamglied („abgetrennt von Uranos selbst') beschreibt. Auch wenn diese
Interpretation spekulativ ist, so bietet sie den Vorteil, dass
sich die nachfolgende Gleichsetzung von Sonne und Uranos' Schamglied (§42) leicht daran anschließt.

τοῦτον οὖν τὸν "Κρόνον" "γενέϲθαι" φηϲὶν ἐκ τοῦ ἡλίου
τῆι "Γῆι" *Er (Orpheus) sagt also, dass eben dieser
„Kronos" der Erde von der Sonne „geboren wurde"*
Die Formulierung τοῦτον οὖν τὸν Κρόνον verweist zurück
auf den zitierten orphischen Vers (γένετο Κρόνος, *OF* 10.1
nach der Rekonstruktion von Tsantsanoglou und Janko).
Die mythische Herkunftsangabe des Kronos als Sohn von
Uranos und Gaia wird vom Autor in ein physikalisches
Verhältnis von Ursache und Wirkung übersetzt (Jourdan
2003: 66–67 u. Betegh 2004: 123–24; vgl. die Übertragung
des Vater-Sohn-Verhältnisses auf das physikalische Geschehen in Kol. 49 §26). Das Verb φηϲὶν „(Orpheus) sagt" ist
demnach nicht als Einleitung eines wörtlichen Zitates zu
verstehen, sondern als Markierung dessen, was Orpheus in
Wahrheit meint; genauso zeigt das Demonstrativpronomen

τοῦτον „dieser" an, dass der Derveni-Autor mit „Kronos"
hier nicht die mythische Figur, sondern bereits seine Interpretation dieser Figur als Kro-*Nus* (s. dazu im Folgenden
u. Kol. 54 §43) meint (s. Betegh 2004: 123; vgl. Santamaría
2012a: 68).

Während die Gleichsetzung von Kronos mit dem Aneinanderschlagen der Dinge (s. im Folgenden) sprachlich
naheliegt, ist die Gleichsetzung von Uranos mit der Sonne nicht unmittelbar einleuchtend. Der Autor begründet
diese Gleichsetzung (im uns erhaltenen Teil des Textes)
nicht weiter, sondern bezeichnet Kronos einfach als von
der Sonne abstammend. Somit scheinen die Sonne, die
physikalisch zu verstehen ist (und daher mit Rusten 1985:
134–35 im Griechischen kleinzuschreiben ist), und die mythische Muttergöttin Gaia (die Janko hier als Eigenname
großschreibt) in auffälliger Weise auf eine gemeinsame
Ebene gestellt. Für die Gleichsetzung des Uranos mit der
Sonne bietet sich folgende Erklärung an: Das Wort αἰδοῖον
„ehrwürdig" (§39; *OF* 8) wird vom Derveni-Autor erst als
„Glied" und dann als „Sonne" gedeutet, da diese beiden
Dinge für die Erzeugung von Leben verantwortlich sind
(§40); diese Deutung wird sodann auf die Erzeugung des
Kronos übertragen: dieser entstammt (nach dem allgemeinen Verständnis von Fortpflanzung) dem Glied des Uranos
und damit (nach der bereits gegebenen Deutung) der Sonne. Die Nennung der Gaia als Mutter des Kronos kann sich
entweder auf die Handlung des Mythos zurückbeziehen
oder ebenfalls physikalisch-kosmologisch verstanden werden, d.h. im Sinne von „unsere Erde" (s. dazu Betegh 2004:
158–59, Kouremenos 2006: 202 u. Santamaría 2016a: 147).

ὅτι αἰτίαν ἔσχε διὰ τὸν ἥλιον "κρούεσθαι" πρὸς ἄλληλα.
weil er dafür verantwortlich ist, dass aufgrund der Sonne
die Dinge aneinanderstoßen

Die Figur Kronos wird aufgrund der vorgeblich etymologischen Verwandtschaft zum Verb κρούειν („schlagen") als
diejenige Phase im kosmischen Geschehen interpretiert,
in der die seienden Dinge aneinanderschlagen (κρούεσθαι
πρὸς ἄλληλα; vgl. §43; auf eine möglicherweise sexuelle
Konnotation des Verbs macht Hussey 1999: 315 mit Verweis
auf Aristoph. *Eccl.* 990 u. Eur. *Cyc.* 328 aufmerksam; s. auch
Kol. 61). Die physikalische Ursache für dieses Aneinanderschlagen ist die Sonne (διὰ τὸν ἥλιον). Das Verhältnis von
Ursache (Sonne) und *Wirkung* (Aneinanderschlagen) findet
der Autor im mythischen Text durch die Beziehung der *Abstammung* des Kronos von Uranos (ἐκ τοῦ, *OF* 10.1 nach
der Rekonstruktion von Tsantsanoglou) ausgedrückt. Zur
Wendung αἰτίην ἔχειν s. Kol. 43 §10 mit Erläuterungen.

Wie verhalten sich das *Aneinanderschlagen* der Dinge
und die *Sonnenentstehung* im kosmischen Geschehen zueinander? Die Sonne entsteht durch die Abtrennung des Feuers aus der Urmischung (Kol. 55 §45); nach der Abtrennung
gehen die seienden Dinge nicht mehr in einer formlosen
heißen Masse auf (Kol. 49 §27), sondern beginnen sich
voneinander zu trennen und als individuierte Partikel zu
bewegen (dies wird dadurch ermöglicht, dass die durch den
Feuerentzug freigewordenen Stellen in der Mischung jetzt
von der Luft eingenommen werden, vgl. Kol. 55 §45); dabei
kommt es zu Kollisionen unter den seienden Dingen (Kol.
55 §45; vgl. Kouremenos 2006: 201 u. Erläuterungen zu
Kol. 55). Hinter diesem Vorgang steht *Nus*, der als „Zeus"
die Sonne schafft (Kol. 49 §26–27; Kol. 53 §39–40 bzw.
Kol. 65 §91) und als „Kronos" die Dinge aneinanderschlagen lässt. Dadurch wird auch klar, dass die narrative *Abfolge*

(erst Kronos, dann Zeus) im Mythos für die Deutung des kosmischen Geschehens (erst die „Tat" des „Zeus", dann die des „Kronos") irrelevant ist (vgl. Einleitung unter „Die Interpretationsmethode").

διὰ τοῦτο λέγει "ὃς μέγ' ἔρεξεν"
Deswegen sagt er „der Großes vollbrachte"

Die euphemistische Beschreibung der Kastration des Uranos durch Kronos als „große Tat" (vgl. Hes. *Th.* 170–72 und Plat. *Rep.* 378a1–2: τὰ τοῦ Κρόνου ἔργα; s. auch Sider 2014: 243) stammt aus dem orphischen Mythos (s. oben die Rekonstruktion von *OF* 10.1). Laut Derveni-Autor meint Orpheus mit der großen Tat eigentlich die von *Nus* veranlassten Kollisionen unter den seienden Dingen, die das erste Stadium auf dem Weg zur Konstitution unserer Welt bilden.

§43 (XIV.5–10 KPT): Die Bedeutung von „Kronos"

Οὐρανὸν Εὐφρονίδην, ὃς πρώτιστος βαcίλευcεν
Uranos, Sohn der Nacht, der als allererster König wurde (~ OF 10.2)

Im Papyrus steht der Nominativ Οὐρανὸc Εὐφρονίδηc anstelle des von West (1983: 114) verbesserten Akkusativs. Die Verbesserung ist dann obligatorisch, wenn man den Vers direkt an *OF* 10.1 anschließt, der die Wendung ὃc μέγ' ἔρεξεν (zitiert in §42) enthält. Die Wendung ist dann als „der Großes antat..." zu verstehen und Οὐρανὸν Εὐφρονίδην („... dem Uranos, dem Sohn der Nacht") als das Objekt, gegen das sich die Tat richtet. Der Autor verbindet die beiden Zitate durch den Hinweis „Und (der Vers) nach diesem", was einen direkten Anschluss nahelegt. Gegen die Rekonstruktion

einer direkten syntaktischen Verbindung der Verse *OF* 10.1
und 10.2 argumentiert Betegh (2004: 122–23), der vermutet,
dass das Objekt gegen das sich die „große Tat" richtet, in *OF*
10.1 bereits genannt worden ist (vgl. auch Rusten 1985: 135
Anm. 30; Bernabé 2002: 108 Anm. 81 und 2004: 21).

Uranos wird durch ein Matronymikon als „Sohn der
Nacht" (Εὐφρονίδης) gekennzeichnet (zu den epigraphi-
schen Belegen von Εὐφρονίδης s. Corsten 1985: Nr. 21,7; S.
99). Die Bedeutung, die der Nacht dadurch zugesprochen
wird, sowie die Bezeichnung als εὐφρόνη („die Wohlwol-
lende"; vgl. Frisk 1960: 595) passen gut zu ihrer Rolle in der
orphischen Theogonie (vgl. Kol. 50–51; s. auch Hes. *Op*.
560, wo die Bezeichnung euphemistisch gebraucht ist).

Uranos' Status als „allererster Herrscher" verwundert,
da ihm höchstwahrscheinlich Phanes und sicher die Nacht
vorausgingen. In den späteren Fragmenten der orphischen Theogonie erscheint Uranos' Status entsprechend
relativiert: „erster Herrscher *nach der Nacht*" (ὃς πρῶτος
βασίλευσε θεῶν μετὰ μητέρα Νύκτα, *OF* 174); vgl. auch
die Relativierung der Vorrangstellung des Kronos, Sohn des
Uranos, als „erster Herrscher *über die Menschen*" (πρώτι-
στος μὲν ἄνασσεν ἐπιχθονίων Κρόνος ἀνδρῶν, *OF* 363).
Allerdings kann die Vorrangstellung seiner Herrschaft in
der Derveni-Theogonie auch so verstanden werden, dass
die vorausgehenden Götterfiguren nicht als Herrscher bzw.
Könige bezeichnet worden sind (vgl. Rusten 1985: 135 Anm.
31; Bernabé 2002: 108–109; 2007a: 222; Brisson 2003: 28).

"κρούοντα" τὸν "Νοῦν" πρὸς ἄλληλ[α] "Κρόνον" ὀνο-
μάσας *Weil der Nus (die Dinge) „aneinanderstößt", hat
er ihn „Kronos" (Kro-Nus) genannt*
Die bereits als Eigenschaft des Kronos eingeführte Wirkung
des κρούειν (s. §42) wird nun explizit mit der Etymologie

seines Namens begründet: Orpheus bezeichnet den Gott
als „Kro-*Nus*", weil er als ὁ κρούων νοῦϲ die Dinge an-
einander schlägt (κρούειν). Der Göttername Kronos (zu
dessen vermutlich nicht griechischen Wurzeln s. Bremmer
2008: 81–83; vgl. auch Frisk 1970: 24–25, s.v. Κρόνοϲ) hat
auch andere antike Autoren zu etymologischen Erklärungen angeregt: in Platons *Kratylos* (396b3–7) wird Kronos
durch τὸ καθαρὸν … καὶ ἀκήρατον τοῦ νοῦ („das Reine
und Makellose seines Geistes (*Nus*)") erklärt; zur stoischen
Allegorese des Namen Kronos s. *SVF* II 1067, 1088, 1090
und Casadesús 2011.

ἀφαιρεθῆναι γὰρ τὴν βαϲιλείαν αὐτόν
Denn er (*Uranos*) sei seiner Herrschaft beraubt worden
Die große Tat des Kronos besteht auf mythischer Ebene
in der Kastration und dadurch Entthronung seines Vaters
Uranos.

"Κρόνον" δὲ ὠνόμαϲεν ἀπὸ τοῦ ἔ[ρ]γου αὐτόν
Er nannte ihn „Kronos" (*Kro-Nus*) nach seiner Tat
Aus Orpheus' Verwendung des Namens Kronos (Kro-*Nus*)
leitet der Derveni-Autor die Regel ab, dass sich der mythische Name eines Gottes aus der physikalischen Funktion ableiten lässt, für die er steht. In der Kosmologie des
Derveni-Autors hat Kronos, d.h. Kro-*Nus*, die Funktion,
die Dinge aneinanderzuschlagen (κρούειν).

Der Hinweis, dass dieselbe Regel (κατὰ τ[ὸ]ν αὐ[τὸν
λ]όγον) auch für alle anderen mythischen Bezeichnungen
(καὶ τἄλλα) gilt (vgl. Kol. 61 §73, Kol. 62 §76, Kol. 63 §81),
ist Teil der Interpretationsstrategie, die darin besteht, die
allegorischen Deutungen als Entschlüsselung eines von Orpheus *bewusst* und *konsistent* verwendeten Codes auszuwei-
sen. Laut Derveni-Autor korrelieren die Ordnung und Re-

gelhaftigkeit der orphischen Dichtungsweise (s. κατὰ τὸν
αὐτὸν λόγον in Kol. 59 §62) mit der des Kosmos (s. κατὰ
τὸν αὐτὸν λόγον in Kol. 65 §88).

§44   (XIV.11–14 KPT):
Die Wirkung der Kollisionen (?)

[τῶν ἐ]όντων γὰρ ἀπάντ[ων
Denn während die seienden Dinge alle
Wahrscheinlich hat der Autor im folgenden, weitestgehend
verlorenen Teil der Kolumne die Kollisionen der seienden
Dinge unter dem Einfluss von *Nus* weiter behandelt.

ὀρ[ᾶσθα]ι φύσιν   *die Natur* [*zu sehen*]
Wenn sich an die Explikation von „Kronos" (in §43) tatsächlich eine Erklärung von „Uranos" anschloss (vgl. Tsantsanoglous Ergänzung in Kouremenos 2006: 240), dann hat
der Derveni-Autor den Namen „Uranos" vielleicht aus dem
Verb ὀρ[ᾶσθαι] abgeleitet. Vgl. Plat. *Crat.* 396 b8–c1: ἡ δὲ
αὖ ἐc τὸ ἄνω ὄψιc καλῶc ἔχει τοῦτο τὸ ὄνομα καλεῖcθαι,
οὐρανία, ὁρῶcα τὰ ἄνω … „Die Sicht nach oben wiederum erhält den Namen ‚Urania' korrekt, denn sie ‚sieht was
oben ist'.".
   Über die genaue Bedeutung des Wortes φύcιc „Wesen",
„Natur" an dieser Stelle kann nur spekuliert werden. Vgl.
die Bedeutung des Wortes im Heraklit-Zitat in Kol. 44
§12 ([κόc]μου κατὰ φύcιν „gemäß der Natur der Weltordnung") und Kol. 62 §75 (τῶν ἀνθρώπων τὴν φύcιν „die
Natur der Menschen").

§45 *(XV.1–5 KPT): Die Einwirkung des Nus auf den Kosmos*

κρούε⟨ι⟩ν *aneinanderstoßen*

Im Papyrus steht κρούεν, woraus sich entweder durch die
Anfügung eines ε- die Imperfektform ἔκρουεν („er stieß",
„er schlug") oder durch die Einfügung eines -ι- der Infinitiv κρούειν („stoßen", „schlagen") herstellen lässt (Rusten
1985: 137 Anm. 34; KPT 2006: 204–205). Der Ausfall des ι
der Infinitivendung ist hier als dialektbedingte (und eine
möglichst frühe Datierung des Papyrus begünstigende)
Schreibvariante (s. Schwyzer: 805–809) leichter zu erklären
als der Wegfall des Augments ε-.

κρούε⟨ι⟩ν αὐτὰ πρὸ[c ἄλ]ληλα, κα[ὶ] ποήcηι τὸ [πρῶτ]ον
χωριcθέντα διαcτῆναι δίχ᾽ ἀλλήλων τὰ ἐόντα …
dass sie aneinanderstoßen, und er bewirkt, dass die seien-
den Dinge, nachdem sie zunächst abgetrennt worden
sind, entfernt voneinander stehen.
Der Infinitiv κρούειν hängt von einem nicht erhaltenen
Verb im (wohl finalen) Konjunktiv ab (mein Vorschlag ist
αἰτίαν ἔχηι „damit er dafür verantwortlich ist", vgl. αἰτίαν
ἔcχε in §42), an das sich der (durch καί verbundene) Konjunktiv ποήcηι („damit er bewirkt") anschließt, von dem
wiederum der Infinitiv διαcτῆναι abhängt (vgl. Rusten
1985: 136 u. Janko 2002: 28). Als Subjekt der verlorenen
Verbform und von ποήcηι ist *Nus* anzunehmen, dessen
Wirken im Mythos durch die Figur des Kronos dargestellt
wird (vgl. §46).

Die hier beschriebene kosmische Phase resultiert aus
der Abtrennung des Sonnenfeuers: Nachdem *Nus* eine
große Portion Feuer aus der heißen Urmasse entfernt hat
(vgl. Kol. 49 §27), beginnen sich die seienden Dinge auszudifferenzieren und in der nun vorhandenen (das Feuer

ersetzenden) Luft als voneinander getrennte Partikeln zu
bewegen. Durch die Bewegungen unter den seienden Partikeln kommt es zu Zusammenstößen; Zusammenstoßen
und voneinander Abprallen sind zwei sich gegenseitig be-
dingende Prozesse (vgl. Betegh 2004: 254–55); diese führen
auch dazu, dass sich die Elementpartikel getrennt voneinander aufstellen können. Die „Abtrennung" erfolgt demnach in zwei Schritten: zunächst wird von den seienden
Dingen insgesamt das Sonnenfeuer abgetrennt (τὸ [πρῶ-
τ]ον χωρισθέντα, vgl. die von Betegh vorgeschlagene Ergänzung τὸ[ν ἥλι]ον χωρισθέντα, was jedoch für die Lücke
zu kurz ist und sich nicht mit der Tatsache verträgt, dass τὰ
ἐόντα Subjekt zu διαστῆναι ist). Danach trennen sich die
seienden Dinge voneinander ab (δίχ' ἀλλήλων), indem sie
sich zu einzelnen Partikeln formieren.

Das Verb διαστῆναι (διίςταςθαι „auseinandertreten",
διαστῆναι „getrennt stehen") beschreibt die Ausdifferenzierung einzelner Partikel aus der Masse der seienden Dinge.
Heraklit beschreibt mit διίςταται (22 B 125 D.-K.) das Zer-
setzen bzw. Ausflocken eines Gerstentranks; Empedokles
beschreibt die allmähliche Abtrennung der vier Elemente
aus der *Sphairos*-Kugel als διαφύεςθαι (31 B 17.17 D.-K.),
woraus in Aristoteles' Referat διίςταςθαι wird (*Metaph.* I.4;
985ᵃ25) (s. Kouremenos 2006: 205).

χωρ[ι]ζομένου γὰρ τοῦ ἡλίου καὶ ἀπολαμβανομένου ἐν
μέςωι... *Denn während die Sonne abgetrennt und in
der Mitte eingesperrt wird...*
Die Ausdifferenzierung der Dinge ist nur möglich, weil *Nus*
(das Subjekt von ἴςχει) zeitgleich zu dem Abzug des Feuers
aus der Mischung und der Bildung der Sonne den Kosmos
fixiert und der Sonne darin einen festen Platz zuteilt. Das
Feuer wird in Gestalt der Sonne „in der Mitte" (ἐν μέςωι),

d.h. zwischen einem oberen und einem unteren Bereich „eingesperrt" (ἀπολαμβανομένου, zu ἀπολαμβάνομαι ἔν τινι s. Hdt. 8.11, 8.70) (s. Betegh 2004: 235–43 und Kouremenos 2006: 205–208).

Die Fixierung des Bereichs oberhalb und unterhalb der Sonne besagt lediglich, dass sich die Sonne dazwischen („in der Mitte") und somit *auf einer festen Bahn* bewegt. Ein heliozentrisches Weltbild, in dem die Erde um eine ‚in der Mitte' des Kosmos befindliche Sonne kreist, kann dem Derveni-Autor nicht zugeschrieben werden (Betegh 2004: 235–43; McKirahan 2012: 89–91). Das Handeln des *Nus* ist planvoll und zielt auf die Schaffung unseres Kosmos: er entzieht der Masse soviel Feuer, wie nötig ist, um es unschädlich zu machen (Kol. 49 §27) und fixiert dieses in einer bestimmten Entfernung und auf einer festen Bahn, wo es als Sonne Wachstum in unserer Welt ermöglicht (Kol. 53 §40 u. besonders Kol. 65 §91).

§46 (XV.5–10 KPT): Die „Königsherrschaft" des Nus

ἐκ τοῦ δὴ Κρόνος αὖτις, ἔπειτα δὲ μητιέτα Ζεύς
nach ihm Kronos wiederum, und dann der Rat ersinnende Zeus (= *OF* 10.3)
Ein direkter Anschluss dieses Verses an *OF* 10.2 (zitiert in §43) ist wahrscheinlich. Die Versfolge *OF* 10.1–3 bietet eine Zusammenfassung der auch aus Hesiod bekannten Sukzession der Herrschergötter Uranos – Kronos – Zeus (ἐκ τοῦ „nach ihm" bezieht sich auf Kronos' Vater Uranos, genannt in *OF* 10.2). Auf der Ebene der mythischen Handlung kann ἐκ τοῦ sowohl temporal („nach Uranos") als auch genealogisch („von Uranos abstammend") verstanden werden.

λέγει ὅτι ἐκ τοῦδε [ἀ]ρχή ἐcτιν, ἐξ ὅcου βαcιλεύει.

Er sagt, dass es seit dem Zeitpunkt eine Herrschaft / einen Beginn gibt, seitdem er König ist

Es ist mit Rusten (1985: 137) nach βαcιλεύει zu interpungieren und nicht mit Tsantsanoglou erst nach ἡ δὲ ἀρχὴ (s. Laks/Most 1997: 16 m. Anm. 37). Da der Derveni-Autor der Regel folgt, dass der zu interpretierende Ausdruck unabhängig vom ursprünglichen Kontext auszulegen ist, kann er die Wendung ἐκ τοῦ („nach ihm"), die sich auf den im vorausgehenden Vers genannten Uranos bezieht, absolut bzw. als Konjunktion im Sinne von „seitdem" (ἐκ τοῦδε) verstehen.

Das Wort ἀρχή kann sowohl „Beginn" als auch „Herrschaft" bedeuten. Diese Doppeldeutigkeit kommt dem Derveni-Autor gelegen: Die „Herrschaft" des *Nus* markiert den „Beginn" der gegenwärtigen Welt. Laut Derveni-Autor besagt *OF* 10.3, dass eben diese Phase mit Kronos' Königsherrschaft (βαcιλεύει) einsetzt. Orpheus spricht in seinem Mythos *von dem Moment* (ἐκ τοῦδε) an von der Herrschaft des *Nus* und damit dem Beginn unseres Kosmos, wenn er Kronos als König bezeichnet. Der ursprüngliche Bezug von ἐκ τοῦ in *OF* 10.3 (auf den Vater Uranos folgt dessen Sohn Kronos) bleibt bei dieser Deutung unbeachtet bzw. wird durch einen neuen Bezug (*Nus*-Herrschaft nach der Übermacht des Feuers) ersetzt.

ἡ δὲ ἀρχὴ διηγεῖται ...

Die Herrschaft / der Beginn wird beschrieben ...

Die Buchstabenfolge ἡ δὲ ἀρχὴ ist als Artikel + Partikel + Substantiv aufzufassen (Burkert 1997: 168) und nicht mit Tsantsanoglou (in Laks/Most 1997: 16 Anm. 37; s. auch Rusten 1985: 137) als Demonstrativpronomen + Substantiv (was einen Artikel erfordern würde, vgl. K.-G. I: § 465, S.

628–30). Die Verbform διηγεῖται ist passivisch zu verstehen
(s. Rusten 1985: 138): „es wird erklärt/beschrieben/behan-
delt" (vgl. Antiphon 1.31: ἐμοὶ … διήγηται / „von mir ist
behandelt worden"). Die passive Bedeutung von διηγεῖται
wird durch eine Parallelstelle im Papyrus selbst gestützt
(Kol. 65 §91: οἷος ἐν ἀρχῆι τοῦ λόγου διηγεῖται „wie am
Beginn der Erzählung behandelt wird").

ἐ[ξ οὗ τὰ] ἐόντα κρούων πρὸς ἄλληλα διαστήσας τε
[ποιεῖ τὴ]ν νῦν μετάστασιν … *von dem Moment an, wo
Nus, indem er [die] seienden Dinge gegeneinanderstößt
und, nachdem er sie auseinander gestellt hat, die jetzige
Umgestaltung [bewirkt]* …
Die Mikroskop-Photographien von Janko zeigen, dass nach
διηγεῖται entweder ein Ε oder ein Π folgte. Ein geeigneter Anschluss leistet das von mir vorgeschlagene temporal-
le ἐ[ξ οὗ („seitdem", „von dem Zeitpunkt, als"), wodurch
sich das nachfolgend geschilderte Geschehen als Erklärung
(διηγεῖται) der *Nus*-Herrschaft / des Beginns der Welt
(ἀρχή) anschließt (s. Kotwick 2016: 1). Somit entnimmt der
Derveni-Autor dem ἐκ τοῦ (*OF* 10.3) eine metapoetische
Aussage: der von Orpheus hervorgehobene Zeitpunkt markiert den Beginn seiner Darstellung der *Nus*-Herrschaft.

Der mit ἐ[ξ οὗ eingeleitete Nebensatz benötigt ein Verb,
das nur in der nächsten Lücke nach den Buchstaben τε gestanden haben kann (s. Kotwick 2016: 1). Da der Autor das
kosmische Geschehen auch sonst meist im Präsens schildert
(ἴσχει §45, ἐστιν §46; s. auch §27), liegt die Ergänzung einer präsentischen Verbform nahe: [ποιεῖ „er bewirkt" (zu
ποιεῖσθαι/ποεῖσθαι „erschaffen", „bewirken" als Tätigkeit
des *Nus* vgl. Kol. 65 §91).

Während sich der Derveni-Autor in seiner bisherigen
Analyse des Kronos auf die Wirkung (τοῦ ἔ[ρ]γου §43)

des Kro-*Nus* (d.h. Kollisionen unter den seienden Dingen) konzentriert hat (§43), untersucht er Kronos nun als Repräsentanten einer bestimmten zeitlichen *Phase* innerhalb des von *Nus* dominierten kosmischen Geschehens. Die Phase, die Orpheus verschlüsselt durch die Königsherrschaft des Kronos darstellt, bezieht sich auf den gesamten Abschnitt, in dem die seienden Dinge gegeneinanderstoßen und sich dann getrennt voneinander positionieren, was sodann die Grundlage für die Neuordnung (μετάϲταϲιν) des Kosmos ist, zu der auch unsere Welt (νῦν) gehört.

Der Begriff μετάϲταϲιϲ kann sowohl die „Umstellung" bzw. „Umwälzung" beschreiben als auch, wie im vorliegenden Fall, deren Ergebnis (Kouremenos 2006: 211). Der Begriff ist politisch konnotiert (Betegh 2004: 187 Anm. 10), was gut zur Herrschaftsterminologie passt, die der Derveni-Autor vom Mythos in die Physik überträgt (vgl. Kol. 49 §26; Kol. 59 §64; Kol. 65 §90, dazu s. Burkert 1997: 172).

οὐκ ἐξ ἑτέρ[ων] ἕτερ' ἀλλ' ἕτε[ρ' ἐκ τῶν αὐτῶν]
nicht aus anderen (Dingen) andere (Dinge), sondern andere [aus denselben]

Dieser Nachsatz benennt das Prinzip, das der Neuordnung des Kosmos durch *Nus* zugrunde liegt und im Folgenden (Kol. 56 §49) behandelt werden wird: Die Dinge werden nicht neu aus anderen Dingen geschaffen, sondern sie werden zu neuen und anderen Dingen, weil sie aus denselben vorhandenen Dingen neu konfiguriert werden. Jankos Ergänzung ἕτε[ρ' ἐκ τῶν αὐτῶν] „andere aus denselben" stützt sich auf die Formulierung eben dieses Prinzips bei Diogenes von Apollonia 64 B 2 D.-K.: πάντα ταῦτα ἐκ τοῦ αὐτοῦ ἑτεροιούμενα ἄλλοτε ἀλλοῖα γίνεται „alle diese Dinge entstehen, indem sie aus demselben durch Veränderung entstehen, jedes Mal andersartige" (s. auch Erläuterungen zu §49).

§47 (XV.11–12 KPT): Zeus steht genauso wie Kronos für Nus

τὸ δ' "ἔπειτα ͺδὲ μητιέτα Ζεͺύc"
Die Wendung: „und dann der Rat ersinnende Zeus"
Die Interpretation der zweiten Hälfte von *OF* 10.3 ist kurz
und bündig: Zeus steht für genau denselben Gott wie Kronos: *Nus*. Die verschiedenen Einwirkungen auf den Kosmos, die im Mythos durch Kronos und Zeus dargestellt
werden, gehen alle auf *Nus* zurück.

§48 (XV.12–15 KPT): Zeus verschluckt Metis

Μῆτιν κάπ[πιεν, ὃc δὲ {ε}πόρ]ͺεν βαcιληίδα τιμ[ήν
**Er verschluckte Metis, [der ihm] königliche Ehre [ver-
schaffte] (~ OF 11.1)**
Die Reste des nächsten Verses (Μῆτιν κάπ[.........(.)]ͺεν
βαcιληίδα τιμ[ήν) zeigen am Beginn das Wort Μῆτιν, welches (großgeschrieben) der Name einer Gottheit (Personi-
fikation von Klugheit) oder (kleingeschrieben) „Klugheit"
bedeutet (zum Gebrauch des Wortes in epischer Dichtung
s. Führer 1993). Für die *Rhapsodische Theogonie* ist Metis als
weiterer Name des Gottes Phanes-Protogonos belegt, den
Zeus verschluckt; aufgrund der Gleichsetzung mit Phanes
ist Metis hier *maskulin* (*OF* 139–141; 240). In Hesiods *Theogonie* (886–900) verschluckt Zeus seine Frau Metis, um zu
verhindern, dass sie ihm einen Nachfolger gebiert, der ihn
absetzen könnte (s. West 1983: 87–88). Zum Versende in
βαcιληίδα τιμήν s. *Th.* 892.
    West (1983: 114) ergänzte den Vers als μῆτιν καὶ [μακά-
ρων κατέχ]ͺωμ βαcιληίδα τιμ[ήν, jedoch ist inzwischen
klar, dass der Buchstabe nach α kein ι sein kann, sondern
höchstwahrscheinlich als π zu lesen ist (vermutet von

Tsants./Paráss. 2006: 91; neuerdings von Janko bestätigt). Burkert schlug (mit Verweis auf *OF* 8) καπ̣[πίνων („hinunterschluckend") vor (s. Janko 2002: 30), Santamaría (2012a: 71) κάπ̣[πινεν („er schluckte hinunter"). Für die Ergänzung des Verbs, dessen Reste auf der anderen Seite der Lücke stehen (]ε̣μ bzw. normalisiertes]ε̣ν, Wests]ω̣μ ist laut Janko ausgeschlossen), schlug Janko 2002 κάτεχ]ε̣ν „er hatte inne, besaß" vor (dagegen Sider 2014: 245). Das von Santamaría (2012a: 71) vorgeschlagene καὶ ἔχ]ε̣ν „und er hielt" (in: Μῆτιν κάπ̣[πινεν καὶ ἔχ]ε̣ν βασιληίδα τιμ̣[ήν) wird jedoch, genauso wie Jankos Ergänzung (Μῆτιν καπ̣[πίνων {. (.)} κάτεχ]ε̣ν βασιληίδα τιμ̣[ήν), der Schwierigkeit nicht gerecht, dass die Lücke im Papyrus *mehr Buchstaben* erfordert (12 Buchstaben nach der Messung von KPT, 10–11 Buchstaben nach der Messung von Janko) als in den Ergänzungen von Janko (9,5 Buchstaben, mit ι als halber Buchstabe) und Santamaría (9 Buchstaben, mit ι als halber Buchstabe) enthalten sind, während die ergänzten Wörter die *Silbenzahl* im Hexameter bereits erschöpfen. Um bei gleicher Silbenzahl mehr Buchstaben zu erhalten, bietet es sich an, anstelle von καπ̣[πίνων (– – –) oder κάπ̣[πινεν + Konsonant (– – –) κάπ̣[πιεν + Vokal (– ˘ ˘) zu ergänzen (s. Hesiod, Frg. 343,10 West/Merkelbach, wo κάππιεν das Verschlucken der Metis durch Zeus beschreibt). Somit kann die erste Silbe des dritten Versfußes noch besetzt werden. Auf dieser Grundlage schlage ich folgenden Vers vor, bei dem die Lücke durch die gewünschten 11 Buchstaben gefüllt wird.

Μῆτιν κάπ̣[πιεν, ὃς δὲ {ε}πόρ]ε̣ν βασιληΐδα τιμ̣[ήν

Er verschluckte Metis, der ihm königliche Ehre verschaffte,

Zu Wortende nach dem ersten (spondeischen) und dem zweiten (daktylischen) Versfuß s. *Od.* 1.273, 336, 426; Hes.

Th. 27, 49, 401; zu einer Pause nach dem zweiten Versfuß (dagegen Maas 1962: 64–65) s. Hes. *Th.* 322: ἡ δὲ χίμαιρης, ἡ δ' ὄφιος κρατεροῖο δράκοντος (dazu West 1966: 256); zu ἔπορεν ohne direkten Dativ des Empfängers s. *Il.* 6.168; 16.190, 22.472, *Od.* 10.302; 12.302; statt ὅς δὲ {ε}πόρ]εν wäre auch ὅς τε {ε}πόρ]εν möglich; zu δὲ πόρεν in dieser Versposition s. *Il.* 6.168, Hes. *Th.* 602; zur *scriptio plena* s. Kol. 48 §24 und Kol. 56 §50.

Janko übernimmt meinen Vorschlag im hier vorliegenden Text. Von einem direkten Anschluss von *OF* 11.1 an den in §46 zitierten Vers (*OF* 10.3) gehen West (1983: 114) und Bernabé (2002: 113 Anm. 107; 2004: 22) aus. Berechtigte Zweifel an einem direkten Anschluss von *OF* 11.1 an *OF* 10.3 äußern KPT (2006: 212) und Santamaría (2012a: 72), da ein solcher Anschluss weder durch den Inhalt des Verses noch durch die Einführung durch den Derveni-Autor ([λέγ]ει δὲ [τ]όδε) gestützt wird. Wahrscheinlich wollte der Deveni-Autor das traditionelle Beiwort des Zeus μητίετα („Rat ersinnend", *OF* 10.3; vgl. auch ἐμήσατο in §80 bzw. *OF* 16.1–2) und die dahinter stehende Eigenschaft, klug zu sein, durch das Verschlucken der personifizierten Klugheit *Metis* erklären. Sein Zitat von *OF* 11.1 diente demnach vor allem dazu, Zeus' Beiwort μητίετα zu erklären. Ein direkter Anschluss an *OF* 10.3 ist daher unwahrscheinlich; es ist sogar möglich, dass *OF* 11.1 aus einem anderen orphischen Text stammt.

Dass Zeus' Klugheit durch die Inkorporation von Metis bedingt ist, war auch für den Neuplatoniker Proklos eine naheliegende Erklärung (*OF* 240 III = Procl. *In Tim.* I. 312.9–10): „Daher, glaube ich, wird jener (*sc.* Phanes) auch Metis genannt und dieser (*sc.* Zeus) Μητιέτης (*Metietes*, „Ratsinner")." Des Weiteren ist zu vermuten, dass der

Derveni-Autor die geistige Kraft des Zeus mit der planen-
den Kraft des *Nus* (wörtl.: „Denkkraft", „Verstand") verbunden hat. Auch für die Assoziation von Metis und *Nus*
gibt es spätantike Parallelen, s. Damaskios *De principiis*
123; III.160.6–8 = *OF* 139 I (s. Calame 1997: 73; Santamaría
2012a: 72).

ἐc μ[έccον καταθεὶc κεφαλὴν κ]αὶ ἶναc ἀπά[cac
[*Nachdem er mitten*] *hinein* [*gelegt hat den Kopf*] *und
alle Sehnen* (~ *OF* 11.2)
Im Anschluss an meine Ergänzung von *OF* 11.1 schlägt Janko diese Versergänzung als Fortsetzung (*OF* 11.2) vor. Dass
im Papyrus im Anschluss an *OF* 11.1 ein weiterer Vers zitiert
wurde, wird dadurch nahegelegt, dass kein *Paragraphos* zur
Markierung des Zitatendes am Textrand sichtbar ist.
   Bei Hesiod wird die Inkorporation der Metis durch
Zeus ebenfalls durch die Wendung ἐc + κατατίθημι ausgedrückt: *Th.* 890: αἰμυλίοιcι λόγοιcιν ἑὴν ἐcκάτθετο νηδύν
„mit schmeichlerischen Worten legte er sie in seinen Bauch
hinein" (s. auch *Th.* 487 mit West 1966: 301). Vgl. auch
OF 241.2 ebenfalls über Zeus' Verschluckung des Phanes-
Erikepaios und somit der gesamten Welt: τῶν πάντων
δέμαc εἶχεν ἑῆι ἐνὶ γαcτέρι κοίληι, „so hielt er die Gestalt
aller Dinge in seinem gewölbten Bauch" (s. dazu §49). Die
Wendung ἐc μέccον findet sich in *Il.* 3.77, 266, 341, 7.55 mit
der Bedeutung ‚zwischen den/die Troer(n) und Achaier(n)'
(vgl. auch *Il.* 4.79) und in *Il.* 4.299, 23.685, 704, 710, *Od.*
8.144, 17.447, 18.89 mit der Bedeutung ‚in die Mitte einer
Menge/Versammlung'. Der von Janko hier angenommenen
Bedeutung von ἐc μέccον als ‚in die Mitte eines (geschlos-
senen) Raumes' kommt am nähesten die Verwendung in *Il.*
15.357, wo es „in die Mitte des Grabens/der Furt" bedeutet. Da Metis für Klugheit steht, ist die Erwähnung seines

Kopfes naheliegend. Das Wort ἶνας (Akk. Pl.) kann sowohl „Sehnen" (vgl. Kol. 63 §82) als auch „Stärke" (sonst nur im Singular belegt) bedeuten (s. D'Alessio 2004: 23–24; Santamaría 2012a: 73). An der vorliegenden Stelle wird der fließende Übergang der beiden Bedeutungen erkennbar (vgl. Frisk 1960: 735–6, s.v. ἴς). Alternativ könnte der Vers in der Ergänzung von Janko auch als „[Nachdem er ihn (sc. Metis) mitten] hinein [gelegt hat in seinen (sc. Zeus') Kopf] und alle Sehnen" verstanden werden. Zur Vorstellung, dass Zeus den verschluckten Gott in seine eigenen Glieder gleichsam integriert, bietet *OF* 241.3 eine Parallele: μεῖξε δ' ἑοῖς μελέεσσι θεοῦ δύναμίν τε καὶ ἀλκήν „und vermischte die Macht und die Kraft des Gottes mit seinen Gliedern" (s. dazu §49).

§49 (XVI.1–8 KPT): Die ganze Welt in Zeus: ein ontologisches Grundprinzip

"[αἰδοῖ]ον" τὸν ἥλιον ἔφ[η]ϲεν εἶναι
er (Orpheus) sagte, dass die Sonne [„ehrwürdig"] ist
Die Ergänzung [αἰδοῖ]ον „ehrwürdig" am Kolumnenanfang ist deswegen wahrscheinlich, weil der Derveni-Autor in §40 dieses Wort aus dem orphischen Text zunächst als Schamglied (somit wäre als Übersetzung auch „Orpheus sagte, dass die Sonne ein Schamglied ist" möglich; vgl. Kouremenos 2006: 27) und dann als die Sonne deutet; auf letztere Deutung kommt er hier zurück (die Ergänzung αἴτι]ον „Ursache", s. Schröder 2007, ist für die Lücke zu kurz; vgl. auch Fowler 2016: 21 Anm. 16). Mit δε[δήλ]ωται („es ist deutlich gemacht worden") verweist der Autor auf sein Argument in §40 zurück.

ὅτι δὲ ἐκ τῶν ὑπαρχόντων τὰ νῦν ὄντα γίνεται
dass die jetzt seienden Dinge aus den vorhandenen Dingen entstehen.
Der Derveni-Autor gibt seine Interpretation bereits vor
dem Zitat der Verse preis: das mythische Bild von Zeus'
Einverleibung des Gottes Protogonos und damit der gesamten Welt und die in diesem Bild bereits antizipierte Wieder-
hervorbringung der Welt aus Zeus bringt das ontologische
Prinzip zum Ausdruck, dass die Dinge in der gegenwärtigen
Welt (τὰ νῦν ὄντα) nicht völlig neu entstanden sind, sondern vielmehr aus dem Grundbestand der ewig seienden
Dinge (ἐκ τῶν ὑπαρχόντων) nur neu zusammengesetzt
wurden (s. dazu im Folgenden).

πρωτογόνου ... ἔγεντο   *OF* 12.1–4
Die vier orphischen Verse beschreiben den Moment nach
Zeus' Einverleibung des Gottes Protogonos. Da der Schöpfergott Protogonos mit der ganzen bisherigen Welt verwachsen war, hat Zeus nun die ganze Welt in sich. Zeus ist
alles und einzig.

πρωτογόνου βασιλέως αἰδοίου
des ehrwürdigen Königs Protogonos
Das Verszitat beginnt mit drei aufeinanderfolgenden Ge-
nitiven, deren Bezugswort im vorausgegangenen Vers gestanden hat. Die Vertreter der Annahme, dass Zeus im orphischen Mythos das Schamglied des Uranos verschluckt,
gehen davon aus, dass αἰδοίου „Schamglied" bedeutet und
von dem Genitiv πρωτογόνου βασιλέως „des erstgeborenen Königs" (dann verstanden als „Uranos") abhängt, dessen Bezugswort wiederum im vorangehenden Vers stand (s.
Burkert 1999a: 82–83; 2003: 101; Bernabé 2007a: 226). Es
liegt jedoch näher, das Wort πρωτόγονος als Eigenname

des Gottes Phanes-Protogonos aufzufassen, den Zeus wie in der *Rhapsodischen Theogonie* nach seinem Herrschaftsantritt verschluckt. Die drei Genitive bezeichnen gemeinsam diesen Gott (Brisson 2003: 23–24; Santamaría 2016a: 156–58). In den späteren orphischen Theogonien ist πρωτόγονος sowohl als ein Beiwort für Phanes (*OF* 80 III, 109 IX, 140) als auch als dessen Name belegt (*OF* 123, 143). Vgl. Betegh (2004: 115), der betont, dass πρωτόγονος als Epitheton nicht auf Phanes beschränkt ist, wie das Goldblättchen von Thurii (*OF* 492) zeigt, wo eine mit Gaia identische oder eng verwandte Gottheit genau dieses Epitheton trägt. Dagegen betont Santamaría (2016b: 208–209) dass πρωτόγονος auch in *OF* 492 für Phanes-Protogonos steht.

Die Mehrdeutigkeit der Wörter am Zitatbeginn ist vom Derveni-Autor sicher beabsichtigt, da seine Interpretation des Wortes αἰδοῖον als Schamglied und Sonne auf einer radikalen Dekontextualisierung beruht (vgl. §39). Doch woran hat sich *OF* 12.1 im orphischen Text angeschlossen? West (1983: 114) lässt den Genitiv πρωτογόνου βασιλέως αἰδοίου in seiner Rekonstruktion von dem Wort μένος („Stärke", „Kraft", s. Brisson 2003: 24) abhängen ([καὶ τότε δὴ κατέπινε θεοῦ μένος, ὡς θέμις ἦεν]). Santamaría (2012a: 72–73) erwägt einen direkten Anschluss an *OF* 11.2 (ἐς μ[. . . . .]αι ἵνας ἀπά[σας]) (vorausgesetzt, dass in §48 kein weiterer Vers folgte), wodurch das Bezugswort des Genitivs in *OF* 12.1 ἵνας, die „Sehnen" des Protogonos bzw. seine „Stärke" wäre (s. die neue Ergänzung des Verses von Janko in §48; vgl. Santamaría 2012a: 72–74, D'Alessio 2004: 23–24).

Diese Rekonstruktionen des *OF* 12.1 vorausgegangenen Verses orientieren sich zu Recht an einem von Proklos (*In Plat. Tim.* I 324.14–325.11) zitierten Fragment aus der

Rhapsodischen Theogonie, in dem Zeus' Einverleibung der
Welt beschrieben wird (*OF* 241).

ὡς τότε πρωτογόνοιο χαδὼν μένος Ἠρικεπαίου
τῶν πάντων δέμας εἶχεν ἑῆι ἐνὶ γαστέρι κοίληι,
μεῖξε δ' ἑοῖς μελέεσσι θεοῦ δύναμίν τε καὶ ἀλκήν,
τοὔνεκα σὺν τῶι πάντα Διὸς πάλιν ἐντὸς ἐτύχθη,
αἰθέρος εὐρείης ἠδ' οὐρανοῦ ἀγλαὸν ὕψος,   (5)
πόντου τ' ἀτρυγέτου γαίης τ' ἐρικυδέος ἕδρη,
Ὠκεανός τε μέγας καὶ νείατα Τάρταρα γαίης
καὶ ποταμοὶ καὶ πόντος ἀπείριτος ἄλλα τε πάντα
πάντες τ' ἀθάνατοι μάκαρες θεοὶ ἠδὲ θέαιναι,
ὅσσα τ' ἔην γεγαῶτα καὶ ὕστερον ὁππόσ' ἔμελλεν, (10)
ἓν γένετο, Ζηνὸς δ' ἐνὶ γαστέρι σύρρα πεφύκει.

so hielt er dann, nachdem er die Stärke des erstgeborenen (Protogonos) Erikepaios [weiterer Name für
Phanes, s. *OF* 96, 97, 98, 134] in sich aufgenommen
hatte, die Gestalt aller Dinge in seinem gewölbten
Bauch, und vermischte die Macht und die Kraft des
Gottes mit seinen Gliedern und deswegen ist mit ihm
alles wiederum in Zeus zusammengekommen: die
prächtige Höhe des weiten *Aithers* und des Himmels,
der Sitz des unwirtlichen Meeres und der herrlichen
Erde, der große Okeanos und der am tiefsten unter
der Erde liegende Tartaros, Flüsse und das unendliche
Meer und alles andere, und alle unsterblichen
glückseligen Götter und Göttinnen und alles, was
entstanden war und was später entstehen sollte,
wurde eins, und war im Bauch des Zeus.

In beiden Fassungen der Verschluckungsszenerie ist impliziert, dass Phanes-Protogonos der erste Schöpfergott war
(vgl. *OF* 144–64) und dass die von ihm geschaffene Welt

physisch mit ihm verbunden ist bzw. an ihm angewachsen ist (s. *OF* 12.1–2; vgl. West 1983: 89). Deswegen verschlingt Zeus zusammen mit dem Gott auch die gesamte bisherige Welt. Im Vergleich mit der Derveni-Fassung ist die von Proklos zitierte Version um einige Details reicher (s. die Aufzählung der Dinge, die nun alle in Zeus sind, *OF* 241.5–9).

In dem Bild vom Gott, der die Welt verschlingt (vgl. die Totalvereinigung der Welt im Kugel-Gott *Sphairos* bei Empedokles, 31 B 13; 27–29 D.-K., dazu Betegh 2001: 54–56), kommt zum Ausdruck, dass Zeus alles und einzig ist (*OF* 12.4, Kol. 57 u. den Zeus-Hymnos in *OF* 243). Dieser monotheistische Gedanke ist ein besonderes Merkmal der orphischen Theogonie, die sich von Hesiods *Theogonie* eben durch die Radikalisierung der Positionierung von Zeus als alleinigem Gott unterscheidet. Gleichzeitig enthält das Bild des die Welt in sich vereinigenden Zeus (der im nächsten Handlungsschritt zum Schöpfergott der neuen Welt werden wird, s. Kol. 61 mit Erläuterungen und *OF* 244–49), einen pantheistischen Gedanken. Die Spannung, die sich aus der Kombination dieser beiden Gedanken ergibt, nämlich dass ein *einziges* Prinzip die *Pluralität* aller verschiedenen Entitäten in sich enthält, begegnet uns als Grundproblem auch bei ionischen Denkern wie Thales, Anaximenes und Heraklit (vgl. Finkelberg 1986, Burkert 1999b, Betegh 2004: 175–79).

Der Derveni-Autor überträgt diese Thematik auf seine Argumentation und macht sie zum Prinzip seiner Interpretation. Laut seiner Auslegung gibt es nur einen Gott, *Nus* (§§50, 62, 64), der als Luft gleichzeitig alles durchdringt und beherrscht (Kol. 59 §62, Kol. 65 §89). Alle Götter des orphischen Mythos stehen eigentlich für diesen einen Gott *Nus*. Der Schlüssel dieser Interpretation ist die Rückfüh-

rung der Vielgestaltigkeit des Mythos auf ein einziges physikalisches Prinzip.

cηµαίνει *er zeigt an*
Der Derveni-Autor verwendet das Verb cηµαίνειν („anzeigen", „Zeichen geben", „bedeuten") sowie das dazugehörige Nomen τὸ cηµεῖον („(An-)Zeichen", „Omen") zum
einen im Hinblick auf göttliche Zeichen und Omen (s. Kol.
41 §§4–6) und zum anderen, wie hier, im Hinblick auf den
orphischen Text (Kol. 57 §55, Kol. 63 §81, Kol. 65 §92, Kol.
66 §94). Beide, Omen und orphischer Mythos, bedürfen
der Interpretation. Das Verb cηµαίνειν ist Teil der Orakel-
und Traumdeutungsterminologie (vgl. Harris-McCoy 2012:
12). Heraklit sagt über das Orakel in Delphi (22 B 93 D.-K.)
οὔτε λέγει οὔτε κρύπτει ἀλλὰ cηµαίνει „weder spricht er
(*sc.* der Gott Apollon) noch verbirgt er, sondern er gibt Zeichen". In der Verwendung des Verbs cηµαίνειν durch den
Derveni-Autor ist die Annahme impliziert, dass Orpheus
seine Aussage nicht auf direktem Wege macht, sondern vermittels eines Mythos, der durch die richtige *Deutung* erst
entschlüsselt werden muss (vgl. Erläuterungen zu Kol. 45
§15).

**ὅτι τὰ ὄντα ὑπῆ[ρ]χεν ἀεί, τὰ δὲ νῦν ἐόντα ἐκ τῶν ὑπ-
αρχόντων γίν[ετ]αι** *dass es die seienden Dinge immer
schon gab, und dass die jetzt seienden Dinge aus den
vorhandenen Dingen entstehen*
Im Anschluss an das Zitat wiederholt der Derveni-Autor
seine Deutung, mit der er das Zitat bereits eingeleitet hatte (s. oben). Diese Rahmenstruktur sowie die vergleichs-
weise hohe Anzahl zitierter Verse zeigen an, dass die darin
gemachte Aussage für die Kosmologie des Derveni-Autors
zentral ist. Der Autor leitet aus dem Motiv der Welt-Ein-

verleibung durch Zeus das kosmologische Prinzip ab, dass
es einen ewigen Bestand an Dingen gibt (τὰ ὄντα ὑπῆ[ρ]-
χεν ἀεὶ), aus dem die aktuell existierenden Dinge (τὰ νῦν
ἐόντα) „entstehen", wobei „entstehen" eben nur bedeutet,
dass sie aus dem ewigen Grundmaterial neu zusammengesetzt werden. In seiner Deutung ist der auf die Welt-Einver-
leibung folgende Handlungsschritt, in dem Zeus eine neue
Welt aus sich hervorbringt (s. dazu Kol. 61–65; §§70–92),
bereits vorweggenommen. Zeus' Erschaffung der Welt aus
den Bestandteilen der zuvor inkorporierten Welt ist für die
Deutung des Derveni-Autors essentiell. Denn seine Deutung besagt, dass es keine Neuentstehung seiender Dinge *ex
nihilo* geben kann.

Alles was es in unserer Welt gibt, ist aus Bestandteilen
gebildet, die selbst ewig und unvergänglich sind. Damit
steht der Autor zusammen mit Anaxagoras (59 B 17 D.-
K. = Simpl. *In Phys.* 163.21–22: οὐδὲν γὰρ χρῆμα γίνεται
οὐδὲ ἀπόλλυται, ἀλλ᾽ ἀπὸ ἐόντων χρημάτων cυμμίcγεταί
τε καὶ διακρίνεται. „Denn kein Ding entsteht oder geht
zugrunde, sondern aus vorhandenen Dingen mischt es sich
und trennt sich auf." Vgl. auch Diog. Apoll. 64 B 2 D.-K.),
Empedokles (*Physika* I, 261–66 = 31 B 17.30–35 D.-K.) und
den Atomisten (67 A 6, A 97; 68 A 37 D.-K.) in der Nachfolge des Parmenides (28 B 8.2–9ᵃ D.-K.). Vgl. auch Erläuterungen zu Kol. 49 §27 u. Kol. 55 §46 und Einleitung;
s. Laks 1997: 128–29; Betegh 2004: 224–27; Kouremenos
2006: 28–31).

§50 (XVI.8–12 KPT): Die Einzigartigkeit des Nus

ιαὐͺτὸϲ δὲ ἄρα μοῦνοϲ ἔγεντο
„er selbst aber wurde dadurch einzig"
Der letzte Halbvers des Zitates wird noch einmal gesondert
behandelt (hier anders als im Zitat in §49 mit *scriptio plena*
in δὲ ἄρα).

[αὐ]τὸν Νοῦν πάντων ἄξιον εἶναι μόν[ο]ν ἐόντα ...
dass Nus *selbst alles an Wert aufwiegt, weil er als einziger*
existiert
Am Zeilenanfang ist mit Janko (2002) der Ausgabe in ZPE zu
folgen und αὐ]τόν zu lesen (anders Tsantsanoglou, der ἀεὶ]
τόν ergänzt). Allerdings ist die Annahme eines haplographi-
schen Ausfalls des Artikels vor Νοῦν und eine entsprechende
Ergänzung (Janko 2002: 32 [αὐ]τὸν ⟨τὸν⟩ Νοῦν) unnötig.
Beim Pronomen αὐτόϲ (in der Bedeutung „selbst", lat. *ipse*)
kann das Nomen, wenn es ein Eigenname ist, durchaus ohne
Artikel stehen (K.-G. I §465 Anm. 6b; S. 629).
    In dem Bild von Zeus, der die ganze Welt in sich verei-
nigt hat, kommt die Allmacht des *Nus* zum Ausdruck. Die
Allmacht des einzigen Gottes *Nus* impliziert, dass er alles
andere (τἄλλα), d.h. die seienden Dinge, an Wert aufwiegt.
Er *ist* alles. Vgl. auch Empedokles' Darstellung des Apollon
(der für den Kugel-Gottes *Sphairos* steht) in 31 B 134.4–5
D.-K.: „sondern er ist ein heiliger und unbeschreiblicher
Geist (φρὴν), und er ist einzig (μοῦνον), den ganzen Kosmos ... mit seinen Gedanken (φροντίϲι) durcheilend."

οὐ γὰρ [ἐξῆν τοια]ῦτα εἶναι [τὰ νῦν] ἐόντα ἄγ[ε]υ τοῦ
Νοῦ   *Denn es [wäre] nicht [möglich], dass [die jetzt] sei-*
enden Dinge so beschaffen sind (wie sie sind) ohne den Nus
Zur weiteren Erklärung (γάρ) des singulären Status von

Nus fügt der Derveni-Autor hinzu, dass es ohne *Nus* nicht möglich wäre, dass die Welt so ist, wie sie ist (vgl. Kol. 53 §40, Kol. 65 §91). Jankos Ergänzung ἐξῆν (2015), gestützt durch ἐξῆν (ohne ἄν) in Kol. 66 §96, macht im Gegensatz zu ZPEs [οἷόν τε α]ὐτὰ die Aussage zu einem Irrealis; die von mir vorgeschlagene Ergänzung τοια]ῦτα wird sowohl sprachlich als auch inhaltlich durch Kol. 53 §40 (ἄνευ [γὰρ τοῦ ἠ]λ[ίο]υ τὰ ὄντα τοιαῦτα οὐχ οἷόν [τ' ἦν] γίν[εcθαι, vgl. auch 57 §55) gestützt. Die Lücke vor ἐόντα ist mit Jourdan (2003: 16) durch τὰ νῦν] ἐόντα zu ergänzen.

§51 (XVI.12–15 KPT): Vers OF 13

Der Derveni-Autor leitet zum nächsten Vers über, der ebenfalls den Gedanken des *Nus* als ἄξιον πάντων („er wiegt alles auf") zum Ausdruck bringt.

νῦν δ' ἐcτὶ]ν βαcιλεὺc πάντ[ων καί τ' ἔccετ' ἔπ]ειτα.
[„*Jetzt ist er*] *König von allen* [*und wird es auch*] *später sein*" (= *OF* 13)
Der Vers schließt direkt an *OF* 12.4 an. Die Ergänzungen stammen von West (1983: 114). Durch diesen Vers wird die Darstellung der Allmacht des *Nus* um eine Dimension erweitert: das Königtum des Zeus (vgl. Kol. 48 §24 u. Kol. 59 §64–65) ist in der Zukunft unbegrenzt. Der Derveni-Autor sieht in der mythischen Aussage über die Dauer von Zeus' Herrschaft über alle Dinge (βαcιλεὺc πάντ[ων, Genitiv des Objekts bei Verben des Beherrschens) zunächst vor allem eine Wertaussage, wonach *Nus* alles aufwiegt (ἄξιον πάντων, Genitiv der Beschaffenheit bzw. des Wertes). Vgl. Xenophanes' Beschreibung des einzigen Gottes (εἷc θεόc) als größter

unter Menschen und Göttern (μέγιϲτοϲ) und unvergleichbar mit den Menschen (οὔτι ... ὁμοίιοϲ) in 21 B 23 D.-K.

§52 (XVII.1–3 KPT): Zeus als Name für die Luft

Aus den Zitaten in Kol. §§53–54 u. §60, aber vor allem aufgrund der Tatsache, dass das Verszitat (*OF* 14.2) in §55 mit dem zweiten Vers des sogenannten „Hymnus auf Zeus" (*OF* 31.1 u. 243.1; vgl. Erläuterungen zu §55) übereinstimmt, lässt sich der Vers, der in der verbrannten unteren Hälfte von Kol. 56 zitiert worden ist, folgendermaßen rekonstruieren (West 1983: 114):

⌊Ζεὺϲ πρῶτοϲ γένετο, Ζεὺϲ⌋ ὕϲτατοϲ ⌊ἀργικέραυνοϲ⌋

(= *OF* 14.1)

Zeus wurde erster, Zeus (wurde) letzter, der hellblitzende.

Es ist mit West davon auszugehen, dass dieser Vers direkt auf *OF* 13 (zitiert in §51) gefolgt ist. Die thematische Verbindung zur Interpretation in Kol. 56 ist die Frage, wie Zeus im Mythos als „entstanden" (γένετο) beschrieben werden kann, wo *Nus*/Luft, für den Zeus steht, genauso wie die seienden Dinge ewig und unentstanden ist.

ὅτι ὁ Ζεὺϲ] π[ρ]ότερον ἦν πρ[ὶν ὀν]ομαϲθῆναι· ἔπε[ι]-τα ὠνομάϲθη. ... *dass Zeus] früher existierte, bevor er benannt wurde; dann wurde er benannt*
Als Subjekt des Satzes ist Zeus zu ergänzen, der für *Nus* steht und mit der Luft identifiziert wird (zur Gleichsetzung der Luft mit Zeus s. im Folgenden). Als Subjekt des Satzes könnte auch die Luft angenommen (und der Text entsprechend ergänzt) werden (KPT 2006: 135, 217). Jedoch würde

dadurch die nachfolgende Erklärung (γὰρ...) der hier gemachten Aussage redundant.

Mit dem Akt der *Namensgebung* und *Benennung*
(ὀνομάζειν, das Substantiv τὸ ὄνομα kann sowohl „(Ei-
gen-)Name" als auch „Wort" bedeuten) bezeichnet der
Derveni-Autor zum einen die Tätigkeit des Dichters Orpheus, der in seinem Mythos stets neue Göttergestalten
auftreten lässt (Kol. 54 §43, Kol. 58 §57, Kol. 61 §73); zum
anderen beschreibt es den allgemeinen Sprachgebrauch und
die Verwendung idiomatischer Ausdrücke im weitesten
Sinne (Kol. 52 §36, Kol. 58 §59). Hier scheint der Derveni-
Autor vor allem die Bezeichnung des Zeus als „geworden"
(γένετο) im orphischen Mythos im Blick zu haben. Er ist
bemüht, das naheliegende Missverständnis zu beseitigen,
wonach die Benennung eines Gottes mit dessen Entstehung einhergeht, und die Namensgebung somit eine ontologische Aussage impliziert. Diese Vorstellung scheint im
mythischen Denken weitverbreitet und hat altorientalische
Parallelen (s. West 1997b: 88). Das babylonische Weltschöp-
fungsepos *Enūma Eliš* aus der Zeit von Nebukadnezar I (ca.
1125–1103 v. Chr.) beginnt mit den Worten „Als oben die
Himmel (noch) nicht benannt waren und unten die Erde
nicht bei ihrem Namen benannt war, war Apsu, der erste,
ihr Erzeuger...". Gemeint ist: „als die Himmel noch nicht
existierten ..." (s. Labat 1935; vgl. Radner 2005: 15).

Der Derveni-Autor macht klar, dass die Bezeichnung
des Zeus als „entstanden" (γένετο) nicht auf die Gottheit
übertragen werden kann, für die Zeus eigentlich steht. Die
Betonung dieser Tatsache legt ein grundsätzliche Problem
offen, mit dem sich der Derveni-Autor konfrontiert sieht:
Er interpretiert die *verschiedenen* Götter des Mythos, die als
geboren und neu entstanden beschrieben werden (zur Frage
von Priorität vs. Genealogie im Mythos s. Arist. *Metaph.*

1091ᵃ33–ᵇ15; Schwabl 1978: 1319; Betegh 2004: 172–74), als den einen *ewigen* und *ungewordenen* Gott *Nus*/Luft. Um eine fälschliche Übertragung der Bezeichnung des Zeus als „entstanden" auf die physikalische Wirklichkeit, wo *Nus*/Luft zu den *ewig* seienden Dingen gehört, zu verhindern, betont er: Es gab *Nus*, bevor Zeus im Mythos seinen Namen erhielt.

ἦν γὰρ καὶ πρόϲθεν ʽ[ἐ]ὼν' ἢ τὰ νῦν ἐόντα ϲυϲταθῆναι ἀήρ, καὶ ἔϲται ἀεί· *Denn die Luft war existent, bevor sich die jetzt seienden Dinge zusammenfügten, und sie wird immer sein*
Dass die Ergänzung über der Zeile ʽ[ἐ]ὼν' und nicht nur ʽὼν' (KPT) gelautet hat, ergibt sich laut Janko (2002, *app. crit.*) aus der Position der Buchstaben ΩN über HT.

Die fortwährende Existenz des *Nus*, für den Zeus steht, wird damit begründet, dass die Luft, die mit *Nus* identisch ist, fortwährend existierte (ἦν ... ʽ[ἐ]ὼν'). Die Luft gehört zu den ewig seienden Dingen (Kol. 56 §49). Die Luft existierte somit auch, *bevor Nus* durch die Beschränkung der Feuermacht den Beginn der Konfiguration (ϲυϲταθῆναι) der gegenwärtigen Welt veranlasst hat, was im Mythos durch die Herrschaft des Zeus beschrieben wird (vgl. Kol. 49 §§26–27, Kol. 55 §46).

Die Identifizierung des denkenden Prinzips der Welt (*Nus*) mit dem Element Luft (ἀήρ) findet sich auch bei Diogenes von Apollonia (64 B 5 D.-K.): „Und ich glaube, dass das, was Geisteskraft hat, das ist, was die Menschen Luft nennen." (καί μοι δοκεῖ τὸ τὴν νόηϲιν ἔχον εἶναι ὁ ἀὴρ καλούμενος ὑπὸ τῶν ἀνθρώπων) (s. Laks 1983: 42–55). Diogenes wird auch die Befürwortung der Deutung des Zeus als Luft zugeschrieben (64 A 8 D.-K.: „Diogenes lobt Homer dafür, dass er nicht Mythen verfasst, sondern

Wahres über das Göttliche gesagt hat. Er sagt nämlich, dass er die Luft für Zeus hält, weil er sagt, dass Zeus alles weiß." (s. Einleitung; vgl. Burkert 1968: 97–99; Laks 1983: 102; Janko 1997: 65–66; Betegh 2004: 306–24). Zur Identifizierung von Zeus und Luft (ἀήρ) s. Kol. 63 §80 mit Erläuterungen.

οὐ γὰρ ἐγένετο, ἀλλὰ ἦν
denn sie „entstand" nicht, sondern existierte bereits
Der Derveni-Autor macht sich für die Beschreibung der Existenz der Luft das Aspektsystem der griechischen Sprache zu Nutze. Die dauerhafte Existenz der Luft wird durch den durativen Aspekt des Imperfekts von εἶναι (Stamm ἐc-) ausgedrückt: ἦν („sie existierte fortwährend"). Damit setzt der Autor seine Darstellung der Luft klar von der Darstellung der Entstehung des Zeus im epischen Vers ab. Dort steht nämlich der Aorist (ἐ)γένετο (von γίγνομαι, Stamm γεν-), der entweder effektiv („er entstand") die Tatsache der Entstehung beschreibt, oder ingressiv („er kam zum Vorschein") den Beginn seines Daseins (vgl. Parmenides 28 B 8.20 D.-K.: εἰ γὰρ ἔγεντ', οὐκ ἔcτι „denn wenn es *entstanden* wäre, *ist* es nicht" und dazu Burkert 1999b: 105).

Indem der Derveni-Autor sagt „die Luft ‚entstand' nicht", bezieht er sich direkt auf die orphische Wendung Ζεὺς πρῶτος γένετο (*OF* 14.1, s. oben), die entweder „Zeus entstand als erster" oder „Zeus wurde erster" bedeutet. Der Halbvers Ζεὺς πρῶτος γένετο veranlasst den Derveni-Autor zu seinem eindringlichen Beteuern, dass die Luft im Gegensatz zur mythischen Figur des Zeus *ewig* existiert.

§53 (XVII.3–6 KPT):
Die Luft ist ewig, obwohl Zeus „entstanden ist"

δι' ὅ τι δὲ "ἀὴρ" ἐκλήθη, δεδήλωται ἐν τοῖc προτέροιc
Warum sie Luft genannt wurde, ist im Vorhergehenden
deutlich gemacht worden
Der Hinweis auf eine frühere Behandlung des Namens ἀήρ
für die Luft (bzw. für den *Nus* und indirekt Zeus), bezieht
sich auf einen uns nicht erhaltenen Abschnitt des Papyrus.
Vielleicht hat der Autor dort für eine Ableitung des Wor-
tes ἀήρ aus dem Verb αἰωρεῖcθαι „(*sc.* in der Luft) aufgehängt sein/schweben/gleiten" argumentiert; als αἰωρεῖcθαι
bezeichnet er an anderer Stelle den Zustand der in der
Luft befindlichen Dinge (s. §54 und Kol. 65 §§89–90; vgl.
Laks 1997: 130, Jourdan 2003: 17, Betegh 2004: 268–69).
Daneben wäre denkbar, dass der Autor das Wort ἀήρ als
Bezeichnung für *Nus* parallel zur Etymologie in Platons
Kratylos durch eine Verbindung zu εὐρὺ ῥέοντα („weithin
strömend") erklärt (vgl. Plat. *Crat.* 410b1–3: ἢ ὅτι ἀεὶ ῥεῖ; ἢ
ὅτι πνεῦμα ἐξ αὐτοῦ γίγνεται ῥέοντοc; „oder weil sie (*sc.*
die Luft) immer strömt? Oder weil Wind aus ihr als strö-
mender entsteht?"). Die Wendung εὐρὺ ῥέοντα ist im Mythos auf Okeanos bezogen, wird aber vom Derveni-Autor
als Beschreibung der weitreichenden Macht von *Nus*/Luft
verstanden (Kol. 63 §§81–82). Vgl. auch Jourdan (2003:
77), die eine Verbindung zwischen einer Etymologie von
„Zeus" aus dem Verb ζῆν „leben" (s. *Crat.* 396a7–b1) und
der Lebensnotwendigkeit der Luft (ἀήρ) vorschlägt.

"γενέcθαι" δὲ ἐνομίcθη ...
Man glaubte aber, dass er entstanden sei ...
Der Autor erläutert die mythische Ausdrucksweise, um na-
heliegenden Fehlschlüssen von der Figur des Zeus auf den

Charakter der Luft vorzubeugen. Er macht erneut auf die allgemeine Vorstellung aufmerksam, dass die *Benennung* des Gottes „Zeus" im Mythos dessen *Entstehung* (γενέcθαι) impliziert (s. §52). Weil (ἐπείτ', elidierte Form des ion. ἐπείτε = ἐπεί bzw. ἐπειδή; kausal im Sinne von „weil", Laks/Most 1997: 17, oder mit Indikativ Aorist als „nachdem", KPT 2006: 135) der orphische Mythos von Zeus und dessen Entstehung erzählt, glauben die Hörer, dass er entstanden ist (γενέcθαι) und somit vorher nicht existierte. Diese Annahme ist jedoch falsch. Zeus steht für den *Nus*, der identisch mit der Luft ist. *Nus*/Luft ist unentstanden und ewig.

Der Impetus, mit dem der Derveni-Autor das weitverbreitete Missverständnis einer *Entstehung* des höchsten Gottes vorbeugen will, kann mit der Insistenz verglichen werden, mit der Denker wie Empedokles (31 B 8–11 D.-K.) und Anaxagoras (59 B 17 D.-K.) betonen, dass die Menschen zwar glauben, dass in der Welt Entstehen und Vergehen stattfindet, es in Wahrheit aber nur die Kombination und Trennung ewiger Grundstoffe gibt. Auch der Derveni-Autor betont in Kol. 56 §49, dass die Dinge unserer Erfahrungswelt nicht eigentlich entstehen, sondern aus den ewig seienden Dingen gebildet sind. Zu diesen ewig seienden Dingen gehört auch *Nus*/Luft, für den Zeus nur ein Name ist.

§54 (XVII.6–9 KPT): „Zeus" als letzter Name

καὶ "ὕcτατον" ἔφηcεν ἔcεcθαι τοῦτον, ἐπείτε ... *Und er sagte, dass dieser „letzter" sein werde, nachdem ...*
Anstelle des von Kouremenos verbesserten ἐπείτε („nachdem") steht im Papyrus ἔπειτα („dann"), was als Verschreibung (möglicherweise in Analogie zu Kol. 57 §52) zu werten ist.

Im orphischen Vers kommt durch die Bestimmung des Zeus als „erster" (πρῶτος) *und* „letzter" (ὕστατος) dessen Sonderstellung zum Ausdruck, die er aufgrund der Inkorporation und anschließenden Neuerschaffung der Welt hat (vgl. *OF* 31 u. 243; und §55): zunächst ist er das *letzte*, da einzig existierende Wesen, dann aber das *erste*, aus dem heraus alles andere neu entsteht. Zeus' Bestimmung als „letzter" kann sich aber auch auf seinen Status als jüngstes Kind des Kronos beziehen (West 1983: 91) oder auf seine Stellung in der Herrscher-Sukzession nach Uranos und Kronos. Die Beschreibung Gottes als Anfangs- und Endpunkt der Welt ist etwas, was der orphische Mythos mit der Lehre des Alten und des Neuen Testamentes teilt (vgl. *Jes.* 44.6: „Ich bin der Erste, und ich bin der Letzte, und außer mir ist kein Gott." *Offb.* 1.17: „Ich bin der erste und der letzte." ἐγώ εἰμι ὁ πρῶτος καὶ ὁ ἔσχατος); s. Quispel 1978: 16–17.

Der Derveni-Autor deutet das Attribut „letzter" (ὕστατον) als metapoetischen Hinweis des Orpheus, der damit signalisiert, dass „Zeus" der letzte Göttername ist, der dem *Nus* innerhalb einer bestimmten kosmischen Phase zukommt. Die Aussage „er *wird* letzter sein" (ὕστατον ἔσεσθαι) bezieht sich somit auf die Darstellung im orphischen Text. Nach der Entstehung des Zeus im orphischen Mythos wird sein Name der letzte sein, der für einen im Folgenden genauer beschriebenen Abschnitt des kosmischen Geschehens steht.

καὶ τοῦτο αὐτῶι διατελεῖ ὄνομα `{ε}`ὸν μέχρι εἰς τὸ αὐτὸ εἶδος τὰ νῦν ἐόντα συνεστάθη, ἐν ὧιπερ πρόσθεν ἐόντα ἠιωρεῖτο *und dies wird solange sein Name sein, bis die jetzt seienden Dinge in demselben Zustand zusammengesetzt wurden, in dem sie vorher schwebten*
Das Wort μέχρι (mit Indikativ) kann sowohl „(solange) bis"

(„until", Laks/Most 1997: 17, Betegh 2004: 258, KPT 2006: 135; vgl. Thuk. 4.4.1, Xen. *An.* 4.2.4) als auch „solange (wie)" („so long as" Janko 2001: 26 Anm. 143; vgl. Thuk. 3.10.4; 98.1, Polyb. 1.62.4) bedeuten. Für die Bedeutung „(solange) bis" spricht, dass mit dem Aorist ϲυνεϲτάθη ein bestimmter Zeitpunkt markiert wird, während „(solange) wie" einen längeren Zeitraum impliziert (vgl. Kouremenos 2006: 221–23).

Der Derveni-Autor stellt fest, dass der Name „Zeus" den *Nus* und dessen Effekte für einen bestimmten Zeitraum im kosmischen Geschehen bezeichnet und dass dieser Zeitraum dann endet, wenn die Dinge ihre heutige Konfiguration erhalten haben, d.h. unsere Welt entstanden ist (die Aoristform ϲυνεϲτάθη beschreibt hier somit einen in der Zukunft zum Abschluss gekommenen Vorgang, s. Betegh 2004: 257–59 u. K.-G. I §386e11; S. 166; zur Beschreibung der Entstehung unserer Welt durch das Verb ϲυνίϲταμαι s. Kol. 49 §27, Kol. 57 §52, §56, Kol. 61 §71). Dass der Autor von diesen Zeitraum im Futur („wird … sein Name sein") spricht, ist der Tatsache geschuldet, dass zum gegenwärtigen Punkt seine Abhandlung die Zusammenstellung der seienden Dinge unter *Nus* noch nicht behandelt worden ist (s. dazu Kol. 61 §§71–73).

Bezüglich des Verweises auf einen früheren Zustand, in dem die Dinge in demselben εἶδοϲ schwebten, in dem sie dann zusammengesetzt werden, gilt es folgendes Missverständnis zu vermeiden. Der Derveni-Autor meint mit seiner Äußerung nicht, dass eine *Rückkehr* „in die Form, in der sie vorher schwebten" zu erwarten ist, was einen zyklischen Ablauf der kosmischen Phasen implizieren würde (so Betegh 2004: 259). Für einen zyklischen Kosmos, wie er uns z.B. bei Empedokles begegnet und in dem unsere Welt nur eine kurze Übergangsphase in einem ewigen Kreislauf verschiedener kosmischer Stufen ist (*Physika* I, 232–330

Primavesi), gibt es in der Kosmologie des Derveni-Autors
keine Anhaltspunkte. Auch scheint ein zyklischer Ablauf
mit der planend-innovativen Rolle des *Nus* insgesamt zu
kollidieren. Stattdessen ist die Aussage folgendermaßen
zu verstehen: Zeus' Name hat Gültigkeit als Darstellung
eines bestimmten Aspektes des *Nus*, *solange bis* zu dem
Zeitpunkt, an dem sich die Dinge zu größeren Entitäten
vereinigt haben (cυνεcτάθη, s. Kol. 61 §§72–73) – wohl-
gemerkt immer in demselben εἶδοc, d.h. unter *Nus*/in der
Luft (s. im Folgenden) – und sie nicht mehr nur getrennt
voneinander (vgl. Kol. 65 §89) schweben. Das bedeutet insgesamt, dass „Zeus" die ausgedehnte Phase des kosmischen
Geschehens beschreibt, in der sich die Dinge von der Feuerherrschaft befreit, als individuierte Partikeln *schwebend in
der Luft* bewegen und sich daraufhin unter Anleitung von
Nus (jetzt neben „Zeus" auch „Aphrodite" genannt, s. Kol.
61 §§72–73 m. Erläuterungen) untereinander zu größeren
Entitäten und schließlich unserer Welt vereinigen.

Der Begriff εἶδοc kann „Form" und „Gestalt" aber
auch „Art" oder „Zustand", „Verhältnisse" bedeuten. Der
Derveni-Autor betont, dass das εἶδοc in beiden von ihm
in den Blick genommenen Phasen dasselbe ist (τὸ αὐτὸ).
Janko (2001: 26 Anm. 143) schlägt daher vor, εἶδοc im Sin-
ne von „Element" zu verstehen, welches die Luft ist, in der
sich die Dinge befinden. Daneben ist es möglich, εἶδοc als
„Zustand" oder gar im Sinne von „politischer Zustand" (so
in Thuk. 3.62: cκέψαcθε ἐν οἴῳ εἴδει ... τοῦτο ἔπραξαν)
zu verstehen. Die beiden unterschiedenen „Zustände" oder
„Verhältnisse" stimmen darin überein, dass die seienden
Dinge sich *in der Luft* befinden, zunächst schwebend (vgl.
Kol. 59 §62, Kol. 65 §89; αἰωρεῖcθαι bedeutet „[*sc.* in der
Luft] aufgehängt sein/schweben/gleiten", zur unterstellten
etymologischen Verbindung zu ἀήρ s. §53), dann zu größe-

ren Entitäten zusammengestellt (cυνεcτάθη, vgl. auch Kol.
65 §90; s. Betegh 2004: 266–69). In beiden Phasen existierten die seienden Dinge unter dem Einfluss des *Nus*/der Luft
(„politischer Zustand").

§55 *(XVII.9–12 KPT): Zeus, das Haupt aller Dinge*

τὰ δ' ἐόντα [δηλοῖ] γενέcθαι τοιαῦτ[α] διὰ τοῦτον
[*Er (Orpheus) zeigt auf*], *dass die seienden Dinge durch*
sie (die Luft) zu derartigen geworden sind
Der Autor fasst die Wirkung des *Nus* / die Luft zusammen
und leitet zum nächsten Verszitat über: Die seienden Dinge sind sowohl durch die geistige Planung des *Nus* (διὰ
τοῦτον) entstanden als auch in ihm (ἐν τούτωι), d.h. in
der *Luft*.

Ζεὺc κεφαιλή, Ζεὺc μέcιcα, Διὸc δ' ἐκ ιπιάντα τέτιυκται
Zeus ist das Haupt, Zeus die Mitte, aus Zeus ist alles
gemacht (= *OF* 14.2)
Dieser Vers (ebenso wie die z.T. rekonstruierten Verse *OF*
14.1, 14.3 und 14.4, s. §§ 52, 57, 64) ist Teil eines „Hymnus
auf Zeus", der uns aus anderen Quellen bereits bekannt
und in verschiedenen Versionen erhalten ist (s. Bernabé
2010, Ricciardelli 2009; vgl. auch Forderer 1981). Es lassen
sich neben der Fassung im Derveni-Papyrus die folgenden
beiden Versionen unterscheiden (vgl. auch *OF* 688a = P.
Soc. Ital. XV 1476 und Plat. *Lg.* IV, 715e7–717a2 = *OF* 31
III): *OF* 31 u. 243.

OF 31: Die frühere, kürzere Fassung (bestehend aus 9
Versen) wird in der Ps.-Aristotelischen Schrift *Über die Welt*,
401a25–401b7 (Περὶ κόcμου, dt. Übersetzung: Strohm
1984) zitiert. Die Datierung dieser Schrift ist unsicher und

damit auch der aus ihr abzuleitende *terminus ante quem* für
den Hymnus auf Zeus (für einen Zeitraum vor 250 v. Chr.
argumentieren u.a. Barnes 1977: 41 und Schenkeveld 1991;
Strohm 1984 geht dagegen vom 1. oder 2. Jahrhundert n.
Chr. aus; s. auch Thom 2014: 4). Laut West (1983: 89–99)
ist diese Fassung des Hymnus von stoischem Gedankengut
beeinflusst (s. auch Brisson 2009: 38–39).

OF 243: Die erweiterte, spätere Fassung (bestehend aus
32 Verse) ist zuerst für Porphyrios (fr. 354 Smith = Eusebios,
Praep. Evang. 3.8.2.–3.9.9) bezeugt und der *Rhapsodischen
Theogonie* zuzuschreiben, die West (1983: 251) auf das erste vorchristliche Jahrhundert datiert (vgl. dagegen Brisson
1985: 412).

Die ersten beiden Verse sind in allen drei Versionen
identisch. Die weiteren Verse stimmen teils überein und
weichen teils voneinander ab:

Ζεὺς πρῶτος γένετο, Ζεὺς ὕστατος ἀργικέραυνος·
OF 31.1 = 243.1 = **14.1**, s. §52
Ζεὺς κεφαλή, Ζεὺς μέcca, Διὸς δ' ἐκ πάντα τέτυκται
OF 31.2 = 243.2 = **14.2**, s. §55
Ζεὺς πυθμὴν γαίηc τε καὶ οὐρανοῦ ἀcτερόεντος.
OF 31.3 = 243.4
Ζεὺς ἄρcην γένετο, Ζεὺς ἄμβροτος ἔπλετο νύμφη·
OF 31.4 ~ 243.3
Ζεὺς πνοιὴ πάντων, Ζεὺς ἀκαμάτου πυρὸς ὁρμή·
OF 31.5 ~ **14.3**, s. §57
Ζεὺς πόντου ῥίζα· Ζεὺς ἥλιος ἠδὲ cελήνη.
OF 31.6
Ζεὺς βαcιλεύς, Ζεὺς ἀρχὸς ἁπάντων ἀργικέραυνος·
OF 31.7 = 243.5 = **14.4**, s. §64
πάντας γὰρ κρύψας αὖθις φάος ἐς πολυγηθὲς
OF 31.8 ~ 243.31

ἐξ ἱερῆc κραδίηc ἀνενέγκατο, μέρμερα ῥέζων.

OF 31.9, cf. 243.32

Zeus wurde erster, Zeus letzter, der Hellblitzende.
Zeus ist das Haupt, Zeus die Mitte: aus Zeus ist alles
    gemacht.
Zeus ist das Fundament der Erde und des
    sternübersäten Himmels
Zeus wurde männlich, Zeus wurde eine unsterbliche
    junge Frau.
Zeus ist der Atem aller Dinge, Zeus ist der Drang des
    unermüdlichen Feuers
Zeus ist das Ufer des Meeres, Zeus ist Sonne und
    Mond.
Zeus ist König, Zeus ist Herrscher von allen, der
    Hellblitzende.
Denn, nachdem er alles verborgen hatte, brachte er es
    wieder in das vielfreudige Licht
aus seinem heiligen Herzen hervor, Wunder
    vollbringend.

Der Hymnus preist die Allmacht des Zeus. Hierbei wird
die Tatsache bildhaft ausgemalt, dass er durch die Inkorporation der Welt mit dem gesamten Kosmos identisch ist.
Zeus ist Anfang, Mitte und alle Endpunkte, er ist männlich und weiblich, Atem und Feuer, Alleinherrscher und,
da er die Welt aus sich heraus neu erschafft, Schöpfergott.
In der längeren, 32 Verse umfassenden Version des Hymnus
OF 243 sind die Zuschreibungen weiter ausgebaut (Zeus ist
identisch mit den vier Elementen, 243.8; er ist Metis und
Eros, 243.9), aber es wird auch die Einzigkeit hervorgehoben (243.6–7); darüber hinaus beschreibt eine ausführliche
Mittelpartie (243.11–30) in pantheistischer Vision die Welt

als Körper des Zeus: Sein Antlitz ist der Himmel, Sonne und Mond sind seine Augen, der *Aither* ist sein Verstand (νοῦς), mit dem er alles wahrnimmt (vgl. die Darstellung von *Nus*/Luft im Derveni-Text), er hat Flügel, mit denen er alles überfliegen kann, sein Bauch ist die Erde, das Meer seine Hüfte.

Dass die (orphische) Darstellung von Zeus als Anfang, Mitte und Ende der Welt auf eine viel frühere Zeit zurückgeht, wusste man bereits vor der Entdeckung des Derveni-Papyrus durch eine Anspielung in Platons *Lg.* IV, 715e7–717a2 (*OF* 31 III): „Der Gott, der nach der alten Lehre (ὁ παλαιὸς λόγος) Anfang, Ende und Mitte aller Dinge hält, …" (vgl. Santamaría 2016b: 220–23). Durch die Entdeckung des Derveni-Papyrus, der Verse des Hymnus entweder vollständig oder in Teilen enthält, ist nun der genaue (bisher erst für die hellenistische Zeit belegte) Wortlaut des Hymnus für mindestens das 5. vorchristliche Jahrhundert bestätigt (§§52–54 u. 60 bezeugen *OF* 14.1 = 31.1 = 243.1 und §55 bezeugt *OF* 14.2 = 31.2 = 243.2; §57 bezeugt Teile von *OF* 14.3 – 31.5; §64 bezeugt *OF* 14.4 = 31.7 = 243.5).

§56 (XVII.13–15 KPT):
Die allegorische Bedeutung von „Haupt"

κεφαλὴν [ἔχειν πάντα τὰ ὄ]ντ᾽ αἰγ[ί]ζεται Ζ[ῆνα
Er sagt allegorisch, dass [alle Dinge] Zeus als Haupt und Anfang [haben]
Die erhaltenen Reste geben vor, dass sich an den Vers eine allegorische Interpretation (αἰγ[ί]ζεται) des Wortes κεφαλή („Haupt") anschloss. Sehr wahrscheinlich hat der Autor den Bedeutungsaspekt „Beginn" (s. das in der nächsten Zeile erhaltene Wort ἀρχή) weiter ausgebaut und für seine

Auslegung nutzbar gemacht. Die Bedeutung von „Haupt"
(κεφαλή) als „Anfang" und „Ausgangspunkt" ist bereits im
orphischen Text angelegt, wo auf κεφαλή „Haupt" das Prä-
dikat „Mitte" folgt. Dieses Verständnis von κεφαλή stimmt
überein mit der Erklärung eines Scholiasten zu Platons *Nomoi* (715e7–717a2; s. Greene 317; *OF* 31 IV), der den orphischen Vers mit der Variante ἀρχή zitiert, was er jedoch als
„Ursache" deutet (s. Kouremenos 2006: 226).

cὺ[ν τῆι] βο[υλῆι *mit [dem] Beschluss (des Zeus/Nus)*
Mein Vorschlag, τῆι] βο[υλῆι („dem Beschluss", „dem
Willen") zu ergänzen, stützt sich auf die seit Homers *Il.* 1.5
kanonisierte Wendung vom Willen oder Beschluss des
Zeus (Διὸc … βουλή, vgl. auch meine Ergänzung in Kol.
59 §64, s. Kotwick 2016: 2). Hinter Zeus verbirgt sich natürlich *Nus*/Luft, der durch seinen Willen (s. Kol. 59 §62
βούλεται) den Beginn der Welt, wie wir sie kennen, in
Gang gesetzt hat (s. Kol. 55 §46), und dessen Plan (s. Kol.
49 §27 γινώcκ[ω]ν) somit den Anfang der Zusammensetzung der seienden Dinge (τοῦ τὰ ὄντα cυcτ]αθῆναι) bildet.

§57 (XVIII.1–3 KPT):
Moira – das In-der-Luft-sein der seienden Dinge

Zum orphischen Vers, der im verlorenen Endteil von Kol.
57 zitiert worden ist (= *OF* 14.3), s. im Folgenden.

καὶ τὰ κάτω [φερό]μενα
und die nach unten getragenen (Teilchen)
Kol. 58 beginnt am Ende eines Satzes. Als Subjekt von
[φερό]μενα „die getragenen" sind die seienden Dinge anzunehmen, die sich in der Luft bewegen bzw. von dieser

getragen werden. Dass es sich hierbei um eine Bewegung
nach unten handelt, hängt sehr wahrscheinlich mit der Rotationsbewegung zusammen, in der sich die Dinge befinden (s. dazu im Folgenden).

῾[τὴν δὲ "πνοιὴ]ν" φάμενος ἔ[φησε]γ′ ...
indem er [„Hauch"] sagte, [meinte er eigentlich,] ...
Über der ersten Zeile von Kol. 58 steht die Buchstabenfolge ΝΦΑΜΕΝΟΣΕ. Diese Buchstaben sind Teil eines
Zusatzes, der vom Schreiber über der Zeile (*supra lineam*)
angebracht wurde, um eine zuvor versehentlich ausgelas-
sene Wendung nachträglich einzufügen. Die Auslassung
ist durch einen Sprung von einer Buchstabenfolge zur
nächsten gleichlautenden Buchstabenfolge (*saut du même
au même*) zu erklären, d.h. von [τὴν δὲ "πνοιὴ]ν" zu τὴν
δ[ίνην]. Diese Fehlerrekonstruktion erleichtert die Ergänzung des nur teilweise erhaltenen *supra lineam*-Zusatzes
durch ein feminines Substantiv (4–5 Buchstaben) mit Artikel (τὴν δὲ ...). Wahrscheinlich folgte auf φάμενος ein
weiteres Verb des Sagens als Hauptverb (ἔ[φησε]γ), das ein
Zitat aus dem orphischen Text einleitete (vgl. Kol. 52 §37).
Tsantsanoglou hat als Ergänzung des Wortlauts über der
Zeile das feminine Substantiv Μοῖρα]ν vorgeschlagen, ein
orphisches Wort, das in den nachfolgenden Zeilen ausführlich behandelt wird. Jedoch macht diese Ergänzung den
Gedankengang in §57 über das übliche Maß hinaus repe-
titiv. Die Erläuterung des Begriffs Μοῖρα (*Moira*) scheint
vielmehr erst mit dem nächsten Satz zu beginnen. Dort
wird *Moira* mit dem *Pneuma* (πνεῦμα) gleichgesetzt, das
im gegenwärtigen Satz behandelt wird.

Für meine Ergänzung πνοιὴ]ν („Hauch"), die Janko
hier übernimmt, spricht, (i) dass sie die anschließende
Erklärung als *Pneuma* (π̣[νε]ῦμα ἐόν) sofort verständlich

macht, da πνεῦμα in der Prosa für das auf die Dichtung beschränkte Wort πνοιή steht (s. LSJ s.v. πνεῦμα, s. Boyancé 1974: 96–97) und (ii) dass der vom Derveni-Autor hier behandelte orphische Vers sehr wahrscheinlich das Wort πνοιή enthielt. Letztere Annahme ergibt sich aus der Tatsache, dass für den Zeus-Hymnus, aus dem bereits die vorausgehenden zwei Verse stammten (s. §§52–54 für *OF* 14.1 = 31.1 u. §55 für *OF* 14.2 = 31.2), folgender Vers belegt ist: Ζεὐc πνοιὴ πάντων, Ζεὐc ἀκαμάτου πυρὸc ὁρμή (*OF* 31.5; s. Merkelbach 1967: 24, West 1983: 90 Anm. 36 u. Erläuterungen unten).

τὴν δ[ίνη]ν καὶ τἆλλα πάν[τ]α εἶναι ἐν τῶι ἀέρι, π[νε]ῦμα
ἐόν ... *dass sich der Strudel und alle anderen Dinge in*
der Luft befinden, und zwar als Hauch (*Pneuma*)

Die nächste Lücke folgt auf die Buchstabenfolge THNΔ und beträgt 2,5–3 Buchstaben. Zu ergänzen ist demnach ein feminines Nomen im Akkusativ (τήν), das etwas benennt, das neben „allen anderen Dingen" (καὶ τᾰλλα πάν[τ]α) in der Luft ist. Bisher vorgeschlagen wurden τὴν δ[ὲ γῆν „die Erde" (Janko) bzw. τήνδ[ε γῆν „diese Erde" (Tsantsanoglou) und τὴν δ[ίνην] „der Strudel", „der Wirbel" (Burkert, übernommen von Janko, der jetzt am Ende der Lücke die Reste eines N oder I liest: δ[ίνη]ν). Beide Vorschläge enthalten einen Begriff, der in der hier zugeschriebenen Bedeutung im Papyrus sonst nicht vorkommt (vgl. jedoch Kol. 54 §42 u. Kol. 63 §82). Da die Lesung eines Demonstrativpronomens ohne Artikel (in τήνδ[ε γῆν) oder die Lesung der Partikel δὲ (in τὴν δ[ὲ γῆν) an dieser Stelle im Satz nicht überzeugen, ist die Ergänzung *eines* Wortes, das mit δ beginnt und insgesamt 4,5–5 Buchstaben hat, vorzuziehen. Dafür ist δίνην ein sehr geeigneter Kandidat (Beteghs Kritik an der Ergänzung δίνην in 2004: 377–78 ist unberechtigt). Die Plausibilität der Ergänzung δίνην stützt sich auch auf die Tatsache, dass die Konzeption eines Strudels, der eine Rotation des Kosmos und der darin befindlichen Dinge bewirkt, bei mehreren frühgriechischen Philosophen belegt ist (zum Begriff δίνη s. Perilli 1996).

Bei Anaxagoras ist *Nus* insofern für die Entstehung der Welt verantwortlich, dass er eine Strudelbewegung (περιχώρηcιc) in Gang setzt, die alle Dinge rotieren und sich so voneinander absondern lässt (59 B 9; 12–13 D.-K.; s. Ferguson 1971: 104–106; Perilli 1996: 65–74; Sider 2005: 133–34); laut Empedokles hält sich die Erde im Zeitalter des Streites (s. auch *Physika* I.289 Primavesi = 31 B 35.4 D.-K.) in ihrer Mittelposition, weil der Strudel (δίνη), der den Kosmos bewegt, zentripetale Kraft auf sie ausübt (Arist. *Cael.* B 1, 284ᵃ18–26; *Cael.* B 13, 295ᵃ16–21 = 31 A 67 D.-K.; Ferguson 1971: 107–108). In Aristoteles' Illustration des empedokleischen Gedankens (A 67) bewegen sich die Dinge aufgrund der Rotation nach unten (φερομένου πολλάκιc κάτω), ohne jedoch nach unten zu fallen (οὐ φέρεται κάτω). Diese für Empedokles bezeugte Darstellung passt besonders gut zum Satzende am Beginn von Kol. 58 des Derveni-Papyrus (καὶ τὰ κάτω [φερό]μενα „und die nach unten getragenen"), das höchstwahrscheinlich die seienden Dinge in der Rotationsbewegung des Strudels beschreibt. Auch bei Leukipp und Demokrit finden die Vereinigungen unter den Atomen durch den Einfluss eines Wirbels (δίνη, δῖνοc) statt, in dem die Teilchen schnell rotieren (67 A 1; 68 B 167; A 1 = Diog. Laert. 9.45; A 83 D.-K; Ferguson 1971: 101–104; Perilli 1996: 87–101). Die Rolle des Vakuums als das Medium, in dem sich die Teilchen bei den Atomisten bewegen, nimmt beim Derveni-Autor die Luft ein (vgl. Kouremenos 2006: 39). Keineswegs also ist die Konzeption einer kosmischen Strudelbewegung auf Diagoras von Melos

(Aristoph. *Nu.* 828–30; vgl. dazu Perilli 1996: 83–85; s. auch
Aristoph. *Nu.* 365–81; 1470–71) beschränkt, wie Jourdan
(2003: 18 Anm.1) in ihrem Argument gegen die von Janko
verteidigte Lesung τὴν δ[ίνη]ν glauben machen will.

π[νε]ῦμα ἐόν als Hauch (*Pneuma*)

Der Derveni-Autor deutet den orphischen Begriff πνοιή
„Hauch, Atem" als Ausdruck für die Tatsache, dass sich alle
Dinge in der Luft in einer Strudelbewegung befinden. Dieses Phänomen bezeichnet er selbst als *Pneuma* („Hauch").
Die Form π[νε]ῦμα ἐόν im Neutrum Singular kann sich
auf den femininen Singular τὴν δ[ίνη]ν *und* den neutralen Plural τἄλλα πάν[τ]α zurück beziehen (zu den Regeln
der Kongruenz s. K.-G. I: §360–62; S. 58–63 u. Schwyzer/
Debrunner: 605). Vgl. Janko 2002: 36 *app. crit.*, der [πνε]ῦ-
μα ⟨τι⟩ ἐόν⟨τι⟩ erwägt, und die Lesung in ZPE πνεῦμα ἐόν
„sein Hauch".

Auch für den Begriff des πνεῦμα finden sich Parallelen bei anderen frühgriechischen Denkern. Das vom Verb
πνέω („wehen, hauchen") abgeleitete Substantiv bedeutet
zunächst (wie das dichterische Äquivalent πνοιή) „Wind",
„Hauch" oder „Atem". Laut Anaximenes (13 B 2 D.-K., vgl.
dazu Alt 1973) „umfassen Pneuma und Luft die gesamte
Welt" (ὅλον τὸν κόσμον πνεῦμα καὶ ἀὴρ περιέχει). Hier
steht Pneuma synonymisch für die Luft (ἀήρ), die wie bei
Diogenes von Apollonia (64 B 5 D.-K.) eine göttliche und
alles bestimmende Macht ist (vgl. auch die Unterscheidung
zw. einem innerkörperlichen u. außerhalb befindlichen
Pneuma in der hippokratischen Schrift „Über Hauche", *De
flatibus* 3, CMG I.1; pp. 92–93 = 64 C 2 D.-K.). Generell
hat der Begriff des Pneuma im 4. und 5. Jahrhundert v. Chr.
jedoch noch nicht die systematische Bedeutung, die er im
Peripatos und der stoischen Philosophie (πνεῦμα als den

gesamten Kosmos durchdringendes Prinzip) erlangen wird (Tielemann 2000: 1181–83). Zum πνεῦμα in anderen orphischen Fragmenten vgl. *OF* 414 u. 121 III.

Der Derveni-Autor verwendet den Begriff πνεῦμα für die Wirkung, die *Nus* auf die in ihm bzw. der Luft befindlichen Dinge ausübt (vgl. Betegh 2004: 200–202). Auch hier hat der Begriff also den Doppelaspekt, der uns in anderen frühen Belegen begegnet, und der den „Wind" oder „Hauch" in der Luft mit kosmischer Bestimmung und Notwendigkeit verbindet. Diese Verbindung wird später vor allem in der stoischen Konzeption der Weltseele (*Nus*) ausgearbeitet. (Zur Frage eines möglichen stoischen Einflusses im Derveni-Papyrus, s. Casadesús 2010 und Betegh 2007; zum Begriff πνεῦμα in diesem Zusammenhang s. Betegh 2007: 146–49).

τοῦτ' οὖν τὸ πνεῦμα Ὀρφεὺς ὠνόμασεν "Μοῖραν"
Eben diesen Hauch nannte Orpheus „Moira"
Die Partikel οὖν markiert hier (wie auch an anderer Stelle im Papyrus, s. Kol. 47 §21 u. Kol. 49 §27) weniger eine konsequente Folgerung als vielmehr einen neuen Gesichtspunkt (Denniston 1954: 426). Dieser ist, dass die vom Strudel bedingte Bewegung der Dinge in der Luft (πνεῦμα) von Orpheus „Moira" genannt wird.

Bernabé rekonstruiert (*OF* 14.3) auf der Basis von Merkelbachs Vorschlag (1967: 24) folgenden orphischen Vers (vgl. *OF* 31.5; s. Janko 2002: 34):

[Ζεὺς πνοιὴ πάντων, Ζεὺς πάντων ἔπλετο] μοῖρα·

Zeus ist der Atem von allem, Zeus ist die Bestimmung von allem.

In diesem Vers ist die Gleichsetzung von πνοιή („Hauch")
bzw. (in der Terminologie des Derveni-Autors) πνεῦμα mit
der μοῖρα („Bestimmung") bereits enthalten. Merkelbach
erwägt im Hinblick auf die Bestimmung von Moira als die
Geschicke der Welt bestimmende Kraft und unter Auslassung des Wortes πνοιή auch folgenden orphischen Wortlaut: ὄcca τ' ἔην γεγαῶτα καὶ ὕcτερον ὁππόc' ἔμελλεν /
Μοῖρα ἐπέκλωcεν… „alles, was entstanden war und was
auch immer später sein wird, hat Moira zugesponnen" (vgl.
OF 241.10). West geht ebenfalls nicht davon aus, dass der
(aus seiner Sicht vor allem stoisch geprägte) Begriff πνοιή
in der Derveni-Theogonie enthalten war (1983: 89–90) und
schlägt folgende Ergänzung vor (1983: 114, Vers 28): [Ζεὺc
πάντων τέλοc αὐτὸc ἔχει, Ζεὺc] Μοῖρα [κραταιή] „Zeus
hält selbst das Ende von allem, Zeus die starke Moira".

Das Substantiv Moira (abgeleitet von μείρομαι „ver-,
zuteilen") steht in der griechischen Antike generell für den
„Anteil" im Sinne von Schicksal, das einem Menschen zuteil wird, und besonders den Tod (z.B. Il. 18.119; zur Moira s. Henrichs 2000: 340–41). Die (drei) Moiren sind die
personifizierte Schicksalsmacht in Gestalt der Göttinnen
Atropos („die Unabwendbare"), Lachesis („die Losung")
und Klotho („die Spinnende", vgl. ἐπικλώθω „zuspinnen"
in §58) (s. Hes. Th. 213–19, wo sie Kinder der Nacht sind, u.
901–906, wo sie von Zeus und Themis abstammen; s. West
1966: 229 und 408; zum Begriff der Moira bei frühgriechischen Philosophen vgl. Parmenides 28 B 8.37, Anaxagoras
59 B 11 D.-K.).

Welche Position Moira in der Derveni-Theogonie einnahm, ist nicht genau anzugeben. Belege für Μοῖρα in den
übrigen orphischen Fragmenten sind größtenteils auf die
Goldblättchen beschränkt (s. jedoch OF 691): OF 488.4,
489.5, 490.5, und 492.3; s. dazu Bernabé/Jiménez San

Cristóbal 2011: 89–90 u. Graf/Johnston 2013: 125–27). Proklos (*OF* 176) teilt uns mit, dass die Moiren bei Orpheus zweimal vorkommen (wie bei Hesiod, s. oben); die ersten Moiren gehen den ersten Göttern voraus und stehen vor der Herrschaft des Kronos (vgl. Ricciardelli Apicella 1980: 117–19 u. Betegh 2004: 159).

§58 (XVIII.3–6 KPT):
Moira als Schicksalsmacht

οἱ δ' ἄλλοι ἄνθρωποι κατὰ φάτιν "Μοῖραν ἐπικλῶcαί" φαcί[ν] cφιcιν ... **Die übrigen Menschen aber sagen nach dem Sprichwort, dass „Moira ihnen zuspinnt"** ... Der Autor stellt die seiner Meinung nach wahre Bedeutung von Μοῖρα im orphischen Text der allgemein-sprachlichen bzw. sprichwörtlichen (κατὰ φάτιν, vgl. Herakl. 22 B 34 D.-K.) Bedeutung des Wortes gegenüber (vgl. Kol. 61 §72, Kol. 63 §81). Die Menschen sprechen von Moira als der Gottheit, die ihnen ihr Schicksal zuspinnt, und bestimmt, was ihnen zustoßen wird. (Diese Vorstellung entspricht dem traditionellen Bild der *Moiren* Atropos, Lachesis und Klotho, das in verschiedenen literarischen und ikonographischen Quellen belegt ist. Vgl. oben u. Henrichs 2000: 342–43; s. auch Brisson 2009: 31–32). Die Menschen, die das Wort Moira in diesem Sinne gebrauchen, sagen etwas Zutreffendes (λέγοντεc μὲν ὀρθῶc, s. Burkert 1970: 444–45, vgl. auch Anceschi 2007: 57–58), ohne zu verstehen, was Moira wirklich ist und wie sie wirkt (zum Unverständnis der Vielen s. Kol. 49 §27, Kol. 52 §35, Kol. 61 §81, Kol. 66 §96; vgl. Kol. 60).

§59 (XVIII.6–10 KPT):
Moira – das Denken des Nus

Ὀρφεὺς γὰρ' τὴν φρόνηϲ[ι]ν "Μοῖραν" ἐκάλεϲεν
Orpheus nämlich nannte das Denken „Moira"

Der Autor präzisiert die Bedeutung, die Moira seiner
Ansicht nach bei Orpheus hat: Sie steht für das Denken
(φρόνηϲιϲ kann sowohl „Denken" als auch „Gedanke",
„Empfindung" oder „Weisheit" bedeuten). Wie im Folgenden ersichtlich wird, ist damit das Denken des *Nus*
gemeint und somit die Tätigkeit, die er als *Nus* („Geist")
vollzieht (zur Vorstellung, dass der Gott die Welt denkend
durchdringt bzw. die Welt durch sein Denken lenkt s. Xenophanes 21 B 25 D.-K.: νόου φρενὶ πάντα κραδαίνει „er
lenkt alles mit dem Denken seines Geistes" u. Empedokles 31 B 134.4–5 D.-K.: φρὴν ... φροντίϲι κόϲμον ἅπαντα
καταίϲϲουϲα „Geist…, der den ganzen Kosmos mit seinen
Gedanken durcheilt"). „Moira" meint also nicht nur die
physikalische Wirkung des Gottes, der als *Luft* die seienden Dinge in sich selbst bewegt (πνεῦμα), sondern auch die
planend-determinierende Wirkung des Gottes, der als *Nus*
das Schicksal der Menschen bestimmt. Die Begriffe Μοῖρα,
πνεῦμα und φρόνηϲιϲ sind somit nicht einfach miteinander gleichzusetzen, sondern stehen jeweils für einen Aspekt
des Gottes *Nus*/Luft. Vgl. Henry 1986: 159; Betegh 2004:
200–202 (Schema nach Betegh 2004: 202):

Mythischer Name:	Zeus	Moira
Noetischer Aspekt:	*Nus*	Denken (φρόνηϲιϲ)
Physikalischer Aspekt:	Luft	*Pneuma*

ἐφαίνετο γὰρ αὐτῶι τοῦτο προσφερέστατον
Denn dieser Name schien ihm am besten zu passen
Laut Derveni-Autor wird die allumfassende Wirkung des
Nus auf den Kosmos und unsere Welt am ehesten vom
Begriff der Moira eingefangen (προσφερής „zu-träglich",
„ähnlich", „passend", „brauchbar", vgl. προσφέρειν in Kol.
59 §64) und der Vorstellung, die landläufig damit verbunden wird. Orpheus hat diesen Begriff also unter Berücksichtigung des Sprachgebrauchs und des darin enthaltenen
Vorverständnisses der Menschen (s. dazu Kol. 59 §64, Kol.
61 §72, Kol. 62 §75, Kol. 63 §81) gewählt.

πρὶν μὲν γὰρ κληθῆναι "Ζῆνα", ἦν Μοῖρα
Denn bevor es Zeus genannt wurde, war Moira …
Zum „benannt werden" eines Gottes s. Erläuterungen zu
Kol. 57 §52. Der Derveni-Autor kommt hier erneut auf
ein grundsätzliches Problem seiner Auslegung zurück:
Zeus, der als Gott in der mythischen Handlung zu einem
bestimmten Zeitpunkt entstanden ist, bezeichnet eigentlich einen Gott (d.h. *Nus* und dessen Denken), der weder
an zeitliche noch an räumlich Grenzen gebunden ist. Er
herrscht ewig und durchdringt alles (vgl. die Beschreibung
der Luft in Kol. 59 §62). Bevor Zeus im Mythos auftrat,
war es Moira, die für das Denken des *Nus* stand (die frühe
Stellung der Moira in der Genealogie der Götter stimmt zu
Proklos' Hinweis in *OF* 176, s. oben).

ἀεί τε καὶ διὰ παντός   *ewig und alles durchdringend*
Die dauerhafte und alles umfassende Präsenz von *Nus*/Luft
im Kosmos kann mit der *Nus*-Konzeption des Anaxagoras
und der Konzeption des Diogenes von Apollonia, bei dem
Noesis ebenfalls mit der Luft identisch ist, verglichen werden. Anaxagoras' *Nus* ist ebenfalls ewig (59 B 14 D.-K. mit

Diels' Konjektur ἀ⟨εί⟩). Er ist jedoch von der Mischung, aus der alle übrigen Dinge bestehen, vollkommen getrennt und rein, auch wenn er (ungemischt) *in* Entitäten sein kann (B 11); er wirkt auf alle Dinge ein (B 12). Zur *Nus*-Konzeption des Anaxagoras und des Derveni-Autors s. Betegh 2004: 280–95; vgl. auch Kouremenos 2006: 36–45. Diogenes von Apollonia (64 B 5 D.-K.) bestimmt das, was „die Denkkraft besitzt" (τὸ τὴν νόηcιν ἔχον) und mit der Luft (ἀήρ) identisch ist, als dasjenige, was alles lenkt und beherrscht (ὑπὸ τούτου πάντας καὶ κυβερνᾶcθαι καὶ πάντων κρατεῖν). Für einen Vergleich des Derveni-Autors mit Diogenes s. Einleitung; Janko 1997: 80–87; Betegh 2004: 306–21.

§60 (XVIII.10–14 KPT): Zeus ist erster

ἐπεὶ δ' ἐκλήθη "Ζεύc" ...
Aber weil es „Zeus" genannt wurde...
Der Autor beteuert erneut, dass das Auftreten der Figur des Zeus zu einem bestimmten Zeitpunkt in der Handlung des Mythos nicht auf den Gott übertragen werden darf, für den Zeus steht. *Nus* existierte auch bevor er Zeus genannt wurde. S. Erläuterungen zu §§52–53.

Ὀρφεὺc δὲ λέ]γει "Ζεὺc πρῶτοc ‚γέν‚ετο", πρ[ῶ]τόν γ' ὄντα ... [*Und Orpheus sagt*]: *„Zeus wurde erster"*, *obwohl er freilich erster* **ist**
Der zitierte Halbvers gehört zu dem orphischen Vers (*OF* 14.1), der am Beginn der vorausgegangenen Kolumne (§52) behandelt worden ist (s. dort). Wie die Fortführung (gemäß der neuen Lesung von Janko) πρ[ῶ]τόν γ' ὄντα („obwohl er freilich erster *ist*") zeigt, geht es dem Derveni-Autor darum, die in der Verbform γένετο („er entstand") implizier-

te Eigenschaft des Zeus, zu einem bestimmten Zeitpunkt erst entstanden zu sein, durch Interpretation zu beseitigen. Zeus wurde nicht erster, sondern *ist* (immer schon) der erste (vgl. Erläuterungen zu §52). Jankos neue Lesung πρ[ῶ]τόν γ' ὄντα deutet vielleicht darauf hin, dass sich der Derveni-Autor bei seiner Interpretation erneut auf das Wortspiel der Paronomasie stützt: Die Verbindung aus der Partikel γ(ε) und dem Partizip ὄντα erzeugt ein Klangbild – γ' ὄντα – das als Ableitung von γένετο verstanden werden kann.

§61 (XVIII.14–15 KPT):
Das Verständnis der Unverständigen

οἱ δ' ἄνθρωπ[οι, οὐ γινώσκοντ]ες τὰ λεγόμενα
Die Menschen aber, die das Gesagte [nicht verstehen
Die Menschen, die den eigentlichen Sinn von Orpheus' Worten nicht verstehen, folgen dem wörtlichen Sinn und gehen davon aus, dass Zeus tatsächlich zu einem bestimmten Zeitpunkt entstanden ist.

§62 (XIX.1–4 KPT):
Nus/Luft beherrscht alles

ἐκ[λήθ]η τὰ ἐόντα, ἓν [ἕ]καστον κέκ[λητ]αι ἀπὸ τοῦ ἐπικρατοῦντος ... *die seienden Dinge [benannt wurden],* *hat jedes einzelne seinen Namen von dem erhalten, was* *Beherrschend ist*
Der erste Teil des Satzes ist verloren, die syntaktische Struktur im Ganzen unklar. Dem erhaltenen Teil des Satzes lässt sich folgende Regel entnehmen: jedes seiende Ding wird nach dem benannt, was beherrschend ist (τοῦ

ἐπικρατοῦντος). Dieses „beherrschende" wird meist als dasjenige Element verstanden, das *in* dem seienden Ding vorherrscht (Burkert 1968: 98; Laks/Most 1997: 18; Janko 1997: 64; 2001: 27; KPT 2006: 135; anders Betegh 2004: 41). Diesem Verständnis liegt jedoch die zweifache Annahme zugrunde, dass die seienden Dinge aus Elementen zusammengesetzt sind (vgl. Kol. 55 §46, Kol. 56 §49, Kol. 61 §71) *und* dass diese jeweils in verschiedenen Konzentrationen vorliegen. Das vorherrschende Element bestimmt dann, als was das Ding insgesamt bezeichnet wird.

Diese zweifache Annahme kommt in einem wichtigen Aspekt der Auffassung des Anaxagoras nahe (Burkert 1968: 98; Laks 1997: 128; Sider 1997: 136–37): Anaxagoras sagt, dass „wovon am meisten in etwas ist, dies ist und war jedes Ding am deutlichsten." (59 B 12 D.-K.: ὅτωι πλεῖcτα ἔνι, ταῦτα ἐνδηλότατα ἐν ἕκαcτόν ἐcτι καὶ ἦν). Anaxagoras (jedenfalls nach dem Bericht des Simplikios) beschreibt das Beherrschen mit demselben Verb wie der Derveni-Autor (ἐπικρατεῖν, vgl. κατέχειν in 59 B 1 D.-K.; s. Sider 1997: 73–75): „alles ist in allem enthalten, und ein jedes einzelne wird gemäß dem in ihm Vorherrschenden bestimmt." (πάντων μὲν ἐν πᾶcιν ὄντων, ἑκάcτου δὲ κατὰ <u>τὸ ἐπικρατοῦν</u> ἐν αὐτῷ χαρακτηριζομένου, Simp. *In Phys.* 27.7–8 ~ 155.24–26 = Kontext zu 59 B 1 D.-K.). Nach Anaxagoras' Mischungs-Ontologie sind in allen Bestandteilen, aus denen die Dinge in der Welt bestehen, selbst wieder alle Grundstoffe (in unterschiedlichen Konzentrationen) enthalten. Der Stoff, der in höchster Konzentration vorliegt bzw. vorherrschend ist, bestimmt als was wir etwas identifizieren.

Betegh (2004: 270–71; 303–305) weist jedoch zu Recht darauf hin, dass im erhaltenen Text des Derveni-Papyrus nicht gesagt wird, dass es sich um eine Dominanz *in* (ἐν) dem jeweiligen Ding handelt. Die vom Derveni-Autor be-

schriebene Luft-Herrschaft besteht nicht in einer Dominanz *in* den Dingen; vielmehr befinden sich die seienden
Dinge *in* der Luft. Somit geben die Fragmente des Papyrus keinen Hinweis auf Anaxagoras' komplexe Mischungs-
Ontologie (s. auch Laks 1997: 126–29). Doch selbst wenn
wir es im Derveni-Papyrus mit einer Theorie zu tun haben,
die weit weniger komplex ist als die des Anaxagoras, so ist
wenigstens die Vorstellung, dass die seienden Dinge aus
kleineren Teilchen bestehen, die in unterschiedlicher Konzentration vorliegen, durchaus mit der im Papyrus gegebenen Theorie von der Zusammensetzung der seienden Dinge
(Kol. 61 §71) vereinbar.

Das Prinzip des Beherrschens (ἐπικρατεῖν) kommt in
der Derveni-Kosmologie an mehreren Stellen zum Tragen
(Ricciardelli Apicella 1980: 120–22; Betegh 2004: 266–73).
Zunächst hatte die Dominanz des Feuers bewirkt, dass
alle Dinge vermischt ineinander aufgehen (ὅϲα δ᾽ ἂ[ν]
ἀφθῆι ἐπικρα[τεῖται, ἐπικ]ρατηθέν⟨τα⟩ δὲ μίϲγεται τοῖϲ
ἄλ[λο]ιϲ, Kol. 49 §27). Nach der Abtrennung der Sonne
aus der Urmasse werden die seienden Dinge von der Luft
beherrscht, da diese an die Stelle des Feuers tritt, und sich
die Dinge nun in ihr befinden (vgl. Kol. 55 §45, Kol. 57
§54, Kol. 65 §90). Die politische Konnotation des Begriffs
ἐπικρατεῖν wird in den nachfolgenden Paragraphen §§64–
65 weiter ausgebaut (s. Erläuterungen dort).

"Ζεὺ[ϲ]" πάντα κατὰ τὸν αὐτὸν λόγον ἐκλήθη·
Alles wurde nach demselben Prinzip „Zeus" genannt
Der Derveni-Autor bedient sich der Konzeption des Anaxagoras, um sie auf seine Interpretation des orphischen
Textes anzuwenden. Zunächst überträgt der Derveni-Autor
das Prinzip der Bestimmung von etwas durch das darin
vorherrschende Element auf den Kosmos im Ganzen: Da

die ganze Welt von Zeus bzw. *Nus*/Luft beherrscht wird, kann alles „Zeus" genannt werden. Damit rechtfertigt der Derveni-Autor seine eigene Interpretationsmethode: Im orphischen Text heißen alle Götter eigentlich Zeus, weil Zeus für *Nus* und Luft steht, die wiederum alles beherrscht. Die Übertragung der anaxagoretischen Regel auf die Interpretation des orphischen Textes ist vor dem Hintergrund der Verse *OF* 14.2 (zitiert in §55) und *OF* 14.4 (zitiert in §64) zu sehen, in denen Zeus als Quelle (Διὸϲ δ' ἐκ ⌊π⌋άντα τέτ⌊υ⌋κται) und Herrscher (Ζεὺϲ δ' ἀρχὸϲ ἁπάντων) von *allem* beschrieben wird. Folgende Begründung bietet sich an: Da „Zeus" (d.h. *Nus*/Luft) alles beherrscht (bzw. alles aus ihm besteht) und er somit alles *ist*, kann alles „Zeus" genannt werden.

πάντων γὰρ ὁ ἀὴρ ἐπικρατεῖ τοϲοῦτον, ὅϲον βούλεται
Denn die Luft beherrscht alles, soviel wie sie will
In der bisherigen Erklärung des Namens „Zeus" war impliziert, dass Zeus alles beherrscht. Diese Tatsache wird nun dadurch belegt, dass die Luft, für die Zeus steht, alles beherrscht. Die Macht der Luft besteht in der Ubiquität des physikalischen Elementes und dem Einfluss, den sie auf die in ihr befindlichen Dinge ausübt. Der Zusatz „soviel, wie sie will" anthropomorphisiert die *Luft* und bindet sie so an die mythische Darstellung des allmächtigen und willkürlichen Zeus zurück (s. Kol. 65 §91; vgl. dazu Heraklits Beschreibung des göttlichen Gesetzes in 22 B 114 D.-K.: κρατεῖ γὰρ τοϲοῦτον, ὁκόϲον ἐθέλει und die Beschreibung der Macht des denkenden Prinzips, das mit der Luft identisch ist, bei Diogenes von Apollonia in 64 B 5 D.-K.; s. dazu Erläuterungen §59, Janko 1997: 65–66 u. Betegh 2004: 308–18.

§63 (XIX.4–7 KPT):
Das Denken des Gottes bestimmt alle Geschehnisse

"Μοῖραν" δ' "ἐπικλῶcαι" λέγοντεc
Wenn man sagt, „Moira spinnt zu (epiklōsai)"
Der Autor verbindet das eben Ausgeführte mit der Be-
griffsbestimmung der Moira in §§57–59. Er kommt zurück
auf seine Feststellung, dass die Menschen nicht verstehen,
was „Moira" und „zuspinnen" wirklich bedeuten (§58).
Seine Erklärung knüpft an die Bestimmung der Moira als
„das Denken des Gottes" (φρόνηcιc τοῦ θεοῦ, §59) an
und verbindet diese mit seiner Interpretation des Begriffs
ἐπικλῶcαι: ἐπικλῶcαι „zuspinnen" = ἐπικυρῶcαι „fest-
setzen", „bestimmen", „bewilligen" (vgl. auch ἐπικρατεῖν
als Machtäußerung des Gottes, s. Jourdan 2003: 83). Diese
Gleichsetzung scheint auf der klanglichen Nähe (Paronomasie) der beiden Verbformen zu beruhen. Dass Moira zuspinnt, bedeutet demnach eigentlich, dass das Denken des
Zeus (d.h. *Nus*/Luft) Entstehen und Vergehen der Dinge
bestimmt und somit die Vergangenheit, Gegenwart und
Zukunft unserer Welt determiniert (zur formelhaften Wendung ‚was war, ist und sein wird' in der Dichtung s. *Il.* 1.70,
Hes. *Th.* 38, Empedokles 31 B 21.9 D.-K.; in der Prosa s.
Heraklit 22 B 30 D.-K. u. Demokrit 68 A 39); diese Macht
wird landläufig „Moira" – Schicksal – genannt.

Nus, dessen Wirken hier als „Denken des Zeus" beschrieben wird, ist auch in der Konzeption des Anaxagoras
dafür verantwortlich, dass die Welt so ist, wie sie ist (59
B 12 D.-K.): „Und die sich vermischenden Dinge und die
sich absondernden und trennenden erkannte *Nus* alle. Und
wie er wollte, dass sie sein werden und waren (καὶ ὁποῖα
ἔμελλεν ἔcεcθαι καὶ ὁποῖα ἦν), und was jetzt ist und wie

es sein wird (καὶ ὅσα νῦν ἔςτι καὶ ὁποῖα ἔςται), alles bestimmt der *Nus* (πάντα διεκόςμηςε νοῦς)".

§64 (XIX.8–13 KPT): Zeus, der König

"βαςιλεῖ" δὲ αὐτὸν εἰκάζει
Er (Orpheus) stellt ihn als König dar
Die mythische Darstellung des Zeus als König bestätigt die
politische Konnotation, die in der Darstellung des *Nus*/Luft
durch den Derveni-Autor enthalten ist. Der Derveni-Autor
weist erneut darauf hin, dass Orpheus das Bild des Königs
bewusst aus den gängigen Bezeichnungen für den höchsten
Gott ausgewählt hat (vgl. Kol. 58 §59, Kol. 63 §81).

"Ζεὺς βαςιλεύς, Ζεὺς δ' ἀρχὸς ἁπάντων ἀργικέραυνος"
Zeus ist König, Zeus ist Anführer von allen, mit dem
strahlenden Blitz (OF 14.4)
Auch dieser Vers stammt aus dem Hymnus, der in der orphischen Theogonie auf die Weltinkorporation des Zeus
gefolgt ist. S. Kol. 57 §55 m. Erläuterungen; s. *OF* 31.7 und
OF 234.5, wo anstelle von ἀρχὸς ἁπάντων ἀργικέραυνος
„Anführer von allen, mit strahlendem Blitz" die Wörter
αὐτὸς ἁπάντων ἀρχιγένεθλος „selbst der Ursprung von
allem" steht.

"β[αςιλέ]α" ἔφη εἶναι, ὅτι πολλῶ[ν τῶν ψή]φων μία
[βουλὴ κ]ρατεῖ *Er sagte, dass er ein [König] ist, weil sich*
ein [Beschluss] gegenüber vielen [Stimmen] durchsetzt
Die Erläuterung des Königstitels konzentriert sich auf den
Aspekt der singulären (μία) Entscheidungsgewalt, die einem König zukommt. Durch Jankos neue Lesung ψή]φων
(„Stimmsteine", „Stimmen") anstelle von Tsantsanoglous

ἀρ]χῶν („Ämter") ist klar, dass der Derveni-Autor die königliche Vormachtstellung durch ein politisches Szenarium
erläutert. Als Ergänzung der nächsten Lücke schlage ich daher [βουλὴ κ]ρατεῖ vor (s. Kotwick 2016: 2): Der Begriff
βουλή steht traditionell für den „Plan" und die Absicht des
Zeus (*Il.* 1.5), aber bezeichnet ebenfalls den „Beschluss",
den ein „Gremium" oder „Rat" (βουλή) erlässt. Daher eig-
net sich das Wort βουλή gut, um den Kontrast zwischen
einer Vielzahl von Stimmen und dem *einen* Entschluss bzw.
der Entscheidungsgewalt eines Königs auszudrücken (vgl.
Arist. *Pol.* III.16; 1287a1–2; Heraklit 22 B 33 D.-K.). Zum
„Willen" (βουλή) des *Nus* s. §62: ἐπικρατεῖ τοcοῦτον, ὅcον
βούλεται „beherrscht alles, soviel sie (sc. die Luft) will".

**καὶ πάντα τελεῖ, [ἃ τῶν πολι]τῶν οὐδενὶ ἄλλωι ἔξεc]τιν
τε[λ]έcαι *und er führt alles aus, [was keinem anderen
Bürger möglich] ist, auszuführen***
Die Vormachtstellung des Zeus kann auch dahingehend mit
der besonderen Stellung eines Königs verglichen werden,
dass dieser ausführt, was keinem anderen Bürger möglich ist.

§65 (XIX.14–15 KPT): Zeus, der Anführer von allen

Die erhaltenen Reste zeigen, dass der Autor sich nun der
zweiten Vershälfte von *OF* 14.4 zuwendet und Zeus als „Anführer von allem" erläutert.

§66 (XX.1–3 KPT): Öffentliche Einweihungsriten

Kol. 60 unterscheidet sich in Inhalt und Tonfall vom Rest
der Kol. 47–66. Rusten (1985: 138–40; 2014: 127–32) hat als

Erklärung dafür vorgeschlagen, dass der Derveni-Autor in Kol. 60 §§66–67 einen anderen Autor zitiert. Dies ist jedoch unwahrscheinlich und ohnehin für das Verständnis der Passage wenig hilfreich (s. Erläuterungen zu §67). Kol. 60 zeigt Parallelen zu Kol. 45 (vgl. Erläuterungen dort). In beiden Kolumnen spricht der Autor in der ersten Person (πάριμεν, Kol. 45 §14; θαυμάζω, Kol. 60 §66), und eröffnet uns somit einen Einblick in den lebensweltlichen und kulturellen Hintergrund, vor dem seine Rezeption orphischer Dichtung und Anverwandlung frühgriechischer Physik zu sehen ist. Dieser Hintergrund schließt Orakelvergabe und Mysterienkulte ein. Die Verbindung dieser verschiedenen Bereiche ist entscheidend für das Verständnis des Derveni-Textes insgesamt. Denn an der Schnittstelle von Kosmologie und religiöser Heilslehre wird die ethische Implikation sichtbar, die den Fluchtpunkt der gesamten Abhandlung bildet: Der Autor fordert ein Streben nach „Erkenntnis" anstelle des Strebens nach Lust und Erfüllung der eigenen Begierden (s. Kol. 45 §15) – wobei „Erkenntnis" jedoch vorrangig in der speziellen Einsicht besteht, dass der mythische Text des Orpheus in Wahrheit eine kosmologisch-physikalische Aussage enthält, die es mit Hilfe seiner allegorischen Interpretationspraxis zu entschlüsseln gilt: *Nus*/Luft ist einzig und beherrscht alles (vgl. Frede 2007, Obbink 2010: 17–22).

[ὅϲοι μὲν τῶν] ἀνθρώπω[ν ἐ]ν πόλεϲιν ἐπιτελέϲαντεϲ [τὰ ἱ]ερὰ εἶδον *Dass [diejenigen] Menschen, die in Städten heilige Weiheriten vollzogen und gesehen haben*
Die Kolumne beginnt mitten in der Charakterisierung einer von zwei einander gegenübergestellten Gruppen von Teilnehmern an Einweihungsriten. Burkert schlägt als vorausgehenden Wortlaut ὅϲοι μὲν τῶν vor, worauf ὅϲοι δὲ

in §67 antwortet. Die erste Gruppe besteht demnach aus denjenigen, die sich in Städten in Mysterien einweihen lassen. Tsantsanoglous Ergänzung für das Ende von Kol. 59 nimmt den im Folgenden aufgestellten Gegensatz zwischen bloßem Hören (s. ἀκοῦcαι im Folgenden) und wahrem Verstehen des Gesagten vorweg (KPT 2006: 136; 236): [ὅcοι μὲν ἀκοῆι δοκοῦντεc μαθεῖν μετ᾽ ἄλλων] ἀνθρώπω[ν „Diejenigen, die meinen, dass sie zusammen mit anderen Menschen durch (bloßes) Hören etwas lernen...".

Die Menschen, die sich in Städten (d.h. bei öffentlichen Veranstaltungen, s. Graf 2014: 69–70) einweihen lassen, können nach Ansicht des Derveni-Autors nicht verstehen, was das während des Ritus Vorgetragene (τὰ λεγόμενα) eigentlich bedeutet. Allein das Hören (ἀκοῦcαι) dieser Worte führt keineswegs zum *Verständnis* derselben. Diese Kritik richtet sich wohl weniger gegen einen bestimmten Mysterienkult, wie z.B. die Eleusinischen Mysterien in Athen, als vielmehr allgemein gegen öffentlich in Städten (ἐ]ν πόλεcιν) praktizierte Mysterien (Rusten 1985: 139 Anm. 42; Graf 2014: 69; vgl. auch Henrichs 1984: 266–68; zum Verhältnis von Eleusis zur orphischen Dichtung s. Graf 1974: 1–39). Hierbei handelt es sich wahrscheinlich vorrangig um bacchische Mysterien, die in der Zeit, in der unser Autor schreibt, für verschiedene Orte im griechischen Kulturraum belegt sind (Bremmer 2014: 70–79).

ἐπιτελέcαντεc [τὰ ἱ]ερὰ εἶδον
heilige Weiheriten vollzogen und gesehen haben
Das Verb ἐπιτελεῖν („vollführen", „vollenden") bezeichnet die Durchführung religiöser Riten und Handlungen (s. auch §§67–68). Das Partizip ἐπιτελέcαντεc ist entweder absolut zu verstehen (Rusten: 1985: 139 Anm. 42) oder mit dem Objekt τὰ ἱερὰ zu verbinden, welches jedoch gleich-

zeitig Objekt von εἶδον ist (Jourdan 2003: 85). Die Wendung ὁρᾶν τὰ ἱερὰ „Riten/Heiliges sehen" ist als Fachbegriff, *pars pro toto*, in der Bedeutung „eingeweiht werden" zu verstehen. Die ursprüngliche, speziellere Bedeutung des Ausdrucks „das Heilige schauen" stammt aus der Terminologie der Eleusinischen Mysterien, wo die Schau heiliger Gegenstände (*epopteia*) den Höhepunkt des Initiationsritus bildete (s. Bremmer 2014: 9–16; vgl. auch den Proklamationsvers über das Glück der Eingeweihten im Homerischen *Demeter-Hymnus* 480: ὄλβιος ὃς τάδ' ὄπωπεν ἐπιχθονίων ἀνθρώπων „glückselig, wer von den Erdenmenschen dies *gesehen* hat").

οὐ γὰρ οἷόν τε ἀκοῦσαι ὁμοῦ καὶ μαθεῖν τὰ λεγόμενα
Denn es ist unmöglich, das, was gesagt wird, zu hören und es zugleich zu verstehen
Der Autor kritisiert, dass die Teilnehmer nicht verstehen, was die während des Ritus gesprochenen Worte eigentlich bedeuten. Mit τὰ λεγόμενα („das Gesagte") werden ritualsprachliche Formeln, sakrale Gesänge und mythische Dichtungen bezeichnet, die den δρώμενα („im Ritus ausgeführte Handlungen") gegenüberstehen (zum Begriffspaar λεγόμενα – δρώμενα s. Plut. *Is.* 68, 378a; Paus. 2.37.2; vgl. Henrichs 1998; Baumgarten 1998: 122–4; zum Verhältnis von Mythos und Ritual generell s. Bremmer 2005). Zu *hieroi logoi* s. Henrichs 2003.

Mit τὰ λεγόμενα meint der Derveni-Autor hier aller Wahrscheinlichkeit nach den orphischen Mythos, dessen eigentliche Bedeutung er verkannt sieht. Seine Forderung nach wirklichem *Verständnis* (μαθεῖν) des während des Ritus Gesprochenen unterscheidet sich von der wohl gängigen Erwartungshaltung an Mysterienkulte. Nach dem Zeugnis des Aristoteles (fr. 15 Rose) geht es beim Ritus gerade nicht darum, dass die Teilnehmer bestimmte Inhalte intellektuell erfassen (οὐ μαθεῖν τι δεῖν), sondern dass sie etwas erfahren und in einen bestimmten Zustand versetzt werden (παθεῖν καὶ διατεθῆναι) (vgl. Betegh 2004: 362–63). Dennoch scheint die Trennung zwischen denjenigen, die verstehen, und solchen, die nicht verstehen, bereits in die Selbstdarstellung des orphischen Textes eingeschrieben, dessen Anfangsvers (in Version a) allein „die Verständigen" als Hörerschaft auszeichnet (*OF* 1a, ἀείσω ξυνετοῖσι, s. Erläuterungen zu Kol 47 §21; s. auch Bremmer 2014: 77).

§67 (XX.3–10 KPT): Private Weihepriester

ὅσοι δὲ   Welche sich aber ...
Die Kritik an der zweiten Gruppe ist ausführlicher und vehementer. Dies mag darin begründet sein, dass der Autor sich nun im direkten Konkurrenzbereich seiner eigenen Tätigkeit sieht (vgl. Betegh 2004: 350–59). Seine Kritik richtet sich nun nicht mehr gegen öffentliche Kulte in Städten, sondern gegen Einzelpriester, die ihre Heilslehren an eine (zahlende) Kundschaft bringen wollen (s. dazu Burkert 1982: 9–11).

παρὰ τοῦ τέχνην ποιουμένου τὰ ἱερά
von jemandem ..., der Riten professionell betreibt
Zur zweiten Gruppe von Menschen zählen diejenigen, die sich jemandem anvertrauen, der Weihriten als Handwerk (τέχνη, s. dazu Burkert 1982: 4–6) betreibt und somit ein Geschäft aus Mysterien macht. Hierbei handelt es sich um charismatische Wanderpriester, die auch als *Telestai* (τελεσταί) oder speziell *Orpheotelestai* bezeichnet werden (s. *OF* 653–56) und unabhängig von einer Polis-Gemeinschaft und den darin institutionalisierten Mysterien Privatperso-

nen ihr rituelles Handwerk anbieten (Burkert 1982: 3–11; Obbink 1997: 47; Baumgarten 1998: 131–43; Bremmer 2010: 28). Im *Staat* (364b5–c6; e2–365a3) zeichnet Platon ein drastisches Bild von der Praxis solcher Wanderprediger. Dort ist die Rede von „Betrügern und Wahrsagern, die an die Türen der Reichen kommen" und vorgeben, gegen entsprechende Bezahlung, die Menschen durch „Opfer und Beschwörungen" von ihren Sünden zu reinigen oder auch ihren Feinden Schaden zuzufügen. Diese Scharlatane „warten auf mit Haufen von Büchern des Musaios und des Orpheus", gemäß denen sie ihre Opfer- und Weiheriten „für Privatleute oder ganze Städte" durchführen (vgl. auch Platon, *Lg.* 909b, 933a). Zur Profession und Autorität von Wahrsagern und Orakeldeutern insgesamt s. Dillery 2005.

οὗτοι ἄξιοι θαυμάζεϲθαι καὶ οἰκτε[ί]ρεϲθαι
diese sind es wert, bewundert und bemitleidet zu werden
Der Derveni-Autor tarnt seine Kritik mit Ironie, wenn er sagt, dass den Kunden solcher Wanderpriester Bewunderung und Mitleid gebührt.

θαυμάζεϲθαι μέν, ὅτι ... bewundert, weil sie ...
Der Derveni-Autor sieht die Ursache dafür, dass die Menschen das aus seiner Sicht wahre Ziel der Mysterien (nämlich zu *verstehen*) verfehlen, in deren unangemessenen Haltung. Sie nähern sich der Einweihung mit der verblendeten Annahme ([δ]οκοῦντεϲ), dass sie dadurch Wissen und Verständnis erlangen werden (εἰδήϲειν). Nach dem Vollzug der Riten gehen die Eingeweihten jedoch weg, ohne Wissen erlangt zu haben. Eine Erkenntnis der Teilnehmer wird auch dadurch verhindert, dass sie sich selbst nicht nach der tieferen Bedeutung dessen erkundigen, was sie dort sehen und erfahren.

Diese Kritik bildet die Vorlage für sein eigenes Programm, das in der Erklärung und Deutung göttlicher Botschaften wie Orakel und Träume (Kol. 45 §§14–16), ritueller (Opfer-)Handlungen (Kol. 46) und der bei der Initiation vorgetragenen orphischen Dichtung (Kol. 47–66) besteht. Das mangelnde „Nachfragen" der Teilnehmer bildet hierbei gleichsam das Negativ der Interpretationsbemühungen des Derveni-Autors (vgl. Obbink 1997: 52). Seine Auslegung des orphischen Textes wird angeleitet vom ständigen Fragen, was die mythische Handlung *in Wahrheit* bedeutet und was sich hinter dem Mythos *eigentlich* verbirgt.

Der Derveni-Autor antwortet also auf den von ihm porträtierten Missstand und bietet eine Lösung zu dessen Behebung. Insofern ist das Abweichen vom sonstigen Interpretationsduktus, das in Kol. 60 zu beobachten ist, für sein Programm von entscheidender Bedeutung. Der Derveni-Autor positioniert sich und vermarktet seine eigene Arbeit an einer strategisch wichtigen Stelle seiner Abhandlung (Graf 2014: 69): Die Handlung im orphischen Mythos nähert sich einem für die Interpretationskunst des Autors entscheidenden Test an, der in der Erklärung des inzestuösen Begehrens des Zeus' nach seiner Mutter Rhea besteht (s. §69 u. Kol. 66 §§93–97).

οὐδ' ἐπανερόμενοι, {ὥϲπερ} ὡϲ εἰδότεϲ τέων εἶδον ἢ ἤκουϲαν ἢ ἔμαθον *wobei sie nicht einmal Fragen stellten, so als ob sie etwas von dem wüssten, was sie sahen, hörten oder lernten*

Die Form ἐπανερόμενοι ist entweder mit Janko als Aorist (vgl. ἐπιτελέϲαι) zu verstehen oder mit Rusten (1985: 139–40 Anm. 47) als Nebenform zum präsentischen ἐπανειρόμενοι. Die auffällige Doppelung von ὥϲπερ ὡϲ („so wie als ob") könnte auf einen Schreibfehler oder auf

das Eindringen einer Textvariante zurückgehen (Tsantsanoglou 2006: 10). Janko streicht das ὥσπερ. Rusten (1985:
139 Anm. 46) schlägt vor, ὥσπερ als „als ob" und ὡς als
kausale Partikel beim Partizip zu verstehen („they fail to
ask questions out of embarassment but *pretend* that it is
because they already understand"; vgl. auch Kouremenos
2006: 238). Die Form τέῳν ist das ion. Äquivalent zu τίνων
(Tsantsanoglou 2006: 12), welches als Fragepronomen auch
relativ gebraucht werden kann (K.-G. II: §588 Anm. 1; S.
517–18). Der Genitiv τέῳν erklärt sich dadurch, dass ὁράω
(bzw. εἶδον) selten auch mit Genitiv (anstelle des Akkusativs) steht. Eine Vergleichsstelle bei Xenophon (*Mem.* 1.1.11)
zeigt, dass dort wie hier die Konstruktion durch das na-
hestehende Verb ἀκούω (ἤκουσαν), das mit Genitiv steht,
beinflusst ist.

Mit dem „Lernen" (ἔμαθον), das mit sehen und hören
(εἶδον ἢ ἤκουσαν) auf einer Stufe steht, kann nicht dasselbe
Lernen (μαθεῖν, §66) gemeint sein, das mit dem Verstehen
(εἰδέναι, γινώσκειν) des eigentlich Gemeinten identisch ist
und das der Derveni-Autor als Ziel der Einweihung sowie
seiner Interpretationsbemühungen insgesamt propagiert.
Somit meint ἔμαθον hier entweder, dass die Teilnehmer das
während des Ritus Gesprochene nur „vorläufig erfassen"
oder dass sie zwar die mythische Dichtung und bestimmte
Spruchformeln „auswendiglernen", aber nicht verstehen,
was diese wirklich bedeuten (Obbink 1997: 46; zur Bedeutung, die hier dem Hören gegenüber dem Sehen, s. oben,
zukommt, s. Bremmer 2014: 77).

Die polemische Scheidung zwischen den Unverständigen, die nur meinen zu verstehen, und den wirklich Verständigen, zeigt klare Parallelen zu Äußerungen des Heraklit (vgl. 22 B 1, 17, 34 D.-K.; s. Sider 1997: 146; Kouremenos
2006: 238; Schefer 2000: 56–67). Heraklit betont ebenfalls,

dass zwischen dem *Hören* des Logos und dem *Verstehen* des Gehörten eine Kluft besteht (22 B 17, 34), die jedoch seiner Auffassung nach, und im Unterschied zur Rhetorik des Derveni-Autors, auch dann nur schwer zu überbrücken ist, wenn der Logos eingehend erklärt wird (22 B 1)

Der Derveni-Autor propagiert als sein Alleinstellungsmerkmal das Versprechen, dass seine Anhänger wirkliches Verstehen erlangen. Er zieht eine scharfe Grenze zwischen denjenigen, die die λεγόμενα wirklich verstehen, und all den anderen, die zwar glauben, sie zu verstehen, aber dies nicht tatsächlich tun. Diese Grenzziehung zwischen Verständigen und Unverständigen verbindet die Rhetorik in Kol. 60 mit der Auslegung des orphischen Textes in den übrigen Kolumnen (s. Kol. 49 §26, Kol. 52 §35, Kol. 63 §80). Ein gewisser Elitismus scheint der allegorischen Interpretation inhärent, da sie die Haltung miteinschließt, dass das wahre Verständnis nur einer bestimmten Gruppe von Auserwählten zugänglich ist (Scodel 2011: 94). Mit seiner Scheidung von *Verständigen* und *Unverständigen* verschiebt der Derveni-Autor die traditionelle Grenzziehung zwischen Eingeweihten und Profanen, die in einem strikten Geheimhaltungsgebot greifbar ist (s. Erläuterungen zu Kol. 47 §21; die Formel in *OF* 1a, ἀείϲω ξυνετοῖϲι „ich singe für die Verständigen" zeigt jedoch, dass im Begriff der „Eingeweihten" bereits ein Verständnisvorsprung gegenüber den Profanen impliziert sein konnte). Die Kritik in Kol. 60 richtet sich gerade nicht gegen die profanen *Nicht*-Eingeweihten, sondern gegen die nach dem Verständnis des Autors *unzulänglich* Eingeweihten (Most 1997: 123–24; Brisson 2010; vgl. auch Edmonds 2008: 31–34). Die neue Definition der „Einweihung", die im wirklichen Verstehen der wahren (d.h. physikalisch-kosmologischen) Bedeutung der heiligen Texte besteht, geht mit einer neuen Form der Geheimhal-

tung einher: Geheim bzw. nicht für jedermann zugänglich
ist die eigentliche Aussage, die sich hinter dem rätselhaften
Mythos verbirgt. Der Zugang zur tieferen Bedeutungsebe-
ne ist nur durch die Auslegung des Derveni-Autors möglich, die den orphischen Mythos von Zeus als Bericht über
die Bildung des Kosmos durch *Nus*/Luft entschlüsselt.

[o]ἰκτε⟨ί⟩ρεϲθαι δέ, ὅτι ...
(sie sind es aber wert,) bemitleidet (zu werden), weil ...
Die Kritik des Autors verschärft sich noch, verlässt aber
gleichzeitig den inhaltlichen Kern des Vorwurfs, der im
mangelnden Verständnis der Initianden besteht. Zu be-
mitleiden sind die Kunden der falschen Priester, weil sie
Geld im Voraus zahlen und dann in ihrer Erwartung ent-
täuscht bzw. ihrer Erkenntnis beraubt werden. Das Wort
γνώμη bezeichnet hier entweder die „Erkenntnis", die der
Autor den Teilnehmern abspricht, oder deren „Erwartung",
die sie selbst an die Einweihung richteten (vgl. auch die
Bedeutung in Kol. 51 §32 u. Kol. 63 §81). Die Bedeutung
„Erwartung" kann durch die parallele Formulierung in §68
(ϲτερηθέντεϲ κα[ὶ τῆ]ϲ ἐλπί[δοϲ]) verteidigt werden (Jourdan 2003: 20 Anm. 8; KPT 2006: 241–42). Laut Betegh
(2004: 361) beklagt der Derveni-Autor den Verlust des ge-
sunden Menschenverstandes.

Die traditionelle Erwartung der Menschen an ihre Initiation bestand vor allem in der Hoffnung auf postmortales
Seelenheil (Burkert 2011a: 303; 435–39 u. Bremmer 2014:
18–19; 70–80; vgl. auch Edmonds 2013: 248–95). Dieser
Erwartung werden die Menschen nach Ansicht des Autors
dann beraubt, wenn sie nicht verstehen, was die λεγόμενα
in Wahrheit bedeuten (vgl. Kol. 45 §§14–16).

Der Derveni-Autor brandmarkt auch den finanziellen
Schaden, der für die Teilnehmer entsteht, die Geld im Vor-

aus zahlen (τὴν δαπάνην προανηλῶϲθαι). Diese Äußerung
wird schnell dahingehend verstanden, dass der Autor sich
generell gegen die Bezahlung von Weihepriestern richtet
(so wie Platon in seiner Beschreibung der Scharlatane in
Rep. 364c3), und selbst kein Geld für seine Dienste verlangt
(vgl. Most 1997: 120 Anm. 13; anders Graf 2014: 74). Doch
diese Folgerung wäre übereilt. Der Derveni-Autor kritisiert
lediglich eine Bezahlung per Vorkasse. Vielleicht hat unser
Autor seine Rechnung erst dann gestellt, wenn bei seinem
Klienten tatsächliches Verstehen eingetreten ist.

τῆϲ γνώμηϲ ϲτερόμενοι πρόϲ
noch dazu ihrer Erkenntnis beraubt
Zum adverbialen Gebrauch (in nachgestellter Position) von
πρόϲ s. Hdt. 5.67, Eur. *Or.* 622, Plat. *Men.* 90e.

Rusten (1985: 138–40; 2014: 127–32) vertritt die An-
sicht, dass der Text in §§66–67 nicht vom Derveni-Autor
selbst, sondern von einem anderen Autor stammt, den der
Derveni-Autor zitiert. Rusten versteht den *Paragraphos* am
Beginn von Zeile 10 (__καί, τῆϲ γνώμηϲ, in vorliegender
Ausgabe § 67 a.E.) als Markierung eines Zitatendes und
§68 als Zusammenfassung des Zitatinhaltes durch den
Derveni-Autor. Außerdem stellt Rusten in §§66–67 eine
Veränderung in Haltung und Stil des Autors fest.

Rustens Argumente überzeugen jedoch kaum. Der *Paragraphos* kann hier (wie an anderen Stellen im Papyrus) als
Markierung eines gedanklichen Einschnitts (vgl. Obbink
1997: 45) bzw. des Abschlusses der Kritik an der zweiten
Gruppe dienen. Der Wechsel im Schreibstil ist nicht signi-
fikant genug, um auf einen anderen Autor zu schließen; er
mag allein durch den Inhalt bedingt sein. Zum Status von
§68 s. im Folgenden. Da unbestritten ist, dass der Derveni-
Autor die Äußerungen in §§66–67 gutheißt, hat die Frage

nach der Autorschaft kaum Auswirkungen auf die Interpretation des Gesagten.

§68 (XX.11–12 KPT): Enttäuschte Erwartungen der Eingeweihten

Das Partizip ἐλπίζον[τε]ϲ kann mit Rusten (1985: 139 Anm. 41) verteidigt werden (vgl. dagegen die Verbesserung ἐλπίζοῃ[ϲι]ν̣ in Janko 2001: 28 Anm. 159). Denniston (1954: 379) führt zahlreiche Parallelstellen an, wo μέν (im Derveni-Papyrus: μὲν ... ἐλπίζον[τε]ϲ) in einem grammatisch dem δέ-Satz (im Derveni-Papyrus: δέ ... ἀπέρχονται) *untergeordneten* Satz steht.

Die Kritik an der zweiten Form der Einweihung wird noch einmal auf den Punkt gebracht. In §67 hat sich der Autor von seiner eigenen Empörung zu einer detaillierten, aber mitunter unübersichtlichen Tirade hinreißen lassen. Der Nachtrag in §68 dient dazu, die Hauptaussage noch einmal klarzustellen (vgl. Obbink 1997: 45). Kouremenos (2006: 241) erwägt dagegen, ob es sich bei §68 um einen früheren Entwurf von §67 handelt, der nach dessen Ausarbeitung im Text stehen geblieben ist (vgl. auch die oben referierte These von Rusten 1985 und 2014).

§69 (XX.13–15 KPT): Der heikle Inhalt des orphischen Textes

Die erhaltenen Wortreste lassen vermuten, dass der Derveni-Autor nach der Darstellung der herkömmlichen, aber erfolglosen Initiationspraktiken auf eine besonders heikle Stelle des orphischen Textes zusprechen kommt, an der er nicht nur leicht zeigen kann, dass ein wörtliches Ver-

ständnis des Mythos problematisch ist, sondern auch, wie
er durch seine Interpretationskunst Abhilfe schafft. Diese
problematische Stelle im Mythos ist Zeus' Inzest mit seiner Mutter (τῆι ἑαυτοῦ Ὀλ[ύμπιον Ζῆνα μ]ητρὶ), den
der Autor erneut in Kol. 66 behandelt (s. Erläuterungen
dort), und womöglich auch mit seiner Schwester (τῆι] δ'
ἀδελφῆ[ι cυμμ]εῖ[ξαι).

Mein Versuch einer Rekonstruktion liest sich folgendermaßen: τῶ[ι δὲ ταῦτ' ἀκ]ουόντ[ι ἦν] λόγος δι[δῶ]ται,
π[λεί]ονα γ[νώcεται τί λέγ]ει τῆι ἑαυτοῦ... „Wenn demjenigen, der dies (sc. den orphischen Text) hört, eine Erklärung gegeben wird, wird er besser verstehen, warum er (sc.
Orpheus) sagt, dass er seine...".

§70: Verszitat (vgl. OF 15)

Zu den von Janko für die zweite Hälfte von Kol. 60 rekonstruierten orphischen Versen s. Erläuterungen zu §72.

§71 (XXI.1–5 KPT): Die Vereinigung von Elementpartikeln

οὔτε τὸ ψυχ[ρὸν] τῶι ψυχρῶι ...
noch das Kalte mit dem Kalten
Jankos Ergänzung des unmittelbar vorausgehenden Wortlautes (... ὅτε cυνεcτάθη οὔτε τὸ θερμὸν τῶι θερμῶι „...
als weder Warmes sich mit Warmem vereinigte") weitet den
in der Wendung „noch das Kalte mit dem Kalten" enthaltenen Gedanken aus. In den nachfolgenden Zeilen der Kolumne wird es um die Vereinigung zueinander passender
Partikeln (ἕκαcτον ἦλθεν εἰc τὸ cύνηθεc) gehen. Voraus-
gehend stellt der Autor also an dieser Stelle klar, dass die

Vereinigung *nicht* nach dem Prinzip des *Gleichen zum Gleichen* erfolgt (zum Prinzip des *gleich zu gleich* in der frühgriechischen Philosophie s. Müller 1965 u. im Folgenden).

Wir können davon ausgehen, dass der Derveni-Autor das Kalte (τὸ ψυχρόν) als eines der elementaren Bestandteile versteht, aus denen die Welt zusammengesetzt ist. Die seienden Dinge in ihrer elementarsten Form sind wohl (vergleichbar mit Anaxagoras, 59 B 4 u. 12 D.-K) Grundstoffe wie das Kalte, das Warme, Feuer, Wasser und dergleichen. Zu Detailfragen wie etwa, mit welchen Eigenschaften die seienden Dinge (in ihrer elementarsten Form) ausgestattet sind, erfahren wir jedoch nichts. Dies mag durch den Erhaltungszustand des Papyrus oder durch den generellen Charakter der Kosmologie des Derveni-Autors begründet sein. Seine Kosmologie tritt dem Leser nicht als systematische Abhandlung entgegen, sondern in Form von interpretatorischen Anmerkungen zu einer orphischen Theogonie.

"θόρ{ν}ηι" δὲ λέγ[ων] δηλοῖ
Indem er „er/sie/es springt" sagt, macht er deutlich ...
Welche Bedeutung das Wort ΘΟΡΝΗΙ im orphischen Text hatte, ist nicht eindeutig zu bestimmen. Die Buchstabenfolge ΘΟΡΝΗΙ im Papyrus kann auf (mindestens) vier Weisen erklärt bzw. verbessert werden.

(a) Tsantsanoglou (in Laks/Most 1997: 19 Anm. 53) schlägt vor, ΘΟΡΝΗΙ zu θόρ{ν}ηι (= θόρηι) zu verbessern. Somit ist die Buchstabenfolge als 3. Person Singular Konjunktiv Aorist von θρῴσκω („springen") zu verstehen. Als Subjekt im orphischen Text wäre dann entweder Zeus (vgl. Deutung b) oder Aphrodite (vgl. die Springgeburt des Phanes in Kol. 53 §39 und *OF* 121: ἐξέθορε) oder (in Anlehnung an die Geburtsszene der Aphrodite in *OF* 260.1 ἔκθορε) der Samen des Zeus (γόνη), der von dessen Glied „springt", möglich.

(b) Janko (1997: 64; 2001: 28 Anm. 164–65) verbesserte ΘΟΡΝΗΙ zu θορν⟨ύ⟩ηι (= θορνύηι) und verstand es als 3. Person Singular Konjunktiv Präsens von θορνύναι/θορνύειν („bespringen, begatten"); als *aktive* Form ist θορνύναι bei Nikander, *Theriaca* 99 Gow/Scholfield belegt; vgl. LSJ suppl. s.v. θόρνυμαι. Als Subjekt wäre dann Zeus anzunehmen, der wohl im Zuge der Erzeugung von Aphrodite eine Göttin (Dione? vgl. *OF* 260) begattet bzw. versucht zu begatten.

(c) West's Vorschlag (1983: 91 m. Anm. 37, gefolgt von Bernabé 2002: 118) belässt den überlieferten Wortlaut ΘΟΡΝΗΙ und versteht ihn als Dativ Singular eines sonst nicht belegten Substantivs θορνή mit der möglichen Bedeutung „Samen", „Ejakulation", „Begattung": „durch den Samen", „durch die Ejakulation" (s. auch Bernabé 2002: 118–19; 2004: 27 = *OF* 15.1 *app. crit*; Kapsomenos 1964: 24 und Jourdan 2003: 21 u. 90 lesen das Hapax θόρνηι).

(d) Janko (2002: 42 in *app. crit.*) erwog daraufhin, ob es sich bei ΘΟΡΝΗΙ, wenn zu θορ{ν}ῆι (= θορῆι) verbessert, um einen Dativ Singular des Wortes θορή „Samen" (vgl. Hdt. 3.101.2; s. auch Suda Θ 409: θορή, θορῆς: ἡ γονή, τὸ σπέρμα) handelt.

Eine Entscheidung über die ursprüngliche Bedeutung von ΘΟΡΝΗΙ im orphischen Text ist kaum möglich, die Vorschläge (a) (so im hier vorliegenden Text) und (b) haben die höchste Glaubwürdigkeit. Für Erklärung (a) spricht, dass der Autor im Folgenden ΘΟΡΝΗΙ als eine Form von θόρνυσθαι („bespringen", „begatten") *interpretiert*. Daher scheint es unwahrscheinlich, dass ΘΟΡΝΗΙ im Vers bereits eine Form von θόρνυσθαι („bespringen", „begatten") war und vielmehr wahrscheinlich, dass es eine Form von θρῴϲκειν („springen") repräsentiert. Vielleicht hat eben seine Interpretation des Wortes als eine Form von θόρνυϲθαι dazu beigetragen, dass der Derveni-Autor gleichsam als verfehlte Vorwegnahme seiner eigenen Deutung θόρνυηι anstelle von θόρηι geschrieben hat. Allerdings muss die Verschreibung keineswegs vom Autor herrühren.

ὅτι ἐν τῶι ἀέρι κατὰ μικρὰ μεμεριϲμένα ἐκινεῖτο καὶ ἐθόρνυτο … *dass sie (die seienden Dinge) sich in Form kleiner Teilchen in der Luft fortwährend bewegten und besprangen*

Der Derveni-Autor isoliert das Wort ΘΟΡΝΗΙ aus seinem ursprünglichen Kontext und deutet es als Ausdruck für den physikalischen Vorgang, während dessen sich die Elementpartikel der seienden Dinge bewegen und untereinander vereinigen. Der Deutungsschritt vollzieht sich also von der Form θόρ{ν}ηι („er/sie/es springt") (oder θορν⟨ύ⟩ηι „er bespringt"), die im orphischen Text wohl die Bewegung einer Gottheit bezeichnet hat, zur transitiven (und medialen) Form ἐθόρνυτο („sie besprangen (einander)", „begatteten sich"), die beschreibt, wie die Elemente sich zueinander bewegen und miteinander vereinen (vgl. θορνύωνται in Hdt. 3.109 über die Paarung von Schlangen; vgl. dagegen Laks/Most 1997: 19, Bernabé 2002: 118 u. KPT 2006: 136 u. 246, die ἐθόρνυτο ohne sexuelle Konnotation als „sie sprangen" verstehen wollen). Diese Interpretation des Derveni-Autors spricht für Erklärung (a) (s. oben), wonach ΘΟΡΝΗΙ im orphischen Text ein *intransitives* (Hervor)*springen* (einer Gottheit oder des göttlichen Samens) beschrieben hat, das der Derveni-Autor dann physikalisch als Akt des *Be*springens der Partikel untereinander interpretiert.

Die seienden Dinge werden hier in Form einzelner Partikel vorgestellt (κατὰ μικρὰ μεμεριϲμένα), die jeweils eine

bestimmte Eigenschaft haben: manche sind kalt, andere
warm etc. Die voneinander getrennten bzw. ausdifferenzierten Partikel sind das Resultat der Abtrennung einer großen
Portion Feuer aus der Urmasse durch *Nus* (s. Kol. 49 §27).
Da Luft an die Stelle des entzogenen Feuers getreten ist, können sich die seienden Dinge in dieser (ἐν τῶι ἀέρι) als getrennte Teilchen bewegen (Kol. 55 §45). Dadurch kommt es
zu Kollisionen und Vereinigungen unter den Teilchen (Kol.
55 §§45–46). Während die Vereinigung artgleicher Partikel
(warm – warm, kalt – kalt, etc.) ein den Dingen inhärentes
Streben zu sein scheint (s. dazu Kol. 65 §90, wo die Zusammenballung der Feuerpartikel der Sterne durch die Einwirkung des *Nus* verhindert wird), geht die hier geschilderte
Vereinigung unterschiedlicher Teilchen (s. oben: „noch das
Kalte mit dem Kalten") auf die Einwirkung des *Nus* (für den
die im Folgenden genannten Göttinnen stehen) zurück.

θορνύμενα δ’ ἕκα⟨c⟩τα cυνεcτάθη πρὸc ἄλληλα   *indem
sie einander besprangen, sich miteinander vereinigten*
Die von Tsantsanoglou (in Laks/Most 1997: 19 Anm. 54)
vorgeschlagene Verbesserung des Textes zu δ’ ἕκα⟨c⟩τα
cυνεcτάθη ist dem zuvor gelesenen δὲ καταcυνεcτάθη
(Kapsomenos 1964: 24; Jourdan 2003: 21) klar vorzuziehen.
Nus, der als Luft das Medium bildet, in dem sich die Partikel bewegen (ἐν τῶι ἀέρι), bewirkt, dass die Bewegungen
der Teilchen in deren Vereinigung resultieren. *Nus*/Luft
lässt sie einander bespringen und begatten.

μέχρι δὲ τούτου ἐθόρνυτο, μέχρι ἕκαcτον ἦλθεν εἰc τὸ
cύνηθεc   *Sie besprangen einander so lange, bis ein jedes
zu seinem Vertrauten kam*
Die Vereinigung zweier Teilchen erfolgt nur, wenn diese
einander vertraut sind bzw. zueinander passen. Was der

Derveni-Autor mit dem Begriff cύνηθες hier genau meint, ist nicht unmittelbar einsichtig. Bisherige Kommentatoren verstehen das Wort im Sinne von „die gleiche Eigenschaft habend", „gleich" (z.B. Janko 2001: 29, 2002: 43; KPT 2006: 136: „like"). Dagegen bedeutet cύνηθες zunächst einfach „wohl vertraut", „gut bekannt", „freundlich" (s. die Übersetzung in Laks/Most 1997: 19: „fellow"; vgl. Plat. *Crit.* 43a, Plat. *Rep.* 375e); Gewohnheit und Vertrautheit muss jedoch keineswegs Ähnlichkeit oder gar Gleichheit implizieren. Vielmehr ist dieser Vereinigungsprozess unter den seienden Dingen (wie im Folgenden weiter ausgeführt wird) als ein von *Nus* gesteuerter Vorgang zu verstehen. Laut Derveni-Autor beschreibt Orpheus diesen Vorgang durch die Liebesgöttin Aphrodite. Die Wirkung von Aphrodite/*Nus* scheint jedoch (im Gegensatz zu der den Partikeln *inhärenten* Tendenz sich mit *gleichartigen* zusammenzuschließen, s. Kol. 65 §90, vgl. Empedokles 31 B 90, B 37, B 62.9 D.-K.; Plat. *Ly.* 214b2–5) in der Vereinigung von durchaus unterschiedlichen Elemente zu bestehen (vgl. Empedokles 31 B 22.4–5 D.-K.).

Die sexuell konnotierte Darstellung des Vereinigungsprozesses unter den Elementen teilt der Derveni-Autor mit Empedokles (s. 31 B 90 D.-K.: „so ergriff Süßes Süßes, Bitteres eilte los auf Bitteres, Scharfes ging auf Scharfes los und Heißes besprang Heißes."). Zum Verbindungsprozess von Elementpartikel vgl. auch Empedokles *Physika* I.238 Primavesi: cυνερχόμεν᾽ εἰς ἓν ἅπαντα „indem alles zu einem zusammenkommt"; 267, 287, 290, 303 Primavesi und B 26.5; B 35.5 D.-K.; s. cυνίcταcθαι „sich zusammenstellen" in Kol. 49 §27, Kol. 57 §52 und Empedokles B 35.6 D.-K.

§72 (XXI.5–9 KPT): Die Bedeutung von Aphrodite, Zeus,
Überredung und Harmonie

“Ἀφροδίτη Οὐρανία” καὶ “Ζεὺc” καὶ {αφροδιcιαζειν καὶ
θορνυcθαι και} “Πειθὼ” καὶ “Ἁρμονία” … *„Himmli-*
sche Aphrodite“, „Zeus“, „Peitho“ („Überredung“) und
„Harmonia“

Der Autor führt Götternamen aus dem orphischen Text an,
die wohl in unmittelbarer Nähe zum zitierten Verb θόρ{ν}ηι
standen (s. oben). Es wurden verschiedene Rekonstruktionen des orphischen Wortlautes vorgeschlagen (vgl. Merkelbach 1967: 25–26 und *OF* 15 mit *app. crit.*). Janko verteilt
die Göttinnennamen über mehrere Verse (s. Text §70; vgl.
auch West 1983: 115, V. 32–34); dies ist einleuchtend, denn
die Gleichsetzung der Namen durch den Derveni-Autor
bedeutet keineswegs, dass die Göttinnen bereits im orphischen Text zusammen in einem Vers gestanden haben müssen. Dagegen bringt Tsantsanoglou (s. Kouremenos 2006:
247) alle Göttinnen in einem Vers zusammen, dem ein
Verb wie γείνατο mit Ζεύc als Subjekt vorausging: Πειθώ
θ’ Ἁρμονίην τε καὶ Οὐρανίην Ἀφροδίτην „Peitho, Harmonia und die himmlische Aphrodite“.

Die Liste der Götternamen im Papyrus enthält zwei in-
finite Verbformen (ἀφροδιcιάζειν und θόρνυcθαι), die als
fehlerhafte Interpolation zu werten sind (vgl. dagegen Betegh 2004: 191–92, der gegen eine Streichung argumentiert
und darauf verweist, dass es zur Zeit des Derveni-Autors
noch keine klare Unterscheidung zwischen Eigennamen
und Verben gab, s. auch Kouremenos 2006: 248). Da der
Autor die von ihm in der Liste aufgeführten Begriffe jedoch
ausdrücklich als Götternamen (θεῶι ὄνομα κεῖται) deklariert, passen die Infinitive (ἀφροδιcιάζειν und θόρνυcθαι)
nicht dazu: zu keiner Zeit hätte jemand einen Gott mit

„θόρνυςθαι" angerufen. Merkelbach (1967: 26) stellt καὶ ἀφροδιςιάζειν καὶ θόρνυςθαι hinter κατὰ φάτιν und Ricciardelli Apicella (1980: 123) plaziert die beiden Verben als Lemma vor ἀνήρ. Janko dagegen streicht ἀφροδιςιάζειν καὶ θόρνυςθαι καὶ und fügt nach dem nächsten Vorkommen von ἀφροδιςιάζειν den Zusatz ⟨καὶ θόρνυςθαι⟩ ein. Diese Verbesserung kann durch folgende Fehlergenese gestützt werden: καὶ θόρνυςθαι war nach ἀνὴρ γυναικὶ μιςγόμενος "ἀφροδιςιάζειν" ausgefallen. Der fehlerhafte Zusatz von ἀφροδιςιάζειν καὶ θόρνυςθαι καὶ hinter "Ζεὺς" καὶ lässt sich dann dadurch erklären, dass ein Schreiber den Ausfall von καὶ θόρνυςθαι verbessern wollte, indem er die Wörter ἀφροδιςιάζειν καὶ θόρνυςθαι καὶ an den Rand geschrieben hat, von wo aus sie an der falschen Stelle (nämlich hinter "Ζεὺς" καὶ) in den Text gelangten.

Ἀφροδίτη Οὐρανία *himmlische Aphrodite*

Das Beiwort Οὐρανία („die himmlische") macht Aphrodite zur „Tochter des Uranos". Dieser Beiname passt zu ihrer Geburtsgeschichte in Hesiods *Theogonie* (173–206): Dort wird Aphrodite aus dem Schaum (ἀφρός) geboren, der sich um das Glied des Uranos gebildet hat, als es nach der Abtrennung durch Kronos ins Meer fiel (188–92). Diese (erste) Geburtsgeschichte der Aphrodite ist auch für die *Rhapsodische Theogonie* bezeugt (*OF* 189):

> μήδεα δ᾽ ἐς πέλαγος πέςεν ὑψόθεν, ἀμφὶ δὲ τοῖςι
> λευκὸς ἐπιπλώουςιν ἑλίςςετο πάντοθεν ἀφρός·
> ἐν δὲ περιπλομέναις ὥραις Ἐνιαυτὸς ἔτικτεν
> παρθένον αἰδοίην, ἣν δὴ παλάμαις ὑπέδεκτο
> γεινομένην τὸ πρῶτον ὁμοῦ Ζῆλός τ᾽ Ἀπάτη τε.

Das Schamglied fiel von oben ins Meer, um das schwimmende Glied aber kringelte sich überall weißer

Schaum. Nach Verstreichen der Jahreszeiten gebar das
Jahr ein ehrwürdiges Mädchen, das, sobald es geboren
war, Zelos und Apate gemeinsam mit ihren Händen
aufnahmen.

Daneben kennt die *Rhapsodische Theogonie* aber eine *zweite*
Aphrodite (δευτέραν Ἀφροδίτην, *OF* 260 I). Die zweite
Geburt der Aphrodite ist im Handlungsablauf der Theogonie an dem Punkt angesiedelt, an dem wir uns in der
Derveni-Theogonie gerade befinden: Zeus bringt, nachdem
er die ganze Welt in sich vereint hat, die Götter erneut aus
sich hervor. Den Angaben des Proklos (*OF* 260 I = *In Plat.
Cratyl.* 110.23–111.5) ist zu entnehmen, dass Aphrodite aus
einem Samenerguss des Zeus hervorging, als dieser die Göttin Dione begehrte (vgl. *Il.* 5.348, 370–71, wo Aphrodite als
Tochter von Zeus und Dione gilt): *OF* 260:

> τὸν δὲ πόθος πλέον εἷλ᾽, ἀπὸ δ᾽ ἔκθορε πατρὶ μεγίστωι
> αἰδοίων ἀφροῖο γονή, ὑπέδεκτο δὲ πόντος
> cπέρμα Διὸς μεγάλου· περιτελλομένου δ᾽ ἐνιαυτοῦ
> ὥραιc καλλιφύτοιc τέκ᾽ ἐγερcιγέλωτ᾽ Ἀφροδίτην
> ἀφρογενῆ.

Ihn ergriff noch größeres Verlangen, aber dem
größten Vater sprang aus dem Glied heraus das vom
Schaum Erzeugte. Das Meer aber empfing den Samen
des großen Zeus. Nach dem Verlauf eines Jahres mit
ertragreichen Jahreszeiten gebar es die mit Lachen
aufweckende Aphrodite, die Schaumgeborene.

Wenn die Derveni-Theogonie diese oder eine ähnliche
(zweite) Geburt der Aphrodite aus (dem Samen des) *Zeus*
enthielt, dann wäre die Bezeichnung als „Uranos-Tochter"
als Relikt aus derjenigen Tradition (West 1966: 212–13) zu
sehen, in der sie von Uranos hervorgebracht wird. Es ist

jedoch nicht sicher, ob diese Geburt ebenfalls Teil der *Derveni*-Theogonie war (vgl. West 1983: 90–91, Bernabé 2002: 118–19, Jourdan 2003: 90 u. Betegh 2004: 127–28; 161). Dass Zeus am Beginn seiner Welt-Neuschaffung Aphrodite als „principe générateur féminin" (Bernabé 2002: 118–19, s. auch *OF* 261) benötigt, ist zweifelhaft (Betegh 2004: 161); wie im Folgenden zu sehen, scheint Zeus die Welt allein aus seiner Geisteskraft (ἐμήϲατο, Kol. 63 §80) hervorzubringen.

Πειθώ „*Überredung*"

In Hesiods *Theogonie* (349) ist Peitho („Überredung") eine der Fluss- und Quellnymphen, in den *Werken und Tagen* (73) stattet sie gemeinsam mit Aphrodite und Athena Pandora mit Schmuckstücken aus. In der Lyrik (vgl. Ibykos: 288 PMG; Sappho: fr. 90 a, Col. II.8 Voigt) gilt sie als die Überredung vor allem im sexuellen Bereich, d.h. sie bringt junge Frauen dazu, sich auf die Liebe eines Mannes einzulassen bzw. ihn zu begehren (Pindar, *Pyth*. IV.219). In *OF* 262 I steht Peitho neben Eros. Betegh (2004: 166) verweist auf kultische Repräsentationen, in denen Peitho eng mit Aphrodite verbunden erscheint (Paus. 1.22.3, 1.43.5, 5.11.8). Über die Rolle, die Peitho in der Derveni-Theogonie zukam, lässt sich nur spekulieren (s. Betegh 2004: 164–66). West (1983: 91) vergleicht die Funktion der beiden Göttinnen Peitho und Harmonia mit derjenigen, die Eros und Himeros bei Hesiod (*Th*. 201; vgl. auch *OF* 261) und Zelos und Apate (*OF* 189) in der *Rhapsodischen Theogonie* haben: sie begleiten die Geburt der Aphrodite (so auch Bernabé 2002: 118–19).

Ἁρμονία *„Harmonie"*

Es ist anzunehmen, dass Harmonia in der Derveni-Theogonie im Verbund mit Peitho („Überredung") neben Aphrodite genannt worden ist. Bei Hesiod (*Th.* 936–37) ist Harmonia („Harmonie") die Tochter der Aphrodite und des Ares (West 1966: 415). Bei Empedokles ist sie synonymisch mit Aphrodite bzw. der Liebe, die bewirkt, dass sich die Elemente untereinander vereinen (31 B 27.3; B 96.4 D.-K.). Dieser Tradition folgt der Derveni-Autor in seiner Deutung (s. §73). Der Name Harmonia und das daraus abzuleitende Verb (cυν-)ἁρμόζω „zusammenfügen" legen diese Deutung nahe.

τῶι αὐτῶι θεῶι ὄνομα κεῖται
sind Namen für ein und denselben Gott
Die drei Namen Aphrodite, Peitho und Harmonia bezeichnen in Wahrheit genauso wie Zeus *einen* Gott. Dieser Gott ist *Nus*/Luft. Für welchen Aspekt des *Nus* die Göttinnen stehen, legt der Autor im Folgenden dar.

ἀνὴρ γυναικὶ μιcγόμενος "ἀφροδιcιάζειν" ⟨καὶ "θόρνυcθαι"⟩ λέγεται κατὰ φάτιν *Wenn ein Mann mit einer Frau schläft, sagt man nach allgemeinem Sprachgebrauch, dass er „aphrodisiert" ⟨und „begattet"⟩*
Der asyndetische Satzanschluss ist explikativ zu verstehen (zu dieser Form des Asyndetons s. K.-G. II §546.5a; S. 342–45; vgl. auch Denniston 1952: 112–23). Vgl. auch Kol. 46 §17 (δαίμογες ἐμπο[δὼν), Kol. 59 §62 ("Ζεὺ[c]" πάντα), Kol. 62 §75 (κρατιcτεύοντεc λέγουcι) u. Erläuterungen zu Kol. 48 §24.

Der Derveni-Autor stützt seine Interpretation der Götternamen auf die Bedeutung der Verben, die sich aus ihnen ableiten lassen und im allgemeinen Sprachgebrauch geläufig sind (κατὰ φάτιν, vgl. hierzu Kol. 51 §33, Kol. 58 §58).

Das von Aphrodite abgeleitete Verb ἀφροδιcιάζειν wird allgemein als Ausdruck für Geschlechtsverkehr verwendet (s. Plat. *Rep.* 426a, Xen. *Mem.* 1.3.14; vgl. auch *Od.* 22.444, wo der Name Aphrodite Geschlechtsverkehr bedeutet). Das gleiche gilt für das Verb θόρνυcθαι „begatten" (vgl. Hdt. 3.109). Zur Einschaltung von ⟨καὶ "θόρνυcθαι"⟩ s. Erläuterungen oben.

§73 (XXI.9–12 KPT): Die Vereinigung heterogener Elementpartikel

τῶν γὰρ νῦν ἐόντων μιχθέντων ἀλλ.[ή]λοιc "Αφροδίτη" ὠνομάcθη *Denn weil sich die jetzt seienden Dinge miteinander vermischten, wurde* (*der Gott, d.h. Nus*) *„Aphrodite" genannt*

Laut Derveni-Autor nennt Orpheus den Gott (Zeus/*Nus*) „Aphrodite" (personifizierter Geschlechtsverkehr), um damit die Tatsache auszudrücken, dass sich die seienden Dinge miteinander *vereinigen* bzw. *mischen* (vgl. hierzu Empedokles 31 B 66 D.-K.). Das Verb μείγνυμι (μιχθέντων) „mischen" kann, wie der Gebrauch in §72 zeigt (ἀνὴρ γυναικὶ μιcγόμενοc) die sexuelle Vereinigung bezeichnen (LSJ s.v. μείγνυμι B.4). Der Autor überträgt das Verb μείγνυμι (genauso wie θόρνυcθαι in §72) vom Bereich der sexuellen Vereinigung zwischen Mann und Frau auf die Vereinigungsbewegung der Partikel der seienden Dinge.

"Πειθὼ" δ', ὅτι εἶξεν τὰ ἐ[ό]ντα ἀλλήλọ[ι]cιṿ *Peitho (" Überredung") aber* (*wurde er genannt*), *weil die seienden Dinge einander nachgaben*

Auch die orphische Göttin Peitho steht laut Derveni-Autor für die Vereinigungsbewegung der Partikeln, und zwar

insofern die Partikeln einander *nachgeben*. Zur Begründung seiner Deutung setzt der Derveni-Autor „überreden"
(πείθειν) mit „nachgeben" (ε[ΐ]κειν) gleich. Eine Rechtfertigung für diese Gleichsetzung liefert er nicht. Vielleicht
beruht sie für ihn auf der Reziprozität der beiden Begriffe
oder der klanglichen Nähe der beiden Verben aufgrund des
zweifachen ει-Lautes, der in den vom Autor zitierten Infi-
nitivformen εἴκειν und πείθειν vorkommt. Oder der Derveni-Autor versteht die aktive Form πείθειν „überreden"
stillschweigend als äquivalent zur medialen Form πείθεσθαι
„gehorchen".

Es ist zu vermuten, dass der Derveni-Autor die Vereinigungsbewegung der seienden Dinge untereinander als
weiteren Schritt hin zur Konstitution der Welt in ihrer gegenwärtigen Form sieht. *Nus* (repräsentiert durch Aphrodite, Peitho und Harmonia) bewirkt, dass sich *verschiedenartige* Elementpartikel (*entgegen* ihrem natürlichen Streben
des *gleich zu gleich*) miteinander anfreunden (vgl. ἦλθεν
εἰς τὸ σύνηθες, §71) und vereinigen. Dazu bedarf es eben
der Einwirkung des *Nus*, oder, mythisch gesprochen, der
Anziehungskraft der Aphrodite, der Überredungskunst der
Peitho und dem Vereinigungswillen der Harmonie. Somit
entspricht die Rolle der mythischen Göttinnen der Rolle
der Liebe bei Empedokles, die bewirkt, dass sich heterogene
Elemente miteinander verbinden (*Physika* I.315–20; 31 B 33,
35 D.-K., s. auch B 71, 73, 75, 86, 87 D.-K.; vgl. auch Parmenides 28 B 12 D.-K.). Bei Empedokles besteht der Einfluss
der Liebe eben darin, verschiedenartige Elemente einander
anzugleichen, so dass sie sich von selbst vereinigen (B 22.5;
s. O'Brien 1969: 305–13, Primavesi 2013b: 700).

"[Ἁ]ρμονία" *Harmonia* („*Harmonie*")
Die Darstellung der Harmonia und ihrer Wirkung auf
die Elementpartikel muss aufgrund einer Lücke im Papyrus zum Teil rekonstruiert werden. Da in dem hier beschriebenen Vereinigungsprozess vor allem verschiedenartige Elemente zusammengeführt werden, wäre neben
der Ergänzung πο[λλὰ προcή]ρμοcε „sie verbindet viele"
(Kapsomenos) möglicherweise die Ergänzung πο[ικίλα
cυνή]ρμοcε „sie verbindet verschiedenartige (Elemente)",
„sie passt verschiedenartige (Elemente) an" möglich (vgl.
Burkerts Vorschlag πο[ικίλωc cυνή]ρμοcε in 1970: 446
Anm. 1). Zu cυναρμόζω τί τινι im Sinne von „etw. mit
etw. zusammenfügen" s. Empedokles über die Verbindung
heterogener Elemente durch die Liebe in 31 B 71 D.-K.
(cυναρμοcθέντ' Ἀφροδίτηι); im Sinne von „etw. einer Sa-
che anpassen, gleichmachen" s. Aisch. *Eum.* 495.

§74 (XXI.13–16 KPT): Die ewige Existenz der seienden Dinge

ἦν μὲν γ[ὰρ καὶ π]ρόcθεν, ὠνομάcθη δὲ ⟨οὔ·
**[*Denn*] sie (*die seienden Dinge*) existierten [*auch schon*]
vorher, aber sie wurden ⟨*nicht*⟩ benannt**
Der Verbesserung von Janko (Einfügung von ⟨οὔ· ἐνομίcθη
δὲ⟩) liegt die Annahme zugrunde, dass ein Schreiber versehentlich von einer Buchstabenfolge (ὠνομάcθη δὲ) zu
einer nahestehenden ähnlichen Buchstabenfolge (ἐνομίcθη
δὲ) gesprungen ist, ohne das Dazwischenliegende abzu-
schreiben (*saut du même au même*). Jankos Verbesserung
stützt sich außerdem auf die parallele Formulierung in Kol.
58 §60 (γενέcθαι αὐτὸν ἐ[νομίcθη], ὄντα μὲν καὶ πρόcθεν,
[ὁ]νομαζόμ[ε]νον δ' ο[ὔ]. Kouremenos (2006: 252–53) verteidigt den überlieferten Wortlaut des Papyrus (und speziell

die Konstruktion ὠνομάσθη γενέσθ[αι]) mit Hinweis auf
Plat. *Tht*. 160b8–9; 166c6.
Was ist das Subjekt des Satzes? Für Zeus/*Nus* als Subjekt
(s. Janko 2002: 43) spricht die Annahme, dass der Derveni-
Autor hier seine bereits in Kol. 58 §60 gemachte Feststellung
im Hinblick auf die neu geschaffenen Göttinnen wiederholt:
Zeus/*Nus*, für den die genannten Göttinnen stehen, existierte zuvor. Dagegen verteidigen KPT die Annahme (Kouremenos 2006: 252; s. Janko 2001: 29), dass das Subjekt die
seienden Dinge sind. Diese bestehen zwar ewig (vgl. Kol. 56
§49), werden aber geglaubt erst „entstanden" zu sein, als sie
sich aus der Urmasse ausdifferenzierten (zur Bedeutung von
διακριθῆναι als „sich auflösen", „voneinander abtrennen" s.
Thuk. 1.105) und dabei zu selbstständigen Partikeln wurden.

*§75 (XXII.1–6 KPT): Zur Benennung eines Gottes mit
verschiedenen Namen*

πάγ[τ' ἀ]νομοίω[c ὠ]νόμαcεν …
Orpheus benannte alles unterschiedlich …
Anstelle des bisher (seit ZPE 1984) von allen Herausgebern
ergänzten Wortlautes πάγ[τ' οὐ]ν ὁμοίω[c („alles auf gleiche Weise") schlage ich als Ergänzung πάγ[τ' ἀ]νομοίω[c
(„alles auf verschiedene Weise") vor (s. Kotwick 2016: 2–3).
Demnach betont der Derveni-Autor, dass Orpheus alles,
d.h. das kosmische Geschehen, das er in Wahrheit beschreibt, mit immer *unterschiedlichen* Namen und Begriffen versieht. Die *verschiedenen* Götternamen im orphischen
Text bezeichnen jedoch eigentlich nur *einen* Gott. Der Derveni-Autor sieht in dieser Dichtungsweise eine Anpassung
an den sprachlichen Habitus der Menschen (s. im Folgenden; vgl. dazu Kol. 58 §59, Kol. 59 §64, Kol. 63 §81).

ὠ]νόμαcεν … γινώcκων…
er benannte … weil er erkannte

Das Verb ὀνομάζειν „benennen" bedeutet hier soviel wie
„im Mythos darstellen" (vgl. Kol. 54 §43, Kol. 57 §53). Das
Subjekt ist Orpheus, der das Wesen der Menschen erkannt
hat und seine Dichtung daran ausrichtet. Laut dem Derveni-Autor weiß Orpheus, dass die Menschen unterschiedlich
sind und unterschiedliche Bedürfnisse haben, und er reflektiert dies in der Benennung des einen Gottes *Nus* durch
viele verschiedene Namen und Gestalten.

κρατιcτεύοντεc λέγουcι, ὅ τι ἂν αὐτῶν ἑκάcτωι ἐπὶ θυμὸν
ἔλθηι *Wenn sie große Macht haben, sagen sie, was einem
jeden von ihnen in den Sinn kommt*

Das Asyndeton ist erneut explikativ zu verstehen (vgl. Kol.
61 §72 mit Erläuterungen). Die Form οὐδαμὰ („niemals",
„keineswegs") ist ionisch (vgl. Hdt. 1.56.2, 3.10.10, 7.8.8
und Melissus 30 B 1 D.-K.).

Nach der Feststellung, dass die Menschen sich untereinander in ihren Absichten und Wünschen unterscheiden,
kommt der Derveni-Autor auf das wankelmütige Verhalten
einzelner Menschen zu sprechen. Dieses Verhalten zeigen
gerade die Mächtigsten (für κρατιστεύω, s. Soph. *Tr.* 102
„stärkster sein"; Arist. *HA* 614a4 „Sieger sein", And. 3.18
„überlegen sein"). In Machtpositionen sagen die Menschen, was immer ihnen gerade in den Sinn kommt, und
was immer sie wollen, auch wenn sie sich dabei selbst widersprechen. Der Derveni-Autor führt dieses Verhalten auf
Gewinnsucht und Habgier (ὑπὸ πλεονεξίαc), aber auch
auf Unkenntnis und Unverständnis (ὑπ' ἀμαθίαc) zurück
(zu τὰ δέ, dem kein τὰ μέν vorausging, s. Denniston 1954:
165–66). Diese Diagnose erinnert an Kol. 45 §§15–16 (ἀπ[ι]-
cτίη δὲ κ̣αμα[θίη τὸ αὐτό) und die Kritik in Kol. 60.

Die Unbeständigkeit der Menschen und ihrer Äußerungen bildet zwar die Vorlage für die orphische Dichtungsweise, den einen Gott durch ganz verschiedene Götterfiguren dazustellen; dies bedeutet aber nicht, dass das Verhalten der Menschen gut zu heißen ist – der Derveni-Autor kritisiert es ja deutlich. Orpheus hingegen hat seine Dichtung in gewisser Weise dem Wankelmut der Menschen angepasst. Allerdings ist diese Dichtung, wie der Derveni-Autor stets betont, eben als Rätsel (Kol. 47 §20) und Deckmantel (Kol. 65 §92) zu verstehen, unter dem sich die wahre Aussage versteckt. Um diese freizulegen, bedarf es genau der Einsicht, die der Derveni-Autor zu lehren verspricht.

§76 (XXII.7–11 KPT):
Zur Bedeutung von Ge und weiteren Göttinnen

"Γῆ" δὲ καὶ "Μήτηρ" καὶ "Ῥέα" καὶ "Ἥρη" ἡ αὐτή.
„Ge" („Erde"), „Meter" („Mutter"), „Rhea" und „Hera" ist dieselbe
Die vier Göttinnen Ge („Erde"), Meter („Mutter"), Rhea und Hera stehen alle für ein und dieselbe Gottheit. Hierbei wird das in §75 beschriebene Dichtungsprinzip für die Interpretation des Textes nutzbar gemacht: Orpheus verwendet vier *verschiedene* Namen und trägt damit der Verschiedenartigkeit der menschlichen Natur Rechnung; in Wahrheit repräsentieren sie jedoch ein und dieselbe Gottheit (ἡ αὐτή). Diese Gottheit ist, wenn auch hier nicht ausdrücklich gesagt, *Nus*/Luft.

Aus der Gleichsetzung der vier Göttinnen geht nicht hervor, dass diese bereits im orphischen Text in *einem* Vers aufgeführt wurden. Die Tatsache, dass der Autor in §77 eine Liste („Gleichsetzungsreihe") von Götternamen aus

einer *anderen* Quelle zitiert, legt vielmehr nahe, dass die
Derveni-Theogonie keine solche Auflistung enthielt (s. Erläuterungen zu §77). West (1983: 115) nimmt an, dass an
der vorliegenden Stelle allein die Göttin Γῆ (bzw. in der
dichterischen Form Γαῖα) vorkam, die von Zeus nach seiner Weltinkorporation erneut erschaffen wird. West rekonstruiert folgenden Vers (*OF* 16.1):

[μήϲατο δ' αὖ Γαῖάν τε καὶ Οὐρανὸν εὐρὺν
ὕπερθεν,]

er (*sc.* Zeus) ersann wiederum Gaia und den weiten
Uranos darüber.

Die Frage, ob die genannten Göttinnen im orphischen
Text von Zeus neu erschaffen wurden, ist verbunden mit
der Frage, ob sie dort auch miteinander identifiziert wurden bzw. ihre Identitäten wechselten (vgl. Betegh 2004:
189). Der spätantike Neuplatoniker Proklos zitiert einein-
halb Verse aus der *Rhapsodischen Theogonie* (*OF* 206), die
eine solche Vermutung nahelegen. Darin heißt es, dass
Rhea, als sie Zeus' Mutter wurde, zu Demeter geworden ist
(Ῥείη τὸ πρὶν ἐοῦϲα, ἐπεὶ Διὸϲ ἔπλετο μήτηρ, / Δημήτηρ
γέγονε „während sie zuvor Rhea war, ist sie, als sie Zeus'
Mutter wurde, zu Demeter geworden"; vgl. Brisson 1987:
61). Bemerkenswert ist hierbei, dass die Identifizierung der
Demeter mit Rhea durch die *Etymologie* ihres Namens gerechtfertigt wird: Rhea wird De-meter weil sie Διὸϲ-μήτηρ
(„Zeus-Mutter") wird. Fand der Derveni-Autor dieses Na-
mensspiel bereits in der Derveni-Theogonie vor, die somit
seine Deutung in gewissem Sinne vorweggenommen hat?
Oder hat sich vielmehr die einflussreiche allegorische Interpretation (wie sie z.B. im Derveni-Papyrus bezeugt ist)
auf die orphische Dichtung ausgewirkt, wovon dann die

spätere Version in der *Rhapsodischen Theogonie* (*OF* 206) Zeugnis ablegt?

ἐκλήθη δὲ "Γῆ" μὲν νόμωι
„Ge" („Erde") **wurde sie aus Konvention genannt**
Man kann den Begriff νόμωι „aus Konvention" hier als Gegenbegriff zu „von Natur aus" (φύcει) verstehen (zum Gegensatz ‚von Natur aus' vs. ‚aus Konvention' allgemein s. Hdt. 4.39, Plat. *Prt.* 337d; in Bezug auf einen natürlichen vs. konventionellen Ursprung der Sprache s. Plat. *Crat.* 384c–e; Barney 2001: 23–48). Demnach bezeichnet der Autor den Namen Γῆ für *Nus* als in der Konvention der Sprache festgelegt und nicht natürlich oder in der Etymologie des Namens begründet (vgl. Kouremenos 2006: 253). Der Derveni-Autor könnte mit νόμωι aber auch schlichtweg auf die alte Sitte (νόμοc) hinweisen, wonach Γῆ („Erde") die erste etwas hervorbringende Gottheit bezeichnet (bei Hesiod zählt Gaia zur allerersten Göttergeneration); diese Bezeichnung hat Orpheus dann in seiner Dichtung übernommen.

"Μήτηρ" δ⟨ὲ⟩, ὅτι ἐκ ταύτηc πάντα γ[ίν]εται
„Meter" („Mutter") **aber, weil aus ihr alles entsteht**
Die Bezeichnung als *Meter* „Mutter" wird durch die Eigenschaft gerechtfertigt, dass aus der Mutter alles entsteht bzw. sie alles gebiert. Dass *Nus* die Ursache der gegenwärtigen Welt ist bzw. dass diese durch ihn entstanden ist, wissen wir bereits aus Kol. 57 §55, vgl. auch Kol. 56 §50 u. Kol. 59 §63.

"Γῆ" καὶ "Γαῖα" κατὰ [γ]λῶccαν ἑκάcτοιc
„Ge" und „Gaia" **nach der jeweiligen Mundart**
Anstatt die nächsten Namen in der Liste (d.h. Rhea und Hera) zu erläutern, kommt der Autor noch einmal auf *Ge* („Erde") zu sprechen und verweist auf die Unterscheidung

zur dialektalen Form *Gaia* („Erde"). Die Form Γαῖα (*Gaia*)
ist auf die Dichtung und die Tragödie beschränkt.

"Δημήτηρ" [δὲ] ὠνομάσθη, ὥσπε[ρ] ἡ "Γῆ Μήτηρ"
Und sie heißt „Demeter" wie „Ge-Meter" („Erd-Mutter")
Auch der Göttername Demeter wird als Zusammensetzung
von *Ge* („Erde") und *Meter* („Mutter") erklärt. Dieser Zusammenschluss von zwei Namen sei möglich, weil es sich eigentlich um ein und dieselbe Göttin handelt (τὸ αὐτὸ γὰρ ἦν).

Die etymologische Erklärung des Namens Demeter aus
Ge („Erde") + *Meter* („Mutter") ist früh belegt (Obbink
1994: 121: „it seems to date back to Mycenaean times"): In
Euripides' *Bakchen* erklärt Teiresias Demeter und *Ge* als
synonym (275–76: Δημήτηρ θεά – / Γῆ δ᾽ ἐςτίν, ὄνομα
δ᾽ ὁπότερον βούληι κάλει. „Die Göttin Demeter ist *Ge*,
wie auch immer du sie eben nennen willst." Vgl. Henrichs
1968 u. Santamaría 2012b. Vgl. auch Eur. *Phoen.* 684–85
und weitere Belege bei Obbink 1994: 121–22). Der hellenistische Historiker Diodor (1. Jh. v. Chr.) (1.12.4) zitiert (unter Berufung auf Hekataios v. Abdera, ca. 300 v. Chr.) als
orphischen Vers (= *OF* 399 I): Γῆ μήτηρ πάντων, Δημήτηρ
πλουτοδότειρα „Ge, Mutter von allem, Demeter Reichtum spendend" und erklärt später (3.62.7 = *OF* 399 III):
καθόλου γὰρ ὑπὸ τῶν ἀρχαίων ποιητῶν καὶ μυθογράφων
τὴν Δημήτραν γῆν μητέρα προσαγορεύεσθαι „Denn generell wurde von den alten Dichtern und Mythographen
Demeter Mutter-Erde (*Ge-Meter*) genannt." In Platons
Kratylos gibt Sokrates eine andere Etymologie des Namens „Demeter" (404b8–9): Δημήτηρ μὲν φαίνεται κατὰ
τὴν δόςιν τῆς ἐδωδῆς διδοῦςα ὡς μήτηρ ᾽Δημήτηρ᾽
κεκλῆςθαι. „Demeter scheint gemäß ihres Spendens von
Nahrung, weil sie ‚wie eine Mutter gibt', Demeter genannt
worden zu sein." (s. hierzu Anceschi 2007: 103).

§77 (XXII.11–12 KPT):
Ein Zitat aus den Hymnen

ἔςτι δὲ καὶ ἐν τοῖϲ Ὕμνοιϲ εἰρ[η]μένον
Und auch in den Hymnen **heißt es**

Der Autor verweist auf eine Aufzählung von Göttinnen in den „Hymnen", womit er sich wahrscheinlich auf dem Orpheus zugeschriebene Hymnen bezieht. Solche Hymnen werden bereits in Euripides' *Alkestis* (357–59 = *OF* 680) und Platons *Nomoi* (829d–e = *OF* 681) erwähnt (vgl. auch Pausanias, IX.30.12 = *OF* 682; dazu West 1983: 28). Die Zuschreibung von Hymnen an Orpheus war so weit verbreitet, dass mitunter sogar Texte wie der Homerische Demeter-Hymnus dem Orpheus zugeschrieben wurden (s. P.Berol. 44, Berliner Klassikertexte V 1 = *OF* 387–88; dazu Merkelbach 1967: 28 Anm. 1); vgl. hierzu auch Richardson 1974: 77–86). Dass es sich bei den genannten „Hymnen" um die uns erhaltene, sicher spätantike (ca. 2.–3. Jh. n. Chr.) Sammlung *Orphischer Hymnen* handelt, ist auszuschließen (West 1983: 28–29).

Gegen die Vermutung, dass der Derveni-Autor auch die Derveni-Theogonie zu den „Hymnen" zählte (vgl. Furley 2011: 214), spricht zunächst der argumentative Kontext: zuerst werden die Göttinnen aus der Derveni-Theogonie miteinander gleichgesetzt und diese Gleichsetzung dann durch *weitere* Evidenz aus einer anderen Quelle („Hymnen") gestützt. Daneben kann sich eine Identifizierung der Derveni-Theogonie mit den hier genannten Hymnen seit der verbesserten Lesung von Kol. 47 §19 durch Janko nicht mehr auf die angebliche Bezeichnung der Theogonie als „Hymnus" berufen (s. Erläuterungen dort).

"Δημήτηρ [Ῥ]έα Γῆ Μήτηρ Ἑcτία Δηιώι"

„Demeter Rhea Ge Meter Hestia Deio"

Das Zitat bildet in der gegebenen Form keinen Hexameter (West 1983: 81). Obbink (1994: 123 Anm. 43) erwägt auf Vorschlag von Janko die Ergänzung von ⟨τε καὶ⟩ im vierten Versfuß (Δημήτηρ [Ῥ]έα Γῆ Μήτηρ ⟨τε καὶ⟩ Ἑcτία Δηιώι, wobei Ῥέα monosyllabisch ist: vgl. *Il.* 15.187), äußert aber Zweifel, ob das (Vers-)Zitat überhaupt als Hexameter intendiert war, da es sich um eine Paraphrase handeln könnte. Kouremenos (2006: 254) weist unter Berufung auf Wests Kommentar zu *Theogonie* 454 (Ἱcτίην) (West 1966: 293–94) darauf hin, dass das ι in Ἑcτία lang ist und somit auch die Einfügung des τε καὶ den Vers nicht heilt. Diesem Vorbehalt ist zu entgegnen, dass die Langmessung des ι zwar neben der Hesiod-Stelle auch für die *Odyssee* gilt (14.159 Ἱcτίη, wo sonst die unmögliche Folge – ᴗ – gegeben wäre; vgl. Sjölund 1938: 39–42), nicht aber für die *Homerischen Hymnen* (s. 24.1, 6, 10 und 29.1) oder auch das Drama, wo das ι kurz gemessen wird (LSJ s. v. Ἑcτία II.3).

Falls wir es mit einem (wenn auch verbesserungswürdigen) Vers zu tun haben, kann das Asyndeton darauf hindeuten, dass diese „Gleichsetzungsreihe von Götternamen" (Henrichs 2010: 98) ursprünglich als Invokation am Beginn eines Hymnus stand (Obbink 1994: 123 Anm. 42). Allerdings wären die Namen dann als Vokative zu verstehen und entsprechend zu verbessern (Δημήτερ [Ῥ]έα Γῆ Μήτερ ⟨τε καὶ⟩ Ἑcτία Δηιοῖ, Obbink 1994: 123; zum ersten Iota in Δηιώι s. Bremmer 2006; zum zweiten, das möglicherweise auf einen alten Vokativ hindeutet, s. Schwyzer: 478–79).

In einem Papyrus-Fragment von Philodems *De pietate* (PHerc. 1428 fr. 3; p. 63 Gomperz; Obbink 1994: 114–15) sagt dieser unter Berufung auf Philochorus (3. Jh. v. Chr., Seher und Historiker, s. *FGrHist* 328 F 185), dass „in den

Hymnen des Orpheus" *Ge* („Erde"), Demeter und Hestia miteinander gleichgesetzt werden (PHerc. 1428 fr. 3, Z. 14–17)

> κἀν τοῖc Ὕμνοιc δ' Ὀρφ[ευc π]αρὰ Φιλοχόρωι
> Γῆν [κ]αὶ Δήμητρα τὴν αὐτὴν Ἑcτίαι (sc. φηcίν)

> und in den Hymnen (sagt) Orpheus bei Philochorus,
> dass Erde und Demeter dieselbe ist wie Hestia.

Obbink (1994: 122–25) zieht daraus den Schluss, dass Philochorus den Derveni-Papyrus kannte und hier zitierte, und dass der Text des Derveni-Papyrus in der Antike als Buch weite Verbreitung fand. Diese Annahme scheint übereilt. Die eher allgemein gehaltene Quellenangabe „in den Hymnen des Orpheus" erlaubt durchaus die Vermutung, dass Philochorus und der Derveni-Autor *unabhängig* voneinander aus einer gemeinsamen Quelle geschöpft haben (Betegh 2004: 99 Anm. 20; Henrichs 2010: 98–99). Dass Philochorus aus dem Derveni-Text *zitiert*, scheint auch deswegen übereilt, weil im uns erhaltenen Teil des Papyrus eine Gleichsetzung von Demeter, Ge *und* Hestia gar nicht explizit gemacht wird. Darüber hinaus scheint die Identifizierung von Demeter und *Ge* und schließlich mit Hestia weniger singulär als Obbink (1994: 124) dies darstellt. (Vgl. dazu den wohl byzantinischen Gelehrten Johannes Diakonus Galenus, der in seinem allegorischen Kommentar zu Hesiods *Theogonie* 473 (Gaisford *Scholia ad Hesiodum*, 576.31–577.11, vgl. *OF* 669 VIII, 1019 III) über Orpheus' Dichtung sagt: „Und die Erde selbst, welche er auch Demeter nennt, ... Demeter aber nennt er Hestia ...." (Ἡ γῆ τε αὐτὴ, ἣν καὶ Δήμητραν λέγει ... Ἑcτία δὲ προcαγορεύεται ἡ Δημήτηρ).

§78 (XXII.12–14 KPT):
Die Bedeutung des Namens Deio

καλε[ῖτ]αι γὰρ καὶ "Δηιώ", ὅτι "ἐδηι[ώθ]η" ἐν τῆι μείξει
**Denn sie wird auch „Deio" genannt, weil sie bei der
Vereinigung vernichtet (edeiothe) wurde**
Der Autor beginnt mit dem letzten Namen in der zitierten
Liste: Δηιώ. Weder Homer noch Hesiod erwähnen Δηιώ,
jedoch ist der Name aus dem homerischen *Demeterhymnus*
(47) bekannt, wo Δηιώ als Kurz- bzw. Koseform für Deme-
ter vorkommt (Richardson 1974: 167).

Der Derveni-Autor führt den Namen auf δηϊοῦcθαι
„zerrissen, vernichtet werden" zurück (vgl. die etymologischen Deutungen des Grammatikers Herodian in Περὶ
παθῶν *Gramm. Graec.* 3.2, S. 206.24–26 Lentz) und erklärt
die Bedeutung durch die Tatsache, dass die Göttin in der
sexuellen Vereinigung (μεῖξιc) vernichtet wurde. Wenn damit die Vergewaltigung der Rhea durch ihren Sohn Zeus
gemeint ist (West 1983: 93–94; vgl. Kol. 66), fügt sich der
parenthetische Hinweis δηλώcει δέ, [ὅτ]αν κατὰ τὰ ἔπη
γέν[ητα]ι (Ergänzungen von Janko) „Es wird klar werden,
wenn sie [*sc.* die Vereinigung] im Gedicht passiert" gut an.
Die Zerstörung der Göttin in der Vereinigung mit Zeus
wird dann deutlich werden, wenn sie in der Dichtung vorkommt (zum unpersönlichen Gebrauch von δηλοῖ „es ist
klar", s. LSJ s. v. δηλόω II.2 und Kol. 61 §74, Kol. 66 §§94–
95; alterativ kann δηλώcει persönlich auf Orpheus bezogen
werden: „er wird klar machen"). Das Verb γέν[ητα]ι ist im
Sinne von „(die Vereinigung) passiert / ereignet sich" zu
verstehen (s. Janko 2001: 29 Anm. 168).

Dagegen möchten KPT (2006: 255) den Begriff μεῖξιc
als „Geburt" oder „Gebären" verstehen und ergänzen die
Parenthese als: δηλώcει δὲ [λί]αν κατὰ τὰ ἔπη γεν[νᾶν]

„es wird klar werden, dass sie gemäß der Dichtung übermäßig gebiert". Aus papyrologischer Sicht spricht gegen die
Ergänzung von γεν[ναν], dass das obere Ende eines Iota
(γέν[ητα]ι) erhalten scheint (Janko 2001: 29 Anm. 166).
Jankos Deutung und Ergänzung ist auch deswegen vorzuziehen, weil μεῖξις in der Bedeutung „Gebären" nicht bezeugt ist (in der von Kouremenos angeführten Belegstelle
Plat. *Lg.* 773d ist ἐν τῇ τῶν παίδων μείξει als „Vereinigung
zum Zwecke von Kindern" und nicht als „Gebären" zu verstehen) und die Vereinigung von Zeus mit Rhea als Episode
in der Derveni-Theogonie belegt ist (s. Kol. 66; vgl. außerdem *OF* 87–89, 276).

§79 (XXII.14–16 KPT):
Die Bedeutung des Namens Rhea

"Ῥέα" δ⟨έ⟩, ὅτι πολλὰ καὶ παν[τοῖα] ζῷα ἔφυ [πάνυ
ῥαιδίως] ἐξ αὐτῆς *Rhea aber, weil viele [verschieden-
artige] Lebewesen [ganz leicht] aus ihr entstanden*
Die Wendung πολλὰ καὶ παν[τοῖα ist parallel zu Anaxagoras 59 B 4 D.-K. (πολλά τε καὶ παντοῖα), der damit sowohl
die Bestandteile der „Samen" als auch die der daraus entstehenden Dinge beschreibt. Vgl. auch Herodot, wo πολλὰ
καὶ παντοῖα die Bevölkerung des Kaukasus (1.203.1) oder
die von Libyen (4.167.3) beschreibt.

Janko (2001: 30) ergänzt die Lücke nach ἔφυ durch [πάνυ
ῥαιδίως] „ganz leicht". Demnach verbindet der Derveni-
Autor den Namen Rhea mit dem epischen Wortgebrauch,
in dem ῥέα für das Adverb ῥαιδίως steht. Tsantsanoglous
Ergänzung [ἐκρεύσαντα] „herausfließend" verbindet Rhea
mit dem Verb ῥεῖν „fließen" (vgl. Plat. *Crat.* 402b1–4).

"ʽΡέα" καὶ ["ʽΡείη"] κατ[ὰ γλῶccαν ἑκάcτοιc
„Rhea" und [„Rheie"], nach der [jeweiligen Mundart]
Obwohl die erhaltenen Reste spärlich sind, können wir annehmen, dass der Autor in Parallelität zu seiner Erklärung
von Γῆ und Γαῖα (§76) die beiden Formen ʽΡέα und ʽΡείη
als Dialektvarianten erklärt.

§80 *(KPT XXIII.1–5): Okeanos*

τοῦτο τὸ ἔποc πα[ρα]γωγὸν πεπόηται
Dieser Vers ist irreführend verfasst
Der Rückverweis (τοῦτο τὸ ἔποc) bezieht sich auf den im
verlorenen Endteil von Kol. 62 zitierten Vers. West (1983:
115) rekonstruiert diesen auf der Grundlage der Zitate in
§§80–81 wie folgt (= *OF* 16.2):

μήcατο δ' Ὠκεανοῖο μέγα cθένοc εὐρὺ ῥέοντοc

er ersann die große Stärke des weithin fließenden Okeanos.

Dieser Vers schließt sich in Wests Rekonstruktion (die Bernabé übernimmt) direkt an 16.1 [μήcατο δ' αὖ] Γαῖάν [τε καὶ]
Οὐρανὸν εὐρὺν [ὕπερθεν], „er (*sc.* Zeus) ersann wiederum
Gaia und den weiten Uranos darüber" an (s. Erläuterungen
zu §76). Demnach erschafft Zeus den Okeanos im Anschluss
an die Erde und den Himmel. Zeus bringt diese Götter in
einem geistigen Schöpfungsakt hervor: μήcατο „er ersann".
  Die Beschreibung des Verses als πα[ρα]γωγόν („irreführ-
rend", „täuschend") ist nicht als Kritik an der orphischen
Dichtungsweise zu verstehen, sondern dient, wie der Fortgang des Satzes zeigt, der Charakterisierung des Verses als
zwar unverständlich (ἄδηλον) für die Vielen, aber gut verständlich (εὔδηλον) für diejenigen, die ihn richtig (ὀρθῶc),

d.h. allegorisch, auffassen. Orpheus schreibt in Rätseln (αἰνίζεται, Kol. 49 §28, Kol. 53 §39), die nur eine bestimmte Leserschaft zu entschlüsseln weiß. Der Autor verweist wiederholt und meist als Einleitung zu einer wichtigen allegorischen Aufschlüsselung auf die Opposition zwischen Verständigen und Unverständigen: Kol. 49 §26, Kol. 52 §35, Kol. 58 §58; s. auch Kol. 60 §67 mit Erläuterungen.

Der Begriff des παράγειν im Sinne von „leicht verändern", „ableiten" ist in Platons *Kratylos* (398cd; 400c; 407c; 416b; 419d; s. auch *Grg.* 493a) als *terminus technicus* etabliert und Teil der dort vorgeführten etymologisch-allegorischen Interpretationen von Götternamen (Burkert 1968: 95 Anm. 4): „man fragt nach der ‚tieferen Absicht' (ὑπόνοια) des Autors, der im Ausdruck παράγει." Meist sind es nur ein paar Buchstaben, die ‚verstellt' sind, und durch interpretatorische Richtigstellung den ursprünglichen oder eigentlichen Sinn eines Wortes freigeben.

ὅτι "Ὠκεανός" ἐστιν ὁ ἀήρ, ἀὴρ δὲ Ζεύς ...
dass „Okeanos" die Luft ist und die Luft Zeus
Die nur für die Verständigen ersichtliche wahre Bedeutung des Verses besagt, dass der Gott Okeanos, der traditionell den Ringstrom um die Erde bezeichnet, ebenfalls für die Luft steht, und damit gleichbedeutend mit Zeus ist (vgl. Kol. 57 §§52–53, Kol. 59 §62 jeweils mit Erläuterungen).

Bei Homer sind Okeanos und Tethys das allererste Ur-Paar (*Il.* 14.201: Ὠκεανόν τε θεῶν γένεσιν καὶ μητέρα Τηθύν, s. auch 14.302); aus Okeanos entspringen alle anderen Flüsse und Meere: 14.246: Ὠκεανοῦ, ὅς περ γένεσις πάντεσσι τέτυκται, vgl. auch 21.195–97). Den Status des ersten Ehepaares haben Okeanos und Tethys auch in einem orphischen Fragment (*OF* 22) aus der sogenannten *Eudemischen Theogonie* (*OF* 19–27). Bei Hesiod ist Okeanos der

erste Sohn von Gaia und Uranos und somit der älteste unter
den Titanen (*Th.* 133). Seine Tochter ist Styx (776, 789). Ein
Fragment aus der *Rhapsodischen Theogonie* beschreibt die traditionelle Vorstellung, dass Okeanos als Wasserring die ganze Welt umfasst (*OF* 287): κύκλον τ' ἀέναον καλλιρρόου
Ὠκεανοῖο / ὃc γαῖαν δίνῃσι πέριξ ἔχει ἀμφιελίξαc. „Und
der ewigströmende Kreisstrom des schönfließenden Okeanos, der die Erde mit Strudeln umschlängelt und umfasst"
(vgl. auch *Od.* 11.13, 639). Ein besonderes Merkmal des Okeanos ist es, sich nicht an der Entthronung seines Vaters Uranos durch die Titanen-Geschwister zu beteiligen (*OF* 186).
Vgl. dazu Bremmer (2008: 81), der Okeanos' Zurückhaltung
als mythische Darstellung seiner Unentbehrlichkeit deutet.

   Die Gleichsetzung von *Zeus* und Luft (s. Kol. 57 §§52–53
u. Kol. 59 §62 m. Erläuterungen) begegnet uns bei verschiedenen antiken Autoren. Bereits Homer assoziiert Zeus mit
dem Himmel und der Luft, die zu seinem Herrschaftsbe-
reich gehören (*Il.* 15.189–93). Diogenes von Apollonia lobt
Homer dafür, dass er Zeus mit der Luft gleichsetzt (64 A
8 D.-K.; s. dazu Erläuterungen zu Kol. 57 §52). Dagegen
scheint die Identifizierung von *Okeanos* und Luft nicht weit
verbreitet gewesen zu sein. Allerdings schreibt Hesych in
seinem Lexikon (ω 108–9 Hansen/Cunningham; s. dazu
Betegh 2004: 198):

Ὠκεανοῖο πόρον· τὸν ἀέρα, εἰc ὃν αἱ ψυχαὶ τῶν
τελευτώντων ἀποχωροῦcιν
Ὠκεανόc· ἀήρ. θάλαccα, καὶ ποταμὸc ὑπερμεγέθηc.
φαcὶ δὲ καὶ ὁμώνυμον αὐτοῦ ἐν Κρήτῃ.

Die Furt des Okeanos: die Luft, in welche die Seelen der
Verstorbenen entweichen.
Okeanos: Luft. Meer, und übermäßig großer Fluss. Man
sagt, es gibt auch einen gleichnamigen Fluss auf Kreta.

Es wurden verschiedene Vorschläge vorgebracht, wie die Gleichsetzung von Okeanos und Luft aus der Sicht des Derveni-Autors gerechtfertigt werden könnte. Burkert (1968: 97) verweist darauf, dass Okeanos so wie die Luft die Erde umgibt und trägt. Kouremenos (2006: 256) verbindet die Beschaffenheit der Luft als „very subtle liquid" mit der Beschaffenheit des Wassers von Okeanos (s. bereits Arist. *Mete.* I 9, 347a6–8, vgl. auch Brisson 2011; Laks 2007: 162). Jourdan (2003: 94–96) verweist auf die homerische Vorstellung von Okeanos als Ursprung allen Lebens, eine Zuschreibung, die Okeanos leicht mit Zeus und der Luft teilt. Diesen Erklärungsversuchen ist jedoch besonders im Hinblick auf §81 entgegenzuhalten, dass der Derveni-Autor die Identifizierung von Okeanos mit Luft vorrangig mit der *Machtposition* begründet, die laut seiner Auffassung Orpheus dem Okeanos zuschreibt: die Identifizierung von Okeanos und Zeus/Luft scheint jedenfalls an dieser Stelle nicht durch eine physikalische Eigenschaft, sondern vielmehr durch sprachlich-dichterische Merkmale gerechtfertigt zu werden (s. Erläuterungen im Folgenden).

οὔκουν "ἐμήςατο" τὸν Ζᾶνα ἕτερος Ζεύς, ἀλλ' αὐτὸς αὐτῶι "cθένοc μέγα" *Folglich „ersann" nicht ein anderer Zeus den Zeus, sondern er selbst für sich „große Stärke"*
Aus der Gleichsetzung von Okeanos mit Luft und Zeus ergeben sich weitere Deutungsschritte für den Rest des Verses: Dass Zeus den Okeanos, der soeben mit Zeus identifiziert worden ist, erschafft (ἐμήςατο), bedeutet nicht, dass Zeus einen zweiten Zeus hervorbringt. Vielmehr bedeutet seine Erschaffung, dass (der eine) Zeus *sich selbst* „große Stärke" (cθένοc μέγα) verschafft, die im orphischen Vers als Stärke des Okeanos erscheint (vgl. *Il.* 21.195).
Das Verb μήδεcθαι („ersinnen", „ausdenken", „planen",

„entstehen lassen") weist den Schaffensakt als geistige Tätigkeit aus. Vgl. *OF* 155 (μήсατο), wo Phanes den Mond
erschafft, sowie in *OF* 221 (μήсατο), wo Demeter Personal
und Gerät (für eine Prozession?) bereitstellt. Auch Parmenides 28 B 13 D.-K. beschreibt mit diesem Verb den Schaffensakt, durch den der Aphrodite Eros hervorbringt (s. auch
Burkert 1999b: 96, mit Parallele zum Babylonischen Welt-
schöpfungsepos *Enūma Eliš*). Ein geistiger Schaffensakt
passt in doppelter Hinsicht zum Charakter des *Nus/*Zeus:
Zeus heißt bereits in der *Ilias* μητίετα Ζεύс „Rat ersinnende Zeus" (vgl. Kol. 55 §48, s. Schwabl 1978: 1330) und *Nus*
bedeutet „Geist", „Verstand".

§81 (XXIII.5–10 KPT): Warum Okeanos Zeus und Luft ist

οἱ δ' οὐ γινώсκοντεс τὸν "Ὠκεανὸν" ποταμὸν δοκοῦсιν
εἶναι... *Die Unverständigen glauben aber, dass Okeanos
ein Fluss ist...*
Diejenigen, die den Vers aus Sicht des Derveni-Autors falsch
verstehen, nehmen ihn wörtlich, und halten Okeanos für
einen Fluss, dem das Beiwort εὐρὺ ῥέοντα „weithin strömend" zukommt (zu προсέθηκεν vgl. Kol. 52 §36). Dieses
Beiwort weckt verständlicherweise die Assoziation, dass es
sich bei Okeanos um ein Gewässer handelt (wie bei Pind.
O. 5.18 und Apoll. Rhod. 2.1261).

ὁ δὲ сημαίνει τὴν αὑτοῦ γνώμην ἐν τοῖс λεγομέν[ο]ιс καὶ
νομιζομένοιс ῥήμαсι *Doch Orpheus bringt seine Ansicht
in umgangssprachlichen und allgemein gebräuchlichen
Wendungen zum Ausdruck*
Seine Deutung des Ausdrucks εὐρὺ ῥέοντα („breit strömend", „weithin fließend") leitet der Autor mit einer

grundsätzlichen Feststellung zur orphischen Dichtungsme-
thode ein: Orpheus bringt seine Absicht in alltäglich ge-
brauchten Wendungen zum Ausdruck, womit auch sprich-
wörtliche Redensarten gemeint sind (zum Verweis auf den
allgemeinen und sprichwörtlichen Sprachgebrauch als
Rechtfertigung seiner Deutung s. Kol. 51 §33, Kol. 58 §58,
Kol. 61 §72). Deswegen ist die Bestimmung des Okeanos
als εὐρὺ ῥέοντα „weithin strömend" nicht als Charakterisierung eines Flusses zu verstehen, sondern als Anspielung
auf eine stehende Wendung.

καὶ γὰρ τῶν ἀν[θ]ρώπων τοὺς μέγα δυνασ[θέ]ντας
"μεγάλους" φασὶ "ῥυῆναι" *Denn man sagt auch von
den Menschen, die sehr mächtig sind, dass sie „sehr ein-
fluss-reich" sind*
Die stehende Wendung, auf die Orpheus mit εὐρὺ ῥέοντα
anspielt, besagt, dass Menschen, die erfolgreich sind (der
Ausdruck μέγα δυναμένους ist seit Homer *Od.* 1.276 und
11.414 geläufig), „stark fließen" (μεγάλους ... ῥυῆναι) bzw.,
um ein deutsches Idiom zu gebrauchen, „ein-fluss-reich"
sind. Das Partizip δυνασ[θέ]ντας (anstelle des von Tsantsanoglou gelesenen δυνατ[οῦ]ντας) ist eine ionische Ao-
rist-Passiv Form von δύναμαι (anstelle des att. Äquivalents
δυνηθέντας, Beispiele dieser Formenbildung finden sich in
Xen. *Ana.* 7.6.20, *Cyr.* 4.5.29).

Die Verbreitung des Ausdrucks ‚stark fließen' im griechischen Sprachgebrauch ist für uns nur bedingt nachvollziehbar. Kouremenos (2006: 258) verweist auf Euripides,
Hipp. 443: Κύπρις ... ἢν πολλὴ ῥυῇ und Theognis, 639–
40: πολλάκι ... γίνεται εὖ ῥεῖν / ἔργ' ἀνδρῶν, wo „Fließen" im übertragenen Sinne für „Macht ausüben" oder
„erfolgreich sein" verwendet wird.

Laut Derveni-Autor markiert Orpheus, indem er vermittels Okeanos' Epitheton auf diese Wendung hinweist,
für den wissenden Leser, dass der starke und ein-fluss-reiche
mythische Wassergott für den *allmächtigen* Gott *Nus*/Luft
steht. Somit ist klar, dass er die Gleichsetzung Okeanos =
Luft hier nicht etwa auf eine physikalische Ähnlichkeit der
beiden Elemente Wasser und Luft zurückführt, sondern damit begründet, dass beide als *sehr mächtig* deklariert werden
(vgl. Kol. 59 §62: die Luft beherrscht alles, was sie will).
Der Derveni-Autor beruft sich bei seiner Deutung also auf
ein sprachlich-poetologisches Argument, das die orphische
Dichtung als bewusst gestaltete Rätselsprache (vgl. πα[ρα]-
γωγόν „irreführend" in §80) versteht.

§82 (XXIII.10–16 KPT): Acheloios

τὸ δ' ἐχόμενον   *Der nächste* (Vers)
OF 16.3 schloss möglicherweise direkt an *OF* 16.2 an.

μήσατο δ' Ὠκεανοῖο μέγα cθένοc εὐρὺ ῥέοντοc.

(= *OF* 16.2)

ἶναc δ' ἐγκατέλεξ' Ἀχελωίου ἀργυροδίνεω

(= *OF* 16.3)

er ersann die große Stärke des weithin fließenden
Okeanos. Und er legte die Sehnen des silberstrudelnden Acheloios hinein.

Als Fortsetzung im orphischen Text (*OF* 16.4) könnte ἐξ οὗ
πᾶcα θάλαccα gefolgt sein, wie ein Homer-Scholium zu *Il.*
21.195 (P.Oxy. 221 Kol. IX.1–2) nahelegt (s. dazu D'Alessio
2004 und im Folgenden).

ἷνας δ’ ἐγκατιέλειξ’ Ἀχελωίου ἀργυιριοδίνειωι   *er legte*
die Sehnen des silberstrudelnden Acheloios hinein
Der Vers beschreibt die Schaffung des Fluss- bzw. Wasser-
gottes Acheloios. Der Gott stammt aus einer frühen Tradition (s. Hes. *Th.* 337–40, wo er Okeanos' Sohn ist). Akusila-
os von Argos (*FGrHist* 2 F 1 = fr. 1 Fowler, dazu Fowler 2013:
12–13) nennt ihn den ältesten und ehrwürdigsten der von
Okeanos und Tethys abstammenden Flüsse; zu bildlichen
u. literarischen Darstellungen des Gottes Acheloios s. Isler
1970; zu orientalischen Parallelen s. D'Alessio 2004: 25–28.
In der *Ilias* ist er funktional eng verwandt mit Okeanos, dessen Platz er in einer möglicherweise vorausgegangenen Tradition einnahm. In *Il.* 21.194–96 lesen wir τῶι οὐδὲ κρείων
Ἀχελώιος ἰcοφαρίζει, / οὐδὲ βαθυρρείταο μέγα cθένος
Ὠκεανοῖο, / ἐξ οὗ περ πάντες ποταμοὶ καὶ πᾶcα θάλαcca
„Nicht einmal der starke Acheloios würde sich mit ihm (sc.
Zeus) messen und auch nicht die große Stärke des tiefströ-
menden Okeanos, aus dem alle Flüsse und Meere (stammen)", wobei Vers 195 wohl auf eine spätere Traditionsstufe
zurückgeht, und Acheloios ursprünglich als Ursprung von
Süß- und Salzwasser bezeichnet wurde (s. D'Alessio 2004).
In einem antiken Kommentar zum 21. Buch der *Ilias* (frag-
mentarisch erhalten im *P.Oxy.* 221) wird in Bezug auf Vers
195 just der (orphische) Vers über Acheloios zitiert, der uns
hier im Derveni-Papyrus vorliegt (*P.Oxy.* 221 Kol. IX.1–2;
s. Schol. zu *Il.* 5.93–94 und 165–170 Erbse; D'Alessio 2004:
18–23). Zur Beschreibung eines Flusses als „mit silbernen
Strudeln versehen" (zur Wortbildung s. im Folgenden) vgl.
Panyasis 23.3 Bernabé.
    Der Vers beschreibt die Schaffung von Acheloios als ein
Einsetzen der Sehnen (ἷνας von ἡ ἴc, ἰνός, „Sehne") des
Gottes. Acheloios bezeichnet demnach das Wasser im Allgemeinen (s. im Folgenden), das Zeus in seine Schöpfung

einführt. Der Vers ist in zweierlei Hinsicht bemerkenswert: Zum einen unterscheidet sich die Art der Erschaffung („er legte hinein") von der geistig-planenden Hervorbringung (μήcατο) im vorangehenden Vers (vgl. D'Alessio 2004: 30). Zum anderen ist das Bild der Sehnen, die als Flüsse in den bereits geschaffenen Kosmos bzw. in die Erde eingesetzt werden, nicht unmittelbar einleuchtend. West (1983: 92 Anm. 39) hat zwar vergleichend auf den Tragiker Choirilos (*TrGF* I 2 F 3) hingewiesen, der Flüsse als γῆc φλέβεc „Arterien der Erde" bezeichnet. Jedoch mahnt D'Alessio (2004: 30) diesbezüglich zu Recht an, dass das Bild von den Arterien, die Flüssigkeit durch den Körper transportieren, als Metapher für die Flüsse auf der Erde viel besser passt als das Bild von den Sehnen (ἶναc) (s. Kouremenos 2006: 259; Bernabé 2007b: 113; vgl. auch D'Alessio 2004: 27–28, der eine Verbindung zur Beschreibung der Flusserschaffung im akkadischen Epos *Enūma Eliš* zieht). Daher ist zu überlegen, ob es sich bei ἶναc nicht vielmehr um eine sonst allerdings nicht belegte Pluralform von ep. ἴc („Kraft", „Stärke", vgl. Lat. *vīs*) handelt. Dass ein Fluss und im Besonderen Acheloios über ἴc im Sinne von „Kraft", „Stärke" verfügt, geht aus Vergleichsstellen bei Pindar (Fr. 70.1: ἲc Ἀχελωίου, Fr. 52v.9: ἀλκὰν Ἀχελωίου) und in *Il.* 21.356 (ἲc ποταμοῖο) hervor und passt auch zum Kontext in *Il.* 21.194–96, in dem es vor allem um die Stärke des Gottes geht (vgl. D'Alessio 2004: 23–24; Sider 2014: 248–50). In diesem Fall könnte der orphische Vers beschreiben, wie Zeus der Schöpfung Kraft gibt, indem er sie mit Wasser versorgt. Oder der Vers könnte, falls man Okeanos (*OF* 16.2) als das Objekt versteht, in das eingesetzt wird, zum Ausdruck bringen, dass Zeus dem bereits geschaffenen Okeanos zusätzlich die Stärke des Acheloios einflößt. Eine klare Unterscheidung der beiden Bedeutungen von ἴc ist auch dadurch erschwert, dass die

Semantik der beiden Formen wohl schon früh ineinander überging bzw. die Bedeutung „Sehne" evtl. als eine Konkretisierung der Bedeutung „Kraft", „Stärke" zu erklären ist (Frisk 1960: 736). Vgl. auch Kol. 55 §48 m. Erläuterungen.

τῶ[ι] ὕδα[τι] ὅλ[ως τίθη]ςι⟨ν⟩ "Ἀχελῶιον" ὄνομ[α *Er (Orpheus) nennt das Wasser im Allgemeinen „Acheloios"*
Die Erklärung des Derveni-Autors stimmt mit der Bedeutung des Namens Acheloios überein, die sich aus zahlreichen Belegstellen im Drama ablesen lässt (z. B. Eur. *Andr.* 167, Aristoph. *Lys.* 381, s. Sider 2014: 248): er steht für das Wasser generell (Bernabé 2007a: 249–50: „i.e. aqua"). Dass der Verfasser des orphischen Textes diese Bedeutung intendierte, meinte auch Servius, der in seinem Kommentar zu Vergils *Georgica* (1.8) schreibt (= *OF* 154): *nam, sicut Orpheus docet, generaliter aquam veteres Acheloum vocabant.* Tsantsanoglous Ergänzung ὅλ[ως ist einleuchtend. Die Formulierung findet Bestätigung bei dem Historiker Ephoros (4. Jh. v. Chr., *FGrHist* 70 F 20a, 26–28): τὸ μὲν γὰρ ὕδωρ ὅλως, ὅπερ ἐστὶν κοινὸν ὄνομα, ἀπὸ τῆς ἰδίας ἐκείνου προσηγορίας Ἀχελῶιον καλοῦμεν (s. auch Sider 2014: 248–49 u. Isler 1970: 109–10).

τὸ γὰρ] τὰς δίνα[ς "ἐγκαταλ]έξαι" ἐςτ[ὶν κάτ]ω ἐγγε[ννᾶ]ν *Denn] die Strudel [hinein]zulegen bedeutet sie „[nach unten] hinein zu erzeugen"*
Janko folgt Tsantsanoglous Vorschlag, die Buchstabenfolge ταςδινα[als τὰς δίνα[ς „die Strudel" zu lesen und nicht wie seit der anonymen Edition in ZPE als τὰ[ς] δ᾽ ἵνα[ς „die Sehnen aber". Die erste Option verlegt den Satzbeginn in die Lücke vor der Buchstabenfolge (Janko: τὸ γὰρ], Tsantsanoglou: ὅ]τι δὲ), die zweite dagegen in die Buchstabenfolge, da δ᾽ hier die Satzpartikel ist.

Janko führt die Wiederaufnahme von ἷνας δ᾿ („Sehnen")
als δίνας („Strudel") in der Erklärung des Derveni-Autors
auf ein Spiel mit der Position des Buchstaben δ zurück (zu
dem Wort δίνη „Strudel" u. dessen Bedeutung im Derveni-
Papyrus s. Erläuterungen zu Kol. 58 §57). Daneben könnte
der Derveni-Autor das Wort δίνη auch aus dem Beiwort ἀρ-
γυ[ρ]οδίνε[ω abgeleitet haben (das Adjektiv ἀργυροδίνης
„silberne Strudel habend" ist ein Possessivkompositum (Ba-
huvrihi) gebildet aus ἄργυρος „Silber" and δίνη „Strudel"; s.
Risch 1974: 182–85. Vgl. auch Sider 2014: 248).

Dass hier von Strudeln die Rede ist, passt sowohl zur
Beschreibung eines fließenden Gewässers (s. Hdt 2.111; Eur.
Or. 1310) als auch in das kosmische Geschehen, das der Derveni-Autor auf der Basis des orphischen Textes konstruiert.
Darin kam ein Strudel möglicherweise im Zusammenhang
mit der Bewegung der seienden Dinge vor (s. dazu Kol. 58
§57 m. Erläuterungen; vgl. die Vorstellung eines Strudels
bei Anaxagoras 59 B 9, 12–13 D.-K. u. Empedokles *Physika*
I, 289 = 31 B 35.4 und 31 A 67 D.-K.; s. Perilli 1996: 55–74).

Das Verb ἐγ-κατα-λέγω bedeutet im orphischen Vers
soviel wie „hinein- und niederlegen", „einfügen". λέγω
(von indogermanisch *legh-, vgl. λέχος „Lager", „Bett") hat
die Grundbedeutung „legen", „zu Bett bringen", und erhält
durch die Präpositionen ἐν und κατά die zusätzlichen Bestimmungen „hinein" und „hinunter" (Thuk. I.93 verwendet ἐγκαταλέγειν im Sinne von „aufhäufen" bzw. „einbau-
en", „einfassen", in letzterer Bedeutung auch Kallimachos
Aitia Fr. 64.7 Pfeiffer = Harder; vgl. auch καταλέχομαι
„sich niederlegen", s. *Il.* 9.690, *Od.* 10.555 u. Hes. *Op.* 523).
Der Derveni-Autor vertauscht in seiner Erklärung des Verbs
die Reihenfolge der beiden Präpositionen und ersetzt λέγω
durch γεννάω. Die Bedeutung wird dabei nicht wesentlich
verändert: κάτω ἐγ-γεννᾶν „(nach) unten hinein-erzeugen"

(das Verb ἐγγεννᾶν „erzeugen in" ist sonst erst bei Plutarch *Mor.* 132e belegt, das Nomen ἐγγέννηcιc „Ort der Fortpflanzung" immerhin in Plat. *Lg.* 776a). Ob der Derveni-Autor damit den Schöpfungsakt des Zeus umschreibt, der das Wasser *unten in* der Erde erzeugt, oder bereits einen Handlungsschritt des *Nus* im kosmischen Geschehen im Blick hat, der möglicherweise Strudel erzeugt, ist nicht anzugeben.

§83: Die Erschaffung des Mondes

Kolumne 64 setzt mitten in der Erklärung des Adjektivs ἰcομελήc („gleichgliedrig") ein, welches im orphischen Text höchstwahrscheinlich den Mond beschrieben hat. Der entsprechende Vers ist nicht erhalten. Bernabés Rekonstruktion des Verses (*OF* 17.1) enthält lediglich das Wort] ἰcομελήc [. West (1983: 115) schlägt auf der Grundlage der Wendung ἐκ τοῦ [μέ]cου in der ersten Zeile der Kolumne den Ausdruck [μεccόθεν] ἰcομελὴc [πάντηι] („von der Mitte aus überall gleichgliedrig") vor (vgl. Empedokles' Beschreibung des Kugelgottes *Sphairos* in 31 B 29.3 D.-K. u. Parmenides' Beschreibung der Kugelgestalt des Seienden in 28 B 8.44 D.-K.). Janko ergänzt:

[᾽μήcατο δ᾽] ᵢἰcομελῆᵢ [Cελήνην"].

Der Vers ging im orphischen Text wohl unmittelbar dem in §85 zitierten Vers (*OF* 17.2) voraus, in dem das Relativpronomen ἣ auf das Wort cελήνη („Mond") im vorangehenden Vers zurückverweist. Vgl. auch die Darstellung der Monderschaffung in *OF* 155.1–2: μήcατο δ᾽ ἄλλην γαῖαν ἀπείριτον, ἥν τε Cελήνην / ἀθάνατοι κληΐζουcιν, ἐπιχθόνιοι δέ τε Μήνην, / … „er ersann eine andere gren-

zenlose Erde, welche die Unsterblichen *Selene* (Mond) nennen und die Erdenbewohner *Mene* (Mond)“.

§84 (XXIV.1–2 KPT): Das Runde ist „gleichgliedrig“

ὅϲα μὲν γὰρ κυκλοειδέα], ἴϲα ἐϲτὶν ἐκ τοῦ [μέ]ϲου μετρούμενα *Denn alles was rund ist,*] *ist gleich vom Mittel-*
punkt aus gemessen,
Nach der Rekonstruktion von Janko (2002) sagt der Derveni-Autor, dass das Runde gleichgliedrig ist und somit von
der Mitte aus immer den gleichen Abstand hat. Der Autor
fährt fort, dass, was nicht rund ist, nicht ‚gleichgliedrig‘
sein kann. Demnach erklärt der Derveni-Autor den Begriff
ἰϲομελήϲ („gleichgliedrig“) als koextensiv mit dem Begriff
„gleich vom Mittelpunkt aus gemessen“ und somit „rund“
(κυκλοειδήϲ).

Das Wort ἰϲομελήϲ „gleichgliedrig“ ist ein *Hapax le-*
gomenon. Dass es im orphischen Text vornehmlich „rund“
bedeutet, ergibt sich aus der Tatsache, dass es den Mond
beschreibt (s. dagegen Betegh 2004: 247–48). Dass in der
epischen Dichtungssprache eine *runde* Gestalt sehr wohl
als „gliedrig“, „mit Gliedern versehen“ (-μελήϲ) bezeichnet werden kann, zeigt die empedokleische Darstellung des
zweifellos runden Kugelgottes *Sphairos* (31 B 28.1 D.-K.: ἐν
μελέεϲϲιν, B 30.1: ἐνὶ μελέεϲϲιν „in seinen Gliedern“; B 31:
γυῖα „Glieder“; zur Bedeutung der „Glieder“ in Empedokles s. Primavesi 2008: 31–39) und die Beschreibung des Seienden als οὐλομελήϲ „ganzgliedrig“, „ganz in seinem Bau“
in Parmenides 28 B 8.4 D.-K.

Die Definition des Runden als etwas, das vom Mittelpunkt aus (überall) gleiche Abstände hat, lässt offen, ob
der Derveni-Autor den Mond als Kreis(scheibe) oder sogar

als Kugel vorstellt (s. West 1983: 92–93; vgl. Empedokles'
Beschreibung der *Sphairos*-Kugel in B 29.3: ⟨πάντοθεν⟩
ἶϲοϲ ἑαυτῶι „von allen Seiten sich selbst gleich"). Jedoch
bezeichnet das Wort κυκλοειδήϲ (von κύκλοϲ „Kreis") zunächst klar die Eigenschaft eines Kreises (s. die Definition
von κύκλοϲ als Kreis in Euklid, *Elem.* 1.15; vgl. Plat. *Ep.*
342a), wobei κύκλοϲ u.U. auch Kugel bedeuten kann (Plat.
Lg. 898a); zur Bezeichnung einer Kugel bzw. einer kugelför-
migen Gestalt wäre ϲφαῖρα zu erwarten (vgl. die Beschreibung des Mondes in Arist. *De cael.* 291b17–23).

In der Handlungsfolge des orphischen Mythos steht der
Mond im Kontext von Zeus' Erschaffung des Universums.
Nachdem Zeus die Welt mit Wasser versorgt hat (s. Kol.
63), erschafft er nun die Himmelskörper: zunächst den
Mond und dann die restlichen Gestirne (vgl. Kol. 65).

§85 *(XXIV.2–6 KPT): OF 17.2*

ἢ πολλοῖϲ φαίνει μερόπεϲϲ' {ι} ἐπ' ἀπείρονα γαῖαν
welcher (*sc. der Mond*) für viele Sterbliche scheint über
die grenzenlose Erde (*OF* 17.2)
Das Relativpronomen am Anfang des Verses weist höchstwahrscheinlich auf das Wort ϲελήνη „Mond" zurück, das
dann im vorausgehenden Vers gestanden haben muss (vgl.
OF 155.3, wo der Relativsatz ἢ πόλλ' οὖρε' ἔχει, πόλλ' ἄϲτεα,
πολλὰ μέλαθρα auf Ϲελήνην und Μήνην „Mond" in 155.1
und 2 zurückverweist). Das epische Wort μέροπεϲ steht
substantivisch für die Menschen. Ursprung und Bedeutung
des Wortes sind ungeklärt (Frisk 1970: 211–12; s. auch Koller
1968). Wahrscheinlich bezeichnet μέροπεϲ die Menschen
als Wesen, die ihre Stimme unterteilen können (μείρομαι,
„teilen", ὄψ „Stimme") bzw. Sprachfähigkeit besitzen. Zur

scriptio plena (μερόπεcc' {ι} ἐπ') vgl. Kol. 48 §24 m. Erläuterungen). Dass der Mond „für viele" (aber nicht alle) Menschen scheint (s. dazu §86), könnte ein Bewusstsein darüber widerspiegeln, dass der Mond nicht für alle Erdteile gleichzeitig scheint, oder dass die Phasen des Mondes je nach Standpunkt auf der Erde unterschiedlich sichtbar sind (West 1983: 93). Vgl. dagegen die Beschreibung (des Mondes und) der Morgenröte in Hes. *Th.* 371–72: ... Cελήνην / Ἠῶ θ', ἣ πάντεccιν ἐπιχθονίοιcι φαείνει („der Mond, und die Morgenröte, die für alle Erdenbewohner (er)scheint"). (Zu φαίνω als „scheinen", „leuchten" des Mondes s. auch *Od.* 9.144: οὐδὲ cελήνη οὐρανόθεν προὔφαινε). Zur Formel ἐπ' ἀπείρονα γαῖαν „über die grenzenlose Erde" vgl. *Il.* 7.446, *Od.* 15.79, 17.386, Hes. *Th.* 187, *Op.* 487. In *OF* 155 wird der Mond selbst als „grenzenlose Erde" bezeichnet.

τοῦτο τὸ ἔποc δόξειεν ἄν τιc ἄλλωc ε⟨ἰ⟩ρῆcθαι
Man könnte glauben, dass dieser Vers etwas anderes sagt
Die im Papyrus geschriebene Verbform ἐρῆcθαι (ZPE, Tsantsanoglou 2006: 10) ist mit Ricciardelli Apicella zu ε⟨ἰ⟩ρῆcθαι zu verbessern. Das Verb ὑπερβάλλειν (intransitiv) „seine normalen Maße überschreiten" (von der Sonne im Heraklit-Zitat in Kol. 44 §12), „zunehmen", „kulminieren" bezeichnet hier den zunehmenden Mond bzw. den Vollmond (vgl. Eur. *Hel.* 1367: ὑπέρβαλε cελάνα und auch Hdt. 4.184.2, jedoch in Bezug auf die Sonne: ὑπερβάλλοντι „sehr heiß"; s. auch Burkert 1968: 95 Anm. 5).

Der Derveni-Autor leitet die Interpretation des Verses mit einer Darlegung des aus seiner Sicht falschen Verständnisses ein (zur Methode vgl. Kol. 48 §24, Kol. 53 §38; vgl. auch Kol. 49 §26, Kol. 52 §35): Man könnte das Wort φαίνει so verstehen, dass der Mond, besonders wenn er voll ist, „scheint" und „Licht spendet" (LSJ A.II) und so

die Dinge auf der Erde besser sichtbar macht (μᾶλλον τὰ
ἐόντα φαίνεται). Dies ist jedoch nach Ansicht des Derveni-
Autors nicht die wahre Bedeutung des orphischen Verses.

§86 (XXIV.6–10 KPT):
Der Mond als Grundlage der Wettervorhersage

ὁ δὲ οὐ τοῦτο λέγει, ⟨φὰс⟩ "φαίνειν" αὐτήν
*Aber er (Orpheus) meint nicht dies, ⟨wenn er sagt,⟩ dass
der Mond scheint*

Jankos Ergänzung eines Verbs des Sagens im Partizip
(⟨φὰс⟩ oder ⟨φήсαс⟩) verbessert die Lesbarkeit des Satzes:
‚Orpheus meint nicht dies [rückverweisend auf das falsche
Verständnis], wenn er sagt…'. Dagegen belassen KPT 2006
den Text unverbessert und verstehen τοῦτο als *vorverwei-
send* auf den im AcI (φαίνειν αὐτήν „dass er scheint") for-
mulierten Inhalt dessen, was Orpheus sagt: ‚Orpheus meint
nicht dies (nämlich), dass er scheint.' (vgl. KPT 2006: 138).
Der (unverbesserte) Wortlaut im Papyrus könnte auch dadurch erklärt werden, dass λέγει hier zwei Objekte gleichzeitig regiert: zum einen τοῦτο als direktes Objekt (‚er sagt
dies') und zum anderen φαίνειν αὐτήν als Objektsatz (‚er
sagt, dass er scheint') (vgl. auch KPT 2006b).

οὐκ ἂν "πολλοῖс" ἔφη "φαίνειν" αὐτὴν (ἀλλὰ "πᾶсιν"
ἄμα) … *hätte er nicht gesagt, dass er „für viele" scheint,
(sondern „für alle" zugleich)* …

Ausschlaggebend für das richtige Verständnis des Verses ist
laut Derveni-Autor das Wort πολλοῖс „für viele". Hätte Orpheus ausdrücken wollen, dass der Mond eine Lichtquelle
ist, die für alle Menschen auf der Erde leuchtet, dann hätte
er nicht „für viele Menschen", sondern „für alle Menschen"

gesagt (vgl. die Formulierung in Hes. *Th.* 372; s. oben). Genau in dieser Restriktion („für viele", aber nicht „für alle") hat Orpheus seine eigentliche Aussage versteckt.

Um das Verständnis des verschachtelten Satzes zu erleichtern, bietet es sich an ἀλλὰ "πᾶϲιν" ἅμα als Parenthese zu kennzeichnen (Kotwick 2016: 3). Der Gegensatz in ἀλλὰ "πᾶϲιν" ἅμα („sondern ‚für alle' zugleich") bezieht sich auf das Wort πολλοῖϲ („für viele"). Die danach folgende Spezifizierung (τοῖϲ τε τὴν γῆν...) ist gedanklich an πολλοῖϲ und nicht an ἀλλὰ "πᾶϲιν" ἅμα anzuschließen (vgl. Kouremenos 2006: 262–64).

τοῖϲ τε τὴν γῆν ἐργαζομένοιϲ καὶ τοῖϲ ναυτιλλομένοιϲ *sowohl für die, die das Land bearbeiten, als auch für die Seefahrer*

Die beiden Berufsgruppen (τοῖϲ τε ... καὶ τοῖϲ) Bauern und Seefahrer illustrieren, wer mit den „vielen" (πολλοῖϲ) gemeint ist. Zum einen Bauern, die auf der Grundlage eines Mondkalenders ihre Saat ausstreuen und ernten, zum anderen Seefahrer, die ihre Fahrt übers Meer gemäß der Bewegung bestimmter Sterne planen (s. Sider/Brunschön 2007: 1 Anm. 2).

ὁπότε χρὴ πλεῖν *wann sie fahren sollen*

Der indirekte Fragesatz hängt ab von ἔφη φαίνειν αὐτήν: „er sagt, dass der Mond den Seefahrern (τοῖϲ ναυτιλλομένοιϲ) anzeigt, wann sie fahren sollen."

τούτοιϲ τὴν ὥραν *jenen die richtige Jahreszeit*

Nach πλεῖν ist ein Komma zu setzen (ZPE, Janko 2001: 31 Anm. 178, anders KPT; vgl. auch Merkelbach 1967: 30), das anzeigt, dass sich τούτοιϲ nicht auf die Seefahrer, sondern zurück auf die Landwirte („jene") bezieht. Diesen zeigt der

Mond die Jahreszeit bzw. die richtige Zeit (LSJ B.I) für die Feldbestellung an.

Die erklärenden Zusätze ὁπότε χρὴ πλεῖν und τὴν ὥραν dienen als Objekte zum Verb φαίνειν. Mit dieser Formulierung macht sich der Derveni-Autor die Bedeutungsbreite des Verbs zu Nutze: Orpheus sagt nicht, dass der Mond (intransitiv) „scheint" oder „leuchtet", sondern, dass er (transitiv) „anzeigt" (nämlich: „den richtigen Zeitpunkt" und „wann sie fahren sollen").

§87 (XXIV.10–17 KPT):
Die Bedeutung des Mondes für die Menschen

εἰ γὰρ μὴ ἦν cελήνη   *Denn wenn es den Mond nicht gäbe* Der Mond ermöglicht den Menschen die Berechnung (zu ἀριθμός als „Berechnung", „Wissenschaft von Zahlen" vgl. Plat. *Phd.* 274c ἀριθμόν τε καὶ λογιcμὸν εὑρεῖν) der Jahreszeiten und der Winde und ist somit einer der wichtigsten Indikatoren für Wettervorhersagen (vgl. Theophr. *Sign.*, Sider/Brunschön 2007). Dass die Bauern ihre Arbeit nach den Jahreszeiten ausrichten bzw. sich nach den mit Hilfe der Sternenbewegung errechneten „richtigen Zeiten" (τῶν ὡρέων) für die Feldbestellung und Behandlung der Tiere richten, belegt bereits Hesiod in *Werke und Tage* (383–87, 564–69, 582–88, 609–17). Die Fahrt zur See war auf die Sommermonate konzentriert (s. Hes. *Op.* 663–69, dazu Beresford 2013: 10–13), wenn auch nicht strikt beschränkt (s. Beresford 2013: 1–7). Das Wetter und die Winde, die in der jeweiligen Jahreszeit vorherrschten, konnten mit Hilfe des Mondes bzw. anderer Sterne berechnet und damit in gewissem Sinne vorhergesagt werden (vgl. Hes. *Op.* 618–32). Die Winde im Mittelmeer waren die entscheidende Kraft für die antike Seefahrt (s. ausführlich Beresford 2013: 53–85).

Die Erschaffung des Mondes und dadurch für die Menschen ermöglichten Wettervorhersagen gehen letztlich auf die Planung des *Nus* zurück, der den Kosmos zum Guten eingerichtet hat (s. Kol. 65 §91). Eine Rückführung der Regularität der Jahreszeiten sowie der Tages- und Nachtzeiten auf die Wirkung des *Nus* bzw. seine Geisteskraft (*Noesis*) findet sich auch bei Diogenes von Apollonia (64 B 3 D.-K. mit interessanten Übereinstimmungen zur Wortwahl im Derveni-Papyrus): οὐ γὰρ ἄν, φησίν, οἷόν τε ἦν οὕτω δεδάσθαι ἄνευ νοήσιος, ὥστε πάντων μέτρα ἔχειν, χειμῶνός τε καὶ θέρους καὶ νυκτὸς καὶ ἡμέρας καὶ ὑετῶν καὶ ἀνέμων καὶ εὐδιῶν. καὶ τὰ ἄλλα, εἴ τις βούλεται ἐννοεῖσθαι, εὑρίσκοι ἂν οὕτω διακείμενα ὡς ἀνυστὸν κάλλιστα. „Denn ohne das Denken (*Noesis*) wäre es nicht möglich, sagt er, dass es so eingerichtet ist, dass es von allen Dingen Maße gibt, d.h. vom Winter, vom Sommer, von der Nacht und dem Tag, von Regen und Winden und Sonnenschein. Und man könnte alles andere, wenn man es verstehen will, ebenso eingerichtet finden, wie es am schönsten ausführbar ist."

. . . .] καὶ τἆλλα πάντα   *und alles andere*
Die erhaltenen Reste scheinen auf weitere Bereiche zu verweisen, in denen sich der Mensch das Verhalten des Mondes und den daraus abzuleitenden Kalender zu Nutze macht. Als Ergänzung habe ich daher οὗτος οὖν] καὶ τἆλλα πάντα, [ὅσα δι' αὐτ]ὴν ἐκ[φαίνεται … „Diese (sc. Berechnung) und alles andere, was durch ihn (den Mond) ans Licht kommt, …" vorgeschlagen (Kotwick 2016: 3–4). ἐκ[φαίνεται „es kommt ans Licht" (vgl. Hdt. 6.3 „[den Grund] offenlegen" und 1.117 „[die Wahrheit] ans Licht bringen"; im Passiv: Eur. *Hipp.* 42; Plat. *Hp.Ma.* 295a)

nimmt das Verb φαίνειν erneut auf. Was durch den Mond ans Licht kommt, sind Regularitäten und Gesetzmäßigkeiten bestimmter natürlicher Prozesse (z.B. Wechsel des Wetters in Korrelation zu den Jahreszeiten).

Die Bedeutung, die dem Mond in diesem Abschnitt zukommt, begegnet uns auch in anderen Texten: Der *Homerische Hymnus an den Mond* bezeichnet diesen als τέκμωρ δὲ βροτοῖς καὶ σῆμα „Markierung und Zeichen für die Menschen". Herodot berichtet in 6.106.3, dass die Spartaner den Athenern nicht unmittelbar zu Hilfe kamen, weil ihnen das Gesetz (τὸν νόμον) verbot, zwischen dem neunten Tag nach Neumond und dem Vollmond zum Kampf auszurücken (s. Jourdan 2003: 100–101).

§88 (XXV.1–3 KPT): Sonne und Mond im Vergleich

Nach der Behandlung des Mondes werden nun die übrigen Sterne in den Blick genommen. Im orphischen Text hat Zeus nach dem Wasser (s. Kol. 63) und dem Mond (s. Kol. 64) die übrigen Sterne erschaffen. Wir können davon ausgehen, dass der Derveni-Autor Zeus' Werke dem Plan des *Nus* zugeschrieben hat. Eine Untersuchung der Eigenschaften und Verhältnisse der Gestirne zueinander soll *Nus'* Planung offenlegen.

καὶ λαμπρό[τ]ητα, τὰ δ' ἐξ ὧν ἡ cελήνη   *und Glanz. Die (Teilchen) aber, aus denen der Mond besteht*
Kol. 65 beginnt mit einem Gegensatz, von dem nur die zweite Hälfte (τὰ δ') vollständig erhalten ist. Diese erlaubt es jedoch, Rückschlüsse auf die verlorene erste Hälfte ([τὰ μὲν]) zu ziehen. Die Eigenschaft des Mondes, hell bzw.

weiß, aber nicht warm zu sein, wird offenbar mit dem Glanz (λαμπρό[τ]ητα) und der Wärme der Sonne verglichen. Janko rekonstruiert den verlorenen Beginn des Satzes als [τὰ μὲν ἐξ ὧν ὁ ἥλιος cυνεcτάθη θερμότητα ἔχει] καὶ λαμπρό[τ]ητα, τὰ δ᾽… „die Teilchen, aus denen die Sonne besteht, enthalten Wärme und Glanz, die aber…" (vgl. auch Burkert 1997: 167–68 u. Janko 2002: 48). Zur Beschreibung des Sonnen-Feuers als in höchstem Maße glänzend (λαμπρότατόν) und heiß (θε]ρμό[τ]ατον) s. Kol. 54 §42; zu Darstellung der Sonne vgl. auch Kol. 50 §31, Kol. 53 §40, Kol. 55 §45.

[λ]ευκότατα μὲν τῶν ἄλλων   *am weißesten von allen*
Dass ein Superlativ mit τῶν ἄλλων („am weißesten im Vergleich zu *den anderen*") anstatt mit πάντων („am weißesten *von allen*") steht, verwundert zunächst (vgl. die Emendation zum Komparativ [λ]ευκότερα „weißer … als die anderen" in Janko 2002; s. K.-G. I §349b3; S. 22). Allerdings gibt es zahlreiche Beispiele, die zeigen, dass sich der Sprachgebrauch hier gegen die Logik durchgesetzt hat und der Superlativ auch mit ἄλλων stehen kann (so z.B. *Il.* 1.505 ὃc ὠκυμορώτατοc ἄλλων „der am unglücklichsten ist verglichen mit anderen" im Sinne von „der unglücklichste von allen", s. K.-G. I §349b4; S. 22–24).

Die Beschreibung der Mondbestandteile als im höchsten Maße λευκόc („hell", „leuchtend", „weiß", „klar") meint hier vorrangig die aus der Sicht des menschlichen Betrachters weiße Farbe (vgl. Kol. 52 §37, wo λευκόc „das Schneeige" beschreibt) des Mondes (Betegh 2004: 246). An Helligkeit oder Glanz übertrifft der Mond die Sonne sicher nicht (vgl. Empedokles in B 21.3 = *Physika* I, 311, der die *Sonne* als λευκὸc ὁρᾶν „hell anzuschauen" bezeichnet). Sowohl Anaxagoras (59 B 18 D.-K.), bei dem die Sonne das λαμπρόν in den Mond „einsetzt" (Sider 2005: 158–59, Curd 2007: 73–74) als auch Empedokles (31 A 30 D.-K.) wussten bereits, dass der Mond sein Licht von der Sonne erhält (vgl. auch Parmenides 28 B 14–15 D.-K.; zum Heliophotismus s. Graham 2013: 87–92 109–36). Beim Vergleich der Sonne mit dem Mond nennt Empedokles die Sonne ὀξυβελής („scharftreffend"), den Mond ἰλάειρα („mild").

κατὰ ⟨δὲ⟩ τὸν αὐτὸν λόγον μεμερισμένα *auch wenn sie nach demselben Prinzip geteilt sind*
Die Beschreibung der Mondbestandteile (Burkert 1997: 169) als „nach demselben Prinzip" (zu κατὰ τὸν αὐτὸν λόγον, vgl. Kol. 54 §43 und Kol. 59 §62) „geteilt" (zu μεμερισμένα vgl. Kol. 61 §71) wirft die Frage auf, im Vergleich zu was die Bestandteile des Mondes „dieselben" sind. Gemeint ist entweder, (i) dass die Mondteilchen untereinander in Bezug auf ihre Größe identisch sind und insofern alle gleich geteilt sind, oder, (ii) dass die Mondbestandteile auf dieselbe Weise geteilt sind wie die Sonnenbestandteile. Die zweite Möglichkeit liegt hier näher (vgl. Betegh 2004: 245, der eine weitere mögliche Bedeutung diskutiert, u. Kouremenos 2006: 267). Dann jedoch erscheint meine Verbesserung der Einfügung eines ⟨δὲ⟩ erforderlich, da es sich hier um eine Gemeinsamkeit zwischen Mond und Sonne handelt, die vom zuvor betonten Unterschied abzusetzen ist (Richard Janko liest am rechten Rand der Kolumne die Reste eines ausradierten δ).

Die Übereinstimmung von Sonne und Mond in Bezug auf die Größe ihrer Bestandteile macht deutlich, dass beide Himmelskörper trotz ihrer Unterschiede gemäß demselben Plan (κατὰ τὸν αὐτὸν λόγον), nämlich dem Denken des *Nus*, entstanden sind.

θερμὰ δ᾽ οὔκ ἐϲτι *aber sie sind nicht warm*
Der Mond ist im Gegensatz zur Sonne nicht warm. Betegh (2004: 244–45) schließt daraus, dass der Mond nicht
wie die Sonne aus dem abgetrennten Feuer der Urmasse
entstanden ist. Jedoch ließe sich die fehlende Wärme des
Mondes auch dadurch erklären, dass die Dichte der Feuerpartikel geringer ist bzw. das Feuer im Mond mit mehr
Luft vermischt ist, so dass er eine niedrigere Temperatur
hat und ein anderes Erscheinungsbild. Empedokles unterscheidet Sonne und Mond hinsichtlich ihrer Bestandteile:
während die Sonne aus Feuer besteht (31 A 56, B 21.3 D.-K.
= *Physika* I, 311), ist der Mond aus Luft gebildet, die nach
der Abtrennung vom Feuer wie Hagel erstarrt ist (31 A 30 iii
D.-K.). Vielleicht teil der Derveni-Autor diese Vorstellung.
Sein Vergleich von Sonne und Mond lässt sich so zusammenfassen, dass die Sonne über Wärme und Glanz verfügt,
der Mond dagegen weiß und nicht warm ist.

§89 (XXV.3–6 KPT):
Die Sterne als Gebilde aus Sonnenmaterial

ἔϲτι δὲ καὶ ἄλλα … *Es gibt aber auch andere…*
Mit „den anderen" Gestirnen, die es neben Sonne und
Mond in der aktuellen Formation des Kosmos (νῦν) gibt,
sind die übrigen Sterne gemeint (Burkert 1997: 169–70
argumentiert, dass der Autor speziell die Milchstraße im
Blick hat; s. dazu Aristoteles' Bericht in *Mete.* 345a25–31 =
59 A 80 u. 68 A 91 D.-K. über die Beschreibung der Milchstraße bei Anaxagoras und Demokrit). Diese schweben
(αἰωρούμεν⟨α⟩, vgl. αἰωρεῖϲθαι in Kol. 57 §54) in der Luft
(ἐν τῶι ἀέρι) und sind weit voneinander entfernt (ἑκὰϲ
ἀλλήλων). Das ‚in der Luft sein' ist hier gleichbedeutend

mit ‚unter dem Einfluss des alles beherrschenden *Nus* stehen' (s. Kol. 58 §57, Kol. 59 §62, Kol. 61 §71, Kol. 63 §80);
Nus/Luft legt die Positionen der Sterne in der Luft fest (vgl.
ἐν ἀνάγκηι in §90; s. auch Betegh 2004: 268–69).

ἀλλὰ τῆς μὲν ἡμέρης ἄδηλ' ἐςτὶν
Am Tag aber sind sie unsichtbar

Die Sterne sind tagsüber wegen des starken Sonnenlichts
unsichtbar, in der Nacht hingegen sind sie klar zu erkennen
(vgl. Xenophanes' Ansicht, wonach die Sterne am Tag verlöschen und am Abend wie Kohlen wieder aufglühen, 21 A
38 D.-K.). Da die Sterne klein sind, werden sie von anderen
Kräften beherrscht (ἐπικρατούμενα, vgl. das Prinzip des
Beherrschtwerdens in Kol. 59 §62). Die Beherrschung am
Tag (durch die Sonne) macht die Sterne unsichtbar; daneben werden sie unabhängig von der Tageszeit von der Luft
beherrscht, die ihre Position festlegt (s. im Folgenden).

§90 (XXV.7–9 KPT):
Schweben in der Luft/unter dem Einfluss von Nus

αἰωρεῖται δ' αὐτῶν ἕκαστα ἐν ἀνάγκηι
Jedes einzelne von ihnen schwebt unter Zwang

Die Sterne werden in der Luft schwebend in dem Sinne
beherrscht, dass sie „unter Zwang" (ἐν ἀνάγκηι) stehen
bzw. ihr Verhalten einer Notwendigkeit unterliegt. Der
Gedanke, dass kosmische Abläufe der ἀνάγκη („Zwang",
„Notwendigkeit") unterliegen, ist sowohl Teil verschiedener vor-sokratischer Erklärungsmodelle (s. Demokrit 68
A 39, Leukipp 67 B 2, Parmenides 28 B 8.30: κρατερὴ …
Ἀνάγκη, B 10.6; Pythagoras bei Aëtios I 25.2: ἀνάγκην
περικεῖσθαι τῶι κόσμωι, s. dazu Burkert 1972: 75–77; 1997:

171–72), als auch im mythischen Denken verankert (s. Hes. *Th.* 517, wo Atlas die Welt ὑπ' ἀνάγκης hält). Zum Begriff der Ananke im griechischen Denken s. Schreckenberg 1964. Die Vorstellung eines kosmischen Determinismus findet sich vor allem bei den Atomisten Demokrit und Leukipp. Dort wird ἀνάγκη mehrfach mit dem Strudel (δίνη) verbunden, in dem sich die Teilchen bewegen (s. Demokrit 68 A 1.45: τῆς δίνης αἰτίας οὔσης τῆς γενέσεως πάντων, ἣν ἀνάγκην λέγει, A 83: κατ' ἀνάγκην ... καὶ ὑπὸ δίνης, Leukipp 67 A 24, 90; s. Perilli 1996: 87–101). Da es in Kol. 58 §57 heißt, dass der Strudel (τὴν δ[ίνη]ν) sich in der Luft befindet (s. Erläuterungen dort), liegt eine Verbindung zur vorliegenden Stelle nahe, wo die Sterne *in der Luft* unter Notwendigkeit gehalten werden. Hat der kosmische Strudel die Sterne in ihre jetzige Position gebracht? Da die Luft mit *Nus* gleichzusetzen ist, ist klar, dass auch die ἀνάγκη auf *Nus* zurückgeht bzw. mit ihm zu identifizieren ist (s. Betegh 2004: 268–69). *Nus* hält die Sterne in einer bestimmten Position, genauso wie er die Sonne an einen bestimmten Ort festgesetzt hat (s. Kol. 55 §54).

ὡς ἂν μὴ cυνίηι πρὸс ἄλληλα
damit sie sich nicht miteinander vereinen

Was durch Zwang verhindert wird, ist, dass sich die Sterne miteinander verbinden. Daraus lässt sich ableiten, dass die Sterne bzw. die Partikeln, aus denen sie bestehen, von sich aus danach streben, sich miteinander zu vereinigen (vgl. Empedokles in 31 B 62.6 D.-K., bei dem das Feuer ebenfalls nach seinesgleichen strebt: πῦρ ... θέλον πρὸς ὁμοῖον ἱκέσθαι). Zum Streben des Gleichen zum Gleichen s. auch Kol. 60–61 §71 mit Erläuterungen.

εἰ γὰρ μή, ...   *Denn andernfalls ...*

Wests Korrektur ⟨ἂν⟩ entspricht den Regeln der Grammatik für einen Optativ in der Apodosis eines konditionalen Gefüges (K.-G. II § 576; S. 477–78).

Wenn *Nus* die Sterne nicht in ihrer Position festhielte, würden sie sich (nach dem Prinzip des gleich zu gleich) zu einem Haufen vereinigen, der an Stärke der Sonne gleichkäme. Die Form ἀλέα (von ἀλής, -ές, ion. für ἀθρόος, „versammelt") ist entweder als Adverb (gebildet aus dem Neutr. Pl.) „alle zusammen" (vgl. Aretaios *SD* II 2.2.) zu verstehen, oder als Adjektiv (Neutr. Pl.) „die versammelten (Teilchen)", das als inneres (Akkusativ-)Objekt zu cυνέλθοι tritt („zusammenkommen *zu einem Haufen*"). Janko (2001: 31 Anm. 180) verweist auf den Wortwitz, der in der klanglichen Nähe zu ἥλιος („Sonne") besteht. Dies wiederum ist mit der Darstellung der Sonne bei Empedokles (31 B 41 D.-K.) zu verbinden (Kouremenos 2006: 268), wo die Sonne als ὁ ἁλισθείς „Bündel (*sc.* von Strahlen)" bezeichnet wird. Vgl. auch Xenophanes' Vorstellung von der Sonne als Ansammlung (cυναθροιζόντων) heißer Dämpfe in 21 A 40 D.-K.

Wenn die Verwendung des Verbs cυνίcταcθαι (hier in Form von cυνεcτάθη) „zusammengestellt, zusammengesetzt werden" mit den übrigen Vorkommnissen im Papyrus im Einklang steht (Kol. 49 §27, Kol. 57 §52, Kol. 61 §71), so beschreibt es hier die von *Nus* befürwortete und bewusst herbeigeführte Zusammenstellung und Formation der seienden Dinge in Richtung auf den gegenwärtigen Kosmos. Somit spricht aus der Beschreibung der Sonne als „etwas zusammengesetztem" die Vorstellung, dass die Feuer-Kugel nicht nur einfach aus der Urmasse abgetrennt worden ist (Kol. 55 §45), sondern von *Nus* bewusst in dieser Form geschaffen wurde (§91).

Anders verhält es sich dagegen mit dem Verb ϲυνέρχεϲ-
θαι „zusammenkommen" (in ϲυνίηι πρὸϲ ἄλληλα und
ϲυνέλθοι ⟨ἂν⟩ ἀλέα), das nur hier verwendet wird und die
Bewegung der Feuerpartikeln zueinander beschreibt. Dieses dem Willen des *Nus* entgegenarbeitende Vereinigungs-
streben der Feuerpartikeln untereinander (*gleich zu gleich*, s.
Erläuterungen zu Kol. 61 §71) zielt nicht auf eine Komposition, sondern bringt lediglich einen Haufen (ἀλέα) hervor.

Das befürchtete Szenario einer Vereinigung der Sterne
zu einem Feuer-Klumpen hätte dramatische Auswirkungen auf den Kosmos. Es ist nicht zu entscheiden, ob das
verheerende Resultat eine Supersonne (Hussey 1999: 307;
Betegh 2004: 301–303) oder vielmehr eine zweite Sonne
wäre (so Burkert 1997: 170–73, der darin eine Parallele zu
Anaxagoras' Gedankenexperiment einer Existenz mehrerer
Welten in 59 B 4.14–16 D.-K. sieht). In jedem Fall würde
es den von *Nus* geschaffenen Kosmos zerstören, der mit der
Erschaffung und Platzierung der Sonne beginnt (Kol. 49
§27, 55 §45). Dass eine Überschreitung der Sonnenmaße
die kosmische Ordnung stören und eine entsprechende Bestrafung nach sich ziehen würde, wissen wir bereits aus dem
Heraklit-Zitat in Kol. 46 §12 (vgl. auch Kouremenos 2006:
150–52).

Das hypothetische Szenario lehrt uns, dass die Sterne,
im Gegensatz zum Mond, aus dem gleichen Material bestehen wie die Sonne: Feuer. Wie sind die Sterne entstanden?
Als Überbleibsel bei der Abtrennung des Sonnen-Feuers
aus der Urmischung (Kol. 55 §45)? Aëtios berichtet, dass
bei Empedokles die Sterne aus dem Feuer bestehen, das ursprünglich von der Luft umschlossen war und bei der ersten
Trennung der Elemente herausgepresst wurde (A 53 D.-K.;
Nr. 145 in Primavesi 2012).

§91 (XXV.9–12 KPT): Gottes Plan

τὰ νῦν ἐόντα ὁ θεὸc εἰ μὴ ἤθελεν εἶναι ...
Wenn der Gott nicht gewollt hätte, dass die jetzt seienden Dinge existieren ...
Der Derveni-Autor macht hier explizit, was in §90 bereits implizit war: (i) der Gott (ὁ θεὸc), *Nus*/Luft, hat den gegenwärtigen Kosmos (τὰ νῦν ἐόντα) nach seinem Willen (ἤθελεν) geschaffen. (ii) Für die Bildung dieses Kosmos war die Erschaffung der Sonne in ihrer bestimmten Art und Größe (τοιοῦτον καὶ τ[ο]coῦτον) maßgeblich. Eine Zusammenballung des Sternen-Feuers widerspräche dem Plan Gottes und würde den Kosmos zerstören. Der Hinweis auf Art und Größe der Sonne bezieht sich auf ihre Platzierung im Universum (s. Kol. 49 §27) und damit auf ihre Entfernung zur Erde: aufgrund ihrer Position ermöglicht die Wärme und das Licht des Feuers (vgl. Kol. 54 §42) Leben auf der Erde (s. Kol. 53 §40).

Die teleologische Absicht, die der Derveni-Autor dem *Nus* hier zuschreibt, unterscheidet ihn von Anaxagoras (s. die Kritik am Mangel der teleologischen Komponente des *Nus* in Plat. *Phd.* 97b–98d; Betegh 2007: 149–50), verbindet ihn aber mit Diogenes von Apollonia (64 B 3 D.-K.; s. Janko 1997: 81 u. Laks 2008b).

οἷοc ἐν ἀρχῆι τοῦ λόγου διηγεῖται
wie am Beginn der Erzählung behandelt wird
Der Autor verweist auf den Beginn des λόγοc, wo die Beschaffenheit der Sonne behandelt wird (διηγεῖται ist passivisch; vgl. die passive Bedeutung des Verbs in Kol. 55 §46 u. bei Antiphon, 1.31). Der Derveni-Autor verweist entweder (i) auf den Beginn seiner eigenen Abhandlung (λόγοc im Sinne von „Erklärung", „Abhandlung") oder (ii) auf den

Beginn des orphischen *hieros logos*, den er interpretiert. Geht man von der ersten Möglichkeit aus, so kann sich der Verweis auf das Heraklit-Zitat in Kol. 44 §12 beziehen, wo die Sonne als auf ihre Größe festgelegt beschrieben wird (Tsantsanoglou/Parássoglou 1988: 126, Laks 1997: 133). Dieses Verständnis ist seit Jankos Entdeckung eines Zahlzeichens am Rand von Kol. 46 fragwürdig geworden (s. dazu Einleitung „Fund und materielle Beschaffenheit des Papyrus"). Denn nun ist klar, dass dem erhaltenen Teil des Papyrus bereits eine ausgedehnte Abhandlung vorausging (s. Janko 2016: 12–13). Vielleicht hatte die Interpretation des orphischen Textes ursprünglich eine illustrative, untergeordnete Funktion innerhalb einer größeren Abhandlung. Insofern könnte auf das Heraklit-Zitat in Kol. 44 §12 nur in dem Sinne als „Anfang" verwiesen werden, dass der Autor darin den Beginn seiner *Interpretation* des orphischen Textes sieht bzw. den Beginn des Abschnitts, in dem es um die Erschaffung des Kosmos durch *Nus*/Luft geht.

Für die zweite Bedeutung, wonach der Autor mit „Beginn des λόγος" auf den Anfang des orphischen Mythos (*hieros logos*) selbst verweist, plädiert Betegh (2004: 327–28) mit dem Argument, dass der Autor auf seine eigene Abhandlung nicht mit einem Präsens (διηγεῖται – „es wird erzählt"), sondern vielmehr (wie in Kol. 53 §38, Kol. 56 §49, Kol. 57 §53, δεδήλωται „es ist deutlich gemacht worden") mit einem Perfekt verweisen würde. Dazu kommt, dass sich das Präsens διηγεῖται („es wird erzählt/behandelt") an der Parallelstelle in Kol. 55 §46 ebenfalls auf den orphischen Mythos bezieht. Wenn der Autor also auch an unserer Stelle auf den orphischen *Hieros Logos* verweist, so könnte er damit den in Kol. 48 §24 behandelten Abschnitt (d.h. *OF* 5.1–2) meinen. Demnach wurde Zeus' Übernahme der Herrschaft von seinem Vater, die der Derveni-Autor als Erschaffung der Sonne aus dem Feuer der Urmischung deutet, am Beginn des orphischen Textes thematisiert.

§92 (XXV.12–17 KPT): Orpheus' Abschirmungstaktik

τὰ δ' ἐπὶ τούτοις ἐπίπροςθε π[ο]ιεῖται *Die darauffolgenden (Verse) sind zur Abschirmung gedichtet*
Die Überleitung zu den nächsten Versen ist mit einer Warnung verbunden: Orpheus hat sie bewusst als Abschirmung gedichtet (zu ἐπίπροςθε ποιεῖςθαι als „zur Abschirmung aufstellen", „als Schutzschirm verwenden" vgl. Eur. *Or.* 468 u. Xen. *Cyr.* 1.4.24). Damit wird betont, dass der *wörtliche* Sinn dieser Verse und ihre *eigentliche* Bedeutung weit auseinanderklaffen. Die gedichteten Wörter schirmen den darin eigentlich enthaltenen Sinn ab (vgl. dazu Platons Bild von dichterischer Form als Kleidung, die, wenn ausgezogen, den „nackten" Inhalt freigibt: Plat. *Rep.* 601b1–3; vgl. auch Protagoras, der im gleichnamigen Dialog (316d) die sophistische Lehre in den Mythen und Erzählungen von Homer und Orpheus versteckt sieht, die den eigentlichen Inhalt „abschirmen": πρόςχημα ποιεῖςθαι καὶ προκαλύπτεςθαι). Denn nicht jeder, der den Vers hört, soll sofort verstehen, was damit in Wahrheit ausgesagt wird (vgl. Kol. 47 §19: ἔφθ]αρτο γὰρ [τῆ]ι ποήςει). Die Absicht hinter einer solchen Warnung wird besonders im Hinblick auf den Vers *OF* 18.2 ersichtlich, der in der nachfolgenden Kolumne interpretiert wird. Das darin enthaltene inzestuöse Begehren des Zeus nach seiner Mutter ist nicht wörtlich zu verstehen, sondern als Produkt einer besonders raffinierten Verschleierungstaktik des Orpheus, die mit Hilfe der richtigen, d.h. der vom Derveni-Autor angewandten Interpretationstechnik entschlüsselt werden kann.

[αὐτ]ὰρ [ἐ]πεὶ δ[ὴ πά]γτα Διὸ[ς φρὴν μή]cατ[ο ἔ]ργα.
Aber als [der Verstand] des Zeus alle Werke ersonnen
hatte (OF 18.1)

Die Rekonstruktion des Verses stammt von Tsantsanoglou
(s. Bernabé 2004 *ad loc.*). Der Versanfang [αὐτ]ὰρ [ἐ]πεὶ
δ[ὴ ist bei Homer vielfach belegt; gefolgt von πά]νγα z. B. in
Hes. *Th.* 857; zu Διὸς φρὴν s. *Il.* 10.45; Sider (2014: 251–52)
präferiert νοῦς anstelle von φρὴν, wenn auch ohne epische
Parallele; zum Versschluss μήcατο ἔργα s. *Il.* 10.289; zur Bedeutung von μήcατο s. Kol. 63 §80 mit Erläuterungen. Der
Vers markiert den Abschluss der Erschaffungstätigkeit des
Zeus. Der Vers *OF* 18.2, der im Folgenden kommentiert
wird, schloss sich wohl direkt an.

§93 (XXVI.1–2 KPT):
„Seine Mutter" bedeutet „guter Nus"

"μη[τρ]ὸς" *„Mutter"*
Die Kolumne beginnt mit einem zitierten Wort aus dem
orphischen Vers (*OF* 18.2), der im verlorenen Teil von Kol.
65 gestanden hat. Weitere Zitate in §96 ermöglichen die
Rekonstruktion dieses Verses (vgl. West 1983: 115):

ἤθελε μητρὸς ἑῆς μιχθήμεναι ἐν φιλότητι

er wollte sich mit seiner Mutter in Liebe vereinigen

Janko übernimmt Wests Rekonstruktion (wie auch Bernabé), setzt jedoch (mit Merkelbach 1967: 31) anstelle von ἑᾶς
die epische Form ἑῆς ein (im Ionischen bzw. in der epischen Dichtungssprache wird α zu η auch nach ε, ι, ρ). Der
Derveni-Autor zitiert das Wort in seiner attizierten Form
(ἑᾶς), was eine bessere Ausgangsbasis für seine Interpreta-

tion bietet, aber vielleicht auch ein Indiz dafür ist, dass der Vers in der ihm vorliegenden Form bereits ἑᾶϲ und nicht ἑῆϲ enthielt.

Der Vers, der direkt an *OF* 18.1 (zitiert in Kol. 65 §92) angeschlossen werden kann, beschreibt das sexuelle Begehren des Zeus nach seiner Mutter Rhea (zu Rhea s. Kol. 62 §§76–78; zum Genitiv bei der Formel φιλότητι μιγῆναι s. Hes. *Th.* 920 mit West 1966: 411). In der *Rhapsodischen Theogonie* wird Rhea, nachdem sie die Mutter des Zeus wurde, zu Demeter (*OF* 206; vgl. auch Hes. *Th.* 912–14). Mit Rhea-Demeter zeugt Zeus dann Persephone (*OF* 276–79; vgl. auch *OF* 87–88). *OF* 18.2 deutet darauf hin, dass diese Episode auch in der Derveni-Theogonie (vgl. West 1983: 94) enthalten war. In der *Rhapsodischen Theogonie* zeugt Zeus mit Persephone den Dionysos (*OF* 280–83), der später von den Titanen getötet, zerstückelt, gekocht und zum Teil gegessen wird (*OF* 301–17). Zeus vernichtet daraufhin die Titanen mit dem Blitzstrahl und kann Dionysos, dessen Herz gerettet wurde, wieder zum Leben erwecken (*OF* 318–31). Vgl. West 1983: 74–75 und 94–98.

ὅτι "μήτηρ" ὁ Νοῦϲ ἐϲτιν τῶν ἄλλων
weil Nus die Mutter aller anderen Dinge ist

Die Erklärung des Wortes Mutter als Bezeichnung für *Nus* ist naheliegend. S. Kol. 62 §76, wo „Mutter" als Name für *Nus* dadurch gerechtfertigt wird, dass aus ihr alles entsteht. Diese Interpretation hat der Derveni-Autor auch hier im Blick, wenn er den *Nus* als „Mutter aller anderen Dinge" bezeichnet. Durch seine Einwirkung auf den Kosmos hat *Nus* alle Dinge der gegenwärtigen Welt hervorgebracht.

"ἑᾶϲ" δέ, ὅτι "ἀγαθῆϲ"   *„gut"* (*eas*), *weil sie gut ist*
Der Derveni-Autor versteht das adjektivische Possessiv ἑᾶϲ
(ep. ἑῆϲ) „seiner", das im orphischen Vers zu μητρὸϲ („Mutter") gehört und diese als *seine* Mutter auszeichnet, als ἑᾶϲ
„der guten" und damit als Genitiv Singular Feminin des Adjektivs ἐύϲ „gut". Somit wird aus „seiner Mutter" (im Genitiv) die „gute Mutter" (im Genitiv).

Das Possessiv der dritten Person ἑόϲ, ἑή, ἑόν wird wie
ein Adjektiv dekliniert (Schwyzer: 608; Schwyzer/Debrun-
ner: 192; 200–204). Dass im orphischen Vers der Genitiv
ἑᾶϲ (bzw. ἑῆϲ) steht, ist der Tatsache geschuldet, dass das
Nomen, zu dem es gehört, im Genitiv steht, und ist nicht
mit der Verwendung eines Personalpronomens im Genitiv
zur Besitzangabe (im Sinne von μητρὸϲ ἑαυτοῦ „seiner
Mutter") zu verwechseln (s. §96). Der Gebrauch des epischen Adjektivs ἐύϲ, ἐύ/ἐῦ (gen. ἐῆοϲ) „gut" ist auf wenige
Formen beschränkt und kommt (in unseren Quellen sonst)
nicht im Feminin vor (vgl. Frisk 1960: 594–95). Der Plural
erscheint nur im (unregelmäßig gebildeten) Genitiv ἑάων
(in der Überlieferung oft mit *spiritus asper*) und stets am
Versende (s. Brügger 2009: 189 u. Erläuterungen zu §§94–
95). Die Interpretation des Derveni-Autors, bei der die Bedeutungen des Possessivs „seiner" (ἑόϲ, ἑή, ἑόν) und des
Adjektives „gut" (ἐύϲ, ἐύ) vertauscht werden, findet zahlreiche Parallelen in antiken Zeugnissen. Für die Alexandrinischen Homerphilologen ist eine ganz ähnliche Argumentation bezeugt (s. z. B. Schol. A *Il.* 24.528ª1, dazu Schironi
2001: 15–17). Der Genitiv des Adjektivs „gut", ἐῆοϲ, und
der Genitiv Maskulin/Neutrum des Possessivums „seiner",
ἑοῖο, wurden häufig verwechselt bzw. sind häufig alternative Lesarten (s. LSJ und Schol. A. *Il.* 1.393c, Sch. A. *Il.*
19.342c; Nussbaum 1998: 89–104). Die Form ἐῆοϲ („gut"
im Genitiv) entwickelte sich quasi zu einem Possessivum,

vergleichbar mit der Entwicklung des Wortes φίλος („lieb",
„geliebt"), das bei Homer oft die Bedeutung eines Posses-
sivpronomens („seiner") hat. Ob sich der Derveni-Autor
bei seiner Interpretation dieser Sprachentwicklung bewusst
war oder sich vielmehr allein auf die klangliche Ähnlichkeit
stützte oder die beiden Formen selbst einfach verwechselte,
bleibt offen.

§94 (XXVI.2–4 KPT): Epischer Vergleichsvers

δηλοῖ δὲ καὶ ἐν τοῖσδε τοῖς ἔπεςιν, ὅτι "ἀγαθὴν" cημαίνει
**Es wird auch in den folgenden Versen deutlich, dass es
„gut" bedeutet**
Die im Folgenden (§§94–95) zitierten drei Verse sind uns
(abgesehen von geringfügigen Unterschieden) aus Homers
Odyssee und *Ilias* bekannt. Der Derveni-Autor leitet diese
Verse mit derselben Einleitungsformel δηλοῖ (hier und §95)
ein wie seine Zitate aus der *orphischen* Theogonie (z.B. Kol.
47 §21, Kol. 48 §24, Kol. 53 §39, Kol. 56 §50). Wenn δηλοῖ
hier ebenfalls „er macht deutlich" bedeutet, und mit „er"
Orpheus gemeint ist, dann ergibt sich daraus, dass der Autor die *homerischen* Verse dem Orpheus zuschreibt (s. Janko
2001: 32 Anm. 186). Hat der Derveni-Autor somit die Verse
in *Homers* Epen als eine Übernahme aus einem ursprünglich orphischen Text angesehen (*OF* 687–88; Obbink 1997:
41 Anm. 4; vgl. Betegh 2004: 100–101)?
    Eine alternative Erklärung ist, dass δηλοῖ hier unpersön-
lich gebraucht wird und „es wird deutlich", „es zeigt sich"
bedeutet (Merkelbach 1967: 31; Burkert 1968: 96; KPT
2006: 139, 272). Für δηλοῖ = δῆλόν ἐςτιν (LSJ s. v. δηλόω
II.2) s. z.B. Hdt. 2.117 (ἐν τούτοιςι τοῖςι ἔπεςι δηλοῖ ὅτι
…, hier ebenfalls zur Einleitung homerischer Verse), 9.68

u. Plat. *Rep.* 497c. Zum unpersönlichen Gebrauch im Derveni-Papyrus vgl. Kol. 61 §74, 62 §78, 66 §§94–95). Für
dieses Verständnis spricht, dass es dem Derveni-Autor hier
nicht um die Person des Dichters zu gehen scheint, sondern
um den Sprachgebrauch, auf den er seine Interpretation des
orphischen Textes stützt (s. hierzu ebenfalls ohne Autoran-
gabe die Zitate in Kol. 51 §33 u. Kol. 62 §77; vgl. dagegen
Bierl 2011, der einen weitreichenden Zusammenhang zwischen dem jeweiligen Kontext der Verse bei Homer und
orphischen Vorstellungen gegeben sieht).

Ἑρμῆ, Μαιάδος υἱέ, διάκτορε, δῶτορ ἐάων
Hermes, Sohn der Maia, Götterbote, Geber guter Dinge
(= OF 687)

Diese Fassung des Verses unterscheidet sich leicht von *Od.*
8.335: Ἑρμεῖα Διὸς υἱὲ διάκτορε δῶτορ ἐάων „Hermes,
Sohn des Zeus, Götterbote, Geber guter Dinge". Zum Vokativ Ἑρμῆ s. *h.Hom.* XVIII.12; zur Formel Μαιάδος υἱός/
υἱέ s. *h.Hom.* IV.1, 73, 408, dazu Vergados 2013: 218–19. Zur
Bezeichnung des Hermes als διάκτορε „Geleiter", „Bote"
(s. Janko 1978) s. *Od.* 5.43, 8.335, dazu Heubeck/West/
Hainsworth 1988: 258. Die Form ἐάων (oft mit *spiritus asper*
als ἑάων überliefert, s. Erläuterungen zu §93 u. Heubeck/
West/Hainsworth 1988: 369) kommt bei Homer nur in *Od.*
8.335 (δῶτορ ἐάων), 8.325 (δωτῆρες ἐάων) und in (den in
§95 zitierten) Versen *Il.* 24.527–28 vor (daneben auch in
Hes. *Th.* 46, 111, 633, 664); ἐάων fungiert als Genitiv Plural
Neutrum zu ἐύς „gut" (s. Brügger 2009: 189), die Bildung
der Form ist ungeklärt (Umbildung aus dem regelkonfor-
men Gen. Pl. *ἐέων? Vgl. Frisk 1960: 594; Nussbaum 1998:
130–45). Die Formel δωτῆρες ἐάων „Geber guter Dinge"
ist sehr alt und geht wohl auf eine indogermanische Vorstu-
fe zurück (s. Durante 1968: 297–98).

§95 (XXVI.5–7 KPT): Weitere Vergleichsverse

δοιοὶ γάρ τε πίθοι ...
Denn es stehen zwei Fässer ... (= OF 688)
Die zwei Verse sind uns aus dem Gespräch des Priamos mit
Achill im 24. Gesang der *Ilias* (24.527–28) bekannt (s. Brügger 2009: 188–89). Dort ist anstelle von κατακήαται (laut
Tsantsanoglou 2006: 10 eine Verschreibung des Perfekts) die
reguläre epische Form κατακείαται (= κατακείνται) überliefert, statt διδοῦcι (eine epische Nebenform zu διδόαcι
„sie geben") steht in der *Ilias* δίδωcι („er gibt") mit Zeus
als Subjekt. Das τ' im vorletzten Versfuß des zweiten Verses
fehlt in den Homer-Handschriften (Hinweis auf ein altes
Digamma in ἐύc?); die Schreibung im Papyrus könnte eine
spätere Verbesserung sein (Brügger 2009: 189). Das Motiv
von Gefäßen (πίθοι), die gute oder schlechte Mächte enthalten, ist weit verbreitet, wie z.B. die Geschichte von der
Büchse (πίθοc) der Pandora in Hes. *Op.* 90–99 zeigt.
     Mit der Zitation der drei (homerischen) Verse illustriert
der Derveni-Autor seine These, wonach ἑᾶc (ἑῆc) im orphischen Vers nicht „seiner", sondern „der guten" bedeutet.
Die angeführten Vergleichsverse, in denen die Form ἑάων
(bzw. ἑάων) (Genitiv Pl. zu ἐύc) im Sinne von „von guten
(Dingen)" vorkommt, soll diese Interpretation stützen.

§96 (XXVI.8–13 KPT): Was Orpheus nicht sagen wollte

ὁ δ⟨έ⟩, εἴπερ ἤθελεν...
Wenn er jedoch darstellen wollte...
Für diejenigen, die von seiner Interpretation noch nicht
überzeugt sind, führt der Derveni-Autor eine Gegenprobe
vor. Er paraphrasiert den wörtlichen Sinn des orphischen

Verses, wonach Zeus sich mit „seiner Mutter" (ἑαυτοῦ μητρὸc) vereinigen möchte und fragt, warum Orpheus, wenn er dies hätte sagen wollen, nicht anstelle der obskuren Form ἑᾶc/ἑῆc die im Epos gängige Kennzeichnung des possessiven Verhältnisses durch ἑοῖο gewählt hat. Die Berechtigung seiner Frage unterstreicht er durch einen Hinweis auf die Nähe zwischen ἑᾶc/ἑῆc und ἑοῖο – es bedürfte nur einer kleinen Änderung. Für παρακλίνειν im Sinne von „(Buchstaben) abändern", „leicht variieren" s. Plat. *Crat.* 400c1 u. 410a4 (s. auch Kotwick 2017). Janko ersetzt die im Papyrus überlieferte Partizipform παρακλίναντα̱ (Akkusativ) durch die Dativform παρακλίναντι̱ und passt sie so dem Bezugswort αὐτῶι an. Die überlieferte Form παρακλίναντα könnte dadurch erklärt werden, dass das Partizip Subjekt in einem Infinitivsatz ist.

Die Form ἑοῖο (die als Ersatz für ἑῆc im Vers zu ἑοῖ' elidiert werden müsste) ist Genitiv Singular Maskulin des adjektivischen Possessivums ἑόc, ἑή, ἑόν. Die Aussage des Derveni-Autors, dass ἑοῖο gleichbedeutend ist mit ἑῆc (Genitiv Singular *Feminin*), ist deswegen schlichtweg falsch, weil das Possessivum drei- und nicht zweiendig ist, d.h. maskuline und feminine Formen *nicht* zusammenfallen. Die Form ἑοῖο kann also nicht zu dem *femininen* Substantiv μητρόc (Gen.) treten. Es mag gut sein, dass der Derveni-Autor hier tatsächlich einem Missverständnis unterliegt, das in der verfehlten Annahme begründet ist, dass ἑοῖο die epische Form des ansonsten identischen Wortes ἑαυτοῦ, Genitiv (Singular Maskulin) des *Personalpronomens*, ist, das (für die dritte Person) das possessive Verhältnis ausdrückt. Jedoch wird hierbei übersehen, dass die maskuline Genitiv Form des reflexiven Personalpronomens ἑαυτοῦ deswegen maskulin ist, weil das Nomen, das es vertritt, Zeus, maskulin ist und deswegen im Genitiv steht, weil es ein *Be-*

sitzverhältnis anzeigt. Die Form ἐᾶc (bzw. ἐῆc) hingegen, die als *Adjektiv* dem Geschlecht des Bezugswortes μήτηρ (feminin) entspricht, ist hier nur deswegen Genitiv, weil das *Bezugswort* im Genitiv (μητρόc) steht.

Die moralische Entschärfung, die dem Autor in der Interpretation dieses besonders heiklen Verses wie nebenbei gelingt, führt die Möglichkeiten der allegorischen Auslegung besonders deutlich vor Augen: Wer denkt, dass Orpheus dem Zeus die ödipale Kardinalsünde zuschreibt, irrt (vgl. die an vielen Stellen zu findende Kritik an der amoralischen Darstellung der Götter in der epischen Dichtung, z.B. in Xenophanes 21 B 11 D.-K., Platon, *Rep.* II, 377e6–378a7). Was Orpheus laut dem Derveni-Autor eigentlich sagt ist, dass *Nus* gut ist. Der Derveni-Autor war sich des problemlösenden Potentials seiner Exegese sicher bewusst und hebt dieses hier besonders hervor. Dennoch scheint es ihm nicht vorrangig um das Weginterpretieren einer Versündigung des Zeus zu gehen. Denn sonst könnte man fragen, warum der Autor dem Vers nicht einfach dadurch seine Brisanz genommen hat, dass er die „Mutter" als *Nus* interpretiert. Die ausführliche Behandlung der Interpretation von ἐῆc als „gut" zeigt zum einen, dass die teleologische Ausrichtung des *Nus* als eines von guten Absichten geleiteten Prinzips der Welt dem Derveni-Autor besonders wichtig war (s. Kol. 65 §91 mit Erläuterungen). Diese Ansicht teilt er nicht zuletzt mit Diogenes von Apollonia (64 B 3 D.-K.). Zum anderen präsentiert der Derveni-Autor hierbei ein weiteres Mal seine Interpretationskunst als solche. Je raffinierter sein Interpretationsgang, desto größer der Effekt der „Erkenntnis", den er abgesehen vom Inhalt derselben immer auch um seiner selbst willen zur Schau stellen will.

APPENDIX

Übersicht über die vom Derveni-Autor aus der Derveni-Theogonie zitierten Verse. Die Reihenfolge der Verse entspricht der Zitation des Autors
und damit nicht unbedingt der Reihenfolge der Verse im orphischen Gedicht (s. Einleitung S. 26; zu Fragen der Rekonstruktion sowie der Ver-
knüpfung der Verse untereinander s. den Kommentar zu den jeweiligen
Versen).

ꞇφθέγξομαι οἷϲ θέμιϲ ἐϲτί· θύραϲ δ᾽ ἐπίθεϲθε βέβηλοι꞉   (§19, *OF* 3)

...

....] ꞇ.. ἔργ᾽ ο[ὐ]κ ἀτ[έλεϲτα   (§22)

...

ο]ἳ Διὸϲ ἐξεγένοντο [περιφραδ]έοϲ βαϲιλῆοϲ   (§23, *OF* 4)

...

Ζεὺϲ μὲν ἐπεὶ δὴ παꞇτρὸϲ ἑοꞇῦ πάρα θέ[ϲ]φατον ἀρχὴν
[ἀ]λκήν τ᾽ ἐν χείρεϲϲ{ι} ἔλαβꞇεν κꞇαὶ δαίμονιαꞇ κυδρόν   (§24, *OF* 5.1–2)

...

[Ζηνὶ] ꞇπανομφεύουϲαꞇ [θεῶν] ꞇτρόφοϲ ἐξ ἀꞇ[δύτοι]ꞇοꞇ
                                              (§29, ~ *OF* 6.1–2)

...

[Νὺξ] ἔχρηϲεν ἅπαντα, τά οἱ θέ[μιϲ ἦν τελεέϲ]θαι   (§34, ~ *OF* 6.3)

...

ὡϲ ἄρξ[ηι κα]τὰ καλὸν ἕδοϲ νιφόεντοϲ Ὀλύμπου   (§35, ~ *OF* 6.4)

...

Ζεὺϲ μέν, ἐπεὶ δὴ πατρὸϲ ἑοῦ πάρα [θ]έϲφατ᾽ ἀκούϲα[ϲ]   (§38, *OF* 7)

...

αἰδοῖον κατέπινεν, ὃϲ Αἰθέρα ἔχθορε πρῶτοϲ   (§39, *OF* 8)

...

[ἐκ τοῦ δὴ Γαίηι] ꞇγένετο Κρόνοϲ, ὃϲ μέγ᾽ ἔρεξενꞇ   (§42, ~ *OF* 10.1)

...

Οὐρανὸγ Εὐφρονίδηγ, ὃϲ πρώτιϲτοϲ βαϲίλευϲεν   (§43, *OF* 10.2)

...

ἐκ τοῦ δὴ Κρόνοϲ αὖτιϲ, ἔπειτα δὲ μητιέτα Ζεύϲ   (§46, *OF* 10.3)

...

Μῆτιν κάπ[πιεν, ὃϲ δὲ {ε}πόρ]εν βαϲιληΐδα τιμ[ήν,
ἐϲ μ[έϲϲον καταθεὶϲ κεφαλὴν κ]αὶ ἶναϲ ἀπά[ϲαϲ   (§48, ~ *OF* 11.1–2)

...

πρωτογόνου βαϲιλέωϲ αἰδοίου, τῶι δ᾽ ἄρα πάντεϲ
ἀθάνατοι προϲέφυν μάκαρεϲ θεοὶ ἠδὲ θέαιναι
καὶ ποταμοὶ καὶ κρῆναι ἐπήρατοι ἄλλα τε πάντα,
ὅϲϲα τότ᾽ ἦν γεγαῶτ᾽· αὐτὸϲ δ᾽ ἄρα μοῦνοϲ ἔγεντο.   (§49, *OF* 12.1–4)

...

νῦν δ᾽ ἐϲτὶ]ν βαϲιλεὺϲ πάντ[ων καί τ᾽ ἔϲϲετ᾽ ἔπ]ειτα   (§51, *OF* 13)

[Ich werde zu den Berechtigten sprechen: Ihr Profanen aber, schließt die Türen!]

…

… Werke nicht unvollendet

…

die aus Zeus entstanden sind, dem [umsichtigen] König

…

Als Zeus von seinem Vater die prophezeite Herrschaft und die Macht in seine Hände genommen hatte und den ruhmvollen *Daimon* …

…

[Dem Zeus (*sc.* weissagt) die alles verkündende Amme der Götter aus dem Inneren des Heiligtums]

…

[Nacht] weissagte alles, was ihm bestimmt [war zu vollenden]

…

damit er Herrscher wird auf dem schönen Sitz des schneebedeckten Olymps

…

Als Zeus von seinem Vater, nachdem er die Prophezeiungen gehört hatte…

…

Er verschluckte den ehrwürdigen (*aidoion*), der als erster in den *Aither* heraussprang

…

[Sodann wurde von ihm der Gaia der Kronos geboren, der Großes vollbrachte]

…

… (gegen) Uranos, Sohn der Nacht, der als allererster König wurde

…

nach ihm Kronos wiederum, und dann der Rat ersinnende Zeus

…

Er verschluckte Metis, [der ihm] königliche Ehre [verschaffte, nachdem er mitten] hinein [gelegt hat den Kopf] und alle Sehnen

…

… des ehrwürdigen Königs Protogonos. An ihm waren nämlich alle Unsterblichen angewachsen, glückselige Götter und Göttinnen, Flüsse, liebliche Quellen und alles andere, was damals entstanden war. Er selbst aber wurde dadurch einzig.

…

[Jetzt ist er] König von allen [und wird es auch] später sein

...

⌊Ζεὺc πρῶτος γένετο, Ζεὺc⌋ ὕcτατος ⌊ἀργικέραυνοc⌋ (§52, *OF* 14.1)

...

Ζεὺc κεφα⌊λή, Ζεὺc μέc⌋ϲα, Διὸc δ' ἐκ ⌊π⌋άντα τέτ⌊υκται (§55, *OF* 14.2)

...

⌊Ζεῦc πνοιὴ πάντων⌋, [Ζεὺc πάντων ἔπλετο] ⌊μοῖρα⌋ (§57, *OF* 14.3)

...

Ζεὺc βαcιλεύc, Ζεὺc δ' ἀρχὸc ἀπάντων ἀργικέραυνος (§64, *OF* 14.4)

...

⌊Ζεὺc⌋ ⌊θόρ{ν}ηι

     ⌊Οὐρανίη⌋ [τ'] Ἀφροδίτη⌋
    ⌊Πειθώ⌋ [θ'] ⌊Ἁρμονίη⌋ [τε] (§70, – *OF* 15)

...

[μήcατο δ' αὖ] ⌊Γαῖάν⌋ [τε καὶ Οὐρανὸν εὐρὺν ὕπερθεν] (§75, *OF* 16.1)

...

[μήcατο δ' Ὠκεανοῖο μέγα cθένοc εὐρὺ ῥέοντοc] (§80, *OF* 16.2)

...

ἵναc δ' ἐγκατ⌊έλε⌊ξ⌋ Ἀχελωΐου ἀργυ⌊ρ⌋οδίνε⌊ω⌋ (§82, *OF* 16.3)

...

[μήcατο δ'] ⌊ἰcομελῆ⌋ [Cελήνην] (§83, – *OF* 17.1)

...

ἣ πολλοῖc φαίνει μερόπεcc'{ι} ἐπ' ἀπείρονα γαῖαν (§85, *OF* 17.2)

...

[αὐτ]ὰ̣ρ [ἐ]πεὶ δ[ὴ πά]ν̣τα Διὸ[c φρὴν μή]cα̣τ[ο ἔ]ργα (§92, *OF* 18.1)

...

[ἤθελε μητρὸc ἑῆc μιχθήμεναι ἐν φιλότητι] (§93, *OF* 18.2)

...

[Zeus wurde erster, Zeus wurde letzter, der hellblitzende]

...

Zeus ist das Haupt, Zeus die Mitte, aus Zeus ist alles gemacht

...

[Zeus ist der Atem von allem, Zeus die Bestimmung von allem]

...

Zeus ist König, Zeus ist Anführer von allen, mit dem strahlenden Blitz

...

[Zeus ... ...er/sie/es springt ... ... himmlische Aphrodite ... ... und
Peitho und Harmonia]

...

[er (*sc.* Zeus) ersann wiederum Gaia und den weiten Uranos darüber]

...

[er ersann die große Stärke des weithin fließenden Okeanos]

...

und er legte die Sehnen des silberstrudelnden Acheloios hinein

...

[Er ersann den gleichgliedrigen Mond ...]

...

welcher (*sc.* der Mond) für viele Sterbliche scheint über die grenzenlose
Erde.

...

Aber als [der Verstand] des Zeus alle Werke ersonnen hatte...

...

[er wollte sich mit seiner Mutter in Liebe vereinigen]

KONKORDANZ: KOLUMNEN- UND ABSCHNITTSZÄHLUNG

KPT (Kolumnen)	Janko (Kolumnen)	Janko (Paragraphen)
–	[Kol. 1–38]	§1
–	Kol. 39	§2
–	Kol. 40	§3
Kol. I	Kol. 41	§§4, 5, 6
Kol. II	Kol. 42	§7
Kol. III	Kol. 43	§§8, 9, 10
Kol. IV	Kol. 44	§§11, 12, 13
Kol. V	Kol. 45	§§14, 15, 16
Kol. VI	Kol. 46	§§17, 18, 19
Kol. VII	Kol. 47	§§19, 20, 21, 22
Kol. VIII	Kol. 48	§§23, 24, 25
Kol. IX	Kol. 49	§§25, 26, 27, 28, 29
Kol. X	Kol. 50	§§29, 30, 31
Kol. XI	Kol. 51	§§31, 32, 33, 34
Kol. XII	Kol. 52	§§34, 35, 36, 37, 38
Kol. XIII	Kol. 53	§§38, 39, 40, 41, 42
Kol. XIV	Kol. 54	§§42, 43, 44, 45
Kol. XV	Kol. 55	§§45, 46, 47, 48, 49
Kol. XVI	Kol. 56	§§49, 50, 51, 52
Kol. XVII	Kol. 57	§§52, 53, 54, 55, 56, 57
Kol. XVIII	Kol. 58	§§57, 58, 59, 60, 61

KPT (Kolumnen)	Janko (Kolumnen)	Janko (Paragraphen)
Kol. XIX	Kol. 59	§§62, 63, 64, 65, 66
Kol. XX	Kol. 60	§§66, 67, 68, 69, 70, 71
Kol. XXI	Kol. 61	§§71, 72, 73, 74, 75
Kol. XXII	Kol. 62	§§75, 76, 77, 78, 79, 80
Kol. XXIII	Kol. 63	§§80, 81, 82, 83, 84
Kol. XXIV	Kol. 64	§§84, 85, 86, 87, 88
Kol. XXV	Kol. 65	§§88, 89, 90, 91, 92, 93
Kol. XXVI	Kol. 66	§§93, 94, 95, 96, 97

Janko (Kolumnen und Paragraphen)	KPT (Kolumnen)
Kol. 1–38	–
§1	–
Kol. 39	–
§2	–
Kol. 40	–
§3	–
Kol. 41	vgl. Kol. I
§4	–
§5	–
§6	–
Kol. 42	vgl. Kol. II
§7	vgl. II.1–13
Kol. 43	vgl. Kol. III
§8	vgl. III.1–5
§9	III.5–8

Janko (Kolumnen und Paragraphen)	KPT (Kolumnen)
§10	III.9–11
Kol. 44	Kol. IV
§11	IV.1–4
§12	IV.5–10
§13	IV.11–14
Kol. 45	Kol. V
§14	V.1–6
§15	V.6–10
§16	V.10–14
Kol. 46	Kol. VI
§17	VI.1–8
§18	VI.8–15
§19	–
Kol. 47	Kol. VII
§19	VII.1–4
§20	VII.4–7
§21	VII.7–13
§22	VII.14–15
Kol. 48	Kol. VIII
§23	VIII.1–2
§24	VIII. 3–8
§25	VIII. 9–14
Kol. 49	Kol. IX
§26	IX.1–4
§27	IX.5–10
§28	IX.10–14
§29	–

Janko (Kolumnen und Paragraphen)	KPT (Kolumnen)
Kol. 50	Kol. X
§29	X.1–2
§30	X.3–10
§31	X.11–14
Kol. 51	Kol. XI
§31	XI.1
§32	XI.1–4
§33	XI.5–9
§34	XI.9–14
Kol. 52	Kol. XII
§34	XII.1
§35	XII.1–6
§36	XII.6–10
§37	XII.10–15
§38	–
Kol. 53	Kol. XIII
§38	XIII.1–3
§39	XIII.3–6
§40	XIII.7–12
§41	vgl. XIII.13–15
§42	–
Kol. 54	Kol. XIV
§42	XIV.1–5
§43	XIV.5–10
§44	XIV.11–14
Kol. 55	Kol. XV
§45	XV.1–5

Janko (Kolumnen und Paragraphen)	KPT (Kolumnen)
§46	XV.5–10
§47	XV.11–12
§48	XV.12–15
Kol. 56	Kol. XVI
§49	XVI.1–8
§50	XVI.8–12
§51	XVI.12–15
§52	–
Kol. 57	Kol. XVII
§52	XVII.1–3
§53	XVII.3–6
§54	XVII.6–9
§55	XVII.9–12
§56	XVII.13–15
§57	–
Kol. 58	Kol. XVIII
§57	XVIII.1–3
§58	XVIII.3–6
§59	XVIII.6–10
§60	XVIII.10–14
§61	XVIII.14–15
Kol. 59	Kol. XIX
§62	XIX.1–4
§63	XIX.4–7
§64	XIX.8–13
§65	XIX.14–15

Janko (Kolumnen und Paragraphen)	KPT (Kolumnen)
Kol. 60	Kol. XX
§66	XX.1–3
§67	XX.3–10
§68	XX.11–12
§69	XX.13–15
§70	–
§71	–
Kol. 61	Kol. XXI
§71	XXI.1–5
§72	XXI.5–9
§73	XXI.9–12
§74	XXI.13–16
§75	–
Kol. 62	Kol. XXII
§75	XXII.1–6
§76	XXII.7–11
§77	XXII.11–12
§78	XXII.12–14
§79	XXII.14–16
§80	–
Kol. 63	Kol. XXIII
§80	XXIII.1–5
§81	XXIII.5–10
§82	XXIII.10–16
§83	–
§84	–

Janko (Kolumnen und Paragraphen)	KPT (Kolumnen)
Kol. 64	Kol. XXIV
§84	XXIV.1–2
§85	XXIV.2–6
§86	XXIV.6–10
§87	XXIV.10–17
§88	–
Kol. 65	Kol. XXV
§88	XXV.1–3
§89	XXV.3–6
§90	XXV.7–9
§91	XXV.9–12
§92	XXV.12–17
§93	–
Kol. 66	Kol. XXVI
§93	XXVI.1–2
§94	XXVI.2–4
§95	XXVI.5–7
§96	XXVI.8–13
§97	XXVI.13–16

LITERATURVERZEICHNIS

Bibliographien

A. Bernabé, „Orpheus and Orphism", *Oxford Bibliographies in Classics*. http://
www.oxfordbibliographies.com/view/document/obo-9780195389661/
obo-9780195389661-0173.xml.

M. A. Santamaría, „Orfeo y el orfismo. Actualización bibliográfica (1992–
2003)", *Ilu. Revista de Ciencias de las Religiones* 8, 225–64.

M. A. Santamaría, „Orfeo y el orfismo. Actualización bibliográfica (2004–
2012)", *Ilu. Revista de Ciencias de las Religiones* 17, 211–52.

Nachschlagewerke

H. Frisk, *Griechisches etymologisches Wörterbuch*, Band I, Heidelberg, 1960.

H. Frisk, *Griechisches etymologisches Wörterbuch*, Band II, Heidelberg, 1970.

R. Kühner u. B. Gerth, *Ausführliche Grammatik der griechischen Sprache* II.
Teil: Satzlehre, 1. Band, Hannover/Leipzig, 1898. [= K.-G. I]

R. Kühner u. B. Gerth, *Ausführliche Grammatik der griechischen Sprache* II.
Teil: Satzlehre, 2. Band, Hannover/Leipzig, 1904. [= K.-G. II]

Lexikon des frühgriechischen Epos, begründet von B. Snell, hrsg. v. Thesau-
rus Linguae Graecae, Göttingen, 1991ff. [*LfgrE*]

H. G. Liddell u. R. Scott, *A Greek-English Lexicon. Revised and augmented
throughout by Sir Henry Stuart Jones with the assistance of Roderick Mc-
Kenzie*, Oxford, 1940. [= LSJ]

Der Neue Pauly. Enzyklopädie der Antike. Altertum. H. Cancik und H.
Schneider (Hgg.), Stuttgart/Weimar, 1996ff. [= DNP]

Paulys Realencyclopädie der classischen Altertumswissenschaft, Supplement-
band XV, K. Ziegler (†) (Hg.), München, 1978. [= *RE Suppl. XV*]

E. Schwyzer, *Griechische Grammatik*, Erster Band: Allgemeiner Teil/Laut-
lehre Wortbildung/Flexion, München, 1939. [= Schwyzer]

E. Schwyzer (†) u. A. Debrunner, *Griechische Grammatik*, Zweiter Band:
Syntax und Syntaktische Stilistik, München, 1950. [= Schwyzer/De-
brunner]

Textausgaben (Derveni-Papyrus; Orphisches)

Anonym (1982): Anonym, „Der orphische Papyrus von Derveni", *ZPE* 47, 300 ff. [= ZPE]

Bernabé (2004): A. Bernabé, *Poetae Epici Graeci. Testimonia et Fragmenta. Pars II. Orphicorum et Orphicis similium testimonia et fragmenta. Fasc. 1.* München/Leipzig. [= *OF*]

Bernabé (2005): A. Bernabé, *Poetae Epici Graeci. Testimonia et Fragmenta. Pars II. Orphicorum et Orphicis similium testimonia et fragmenta. Fasc. 2.* München/Leipzig. [= *OF*]

Bernabé (2007a): A. Bernabé, *Poetae Epici Graeci. Testimonia et Fragmenta. Pars II. Fasc. 3 Musaeus. Linus. Epimenides. Papyrus Derveni. Indices.* München/Leipzig. [= *OF*]

Janko (2002): R. Janko, „The Derveni Papyrus: An Interim Text", *ZPE* 141, 1–62.

Kouremenos, Parássoglou u. Tsantsanoglou (2006): Th. Kouremenos, G. M. Parássoglou u. K. Tsantsanoglou, *The Derveni Papyrus*, Florenz. [= KPT]

Die Fragmente der Vorsokratiker. Griechisch und Deutsch, von H. Diels u. W. Kranz, Bd. 1–3, Hildesheim, 1951–52. [= D.-K.]

Sekundärliteratur

Ahmadi (2014): A. Ahmadi, „The *Magoi* and *Daimones* in Column VI of the Derveni Papyrus", *Numen* 61, 484–508.

Anceschi (2007): B. Anceschi, *Die Götternamen in Platons Kratylos. Ein Vergleich mit dem Papyrus von Derveni*, Frankfurt/Berlin.

Barnes (1977): J. Barnes, „Review of Giovanni Reale: Aristotele: Trattato sul Cosmo per Alessandro", *CR* 27, 40–43.

Barney (2001): R. Barney, *Names and Nature in Plato's Cratylus*, New York/London.

Barr-Sharrar (2008): B. Barr-Sharrar, *The Derveni Krater. Masterpiece of Classical Greek Metalwork*, Princeton 2008.

Barr-Sharrar (2012): B. Barr-Sharrar, „The Eschatological Iconography of the Derveni Krater", in: *Bronzes grecs et romains, recherches récentes, Hommage à Claude Rolley*, INHA, 2–20.

Baumgarten (1998): R. Baumgarten, *Heiliges Wort und Heilige Schrift bei den Griechen. Hieroi Logoi und verwandte Erscheinungen*, Tübingen.

Baxter (1992): T. M. S. Baxter, *The Cratylus. Plato's Critique of Naming*, Leiden/New York/Köln.

Beresford (2013): J. Beresford, *The Ancient Sailing Season. Mnemosyne Supplements*. Leiden/Boston.

Bernabé (1996): A. Bernabé, „La fórmula órfica ‚cerrad las puertas, profanos': Del profano religioso al profano en la materia", *'Ilu. Revista de Ciencias de las Religiones* 1, 13–37.

Bernabé (2002): A. Bernabé, „La théogonie orphique du Papyrus Derveni", *Kernos* 15, 91–129 (bzw. 1–39).

Bernabé (2007b): A. Bernabé, „The Derveni Theogony: Many Questions and Some Answers", *HSCP* 103, 99–133.

Bernabé (2007c): A. Bernabé, „Autour de l'interprétation des colonnes XIII–XVI du Papyrus de Derveni", *Rhizai* 1, 77–103.

Bernabé u. Jiménez San Cristóbal (2008): A. Bernabé u. A. I. Jiménez San Cristóbal, *Instructions for the Netherworld. The Orphic Gold Tablets*, Leiden/Boston.

Bernabé (2010): A. Bernabé, „El himno órfico a Zeus. Vicisitudes literarias, ideológicas y religiosas", in: A. Bernabé, F. Casadesús Bordoy u. M. A. Santamaría (Hgg.), *Orfeo y el orfismo: nuevas perspectivas*, Alicante, 67–97.

Bernabé (2014): A. Bernabé, „On the Rites Described and Commented Upon in the Derveni Papyrus, Columns I–VI", in: I. Papadopoulou u. L. Muellner (Hgg.), *Poetry as Initiation*, Washington D.C., 19–52.

Bernabé u. Jiménez San Cristóbal (2011): A. Bernabé u. A. I. Jiménez San Cristóbal, „Are the „Orphic" gold leaves Orphic?" in: R. G. Edmonds III (Hg.), *The „Orphic" Gold Tablets and Greek Religion. Further along the path*, Cambridge, 68–101.

Betegh (2001): G. Betegh, „Empédocle, Orphée et le papyrus de Derveni." P.-M. Morel u. J.-F. Pradeau (Hgg.), *Les anciens savants*, Strasbourg, 47–70.

Betegh (2004): G. Betegh, *The Derveni Papyrus. Cosmology. Theology and Interpretation*, Cambridge.

Betegh (2007): G. Betegh, „The Derveni Papyrus and Early Stoicism", *Rhizai* 1, 133–52.

Betegh (2011): G. Betegh, „The "Great Tablet" from Thurii (*OF* 492)", in: M. Herrero de Jáuregui et al. (Hgg.), *Tracing Orpheus. Studies of Orphic Fragments*, Berlin/Boston, 219–25.

Bierl (2011): A. Bierl, „Enigmatic Hints at the Hidden Meaning of Two Central Homeric Passages. The Derveni-Author as Homeric Philologist in PDerv. Col. XXVI", in: M. Herrero de Jáuregui et al. (Hgg.), *Tracing Orpheus. Studies of Orphic Fragments*, Berlin/Boston, 393–98.

Boyancé (1974): P. Boyancé, „Remarques sur le Papyrus de Derveni", *Revue des Études Grecques* 87: 91–110.

Bremmer (1983): J. N. Bremmer, *The Early Greek Concept of the Soul*, Princeton.

Bremmer (1991): J. N. Bremmer, „Orpheus: From Guru to Gay", in: Ph. Borgeaud (Hg.), *Orphisme et Orphée, en l'honneur de Jean Rudhardt*, Genève, 13–30.

Bremmer (1998): J. N. Bremmer, „Hades", in *DNP* Bd. 5, 51–53.

Bremmer (2005): J. N. Bremmer, „Myth and Ritual in Ancient Greece. Observations on a Difficult Relationship", in: R. v. Haehling (Hg.), *Griechische Mythologie und frühes Christentum*, Darmstadt, 21–43.

Bremmer (2006): J. N. Bremmer, „Rescuing Deio in Sophocles and Euripides", *ZPE* 158, 27.

Bremmer (2007): J. N. Bremmer, „Atheism in Antiquity", in: M. Martin (Hg.), *The Cambridge Companion to Atheism*, Cambridge, 11–26.

Bremmer (2008): J. N. Bremmer, *Greek Religion and Culture, the Bible and the Ancient Near East*, Leiden/Bosten.

Bremmer (2010): J. N. Bremmer, „Manteis, Magic, Mysteries and Mythography: Messy Margins of *Polis* Religion?", *Kernos* 23, 13–35.

Bremmer (2011): J. N. Bremmer, „The Place of Performance of Orphic Poetry (*OF* 1)", M. Herrero de Jáuregui et al. (Hgg.), *Tracing Orpheus. Studies of Orphic Fragments*, Berlin/Boston, 1–6.

Bremmer (2013): J. N. Bremmer, „The Getty Hexameters: Date, Author, and Place of Composition", in: Ch. A. Faraone u. D. Obbink (Hgg.), *The Getty Hexameters. Poetry, Magic, and Mystery in Ancient Selinous*, Oxford, 21–29.

Bremmer (2014): J. N. Bremmer, *Initiation into the Mysteries of the Ancient World. Münchner Vorlesungen zu Antiken Welten*, Bd. 1, Berlin/Boston.

Bremmer (2015): J. N. Bremmer, „The Ancient Near East", in: E. Eidinow u. J. Kindt (Hgg.), *Oxford Handbook of Ancient Greek Religion*, Oxford, 605–19.

Bremmer (2017): J. N. Bremmer, „Rivers and River Gods in Ancient Greek Religion and Culture", in: T. S. Scheer (Hg.), *Nature – Myth – Religion in Ancient Greece*, Stuttgart, 2017.

Brenk (1986): F. E. Brenk, „In the Light of the Moon: Demonology in the Early Imperial Period", ANRW 16.3, Berlin, 2068–2145.

Brisson (1987): L. Brisson, „Proclus et l'Orphisme", in: J. Pépin u. H. D. Saffrey (Hgg.), *Proclus. Lecteur et interprète des Anciens*, Paris, 43–103.

Brisson (1997): L. Brisson, „*Chronos* in Column XII of the Derveni Papyrus", in: A. Laks u. G. Most (Hgg.), *Studies on the Derveni Papyrus*, Oxford, 149–165.

Brisson (2003): L. Brisson, „Sky, Sex and Sun. The meanings of αἰδοῖος/ αἰδοῖον in the Derveni papyrus", *ZPE* 144, 19–29.

Brisson (2006): L. Brisson, „Review of Gábor Betegh, *The Derveni Papyrus. Cosmology. Theology and Interpretation*", *CR* 56, 7–11.

Brisson (2009): L. Brisson, „Zeus did not commit incest with his mother. An interpretation of Column XXVI of the Derveni Papyrus", *ZPE* 168, 27–39.

Brisson (2010): L. Brisson, „L'opposition profanes / initiés dans le Papyrus de Derveni", in: É. Rebillard u. C. Sotinel (Hgg.), *Les Frontières du Profane dans l'Antiquité tardive*, Rom, 21–35.

Brisson (2011): L. Brisson, „Okéanos dans la colonne XXIII du Papyrus de Derveni", M. Herrero de Jáuregui et al. (Hgg.), *Tracing Orpheus. Studies of Orphic Fragments*, Berlin/Boston, 385–92.

Brown (1984): A. L. Brown, „Eumenides in Greek Tragedy", *CQ* 43, 260–81.

Brown (1991): Ch. G. Brown, „Empousa, Dionysus, and the Mysteries: Aristophanes, Frogs 285ff", *CQ* 41, 41–50.

Brügger (2009): C. Brügger, *Homers Ilias. Gesamtkommentar (Basler Kommentar)*. A. Bierl u. J. Latacz (Hgg.), Bd. VIII. Vierundzwanzigster Gesang. Faszikel 2: Kommentar, Berlin/New York.

Burkert (1968): W. Burkert, „Orpheus und die Vorsokratiker. Bemerkungen zum Derveni-Papyrus und zur pythagoreischen Zahlenlehre", *AuA* 14, 93–114 (= Kl. Schr. III, 62–94).

Burkert (1970): W. Burkert, „La genèse des choses et des mots. Le papyrus de Derveni entre Anaxagore et Cratyle", *Les études philosophiques* 25, 443–55.

Burkert (1972): W. Burkert, *Lore and Science in Ancient Pythagoreanism*, Cambridge, Massachusetts.

Burkert (1980): W. Burkert, „Neue Funde zur Orphik", *Informationen zum altsprachlichen Unterricht* 2, 27–42.

Burkert (1982): W. Burkert, „Craft Versus Sect: The Problem of Orphics and Pythagoreans", in: B. F. Meyer u. E. P. Sanders (Hgg.), *Jewish and*

Christian Self-Definition. Vol. 3: Self-Definition in the Graeco-Roman World, Philadelphia, 1–22.

Burkert (1986): W. Burkert, „Der Autor von Derveni: Stesimbrotos περὶ τελετῶν?", *ZPE* 62, 1–5 (= Kl. Schr. III, 89–94).

Burkert (1987): W. Burkert, „Oriental and Greek Mythology: The Meeting of Parallels", J. N. Bremmer (Hg.), *Interpretations of Greek Mythology*, London/Sydney, 10–40.

Burkert (1997): W. Burkert, „Star Wars or One Stable World? A Problem of Presocratic Cosmogony (*PDerv.* Col. XXV)", in: A. Laks u. G. Most (Hgg.), *Studies on the Derveni Papyrus*, Oxford, 167–74.

Burkert (1999a): W. Burkert, *Da Omero ai Magi. La tradizione orientale nella cultura greca*, Venedig.

Burkert (1999b): W. Burkert, „The Logic of Cosmogony", in: R. Buxton (Hg.), *From Myth to Reason? Studies in the Development of Greek Thought*, Oxford, 87–106.

Burkert (2003): W. Burkert, *Die Griechen und der Orient*, München. [Originalfassung Burkert 1999a].

Burkert (2008): W. Burkert, „Das Proömium des Parmenides und die Katabasis des Pythagoras", in: W. Burkert, *Kleine Schriften VIII. Philosophica*, Göttingen, 1–27.

Burkert (2011a): W. Burkert, *Griechische Religion der archaischen und klassischen Epoche*. Zweite, überarbeitete und erweiterte Auflage, Stuttgart.

Burkert (2011b): W. Burkert, „The Derveni Papyrus on Heraclitus (col. IV)", in: M. Herrero de Jáuregui et al. (Hgg.), *Tracing Orpheus. Studies of Orphic Fragments*, Berlin/Boston, 361–64.

Burkert (2014): W. Burkert, „How to Learn about Souls. The Derveni Papyrus and Democritus", in: I. Papadopoulou u. L. Muellner (Hgg.), *Poetry as Initiation*, Washington D.C., 107–14.

Burnet (1977): J. Burnet, *Euthyphro, Apology of Socrates, and Crito*, edited with notes, Oxford.

Calame (1997): C. Calame, „Figures of Sexuality and Initiatory Transition in the Derveni Theogony and its Commentary", in: A. Laks u. G. Most (Hgg.), *Studies on the Derveni Papyrus*, Oxford, 65–80.

Calvo Martínez (2011): J. L. Calvo Martínez, „Col. VI of the Derveni Papyrus and the Ritual Presence of Poultry", in: M. Herrero de Jáuregui et al. (Hgg.), *Tracing Orpheus. Studies of Orphic Fragments*, Berlin/Boston, 371–75.

Cancik-Lindemaier u. Sigel (1996): H. Cancik-Lindemaier u. D. Sigel, „Allegorese", *DNP* 1, 518–523.

Casadesús (2010): F. Casadesús Bordoy, „Similitudes entre el Papiro de Derveni y los primeros filósofos estoicos", in: A. Bernabé, F. Casadesús Bordoy u. M. A. Santamaría (Hgg.), *Orfeo y el orfismo: nuevas perspectivas*, Alicante, 192–239.

Casadesús (2011): F. Casadesús Bordoy, „The Castration of Uranus and its Physical Consequences in the Derveni Papyrus (cols. XIII and XIV) and the First Stoic Philosophers", in: M. Herrero de Jáuregui et al. (Hgg.), *Tracing Orpheus. Studies of Orphic Fragments*. Berlin/Boston, 377–83.

Corsten (1985): Th. Corsten, *Die Inschriften von Kios*, Bonn.

Corti (2007): C. Corti, „The so-called 'Theogony' or 'Kingship in Heaven'. The Name of the Song", *SMEA* 49, 109–21.

D'Alessio (2004): G. B. D'Alessio, „Textual Fluctuations and Cosmic Streams. Ocean and Acheloios", *JHS* 124, 16–37.

Denniston (1952): J. D. Denniston, *Greek Prose Style*, Oxford.

Denniston (1954): J. D. Denniston, *The Greek Particles*, 2nd edition revised by K. J. Dover. Oxford.

Dillery (2005): J. Dillery, „Chresmologues and *Manteis*: Independent Diviners and the Problem of Authority", in: S. Iles Johnston u. P. T. Struck (Hgg.), *Mantikê. Studies in Ancient Divination*, Leiden/Bosten, 167–231.

Dongen (2011): E. van Dongen, „The "Kingship in Heaven"-Theme of the Hesiodic Theogony: Origin, Function, Composition", *GRBS* 51, 180–201.

Durante (1968): M. Durante, „Untersuchungen zur Vorgeschichte der griechischen Dichtersprache. Das Epitheton", in: R. Schmitt (Hg.), *Indogermanische Dichtersprache*, Darmstadt, 291–323.

Edmonds (2008): R. G. Edmonds III, „Extra-ordinary People: *Mystai* and *Magoi,* Magicians and Orphics in the Derveni Papyrus", *CP* 103, 16–39.

Edmonds (2013): R. G. Edmonds III, *Redefining Ancient Orphism. A study in Greek Religion*, Cambridge.

Edwards (1991): M. J. Edwards, „Notes on the Derveni commentator", *ZPE* 86, 203–11.

372   LITERATURVERZEICHNIS

Fackelmann (1970): A. Fackelmann, „The restoration of the Herculaneum papyri and other recent finds", *Institute of Classical Studies* 17, 144–47.

Ferguson (1971): J. Ferguson, „ΔΙΝΟΣ", *Phronesis* 16, 97–115.

Ferrari (2007): F. Ferrari, „Note al testo delle colonne II–VII del papiro di Derveni", *ZPE* 162, 203–11.

Ferrari (2011a): F. Ferrari, „Rites without Frontiers: Magi and Mystae in the Derveni Papyrus", *ZPE* 179, 71–83.

Ferrari (2011b): F. Ferrari, „Frustoli erranti. Per una riconstruzione di P. Derveni coll. I–III." *Papiri Filosofici. Miscellanea di Studi VI*, Florenz, 39–54.

Ferrari (2011c): F. Ferrari, „Eraclito e i Persiani nel Papiro di Derveni (col. IV 10–14)", in: M. Herrero de Jáuregui et al. (Hgg.), *Tracing Orpheus. Studies of Orphic Fragments*, Berlin/Boston, 365–70.

Ferrari (2013): F. Ferrari, „From Orpheus to Teiresias: Solar Issues in the Derveni Papyrus", *ZPE* 186, 57–75.

Ferrari (2014): F. Ferrari, „Democritus, Heraclitus, and the Dead Souls. Reconstructing Columns I–VI of the Derveni Papyrus", in: I. Papadopoulou u. L. Muellner (Hgg.), *Poetry as Initiation*, Washington D.C., 53–66.

Finkelberg (1986): A. Finkelberg, „On the Unity of Orphic and Milesian Thought", *The Harvard Theological Review* 79, 321–35.

Fontenrose (1978): J. Fontenrose, *The Delphic Oracle. Its Responses and Operations with a Catalogue of Responses*, Berkeley/Los Angeles/London.

Ford (1999): A. Ford, „Performing Interpretation: Early Allegorical Exegesis of Homer", in: M. Beissinger, J. Tylus u. S. Wofford, *Epic Traditions in the Contemporary World. The Poetics of Community*, Berkeley/Los Angeles/Oxford, 1999.

Forderer (1981): M. Forderer, „Der orphische Zeushymnus", in: G. Kurz, D. Müller u. W. Nicolai (Hgg.), *Gnomosyne. Menschliches Denken und Handeln in der frühgriechischen Literatur*, München 1981, 227–34.

Fowler (2013): R. L. Fowler, *Early Greek Mythography, II, Commentary*, Oxford.

Fowler (2016): R. L. Fowler, „ΕΚΘΟΡΕΙΝ and the Derveni Papyrus", *ZPE* 197, 17–27.

Frede (2007): M. Frede, „On the Unity and the Aim of the Derveni Text", *Rhizai* 1, 9–33.

Funghi (1997): M. S. Funghi, „The Derveni Papyrus", in: A. Laks u. G. Most (Hgg.), *Studies on the Derveni Papyrus*, Oxford, 25–37.

Führer (1993): R. Führer, „μῆτις, Μῆτις", *LfgrE*. 15. Lieferung, 205–207.

Furley (2011): W. D. Furley, „Homeric and Un-Homeric Hexameter Hymns", in: A. Faulkner (Hg.), *The Homeric Hymns. Interpretative Essays*, Oxford, 206–31.

Gasparro (2015): G. S. Gasparro, „Daimonic Power", in: E. Eidinow u. J. Kindt (Hgg.), *The Oxford Handbook of Ancient Greek Religion*, Oxford, 413–27.

Gosling u. Taylor (1982): J. C. B. Gosling u. C. C. W. Taylor, *The Greeks on Pleasure*, Oxford.

Graf (1974): F. Graf, *Eleusis und die orphische Dichtung Athens in vorhellenistischer Zeit*, Berlin/New York.

Graf (1980), F. Graf, „Milch, Honig und Wein. Zum Verständnis der Libation im griechischen Ritual", in: A. Brelich (Hg.), *Perennitas*, Rom, 209–21.

Graf (1988), F. Graf, „Orpheus: A Poet Among Man", in: J. N. Bremmer (Hg.), *Interpretations of Greek Mythology*, London, 88–106.

Graf (1996): F. Graf, *Gottesnähe und Schadenzauber. Die Magie in der griechisch-römischen Antike*, München.

Graf (1998): F. Graf, „Jenseitsvorstellungen", *DNP* Bd. 5, 897–99.

Graf (2000): F. Graf, „Mysterien", *DNP* Bd. 8, 615–26.

Graf (2011): F. Graf, „Exclusive Singing (*OF* 1a/b)", in: M. Herrero de Jáuregui et al. (Hgg.), *Tracing Orpheus. Studies of Orphic Fragments*, Berlin/Boston, 13–16.

Graf (2014): F. Graf, „Derveni and Ritual," in: I. Papadopoulou u. L. Muellner (Hgg.), *Poetry as Initiation*, Washington D.C., 67–88.

Graf u. Johnston (2013): F. Graf u. S. Iles Johnston, *Ritual Texts for the Afterlife. Orpheus and the Bacchic Gold Tablet*. Second Edition, London/New York.

Graham (2013): D. Graham, *Science before Socrates: Parmenides, Anaxagoras, and the New Astronomy*, Oxford.

Harris-McCoy (2012): D. E. Harris-McCoy, *Artemidorus' Oneirocritica: Text, Translation, and Commentary*, Oxford.

Helmig (2003): Ch. Helmig, „Die Bedeutung und Funktion von ἐπῳδή in Platons Nomoi", in: S. Scolnicov u. L. Brisson (Hgg.), *Plato's Laws: From Theory into Practice, Proceedings of the VI Symposium Platonicum* (International Plato Studies, 15), Sankt Augustin, 75–80.

Henrichs (1968): A. Henrichs, „Die ‚Erdmutter' Demeter (P. Derveni und Euripid. Bakch. 275 f.)", *ZPE* 3, 111–12.

Henrichs (1984): A. Henrichs, „The Eumenides and Wineless Libations in the Derveni Papyrus", *Atti del XVII congresso internazionale di papirologia*, II, Neapel, 255–68.

Henrichs (1991): A. Henrichs, „Namenlosigkeit und Euphemismus: Zur Ambivalenz der chthonischen Mächte im attischen Drama", in: H. Hofmann u. A. Harder (Hgg.), *Fragmenta Dramatica. Beiträge zur Interpretation der griechischen Tragikerfragmente und ihrer Wirkungsgeschichte*, Göttingen, 161–201.

Henrichs (1998): A. Henrichs, „Dromena und Legomena. Zum rituellen Selbstverständnis der Griechen", in: F. Graf (Hg.), *Ansichten und Rituale. Geburtstags-Symposium für Walter Burkert*, Stuttgart/Leipzig, 33–71.

Henrichs (2000): A. Henrichs, „Moira", in: *DNP* Bd. 8, 340–43.

Henrichs (2003): A. Henrichs, „Hieroi Logoi and Hierai Bibloi: The (Un)-Written Margins of the Sacred in Ancient Greece", *HSCP* 101, 207–66.

Henrichs (2010): A. Henrichs, „Mystika, Orphika, Dionysiaka. Esoterische Gruppenbildungen, Glaubensinhalte und Verhaltensweisen in der griechischen Religion", in: A. Bierl u. W. Braungart (Hgg.), *Gewalt und Opfer. Im Dialog mit Walter Burkert*, Berlin/New York, 87–114.

Henry (1986): M. Henry, „The Derveni commentator as literary critic", *TAPA* 116, 149–64.

Herrero de Jáuregui (2011): M. Herrero de Jáuregui et al. (Hgg.), *Tracing Orpheus. Studies of Orphic Fragments. In Honour of Alberto Bernabé*, Berlin/Boston.

Heubeck, West u. Hainsworth (1988): A. Heubeck, S. West, u. J. B. Hainsworth, *Homer's Odyssey. Vol. I Introduction and Books I–VIII*, Oxford.

Hollmann (2011): A. Hollmann, *The Master of Signs. Signs and Interpretation of Signs in Herodotus'Histories*, Washington, D.C.

Hülsz Piccone (2012): E. Hülsz Piccone, „Heraclitus on the Sun", in: R. Patterson, V. Karasmanis und A. Hermann (Hgg.), *Presocratics and Plato: Festschrift at Delphi in Honor of Charles Kahn*, Las Vegas/Zürich/Athen, 3–24.

Hussey (1999): E. Hussey, „The Enigmas of Derveni", *OSAP* 17, 303–24.

Isler (1970): H. P. Isler, *Acheloos. Eine Monographie*, Bern.

Janko (1978): R. Janko, „A Note on the Etymologies of διάκτορος χρυσάορος", *Glotta* 1978, 192–95.

Janko (1997): R. Janko, „The Physicist as Hierophant: Aristophanes, Socrates and the Authorship of the Derveni Papyrus", *ZPE* 118, 61–94.

Janko (2001): R. Janko, „The Derveni Papyrus (Diagoras of Melos, Apopyrgizontes Logoi?): A New Translation", *CP* 96, 1–32.

Janko (2002b): R. Janko, „God, Science, and Socrates", *BICS* 46, 1–18.

Janko (2005): R. Janko, „Review of G. Betegh, *The Derveni Papyrus. Cosmology, Theology and Interpretation*", *BMCR* 2005.01.27.

Janko (2006a): R. Janko, 2006a, „Review of Kouremenos-Parássoglou-Tsantsanoglou, The Derveni Papyrus", *BMCR* 2006.11.20.

Janko (2006b): R. Janko, „On Kouremenos, Parássoglou, Tsantsanoglou on Janko on Kouremenos-Parássoglou-Tsantsanoglou, The Derveni Papyrus", *BMCR* 2006.10.29.

Janko (2008): R. Janko, „Reconstructing (again) the Opening of the Derveni Papyrus", *ZPE* 166, 37–51.

Janko (2010): R. Janko, „Orphic Cosmogony, Hermeneutic Necessity and the Unity of the Derveni Papyrus", in: A. Bernabé, F. Casadesús Bordoy u. M. A. Santamaría (Hgg.), *Orfeo y el orfismo: nuevas perspectivas*, Alicante, 178–92.

Janko (2015): R. Janko, „The Hexametric Paean in the Getty Museum: Reconstituting the Archetype", *ZPE* 193: 1–10.

Janko (2016): R. Janko, „Parmenides in the Derveni Papyrus: New Images for a New Edition", *ZPE* 200: 3–23.

Johnston (1998): S. Iles Johnston, „Erinys", *DNP* Bd. 4, 71–72.

Johnston (1999): S. Iles Johnston, *Restless Dead: Encounters Between the Living and the Dead in Ancient Greece*. Berkeley/Los Angeles/London.

Johnston (2008): S. Iles Johnston, *Ancient Greek Divination*, Chichester.

Johnston (2014): S. Iles Johnston, „Divination in the Derveni Papyrus", in: I. Papadopoulou u. L. Muellner (Hgg.), *Poetry as Initiation*, Washington D.C., 89–105.

Jourdan (2003): F. Jourdan, *Le Papyrus de Derveni*, Paris.

Kahn (1979): Ch. H. Kahn, *The Art and Thought of Heraclitus. An Edition of the Fragments With Translation and Commentary*, Cambridge.

Kahn (1997): Ch. H. Kahn, „Was Euthyphro the Author of the Derveni Papyrus?", in: A. Laks u. G. Most (Hgg.), *Studies on the Derveni Papyrus*, Oxford, 55–63.

Kapsomenos (1963): S. G. Kapsomenos, „Der Papyrus von Derveni", *Gnomon* 35, 222–23.

Kapsomenos (1964): S. G. Kapsomenos, „Ὁ ὀρφικὸς πάπυρος τῆς Θεσσαλονίκης", *Archaiologikon Deltion* 19, 17–25.

Kapsomenos (1964/65): S. G. Kapsomenos, „The Orphic Papyrus Roll of Thessalonika", *The Bulletin of the American Society of Papyrologists* 1, 3–12.

Kearns (1994): E. Kearns, „Cakes in Greek Sacrifice Regulations", in: R. Hägg (Hg.), *Ancient Greek Cult Practice from the Epigraphical Evidence*, Stockholm, 65–70.

Kern (1888): O. Kern, „Empedokles und die Orphiker", *Archiv für Geschichte der Philosophie* 1, 498–508.

Kirk (1954): G. S. Kirk, *Heraclitus. The Cosmic Fragments. A critical study. With introduction, text and translation*, Cambridge.

Koller (1968): H. Koller, „Πόλις Μερόπων Ἀνθρώπων", *Glotta* 46, 18–26.

Kotwick (2016): M. E. Kotwick, „Notes on *PDerveni* cols. XV, XIX, XXII, and XXIV", *ZPE* 197, 1–4.

Kotwick (2016b): M. E. Kotwick, *Alexander of Aphrodisias and the Text of Aristotle's Metaphysics*, Berkeley.

Kotwick (2017): M. E. Kotwick, „ΑΝΟΗΤΟΙ ΑΜΥΗΤΟΙ: Allegorical Interpretation in the Derveni Papyrus and Plato's *Gorgias*", *CP* (forthcoming).

Kouremenos (2006): Th. Kouremenos, „Introduction, II–VII" und „Commentary", in: KPT 2006, 19–59 und 143–272.

Kouremenos, Parássoglou u. Tsantsanoglou (2006b): Th. Kouremenos, G. M. Parássoglou u. K. Tsantsanoglou, „On Janko on Kouremenos-Parássoglou-Tsantsanoglou, The Derveni Papyrus", *BMCR* 2006.11.02.

Kouremenos (2011): Th. Kouremenos, „Oenopides of Chios and the Derveni Papyrus", *RhM* 154, 241–55.

Labat (1935): R. Labat, *Le poème babylonien de la création*. Paris, 1935.

Laks (1997): A. Laks, „Between Religion and Philosophy: The Function of Allegory in the Derveni Papyrus", *Phronesis* 42, 121–42.

Laks (2007): A. Laks, „T. Kouremenos, G.M. Parássoglou, K. Tsantsanoglou, The Derveni Papyrus", *Rhizai* 1, 153–62.

Laks (2008a): A. Laks, *Diogène d'Apollonie. Edition, traduction et commentaire des fragments et témoignages. Deuxième édition revue et augmentée*, Sankt Augustin.

Laks (2008b): A. Laks, „Speculating about Diogenes of Apollonia", in: P. Curd u. D. W. Graham (Hgg.), *The Oxford Handbook of Presocratic Philosophy*, Oxford, 353–64.

Laks u. Most (1997): A. Laks u. G. Most (Hgg.), *Studies on the Derveni Papyrus*, Oxford.

Lamberz (1987): E. Lamberz, „Proklos und die Form des philosophischen Kommentars", in: J. Pépin u. H. Dominique Saffrey (Hgg.), *Proclus. Lecteur et interprète des Anciens*, Paris.

Lamedica (1991): A. Lamedica, „La terminologia critico-letteraria dal Papiro di Derveni ai *corpora* scoliografici", in: P. Radici Colace u. M. Caccamo Caltabiano (Hgg.), *Atti del I seminario di studi sui lessici tecnici greci e latini*, Messina, 83–91.

Lamedica (1992): A. Lamedica, „Il Papiro di Derveni come commentario. Problemi formali", in: *Proceedings of the XIXth International Congress of Papyrology*. Vol 1, Kairo, 325–33.

Lange u. Pleše (2014): A. Lange u. Z. Pleše, „Derveni – Alexandria – Qumran. Transpositional Hermeneutics in Jewish and Greek Culture", in: S. H. Aufrère, Ph. S. Alexander u. Z. Pleše (Hgg.), *On the Fringe of Commentary. Metatextuality in Ancient Near Eastern and Ancient Mediterranean Cultures*, Leuven/Paris/Walpole, MA, 89–160.

Laskaris (2002): J. Laskaris, *The Art is Long. On the Sacred Disease and the Scientific Tradition*, Leiden/Boston/Köln.

Lebedev (1989): A. V. Lebedev, „Heraclitus in P. Derveni", *ZPE* 79, 39–47.

Linforth (1941): I. M. Linforth, *The Arts of Orpheus*, Berkeley/Los Angeles.

Long (1992): A. A. Long, „Stoic Reading of Homer", in: R. Lamberton u. J. J. Keaney (Hgg.), *Homer's Ancient Readers: The Hermeneutics of Greek Epic's Earliest Exegetes*, Princeton, 41–66.

Lloyd-Jones (1990): H. Lloyd-Jones, „Erinyes, Semnai Theai, Eumenides", in: E. M. Craik (Hg.), *'Owls to Athens'. Essays on Classical Subjects Presented to Sir Kenneth Dover*, Oxford.

Macías Otero (2011): S. Macías Otero, „Echoes of the Formula 'Let the Profane Shut the Doors' (OF 1) in two passages by Euripides", in: M. Herrero de Jáuregui et al. (Hgg.), *Tracing Orpheus. Studies of Orphic Fragments*. Berlin/Boston, 23–28.

Mader (1991): B. Mader, „δαίμων", *LfgrE* 10. Lieferung, 198–200.

Marcovich (1967): M. Marcovich, *Heraclitus. Greek Text with Short Commentary. Editio Maior*, Merida.

McKirahan (2012): R. McKirahan, „The Cosmogonic Moment in the Derveni Papyrus", in: R. Patterson, V. Karasmanis u. A. Hermann (Hgg.), *Presocratics and Plato: Festschrift at Delphi in Honor of Charles Kahn*, Las Vegas/Zurich/Athens.

Merkelbach (1967): R. Merkelbach, „Der orphische Papyrus von Derveni", *ZPE* 1, 21–32.

378　　　　LITERATURVERZEICHNIS

Most (1987): G. W. Most, „Alcman's 'Cosmogonic' Fragment (Fr. 5 Page, 81 Calame)“, *CQ* 37, 1–19.

Most (1997): G. W. Most, „The Fire Next Time. Cosmology, Allegoresis, and Salvation in the Derveni Papyrus“, *JHS* 117, 117–35.

Most (2007): G. W. Most, „ἄλλος δ' ἐξ ἄλλου δέχεται. Presocratic Philosophy and Traditional Greek Epic“, in: A. Bierl, R. Lämmle u. K. Wesselmann (Hgg.), Literatur und Religion 1, Wege zu einer mythischrituellen Poetik bei den Griechen, Berlin/New York, 271–302.

Most (2013): G. W. Most, „Heraclitus on Religion“, *Rhizomata* 1, 153–67.

Mouraviev (1985): S. N. Mouraviev, „The Heraclitean Fragment of the Derveni Papyrus“, *ZPE* 61, 131–2.

Müller (1965): C. W. Müller, *Gleiches zu Gleichem. Ein Prinzip frühgriechischen Denkens*, Wiesbaden.

Núñez (2011): J. Antonio Álvarez-Pedrosa Núñez, „The Etymology of Gk. Ἔμπουσα (OF 713–716)“, in: M. Herrero de Jáuregui et al. (Hgg.), *Tracing Orpheus. Studies of Orphic Fragments*, Berlin/Boston, 293–96.

Nussbaum (1998): A. J. Nussbaum, *Two Studies in Greek and Homeric Linguistics*, Göttingen.

Obbink (1994): D. Obbink, „A Quotation of the Derveni Papyrus in Philodemus' *On Piety*“, *Cronache Ercolanesi* 24, 111–35.

Obbink (1997): D. Obbink, „Cosmology as Initiation vs. the Critique of Orphic Mysteries“, in: A. Laks u. G. Most (Hgg.), *Studies on the Derveni Papyrus*, Oxford, 39–54.

Obbink (2003): D. Obbink, „Allegory and Exegesis in the Derveni Papyrus: The Origin of Greek Scholarship“, in: G. R. Boys-Stones (Hg.), *Metaphor, Allegory, and the Classical Tradition. Ancient Thought and Modern Revisions*, Oxford, 177–88.

Obbink (2010): D. Obbink, „Early Greek Allegory“, in: R. Copeland u. P. T. Struck (Hgg.), *The Cambridge Companion to Allegory*, Cambridge, 15–25.

O'Brien (1969): D. O'Brien, *Empedocles' Cosmic Cycle. A Reconstruction from the Fragments and Secondary Sources*. Cambridge.

Papadopoulou u. Muellner (2014): I. Papadopoulou u. L. Muellner (Hgg.), *Poetry as Initiation, The Center for Hellenic Studies Symposium on the Derveni Papyrus*, Washington D.C.

Parke (1967): H. W. Parke, *Greek Oracles*, London.

Parke (1977): H. W. Parke, *Festivals of the Athenians*, Ithaca, New York.

Parke u. Wormell (1961): H. W. Parke u. D. E. W. Wormell, *The Delphic Oracle. Vol. I. The History*, Oxford.

Parke u. Wormell (1961): H. W. Parke u. D. E. W. Wormell, *The Delphic Oracle. Vol. II. The Oracular Responses*, Oxford.

Parker (1995): R. Parker, „Early Orphism", in: A. Powell (Hg.), *The Greek World*, London/New York, 483–510.

Perilli (1996): L. Perilli, *La teoria del vortice nel pensiero antico*, Ospedaletto.

Piano (2010): V. Piano, „«…e quella profetizzò dall'antro». Mitologia e cosmologia di Notte nel papiro di Derveni", in: *Atti e memorie dell'accademia toscana di scienze e lettere.* Vol. LXXV, 11–48.

Piano (2011): V. Piano, „Ricostruendo il rotolo di Derveni. Per una revisione papirologica di P. Derveni I-III", *Papiri Filosofici. Miscellanea di Studi VI*, 5–37.

Piano (2013): V. Piano, „Le papyrus de Derveni et son contexte de découverte : parole écrite et rituels funéraires dans la Macédoine grecque antique", *Revue de l'histoire des religions* 230, 233–52.

Piano (2016): V. Piano, „P.Derveni III–VI: Una riconsiderazione del testo", *ZPE* 197, 5–16.

Pfeiffer (1978): R. Pfeiffer, *Geschichte der Klassischen Philologie. Von den Anfängen bis zum Ende des Hellenismus.* Zweite, durchgesehene Auflage, München.

Primavesi (2008): O. Primavesi, *Empedokles, Physika I. Eine Rekonstruktion des zentralen Gedankengangs*, Archiv für Papyrusforschung und verwandte Gebiete, Beiheft 22, Berlin/New York.

Primavesi (2011): O. Primavesi, „Der Weg der Offenbarung: Über Licht und Nacht im Proömium des Parmenides", in: G. Radke-Uhlmann u. A. Schmitt (Hgg.), *Anschaulichkeit in Kunst und Literatur*, Berlin/Boston, 181–231.

Primavesi (2012): O. Primavesi, „Empedokles", in: J. Mansfeld u. O. Primavesi, *Die Vorsokratiker. Griechisch/Deutsch*, Stuttgart, 392–563.

Primavesi (2013a): O. Primavesi, „Heilige Texte im tragischen Zeitalter der Griechen? Herodot als Zeuge für einen Orphischen *Hieros Logos*", in: A. Kablitz u. Ch. Markschies (Hgg.), *Heilige Texte. Religion und Rationalität*, Berlin/Boston, 43–70.

Primavesi (2013b): O. Primavesi, „Empedokles", in: H. Flashar, D. Bremer u. G. Rechenauer (Hgg.), *Grundriss der Geschichte der Philosophie. Die Philosophie der Antike Band 1: Frühgriechische Philosophie*, Basel, 667–739.

Quispel (1978): G. Quispel, „The Demiurge in the Apocryphon of John", in: R. Wilson (Hg.), *Nag Hammadi and Gnosis. Papers Read at the First International Congress of Coptology* (Cairo, December 1976), Leiden, 1–33.

Rangos (2007): S. Rangos, „Latent Meaning and Manifest Content in the Derveni Papyrus", *Rhizai* 1, 35–75.

Ricciardelli Apicella (1980): G. Ricciardelli Apicella, „Orfismo e interpretazione allegorica", *Bollettino dei Classici* 3, 116–30.

Ricciardelli (2009): G. Ricciardelli, „Zeus, primo e ultimo", *Paideia* 64, 423–35.

Richardson (1974): N. J. Richardson, *The Homeric Hymn to Demeter*, Oxford.

Richardson (2006): N. J. Richardson, „Homeric Professors in the Age of the Sophists", in: A. Laird (Hg.), *Oxford Readings in Ancient Literary Criticism*, Oxford, 62–86.

Riedweg (1995): Ch. Riedweg, „Orphisches bei Empedocles", *AuA* 41, 34–59.

Risch (1974): E. Risch, *Wortbildung der homerischen Sprache*. Zweite, völlig überarbeitete Auflage, Berlin/New York.

Rohde (1898): E. Rohde, *Psyche. Seelencult und Unsterblichkeitsglaube der Griechen. Zweite verbesserte Auflage. Erster Band*, Freiburg i.B.

Ruijgh (1971): C. J. Ruijgh, *Autour de „τε épique"*, Amsterdam.

Russell (2001): J. R. Russell, „The Magi in the Derveni Papyrus", *Nāme-ye Irān-e Bāstān* 1, 49–59.

Rusten (1985): J. S. Rusten, „Interim Notes on the Papyrus from Derveni", *HSCP* 89, 121–40.

Rusten (2014): J. S. Rusten, „Unlocking the Orphic Doors. Interpretation of Poetry in the Derveni Papyrus between Presocratics and Alexandrians", in: I. Papadopoulou u. L. Muellner (Hgg.), *Poetry as Initiation*, Washington D.C., 115–34.

Rutherford (2009): I. Rutherford, „Hesiod and the Literary Traditions of the Near East", F. Montanari, A. Rengakos u. Ch. Tsagalis (Hgg.), *Brill's Companion to Hesiod*, Leiden, 9–35.

Sale (1984): W. M. Sale, „Homeric Olympus and Its Formulae", *AJPh* 105, 1–28.

Santamaría (2012a): M. A. Santamaría, „Critical Notes to the Orphic Poem of the Derveni Papyrus", *ZPE* 182, 55–76.

Santamaría (2012b): M. A. Santamaría, „Tiresias in Euripides' Bacchae and the Author of the Derveni Papyrus", in: P. Schubert (Hg.), *Actes du 26e Congrès international de papyrologie, Genève, 16-21 août 2010*, Genf, 677–84.

Santamaría (2016a): M. A. Santamaría, „A Phallus Hard to Swallow: The Meaning of ΑΙΔΟΙΟΣ/-ΟΝ in the Derveni Papyrus", *CP* 111, 139–64.

Santamaría (2016b): M. A. Santamaría, „Did Plato know of the Orphic God Protogonos?", in: M. J. Martín-Velasco u. M. J. García Blanco (Hgg.), *Greek Philosophy and Mystery Cults*, Cambridge, 205–31.

Scermino (2011a): M. Scermino, „P. Derveni coll. XIII-XVI: un mito, due frammenti, un rompicapo", in: *Papiri Filosofici. Miscellanea di Studi, VI, Studi e testi per il Corpus dei papiri filosofici greci e latini*, Florenz, 55–90.

Scermino (2011b): M. Scermino, „ΥΠΕΡΒΑΛΛΩ in P. Derveni col. XXIV. Significato astronomico di un reimpiego eracliteo", *Prometheus* 37, 231–44.

Schefer (2000): Ch. Schefer, „«Nur für Eingeweihte!» Heraklit und die Mysterien", *AuA* 46, 46–75.

Schelske (2011): O. Schelske, *Orpheus in der Spätantike. Studien und Kommentar zu den „Argonautika" des Orpheus*, Berlin/Boston.

Schenkeveld (1991): D. M. Schenkeveld, „Language and Style of the Aristotelian *De mundo* in Relation to the Question of its Inauthenticity", *Elenchos* 12, 221–31.

Schironi (2001): F. Schironi, „L'Olimpo non è il cielo", *ZPE* 136, 11–21.

Schironi (2012): F. Schironi, „Greek Commentaries", *Dead Sea Discoveries* 19, 399–441.

Schreckenberg (1964): H. Schreckenberg, *Ananke. Untersuchungen zur Geschichte des Wortgebrauchs*, München.

Schröder (2007): St. Schröder, „Pap. Derv. col. XVI 1", *ZPE* 161, 27–28.

Schwabl (1978): H. Schwabl, „Zeus", *RE Suppl. XV*, 993–1481.

Scodel (2011): R. Scodel, „Euripides, The Derveni Papyrus, and the Smoke of Many Writings", in: A. P. M. H. Lardinois, J. H. Blok u. M. G. M. van der Poel (Hgg.), *Sacred Words: Orality, Literacy and Religion. Mnemosyne Supplements*, Leiden/Boston, 79–98.

Sedley (2008): D. Sedley, *Creationism and Its Critics in Antiquity*, Berkeley/Los Angeles/London.

Segal (1989): Ch. Segal, *Orpheus. The Myth of the Poet*, Baltimore/London.

Sider (1987): D. Sider, „Heraclitus B 3 and 94 in the Derveni Papyrus", *ZPE* 69, 225–28.

Sider (1997): D. Sider, „Heraclitus in the Derveni Papyrus", in: A. Laks
u. G. Most (Hgg.), *Studies on the Derveni Papyrus*, Oxford, 129–48.

Sider (2005): D. Sider, *The Fragments of Anaxagoras. Introduction, Text, and Commentary*. Second Edition, Sankt Augustin.

Sider (2014): D. Sider, „The Orphic Poem of the Derveni Papyrus", in: I. Papadopoulou u. L. Muellner (Hgg.), *Poetry as Initiation*, Washington D.C., 225–53.

Sider u. Brunschön (2007): D. Sider u. C. W. Brunschön, *Theophrastus of Eresus On Weather Signs*, Leiden/Bosten.

Sjölund (1938): R. Sjölund, *Metrische Kürzung im Griechischen*, Uppsala.

Strohm (1984): H. Strohm, *Aristoteles Meteorologie, Über die Welt. Dritte, gegenüber der zweiten berichtigten, unveränderte Auflage*, Berlin.

Struck (2004): P. T. Struck, *Birth of the Symbol. Ancient Readers at the Limits of Their Texts*, Oxford.

Struck (2005): P. T. Struck, „Divination and Literary Criticism?", in: S. Iles Johnston u. P. T. Struck (Hgg.), *Mantikê. Studies in Ancient Divination*, Leiden/Boston, 147–65.

Strycker u. Slings (1994): E. de Strycker u. S. R. Slings, *Plato's Apology of Socrates. A literary and philosophical study with a running commentary*, Leiden/New York/Köln.

Tate (1934): J. Tate, „On the History of Allegorism", *CQ* 28, 105–14.

Tielemann (2000): T. Tielemann, „Pneuma", in: *DNP* Bd. 9, 1181–83.

Themelis u. Touratsoglou (1997): P. G. Themelis u. I. P. Touratsoglou, Οι τάφοι του Δερβενίου, Athen.

Thieme (1968): P. Thieme, „Hades", in: R. Schmitt (Hg.), *Indogermanische Dichtersprache*, Darmstadt, 133–53.

Thom (2014): J. C. Thom (Hg.), *Cosmic Order and Divine Power: Pseudo-Aristotle, 'On the Cosmos'*, Tübingen.

Tsantsanoglou (1997): K. Tsantsanoglou, „The First Columns of the Derveni Papyrus and their Religious Significance", in. A. Laks u. G. Most (Hgg.), *Studies on the Derveni Papyrus*, Oxford, 93–128.

Tsantsanoglou u. Parássoglou (1988): K. Tsantsanoglou u. G. M. Parássoglou, „Heraclitus in the Derveni Papyrus", in: *Aristoxenica, Menandrea, Fragmenta Philosophica*, Florenz, 125–33.

Turner, Tsantsanoglou, u. Parássoglou (1982): E. G. Turner, K. Tsantsanoglou, u. G. M. Parássoglou, „On the Derveni Papyrus", *Gnomon* 54, 855–56.

Ünal (1994): A. Ünal, „Der Mythos vom Königtum der Götter und Kumarbi", in: K. Hecker, W. G. Lambert, G. G. W. Müller, W. v. Soden
u. A. Ünal (Hgg.), *Texte aus der Umwelt des Alten Testaments Band
III. Weisheitstexte, Mythen und Epen. Mythen und Epen II*, Gütersloh,
828–30.

Vergados (2013): A. Vergados, *The Homeric Hymn to Hermes. Introduction,
Text and Commentary*, Berlin/Boston.

West (1966): M. L. West, *Hesiod. Theogony. Edited with Prolegomena and
Commentary*, Oxford.
West (1983): M. L. West, *The Orphic Poems*, Oxford.
West (1997a): M. L. West, *The East Face of Helicon*, Oxford.
West (1997b): M. L. West, „Hocus-Pocus in East and West: Theogony,
Ritual, and the Tradition of Esoteric Commentary", in: A. Laks u. G.
Most (Hgg.), *Studies on the Derveni Papyrus*, Oxford, 81–90.
Willi (2010): A. Willi, „Attic as the Language of the Classics", in: C. C. Ca-
ragounis (Hg.), *Greek: A Language in Evolution*, Hildesheim, 101–18.
Wittwer (1999): R. Wittwer, „Aspasian Lemmatology", in: A. Alberti u.
R. W. Sharples (Hgg.), *Aspasius: The Earliest Extant Commentary on
Aristotle's Ethics*. Berlin/New York, 51–84.

www.ingramcontent.com/pod-product-compliance
Lightning Source LLC
Chambersburg PA
CBHW030807100426
42814CB00002B/33